gekauft
-20%
7.1.2015

SV

Donald Davidson

Subjektiv, intersubjektiv, objektiv

Übersetzt von
Joachim Schulte

Suhrkamp

Titel der Originalausgabe:
Subjective, Intersubjective, Objective

Bibliografische Information Der Deutschen Bibliothek
Die Deutsche Bibliothek verzeichnet diese Publikation
in der Deutschen Nationalbibliografie;
detaillierte bibliografische Daten sind im Internet
über http://dnb.ddb.de abrufbar

Satz und Druck:
Memminger MedienCentrum AG
Printed in Germany
Erste Auflage 2004
ISBN 3-518-58387-5

1 2 3 4 5 6 – 09 08 07 06 05 04

Für Marcia Cavell

Inhalt

Einleitung

Die in diesem Buch zusammengestellten Abhandlungen beschäftigen sich mit drei Formen propositionalen Wissens und den Beziehungen zwischen diesen Formen. Wir alle wissen etwas über den eigenen Geist, über den Inhalt der Psyche anderer Personen und über die gemeinsame Umwelt. Die Titel der Teile des Buches lauten »Subjektiv«, »Intersubjektiv« und »Objektiv«. Diese Wörter registrieren echte Unterschiede. Die Kenntnis der ersten Person zeichnet sich dadurch aus, daß wir im Hinblick auf unsere Überzeugungen, Wünsche, Absichten und einige weitere Einstellungen zu Recht eine einzigartige Form von Autorität beanspruchen. *Diese* Autorität kommt dem Wissen über die zweite Person und dem Wissen über die restliche Welt der Natur nicht zu, doch untereinander unterscheiden sich diese beiden insofern, als unsere Kenntnis des Fremdpsychischen in einer Weise normativ ist, in der das für die Kenntnis der übrigen Welt nicht gilt. Alle drei Spielarten des Wissens sind jedoch in dem Sinn objektiv, daß ihre Wahrheit nicht davon abhängt, ob etwas für wahr gehalten wird. Im Fall der letzteren beiden Formen liegt das auf der Hand, aber es gilt auch im Fall unserer Meinungen über die eigenen Überzeugungen und sonstige Einstellungen: Diese Meinungen können falsch sein. Unser gesamtes Wissen ist außerdem insofern objektiv, als es größtenteils mit Hilfe von Begriffen ausgedrückt werden könnte, die in einem öffentlichen, gemeinsamen Gefüge der Dinge ihren Ort haben.

In Abhandlung 1 (»Die Autorität der ersten Person«) wird nach einer Erklärung für die Annahme gesucht, daß der jeweilige Sprecher recht hat, wenn er seinem gegenwärtigen Selbst aufrichtig eine Überzeugung, einen Wunsch oder eine Absicht zuschreibt, während keine derartige Annahme angebracht ist, wenn dem Sprecher von anderer Seite ähnliche

Dinge zugeschrieben werden. Es wird geltend gemacht, daß »Lösungen« des Problems des Fremdpsychischen, die sich mit einer Umformulierung der genannten Asymmetrie zufriedengeben, das Feld dem Skeptiker überlassen. Hier wird eine neue Erklärung der Autorität der ersten Person angeboten, bei der der Ursprung dieser Autorität auf ein notwendiges Merkmal der Interpretation sprachlicher Äußerungen zurückgeführt wird.

In Abhandlung 2 (»Wissen, was man denkt«) wird ein Problem angesprochen, das den Gedanken der Autorität der ersten Person offenbar in Schwierigkeiten bringt: Es ist eine Tatsache, daß der Inhalt unseres Geistes zum Teil durch externe Faktoren bestimmt wird, über die wir nichts wissen. Wie läßt sich dieses Faktum mit dem Anspruch vereinbaren, wir wüßten über den Inhalt der eigenen Psyche Bescheid, ohne (im Normalfall) Belege zu benötigen oder solche Belege in Anspruch zu nehmen? Ich vertrete die These, daß die Antwort unter anderem davon abhängt, daß man die Vorstellung fallenläßt, es gebe »dem Geist vorschwebende Gegenstände«, die keine Eigenschaft besitzen, welche dem Akteur verborgen bleiben kann.

Im 3. Aufsatz (»Der Mythos des Subjektiven«) versuche ich klarzustellen, was es heißt, wenn man die Vorstellung bestreitet, daß dem Geist, sobald wir Empfindungen haben oder etwas denken, Gegenstände vorschweben. Die Idee, zwischen uninterpretierter Erfahrung und einer ordnenden Struktur des Begrifflichen müsse eine grundlegende Unterscheidung getroffen werden, steht in engem Zusammenhang mit der vermeintlichen Dichotomie zwischen dem Subjektiven und dem Objektiven. Diese Dualismen haben die Probleme eines großen Teils der neuzeitlichen Philosophie beherrscht und bestimmt, und zwar nicht nur die Probleme der Erkenntnistheorie, sondern auch die der Sprachphilosophie und der Philosophie des Geistes. In der 3. Abhandlung nehme ich das von diesen Dualismen vorausgesetzte Bild des Geistes aufs

Korn und damit zugleich die Dualismen selbst sowie die auf ihnen basierenden erkenntnistheoretischen und metaphysischen Standpunkte. Angegriffen wird die Anschauung, das Subjektive sei die Grundlage des objektiven empirischen Wissens. Behauptet wird demgegenüber, daß das empirische Wissen eine erkenntnistheoretische Grundlage weder hat noch braucht.

Im 4. Aufsatz (»Was ist dem Geist gegenwärtig?«) wird die Thematik der vorigen beiden Abhandlungen weiterbehandelt, wobei neue Beispiele angeführt und die Argumente umformuliert werden.

Von etlichen Philosophen ist die These in Frage gestellt worden, es gebe hinsichtlich der propositionalen Einstellungen »einschlägige Tatbestände«. In Abhandlung 5 (»Indeterminismus und Antirealismus«) wird der Versuch unternommen, diese Zweifel zu beschwichtigen. Insbesondere wird die Behauptung bestritten, wer – wie ich selbst – die Unbestimmtheitsthese von Quine akzeptiere, habe damit die Autorität der ersten Person preisgegeben.

In der 6. Abhandlung (»Die Irreduzibilität des Begriffs ›Selbst‹«) werden jene Merkmale unserer die eigenen gegenwärtigen Einstellungen betreffenden Überzeugungen akzentuiert, die erhalten bleiben, nachdem man den Mythos des Subjektiven und seiner mentalen Gegenstände fallengelassen hat. Zu diesen Merkmalen gehören natürlich die mit solchen Überzeugungen einhergehende spezielle Autorität sowie die irreduzible Rolle von Sätzen mit Indikatoren. Es sind die von solchen Sätzen ausgedrückten Gedanken, die uns und unsere sprachlichen Äußerungen mit der uns umgebenden Welt in Verbindung bringen. Außerdem gehe ich kurz auf die Tatsache ein, daß es keine letzte Berufungsinstanz gibt, die über unsere eigenen Rationalitätsmaßstäbe hinausginge. Das ist ein Punkt, der in Abhandlung 14 nochmals erörtert wird.

Der 7. Aufsatz (»Vernünftige Tiere«) ist einer von mehreren Versuchen, in deren Rahmen ich mich bemüht habe, einige

Elemente der Rationalität anzugeben. Unter Rationalität fällt nach meinem Verständnis alles, was propositionales Denken voraussetzt. In einem früheren Artikel (»Denken und Reden«, Abhandlung 11 in *Wahrheit und Interpretation*) habe ich Gründe für die Annahme eines Verhältnisses wechselseitiger Abhängigkeit zwischen Denken und Sprache genannt. Viele Leser haben sich davon nicht überzeugen lassen. Hier mache ich einen neuen Versuch und schlage dabei einen anderen Weg ein, den ich anschließend in den folgenden Abhandlungen weiter ausgebaut habe. Die Überlegungen, die ich für den engen Zusammenhang zwischen Sprache und Denken anführe, laufen keineswegs auf ein zwingendes Argument oder einen Beweis hinaus. Zum Teil beruhen sie auf dem, was wir meines Erachtens über Lebewesen wie uns selbst wissen.

Im 8. Aufsatz (»Die zweite Person«) beschäftige ich mich mit dem Gedanken, die Sprache sei etwas notwendig Soziales. Dabei wird geltend gemacht, daß es, um Gedanken zu haben und daher im Reden etwas zu meinen, notwendig ist, eine zweite Person zu verstehen und von einer solchen Person verstanden zu werden. Wenn Wittgenstein wirklich die Ansicht vertreten hat, Sprache sei etwas notwendig Soziales, dann ist die Hauptthese dieser Abhandlung eine wittgensteinianische These. Bestritten wird hier hingegen die Behauptung, die Kommunikation setze voraus, daß der eine genauso redet wie die anderen. Vielmehr beruht die von Denken und Sprache vorausgesetzte Objektivität auf den wechselseitigen und gleichzeitigen Reaktionen zweier oder mehrerer Lebewesen auf distale, allen gleichermaßen gegebene Reize sowie auf die Reaktionen der jeweils anderen. Diese in drei Richtungen gehende Beziehung zwischen zwei Sprechern und einer gemeinsamen Welt nenne ich »Triangulation«. Letzten Endes ist diese Vorstellung genauso unkompliziert wie die des hinweisenden Lernens. Allerdings geht es bei der Triangulation, wie hier nachdrücklich betont wird, nicht darum, daß eine Person eine bereits gegebene Bedeutung erfaßt, sondern um ein Tun, das (sobald es zur Gänze ausgestaltet ist) der Sprache einen Inhalt verleiht. Diese These sowie die verzweigten Konsequenzen, die sich daraus für die Philosophie des Geistes, die Sprachphilosophie und die Erkenntnistheorie ergeben, kommen in meinen seit 1982 (Abhandlung 7) veröffentlichten Arbeiten immer wieder zur Sprache. Zu den ersten Kritikern dieses Gedankens gehören Carol Rovane, Akeel Bilgrami und Marcia Cavell. Ihre Vorschläge und ihre freimütig geäußerten Zweifel haben erheblich zur Prägung meines Denkens beigetragen.

In Abhandlung 9 (»Die Entstehung des Denkens«) wird die Frage aufgeworfen, wie man den Übergang beschreiben soll, der vom vorsprachlichen, vorbegrifflichen Geist des Säuglings zu einem mit Sprache, Überzeugungen und den übrigen propositionalen Einstellungen ausgestatteten Kind führt. Meiner Argumentation zufolge haben wir kein Vokabular für die Beschreibung der Frühstadien einer solchen Entwicklung; außerdem ist unklar, was ausreichend wäre, um das Bedürfnis nach einem solchen Vokabular zu befriedigen. Hier wird der Vorschlag gemacht, es sei möglich, ein paar wichtige Schritte zu unterscheiden, indem man die Stärke der für verschiedene Sprachen erforderlichen semantischen Theorien betrachtet.

Abhandlung 10 (»Eine Kohärenztheorie der Wahrheit und der Erkenntnis«) wurde 1981 geschrieben, also früher als die neun bisher genannten Artikel. Keine andere Arbeit, die ich veröffentlicht habe, würde ich lieber neu schreiben als diese. Sie hat verständlicherweise viel Kritik auf sich gezogen, und das ist der Grund, weshalb ich sie hier unverändert abdrucke. Jedenfalls habe ich diesen Aufsatz, seit er verfaßt wurde, im Grunde immer wieder umgeschrieben. Die neun Abhandlungen, die dem Text in diesem Buch vorangehen, sind zum Teil Belege für meine späteren Zweifel, und der 14. Aufsatz ist ein weiteres Zeugnis dafür. Ferner habe ich mich im Rahmen meiner Erwiderungen auf mehrere Kritiker bemüht, die Sache besser zu machen (siehe einige meiner Repliken in dem von Lewis E. Hahn herausgegebenen Band *The Philosophy of Donald Davidson*, Library of Living Philosophers, Chicago: Open Court 1999, sowie die Antworten auf Barry Stroud, John McDowell und Richard Rorty in: *Critica* 30, 1998). Vor allem liegt mir daran, den Eindruck zu korrigieren, meiner Meinung nach spielten Erfahrung und Wahrnehmung keine Rolle, was unsere Ansichten über die Welt betrifft. »Erfahrung« und »Wahrnehmung« sind ausgezeichnete Wörter für das, was in unserem Geist vor sich geht, wenn wir uns umschauen, riechen, tasten, hören und schmecken. Ich war seinerzeit so darauf erpicht, für die Idee zu werben, die Annahme epistemischer Vermittlungsinstanzen zwischen der Welt und unseren Überzeugungen beruhe auf einem Irrtum, daß es für viele Leser so klang, als hätte ich jeden echten Austausch zwischen Welt und Geist bestritten. (Übrigens hätte ich, was die Herkunft dieser Idee angeht, auf Wilfrid Sellars hinweisen sollen.) In Wahrheit besagt meine These damals wie heute, daß die Verbindung kausaler Art und im Fall der Wahrnehmung eine unmittelbare ist. Wahrnehmen, daß es schneit, heißt unter den entsprechenden Umständen, daß man kausal (und zwar in der richtigen kausalen Weise) durch die eigenen Sinne und den faktisch fallenden Schnee zu der Überzeugung gebracht wird, daß es schneit. Empfindungen spielen dabei zweifellos ihre Rolle, doch diese Rolle besteht nicht darin, daß sie Belege für die Überzeugung liefern.

Der 11. Aufsatz (»Empirischer Gehalt«) informiert über den historischen Hintergrund des in Abhandlung 10 besprochenen Themas und äußert sich kommentierend über dieses Thema. Neurath und Schlick waren zwar stärker in eine uralte Auseinandersetzung verwickelt, als ihnen offenbar klar wurde, doch ihr Gefühl, die Philosophie vor ihrer metaphysischen Vergangenheit zu retten, hat dazu beigetragen, einem weidlich abgehandelten Problem Würze und eine das Sprachliche betonende Wendung zu geben.

Der Aufsatz 12 (»Erkenntnistheorie und Wahrheit«) erörtert das Verhältnis zwischen Erkenntnistheorie und Wahrheit. Hier werden häufig die beiden folgenden Standpunkte als Gegensätze wahrgenommen: Zum einen heißt es, Wahrheit sei (um mit Putnam zu reden) etwas »durch und durch Nichtepistemisches«, zum andern wird behauptet, Wahrheit müsse im Sinne unserer (praktischen, theoretischen oder idealen) Erkenntnismöglichkeiten begriffen werden. Keine dieser beiden Alternativen ist, wie ich darlege, akzeptabel. Die Wahrheit läßt sich nicht auf das beschränken, was wir als wahr bestimmen können oder könnten. Dennoch gibt es solide Gründe dafür, die Wahrheit in der einen oder anderen Weise mit wahren Überzeugungen in Zusammenhang zu bringen. Hier wird eine auf den in Abhandlung 10 erkundeten Ideen beruhende Möglichkeit skizziert, die beiden genannten Standpunkte teilweise miteinander in Einklang zu bringen.
Seit Descartes wird die Erkenntnistheorie zumeist auf die Basis des Wissens der ersten Person gestellt. So wie die Geschichte üblicherweise erzählt wird, müssen wir dort ansetzen, wo etwas besonders gewiß ist, nämlich bei unserer Kenntnis der eigenen Empfindungen und Gedanken. In der einen oder anderen Weise schreiten wir sodann – wenn möglich – voran und gelangen so zur Erkenntnis einer objektiven Außenwelt. Darauf folgt abschließend der ungewisse Schritt zur Erkenntnis des Fremdpsychischen. Im 13. Aufsatz (»Externalisierte Erkenntnistheorie«) nenne ich Gründe für eine durchgreifende Korrektur dieses Bilds. Alles propositionale Denken – ob positiv oder skeptisch, ob aufs Innere oder aufs Äußere bezogen – setzt voraus, daß man über den Begriff der objektiven Wahrheit verfügt; und dieser Begriff steht nur solchen Lebewesen zu Gebote, die mit anderen kommunizieren. Wissen über die dritte Person – also Erkenntnis des Fremdpsychischen – ist daher für alles übrige Wissen unentbehrlich. Aber ohne Erkenntnis einer gemeinsamen Welt von Gegenständen in einer gemeinsamen Zeit und einem gemeinsamen

Raum ist Wissen über die dritte Person unmöglich. Daher beruht der Erwerb von Wissen nicht auf einem Fortschreiten vom Subjektiven zum Objektiven, sondern er kommt holistisch zustande und ist von Anfang an etwas Interpersonales. In diesem Zusammenhang werden mehrere Formen des Externalismus untersucht und für unzulänglich befunden. Sodann wird geltend gemacht, daß die auch in vielen anderen Aufsätzen dieses Buchs besprochene Triangulation dazu beiträgt, sowohl eine Form des wahrnehmungsbezogenen Externalismus als auch eine Form des sozialen Externalismus zu korrigieren und zu erweitern.

Die Abhandlung 14 (»Drei Spielarten des Wissens«) kommt einer Zusammenfassung der Grundgedanken dieses Buchs am nächsten. Wären alle diese Artikel erst geschrieben worden, nachdem meine Gedanken feste Gestalt angenommen haben, wäre der Aufsatz »Drei Spielarten des Wissens« sicher an die erste Stelle gekommen. Wer als Leser einen Überblick wünscht, täte vielleicht gut daran, mit dieser Abhandlung zu beginnen.

Soweit ich etwas an den in diesem Buch zusammengestellten Aufsätzen verändert habe, geschah es, um grammatische oder stilistische Verbesserungen anzubringen, gelegentlich auch, um Wiederholungen oder Äußerungen auszumerzen, die aus meiner jetzigen Sicht geringfügige Irrtümer darstellen. Gewiß sind zahlreiche weitere Fehler stehen geblieben, und wahrscheinlich wird auf bestimmten Thesen zu beharrlich herumgeritten. Doch als ich den Gedanken einer umfassenden Überarbeitung erwog, erkannte ich, daß ich entweder meine bisherigen Arbeiten mehr oder weniger in der gegebenen Form wiederholen oder ganz von vorn beginnen müßte, was jedoch Jahre in Anspruch genommen hätte. Ich tröste mich mit der Vorstellung, daß ein Neubeginn im Grunde bedeutet hätte, die Geschichte meiner Versuche der Auseinandersetzung mit dem von einer Person, ihrer Gesellschaft und der gemeinsamen Umwelt gebildeten Dreieck auszulöschen. Außerdem hätte ich meine Kritiker um einige ihrer liebsten Zielscheiben gebracht.

Zu diesen Kritikern gehört auch Richard Rorty, dem mein ganz besonderer Dank gebührt, denn er hat mich seit Jahren dazu angestachelt, diese Aufsätze zu sammeln und zu veröffentlichen. Ernest Lepore war so großzügig, eine Woche seiner Zeit zu opfern, um nicht nur die Artikel dieses Bands, sondern auch die der beiden Folgebände durchzusehen und bei ihrer Zusammenstellung zu helfen. Dank schulde ich auch Ariela Lazar, die mir zu einem früheren Zeitpunkt mit scharfsichtigen Ratschlägen bezüglich der Anordnung meiner Arbeiten zur Seite gestanden hat, sowie Arpy Khatchirian für Vorschläge zur Korrektur der Rechtschreibung, der Grammatik und der Gedankengänge meiner Abhandlungen. Peter Momtchiloff vom Verlag Oxford University Press hat sich als ermutigender, entgegenkommender und nachsichtiger Lektor bewährt. Seine Mithilfe hat dafür gesorgt, daß ich eine Aufgabe, deren Ausführung mir anfangs widerstrebte, erträglicher fand, als ich für möglich gehalten hatte.

Dank zahlreicher Personen, Vortragsinstitutionen, Universitäten und sonstiger Einrichtungen habe ich die Gelegenheit erhalten, viele der in diesen Abhandlungen dargelegten Ideen auszuprobieren. Willkommen war mir das Feedback von seiten meiner Studenten in Berkeley sowie von seiten der Hörer, die auf Vortragszyklen reagiert haben, die ich in Mexiko (1992) gehalten habe sowie in Rom (1993), München (Kant-Vorlesungen 1993), Gerona (Ferrater-Mora-Vorlesungen 1994), Leuven (Franqui-Vorlesungen 1994) und Buenos Aires (1995). Schließlich sind auch meine in Caen und Paris gehaltenen Jean-Nicod-Vorlesungen zu nennen, auf deren Grundlage ich eine einheitlichere und detailliertere Darstellung der über den vorliegenden Band verstreuten Gedanken auszuarbeiten hoffe.

Allen, die meine Gedanken bereichert, reduziert oder verändert haben, schulde ich Dank. Ich habe kein Verzeichnis derjenigen angelegt, die besonders einschneidende Vorschläge gemacht haben, daher wird jede Liste, die ich aufstelle, beschämend unvollständig sein. Gewiß darauf stehen müssen die Namen von Rosaria Egidi, Pascal Engel, Dagfinn Føllesdal, Olbeth Hansberg, Dieter Henrich, Pierre Jacob, Carol Rovane und denen, die zu den zehn Vorlesungen und Seminaren in Gerona kamen, insbesondere W. V. Quine, Burton Dreben, Akeel Bilgrami, Ernest Lepore, Barry Stroud und Bruce Vermazen. Marcia Cavell war nicht nur bei vielen der Vorträge anwesend, bei denen ich verschiedene Fassungen meiner Gedanken erprobt habe, sondern sie ist mir auch in allen diesen Jahren eine geistige Gefährtin gewesen, die auf sanfte Weise versucht hat, meine in der Gelehrtenstube angestellten Spekulationen durch ihre stärker empirisch orientierte und psychoanalytisch geschulte Haltung zu mäßigen.

Subjektiv

1
Die Autorität der ersten Person

Wenn ein Sprecher behauptet, er habe eine Meinung, eine Hoffnung, einen Wunsch oder eine Absicht, nimmt man an, daß er sich nicht irrt, während diese Annahme nicht gegeben ist, wenn er anderen Personen ähnliche geistige Zustände zuschreibt. Woher diese Asymmetrie zwischen Einstellungszuschreibungen, die sich auf das gegenwärtige eigene Selbst beziehen, und Zuschreibungen der gleichen Einstellungen, die sich auf ein fremdes Selbst beziehen? Was erklärt die Autorität, die derartigen Behauptungen in der ersten Person Präsens zugebilligt und Behauptungen in der zweiten oder dritten Person abgesprochen wird?

Dieser Hinweis und diese Fragestellung können entweder im Rahmen sprachlicher Erwägungen oder in erkenntnistheoretischer Form thematisiert werden. Denn wenn man mit besonderer Autorität sprechen kann, muß der Status des eigenen Wissens irgendwie damit in Einklang stehen, während Wissensbehauptungen dann, wenn das Wissen einen systematischen Unterschied aufweist, diesen Unterschied reflektieren müssen. Daher möchte ich annehmen: Wenn es gelingt, die Autorität der ersten Person im sprachlichen Bereich zu erklären, ist zwar nicht alles, aber doch eine Menge von dem geleistet, was getan werden muß, um die erkenntnistheoretischen Fakten zu kennzeichnen und zu erklären.

Der Zusammenhang zwischen dem Problem der Autorität der ersten Person und dem traditionellen Problem des Fremdpsychischen liegt auf der Hand, doch bei meiner Formulierung des erstgenannten Problems bestehen hier zwei wichtige Unterschiede. Das Problem der Autorität der ersten Person ist das engere der beiden, denn ich werde es nur im Hinblick auf propositionale Einstellungen wie Glauben, Wünschen und Beabsichtigen betrachten, also im Hinblick auf Einstellungen wie:

erfreut, erstaunt, verängstigt sein oder prahlen darüber, daß etwas der Fall ist, bzw. wissen, sich erinnern, bemerken oder wahrnehmen, daß etwas der Fall ist. Nicht erörtern werde ich hingegen, was im Hinblick auf das Problem des Fremdpsychischen oft für ausschlaggebend erachtet wird, nämlich: Schmerzen und sonstige Empfindungen sowie Wissen, Erinnerung, Aufmerksamkeit und Wahrnehmung, sofern sie auf Gegenstände wie Personen, Straßen, Städte, Kometen und weitere nichtpropositionale Entitäten gerichtet sind. Was für die propositionalen Einstellungen gilt, sollte zwar, wie es scheint, auch für Empfindungen usw. von Belang sein, aber ich lasse die Zusammenhänge an dieser Stelle unerkundet.

Die Autorität der ersten Person zeigt sich bei allen propositionalen Einstellungen, doch sie zeigt sich in unterschiedlichen Graden und Arten. Glauben, d.h. Überzeugtsein, und Wünschen sind relativ klare und unkomplizierte Beispiele, während Beabsichtigen, Wahrnehmen, Sich-Erinnern und Wissen in der einen oder anderen Hinsicht komplexer sind. Dementsprechend gibt es, wenn jemand bemerkt zu haben behauptet, daß das Haus in Flammen steht, wenigstens drei Fragen zu erwägen: ob das Haus tatsächlich brennt; ob der Sprecher glaubt, daß das Haus brennt; und wie das Feuer die Überzeugung verursacht hat. Was die erste Frage betrifft, hat der Sprecher keine besondere Autorität; was die zweite anlangt, hat er eine solche Autorität; und was die dritte angeht, ist die Verantwortung gemischt und komplex. Die Frage, ob jemand beabsichtigt, die Tür durch Herumdrehen des Schlüssels zu verschließen, ist zum Teil davon abhängig, ob er die Tür verschließen möchte und glaubt, daß ein Herumdrehen des Schlüssels zum Verschließen der Tür führt, und ob diese Überzeugung und dieser Wunsch in der richtigen Weise den Wunsch nach Herumdrehen des Schlüssels ausgelöst haben. Besondere Autorität geht in unmittelbarer Form mit Behauptungen über den Wunsch und die Überzeugung einher, in weniger unmittelbarer Form mit Aussagen über die notwendige kausale Verbindung. Diese Unterschiede zwischen den diversen Formen, in denen die Autorität der ersten Person für propositionale Einstellungen gelten kann, sind wichtig und untersuchenswert. Doch in jedem Fall ist die Autorität der ersten Person von Belang, und es ist der allgemeine Fall, mit dem ich mich hier beschäftigen möchte. Da die Autorität der ersten Person, wenn schon nicht in jeder Hinsicht, so doch zumindest teilweise auf einer Überzeugungskomponente beruht, werde ich mich auf den Fall der Überzeugung – des Glaubens – konzentrieren.

Die Autorität der ersten Person besteht zwar im Hinblick auf Überzeugungen und sonstige propositionale Einstellungen, aber Irrtümer sind trotzdem möglich. Das folgt daraus, daß es sich bei diesen Einstellungen um Dispositionen handelt, die sich in unterschiedlicher Weise und im Laufe einer gewissen Zeit äußern. Da ist Irrtum möglich; Zweifel ebenfalls. Also haben wir nicht immer unanfechtbare oder gewisse Kenntnisse über unsere eigenen Einstellungen, und unsere Behauptungen über die eigenen Einstellungen sind keineswegs unkorrigierbar. Es ist möglich, daß Urteile über die eigene Person durch Belege, die auch anderen Personen zu Gebote stehen, widerlegt werden.

Man kommt einer Charakterisierung der Autorität der ersten Person näher, wenn man feststellt, daß die Behauptungen des Selbstzuschreibers normalerweise gar nicht auf Belegen oder Beobachtungen beruhen. Außerdem hat es im Regelfall keinen Sinn, den Selbstzuschreiber zu fragen, warum er glaubt, daß er jene Überzeugungen, Wünsche oder Absichten, die er zu haben behauptet, wirklich hat. Dieses Merkmal von Selbstzuschreibungen war auch Wittgenstein aufgefallen: »Was ist das Kriterium der Röte einer Vorstellung? Für mich, wenn der Andre sie hat: was er sagt und tut. Für mich, wenn ich sie habe: gar nichts.«[1] In dieser Hinsicht haben sich die

1 Ludwig Wittgenstein, *Philosophische Untersuchungen*, § 377.

meisten Philosophen an Wittgenstein angeschlossen und dieses Kriterium, wie wir sehen werden, auf die propositionalen Einstellungen übertragen.

Dieses Merkmal der Autorität der ersten Person mag zwar einen gewissen Eindruck machen, doch zu einer Erklärung dieser Autorität trägt es nichts bei. Das liegt zum Teil an den Einschränkungen: »Normalerweise« legen wir unseren Selbstzuschreibungen keine Belege zugrunde, aber manchmal verfahren wir doch so; »im Regelfall« hat es keinen Sinn, jemanden danach zu fragen, warum er glaubt, eine bestimmte Überzeugung, einen Wunsch oder eine Absicht zu haben, aber mitunter hat es doch Sinn. Allerdings bleibt die Autorität der ersten Person sogar in den Ausnahmefällen erhalten; auch wenn eine Selbstzuschreibung zweifelhaft oder ein Einwand angebracht ist, kommt den Äußerungen der Person mit der betreffenden Einstellung besonderes Gewicht zu.

Die Existenz von Ausnahmen ist allerdings nicht der Hauptgrund dafür, daß das Fehlen einer auf Belegen beruhenden Untermauerung von Selbstzuschreibungen keine Erklärung für die Autorität der ersten Person liefert. Der Hauptgrund besteht einfach darin, daß nicht auf Belegen beruhenden Behauptungen im allgemeinen keine höhere Autorität zukommt als solchen Behauptungen, die tatsächlich auf Belegen basieren. Außerdem sind jene nicht mit höherer Wahrscheinlichkeit richtig als diese.

Heutige Philosophen, von denen das Thema »Autorität der ersten Person« erörtert wird, bemühen sich nur selten um eine Beantwortung der Frage, warum Selbstzuschreibungen eine Vorzugsstellung genießen. Die Selbstkenntnis durch Introspektion zu erklären, ist schon lange aus der Mode. Warum es sich so verhält, ist leicht einzusehen, denn diese Erklärung führt lediglich zu der Frage, warum man bei der Inspektion des eigenen Geists mehr erkennen soll als bei der Inspektion des Geistes anderer Personen.

Von einigen wenigen Philosophen ist die Existenz der Asymmetrie überhaupt bestritten worden. Ein hartnäckiger Vertreter dieser Ansicht ist Ryle. In seinem Buch über den Begriff des Geistes meint er: Was wir für »privilegierten Zugang« erachten, sei bloß darauf zurückzuführen, daß wir im allgemeinen in einer besseren Lage sind als andere, um uns selbst zu beobachten. Ryle schreibt: »Aber Müllers Methoden, etwas über Müller herauszufinden, sind grundsätzlich, im Gegensatz zu einzelnen konkreten Fällen, dieselben wie Müllers Methoden, etwas über Meier herauszufinden.« An späterer Stelle heißt es:

> Aber das sind Grad-, nicht Artunterschiede. Daß der Sprecher besser weiß, was er tut, als der Zuhörer, bedeutet nicht, daß er privilegierten Zugang zu Tatsachen einer bestimmten Art hat, die dem Zuhörer notwendig unzugänglich sind, sondern nur, daß er in einer sehr günstigen Lage ist zu wissen, was zu wissen der Zuhörer oft in einer sehr ungünstigen Lage ist. Die Eigenheiten der Unterhaltung eines Mannes erschrecken oder verwirren seine Frau nicht so, wie sie seine Verlobte überrascht oder verblüfft haben, und alte Kollegen brauchen einander nicht alles so ausführlich auseinanderzusetzen, wie sie das für ihre neuen Schüler tun müssen.[2]

Ich für mein Teil bin ebenso wie Ryle der Meinung, daß jeder Versuch, die Asymmetrie zwischen in der ersten Person Präsens gehaltenen Behauptungen über Einstellungen und Behauptungen in anderen grammatischen Personen oder Tempora durch Bezugnahme auf eine spezielle Art des Wissens oder eine besondere Form von Erkenntnis zu erklären, zu einem skeptischen Resultat führen muß. Jede derartige Darstellung muß die Asymmetrie hinnehmen, ohne sie jedoch erklären zu können. Von Ryle wird die Asymmetrie allerdings weder hingenommen noch erklärt. Er bestreitet einfach ihre Existenz. Da die Existenz der Asymmetrie nach meinem Dafürhalten auf der Hand liegt, halte ich es für einen Irrtum, vom Fehlen einer eigentümlichen Weise des Erkennens bzw. einer besonderen Form oder Art des Wissens ausgehend gel-

2 Gilbert Ryle, *The Concept of Mind*, S. 156 u. 179; Übers., S. 209 u. 242.

tend zu machen, daß es keine spezielle Autorität gibt. Statt dessen sollten wir nach einem anderen Ursprung der Asymmetrie Ausschau halten.

Ayer hat einmal eine ähnliche Auffassung vertreten wie Ryle. In dem Buch *The Concept of a Person* betont er, daß Zuschreibungen in der ersten Person irrig sein können; überdies räumt er ein, daß derartige Zuschreibungen privilegiert seien.[3] Doch sobald er sich daranmacht, die Autorität von Selbstzuschreibungen zu kennzeichnen, vergleicht er sie mit der Autorität, die man gelegentlich einem Augenzeugen zubilligt, wenn man dessen Aussagen und Berichte aus zweiter Hand einander gegenüberstellt. Dieser Vergleich erscheint mir aus zwei Gründen unbefriedigend. Erstens gibt er uns keine Auskunft darüber, warum man selbst im Gegensatz zu anderen Personen im Hinblick auf die eigenen geistigen Zustände und Vorgänge einem Augenzeugen ähneln soll. Zweitens wird damit keine genaue Beschreibung nahegelegt, aus der hervorginge, was es mit der Autorität der ersten Person auf sich hat. Denn Zuschreibungen in der ersten Person beruhen nicht auf besseren Indizien, sondern häufig basieren sie auf gar keinen Indizien. Die Autorität des Augenzeugen beruht bestenfalls auf induktiven Wahrscheinlichkeiten, die in speziellen Fällen leicht übertrumpft werden: Wenn bekannt ist, daß ein Augenzeuge als Beobachter unzuverlässig, befangen oder kurzsichtig ist, gerät er in Mißkredit, und sein Zeugnis wird nicht anerkannt. Doch niemand verwirkt seinen Anspruch darauf, im Hinblick auf die eigenen Einstellungen recht zu haben, selbst wenn die Behauptungen des Betreffenden angefochten oder umgestoßen werden.

Joseph Agassi hat sogar die These vertreten, daß wir die mentalen Zustände und Vorgänge im Geist anderer Personen besser kennen als die Zustände und Vorgänge im eigenen Bewußtsein. Dabei macht Agassi einen Unterschied zwischen

3 A. J. Ayer, »Privacy«.

privilegiertem Zugang und der Common-sense-Wahrheit: »Für jeden gilt, daß er Zugang zu bestimmten Informationen hat, die ausschließlich ihm selbst zu Gebote stehen, und diese Informationen involvieren den Betreffenden selbst zumindest als Augenzeugen«. Ferner schreibt Agassi:

> Die These des privilegierten Zugangs besagt, daß ich im Hinblick auf alle meine eigenen Erfahrungen *die* Autorität bin. [. . .] Widerlegt wurde diese These von Freud (ich weiß über deine Träume besser Bescheid als du selbst), Duhem (ich weiß über deine wissenschaftlichen Forschungsmethoden besser Bescheid als du selbst), Malinowski (ich weiß über deine Sitten und Gebräuche besser Bescheid als du selbst) und die Wahrnehmungspsychologen (ich kann dafür sorgen, daß du Dinge siehst, die gar nicht da sind, und außerdem kann ich deine Wahrnehmungen besser beschreiben als du selbst).[4]

Hier wird, abgesehen von dem Freud-Beispiel, kaum etwas genannt, was die Autorität der ersten Person in Gefahr bringen könnte. Da die Begriffe »Absicht«, »Glauben«, »Wunsch« usw. durch Freuds Anschauungen auf den Bereich des Unbewußten übertragen werden, ist damit gesagt, daß man mit Bezug auf einige propositionale Einstellungen tatsächlich die unmittelbare Autorität verliert. Ja, von den Unterscheidungsmerkmalen unbewußter geistiger Zustände ist der Autoritätsverlust das wichtigste. Natürlich bleiben die vorfreudianischen Einstellungen der Autorität der ersten Person genauso unterworfen wie eh und je. Interessanter ist jedoch die Tatsache, daß die Wiedergewinnung der Autorität über eine Einstellung in der psychoanalytischen Praxis als der einzige unumstößliche Beleg dafür gilt, daß die Einstellung bereits vorhanden war, ehe sie von ihrem Träger ohne das Mittel der Folgerung erkannt wurde. Somit werden jene Beispiele für unbewußte geistige Zustände, deren Existenz schon vor Freud ohne Systembezug anerkannt wurde, von der Psychoanalyse indirekt dem Bereich der Autorität der ersten Person zugeschlagen. Daher glaube ich nicht, daß die Wichtigkeit der

4 Joseph Agassi, *Science in Flux*, S. 120.

Autorität der ersten Person durch die Existenz unbewußter Einstellungen gefährdet wird.

Nun komme ich auf Philosophen zu sprechen, die von der Annahme ausgehen, daß es so etwas wie die Autorität der ersten Person tatsächlich gibt, und die einverstanden sind mit Wittgensteins Kennzeichnung des Unterschieds zwischen Zuschreibungen in der ersten und Zuschreibungen in der dritten Person.

Strawson erörtert die Autorität der ersten Person im Rahmen seines Versuchs, dem Skeptizismus bezüglich des Fremdpsychischen etwas entgegenzusetzen. Nach Strawson gilt: Sofern der Skeptiker seine eigene Frage (»Woher weiß man, was im Geist des anderen vor sich geht?«) versteht, kennt er auch schon die Antwort. Denn wenn der Skeptiker weiß, was ein Geist ist, weiß er auch, daß dieser in einem Körper wohnt und Gedanken hat. Außerdem weiß er, daß man anderen auf der Basis beobachteten Verhaltens, sich selbst jedoch ohne Berufung auf eine solche Basis Gedanken zuschreibt. Strawson führt aus:

> Um diesen Typ von Begriff [der geistigen Eigenschaft] zu *haben*, muß man solche [geistige Eigenschaften zuschreibende] Prädikate sowohl sich selbst als auch anderen zuschreiben können, und man muß von jedem anderen erwarten, daß er sie sich selbst zuschreiben kann. Um diesen Typ von Begriff zu *verstehen*, muß man anerkennen, daß es eine Art von Prädikaten gibt, die unzweideutig ist und adäquat auf *zweierlei* Weise angewendet wird: aufgrund der Beobachtung des Subjekts, dem das Prädikat zugeschrieben werden soll, und nicht auf dieser Basis, d. h. unabhängig von der Beobachtung des Subjekts.[5]

Als befriedigende Erwiderung auf den Skeptiker kann man das nicht gelten lassen. Der Skeptiker wird nämlich erwidern: Es mag zwar sein, daß Strawson die Asymmetrie zwischen

5 P. F. Strawson, *Individuals*, S. 108; Übers., S. 139. (Anita Avramides hat darauf hingewiesen, daß Strawson mehr zu dieser Problematik beigesteuert hat, als ich hier einräume. Siehe ihren Artikel »Davidson and the New Sceptical Problem«.)

Zuschreibungen geistiger Prädikate in der ersten Person und Zuschreibungen in den übrigen Personen richtig gekennzeichnet hat, aber zu einer Erklärung dieser Asymmetrie hat er nichts beigetragen. Solange keine Erklärung vorliegt, ist der Skeptiker sicher zu seiner Frage berechtigt, woher man denn wisse, daß die Kennzeichnung zutreffe. Warum soll man insbesondere annehmen, daß ein manchmal auf der Basis von Beobachtungen und manchmal ohne eine solche Basis angewandtes Prädikat unzweideutig ist? Diese Frage, auf die Strawson nicht eingeht, ist eine Hauptquelle des Skeptizismus bezüglich unserer Kenntnis des Fremdpsychischen. (Zur augenscheinlichen Doppeldeutigkeit mentaler Prädikate siehe Abhandlung 2.)

Richard Rorty hat sich bemüht, eine Erklärung zu geben. Wir sollen uns vorstellen, daß Selbstzuschreibungen ursprünglich genauso wie Fremdzuschreibungen auf der Basis von Beobachtungen oder Verhaltensbelegen vorgenommen wurden. Später wurde festgestellt, daß sich die Menschen psychische Eigenschaften selbst zuschreiben konnten, ohne Beobachtungen anzustellen oder Verhaltensbelege heranzuziehen, wobei sich im Laufe der Zeit herausstellte, daß Selbstzuschreibungen bessere Verhaltenserklärungen liefern als Fremdzuschreibungen. So bildete sich die Sprachkonvention heraus, Selbstzuschreibungen als privilegiert zu behandeln: »Es wurde zu einer Bedingung für Verhaltenserklärungen, daß sie alle gemeldeten Gedanken oder Empfindungen in die gebotene Gesamterklärung einfügen müssen.«[6]

Als populäranthropologische Erklärung soll diese Darstellung nicht ernst genommen werden, sondern sie soll es vernünftig erscheinen lassen, daß wir Selbstzuschreibungen be-

6 Richard Rorty, »Incorrigibility as the Mark of the Mental«, S. 416. Rortys Darstellung geht auf die Abhandlung »Empiricism and the Philosophy of Mind« von Wilfrid Sellars zurück. Was die hier einschlägige Frage betrifft, besteht zwischen den Erklärungen von Sellars und Rorty kein Unterschied.

sondere Autorität zubilligen. Aber nach wie vor stellt sich die Frage: Welchen Grund hat Rorty genannt, um zu zeigen, daß nicht auf Belegen beruhende Selbstzuschreibungen dieselben Zustände und Vorgänge betreffen wie auf Beobachtungen oder Belegen basierende Zuschreibungen der gleichen geistigen Prädikate? Die beiden Formen der Zuschreibung unterscheiden sich der Art nach, und die Weisen, in denen sie Verhalten erklären, sind ebenfalls verschieden. Was Rorty als die Entdekkung beschreibt, daß nicht auf Belegen beruhende Selbstzuschreibungen bessere Verhaltenserklärungen abgeben, wird der Skeptiker als die Tatsache kennzeichnen, daß das Zugeschriebene offenbar in jeder Hinsicht verschieden ist.

Mag sein, daß es überraschend wirkt, wenn man feststellt, daß sich die bisher erörterten Philosophen eigentlich gar nicht mit dem antiken Problem des Skeptizismus bezüglich der Kenntnis des Fremdpsychischen befaßt haben. Das läßt sich jedoch, wie ich glaube, unschwer erklären. Im Laufe der historischen Entwicklung ist dieses Problem entweder von einem cartesianischen oder von einem empiristischen Standpunkt gesehen worden, und beide Positionen gehen davon aus, jeder wisse, was im eigenen Geist vor sich gehe. Das Problem schien daher darin zu liegen, wie es möglich wäre, eine Grundlage der Erkenntnis des Fremdpsychischen (und natürlich auch der Außenwelt) zu liefern. Jetzt sehen die Philosophen ein, daß das Verständnis geistiger Begriffe (oder Prädikate) darin besteht, zu wissen, welche Art beobachtbaren Verhaltens die Fremdzuschreibung dieser Begriffe rechtfertigt. Doch diese Erwiderung auf den Skeptiker trägt nichts dazu bei, die Autorität der ersten Person oder die Asymmetrie zwischen Selbstzuschreibungen und Fremdzuschreibungen zu erklären. Man kann weiterhin fragen, warum man glaubt, daß Zuschreibungen dieser beiden Arten denselben Gegenstand betreffen. Und das ist eine vortreffliche Frage, einerlei, ob wir uns über ihre Herkunft aus der skeptischen Tradition im klaren sind oder nicht.

Vielleicht sollte man darauf hinweisen, daß es außer den Begriffen, die auf Empfindungen, propositionale Einstellungen und die Lage unserer Glieder zutreffen, keine sonstigen Begriffe gibt, welche die hier besprochene Form von Asymmetrie aufweisen. Viele Begriffe können auf der Grundlage mannigfaltiger Kriterien angewandt werden, aber keine anderen sind so beschaffen, daß ihre Anwender bei bestimmten Gelegenheiten verschiedene Kriterien anwenden *müssen*. Um diese Anomalie zu erklären und einer Aufforderung zum Skeptizismus zu entgehen, sollte die Erklärung auf eine natürliche Asymmetrie zwischen anderen Beobachtern und uns selbst verweisen – eine Asymmetrie, die nicht bloß erfunden wurde, um das Problem zu lösen.

Der erste Schritt auf dem Weg zu einer Lösung hängt davon ab, daß man sich klar wird über die Entitäten, die im Hinblick auf die Autorität der ersten Person überhaupt in Frage kommen. William Alston schlägt das folgende Prinzip vor, um die besondere Stellung der Selbstzuschreibungen zu charakterisieren: »Jeder steht zu Propositionen, die ihm selbst derzeit gegebene geistige Zustände zuschreiben, in einem Verhältnis, aufgrund dessen es logisch unmöglich ist, daß er eine derartige Proposition für wahr hält, ohne zugleich dazu berechtigt zu sein, diese Überzeugung zu vertreten, während kein anderer in einem solchen Verhältnis zu solchen Propositionen steht.«[7]

Damit dieser Vorschlag einleuchtet, muß man annehmen, daß die von Huber durch den Satz »Ich glaube, Wagner ist als glücklicher Mensch gestorben« zum Ausdruck gebrachte Proposition dieselbe ist wie die Proposition, die Moser durch den Satz »Huber glaubt, Wagner sei als glücklicher Mensch gestorben« ausdrückt. Das ist natürlich eine überaus fragwürdige Annahme. Wieder bleibt der epistemische Kontrast unerklärt; und angesichts des Fehlens einer Erklärung stellt sich

7 William Alston, »Varieties of Privileged Access«, S. 235.

die Frage, welcher *Grund* im Einzelfall für die Überzeugung spricht, die von Huber und Moser gedanklich erfaßte Proposition sei tatsächlich dieselbe. Soweit lediglich eine Beschreibung eines epistemischen Unterschieds gegeben ist, läuft die naheliegende Schlußfolgerung darauf hinaus, daß die Propositionen verschieden sind.

Nun möchte ich mich einer Formulierung von Sidney Shoemaker zuwenden, in der ausdrücklich von Sprachlichem die Rede ist: »Zu den unkorrigierbaren Aussagen gehören auch Aussagen über geistige Vorgänge, z.B. Berichte über Gedanken. [...] Sie sind im folgenden Sinn unkorrigierbar: Wenn jemand eine solche Aussage aufrichtig äußert, hat es keinen Sinn anzunehmen – und nichts könnte als Nachweis für diese Annahme akzeptiert werden –, daß sich der Betreffende irrt, d.h. daß das von ihm Gesagte falsch ist.«[8]

Die Bedingung der Unkorrigierbarkeit werde ich außer acht lassen und sie durch etwas weniger Anspruchsvolles ersetzen – etwas, was auf die Autorität der ersten Person hinausläuft. (Das ist vielleicht ganz vernünftig, denn Shoemaker geht es in erster Linie um Empfindungen wie Schmerzen, während ich mich hier ausschließlich mit propositionalen Einstellungen befasse.) Wichtig ist an dieser Stelle, daß Shoemaker die Richtigkeitsvermutung nicht auf eine Art von Erkenntnis bezieht, sondern auf eine Klasse von Äußerungen. Dieser Gedanke könnte zu einer Erklärung der Autorität der ersten Person führen, wenn es möglich wäre, diese Klasse der Äußerungen in syntaktischer Terminologie zu bestimmen. Leider geht das nicht. Wenn Shoemaker recht hat, muß man davon ausgehen, daß ein Sprecher, der Sätze einer bestimmten Art gebraucht, mit dem Gesagten recht hat. Aber das gilt natürlich nur dann, wenn der Sprecher weiß, daß er Sätze der privilegierten Art gebraucht. Ist diese Bedingung nicht erfüllt, mißbraucht er die Sprache. Worin bestünde hier ein Miß-

8 Sidney Shoemaker, *Self-Knowledge and Self-Identity*, S. 215 f.

brauch? Vor allem, wie man sagen möchte, in der aufrichtigen Behauptung eines Satzes, zu dessen Behauptung man nicht eigens autorisiert ist. Das mag zwar sein, doch damit wiederholt man lediglich die uninformative und nicht erklärte These, es sei eine sprachliche Konvention, Selbstzuschreibungen mit besonderem Respekt zu behandeln. Das impliziert, vom Standpunkt des Interpreten gesehen, er solle Selbstzuschreibungen so deuten, daß sie wahr werden – oder er solle ihrer Wahrheit einen besonderen Vorrang zubilligen. Der Standpunkt des Interpreten ist, wenn man Shoemakers Prinzip voraussetzt, der einzige, den wir uns zu eigen machen können, und dieser Umstand nimmt dem Prinzip die unabhängige Anwendungsmöglichkeit: Unser einziger Grund für die Behauptung, der Sprecher habe bei entsprechender Gelegenheit spezielle Autorität, liegt in unserer Bereitschaft, seine Äußerung als Selbstzuschreibung zu deuten. Mit anderen Worten, Selbstzuschreibungen haben besondere Autorität. Das stimmt zwar, aber es ist der Punkt, von dem wir ausgegangen sind.

Bisher ist noch keine befriedigende Erklärung der Asymmetrie zwischen Einstellungszuschreibungen in der ersten Person und solchen in den übrigen Personen zum Vorschein gekommen. Dennoch ist es ein Schritt in eine verheißungsvolle Richtung, wenn man sich nicht mehr auf Propositionen oder Bedeutungen, sondern auf Sätze und Äußerungen konzentriert. Der Grund dafür ist recht unkompliziert. Solange wir das Problem im Sinne der Frage formulieren, welche Befugnis oder Autorität man im Hinblick auf Behauptungen über die Einstellung eines Akteurs zu einer Proposition (oder zu einem Satz mit gegebener Interpretation) hat, sind wir offenbar dazu genötigt, Unterschiede einfach durch Postulierung verschiedener Informationsarten oder -quellen zu erklären. Andernfalls können wir verschiedene Anwendungskriterien für die ausschlaggebenden Begriffe oder Wörter postulieren (also für »glaubt, daß ...«, »beabsichtigt zu ...«, »wünscht, daß ...« usw.). Doch diese Manöver bringen, wie wir schon gesehen haben, nichts weiter als eine Neuformulierung des Problems und sind daher eine Einladung zum Skeptizismus hinsichtlich der Erkenntnis des Fremdpsychischen (oder der eigenen Psyche). Aber wenn wir das Problem unter Bezugnahme auf die Beziehungen zwischen Akteuren und Äußerungen formulieren, können wir die Sackgasse umgehen.

Jetzt müssen wir zwei miteinander zusammenhängende, aber verschiedene Asymmetrien unterscheiden. Einerseits besteht hier der vertraute Unterschied zwischen Selbst- und Fremdzuschreibungen, durch die derselben Person dieselbe Einstellung zugesprochen wird, beispielsweise zwischen meiner Behauptung, daß ich glaube, Wagner sei als glücklicher Mensch gestorben, und deiner Behauptung, daß ich glaube, Wagner sei als glücklicher Mensch gestorben. Wenn diese Behauptungen in Worte gefaßt werden, stehen wir vor der Schwierigkeit, entscheiden zu müssen, welche Äußerungspaare sich in geeigneter Form zueinander verhalten, um zu gewährleisten, daß die Behauptungen »denselben Inhalt« haben. Andererseits können wir meine Äußerung des Satzes »Ich glaube, Wagner ist als glücklicher Mensch gestorben« betrachten und sodann eine Gegenüberstellung vornehmen zwischen meiner Berechtigung zu der Annahme, ich hätte etwas Wahres gesagt, und deiner Berechtigung zu der Annahme, ich hätte etwas Wahres gesagt. Diese beiden Asymmetrien hängen natürlich miteinander zusammen, denn wir sind geneigt zu sagen, deine Berechtigung zu der Annahme, ich spräche die Wahrheit, wenn ich sage: »Ich glaube, Wagner ist als glücklicher Mensch gestorben«, müsse eng verbunden sein mit deiner Berechtigung zu der Annahme, du würdest die Wahrheit sprechen, wenn du sagtest: »Davidson glaubt, Wagner sei als glücklicher Mensch gestorben«. Aber aus Gründen, die schon bald einsichtig werden, möchte ich mich mit der zweiten Form der Asymmetrie befassen.

Die Frage läuft demnach auf folgendes hinaus: Was erklärt

den Unterschied zwischen deiner Sicherheit, daß ich recht habe, wenn ich sage: »Ich glaube, Wagner ist als glücklicher Mensch gestorben«, und meiner eigenen Sicherheit? Mittlerweile wissen wir, daß es nichts nützt zu sagen, ich verfügte über einen Zugang zu einem dir versperrten Weg, Erkenntnisse über meine eigenen Überzeugungen zu gewinnen. Ebenso wenig nutzt der Hinweis, daß wir bei der Anwendung des Glaubensbegriffs (oder des Worts »glauben«) unterschiedliche Kriterien zum Einsatz bringen. Betrachten wir also eine kürzere Äußerung meinerseits! Ich äußere den Satz: »Wagner starb glücklich«. Dann gilt offenbar: Wenn du weißt bzw. wenn ich oder sonst jemand weiß, daß ich diesen Satz in dieser Äußerungssituation für wahr halte, und der Betreffende außerdem weiß, was ich in dieser Äußerungssituation mit diesem Satz gemeint habe, dann weiß der Betreffende, was ich glaube – er weiß, welche Überzeugung ich zum Ausdruck gebracht habe.

Wieder würde die Darstellung zirkulär werden, wenn man die Grundasymmetrie erklären wollte, indem man eine Asymmetrie annähme zwischen deiner und meiner Garantie dafür, daß ich den soeben von mir geäußerten Satz für einen wahren Satz halte. Eine solche Asymmetrie muß natürlich wirklich bestehen, aber man kann es nicht zulassen, daß sie zu der gewünschten Erklärung beiträgt. Dagegen können wir, ohne etwas zu präjudizieren, voraussetzen, wir wüßten beide, daß ich den von mir geäußerten Satz in dieser Situation für wahr halte – einerlei, welches die Quelle oder Beschaffenheit unseres Wissens ist. Ebenso würde es eine Petitio principii beinhalten, wollte man die Grundasymmetrie durch Berufung auf eine Asymmetrie in unserer Kenntnis des Faktums erklären, daß ich weiß, was mein Satz in der bei dieser Gelegenheit geäußerten Form bedeutete. Also wollen wir wieder schlicht voraussetzen, daß wir es beide wissen – einerlei, welches die Quelle oder die Beschaffenheit unseres Wissens ist.

Bisher haben wir gar keine Asymmetrie postuliert oder vorausgesetzt. Die einzigen Voraussetzungen sind die folgenden: Du und ich, wir wissen beide, daß ich den Satz »Wagner starb glücklich« für einen wahren Satz hielt, als ich ihn äußerte, und daß ich wußte, was dieser Satz bei der Gelegenheit meiner Äußerung bedeutete. Und nun besteht der folgende – erklärungsbedürftige – Unterschied zwischen uns: Unter diesen Voraussetzungen weiß ich, was ich glaube, während du es womöglich nicht weißt.

Der Unterschied folgt natürlich aus der folgenden Tatsache: Durch die Voraussetzung, daß ich weiß, was ich meine, gelange ich – aber nicht du – mit Notwendigkeit zu Wissen darüber, welche Überzeugung ich mit meiner Äußerung zum Ausdruck gebracht habe. Zu zeigen bleibt noch, warum die Annahme gemacht werden muß, daß sich Sprecher – aber nicht ihre Interpreten – im Hinblick auf die Bedeutung ihrer Worte nicht irren. Diese Annahme ist wesentlich, was die Natur der Interpretation betrifft, also die Natur jenes Vorgangs, durch den wir die Äußerungen eines Sprechers verstehen. Für denjenigen, der sich äußert, kann dieser Vorgang nicht der gleiche sein wie für seine Hörer.

Um die Sache möglichst einfach zu formulieren: Es kann keine allgemeine Gewähr dafür geben, daß der Hörer den Sprecher richtig interpretiert. Der Hörer mag den Sprecher noch so leicht, automatisch, unbekümmert und erfolgreich verstehen, es ist stets möglich, daß er einen gravierenden Irrtum begeht. In diesem speziellen Sinn kann man ihn immer so ansehen, als interpretiere er den Sprecher. Der Sprecher kann seine eigenen Worte nicht in der gleichen Weise interpretieren. Der Hörer interpretiert (normalerweise ohne zu überlegen oder innezuhalten) auf der Grundlage vieler Anhaltspunkte: Er stützt sich auf die Handlungen und die sonstigen Worte des Sprechers und seine Vermutungen über dessen Bildung, Geburtsort, Esprit und Beruf sowie über das Verhältnis zwischen dem Sprecher und nahen oder fernen Gegenständen usw. Da es dem Sprecher selbst obliegt, sich um Verständlichkeit zu bemühen, muß er beim Reden zwar ebenfalls viele dieser Dinge bedenken, aber er kann sich nicht fragen, ob er generell meint, was er sagt.

Der Gegensatz zwischen den Gründen des Selbstzuschreibers für seine Selbstzuschreibung und den Gründen des Interpreten für die Akzeptierung eben dieser Zuschreibung wäre kraß, wenn man annähme, daß hinsichtlich der Interpretation, die der Sprecher seinen eigenen Worten angedeihen läßt, kein Zweifel aufkommen kann. Aber natürlich sind solche Zweifel möglich, denn was die Worte des Sprechers bedeuten, hängt zum Teil von den Interpretationshinweisen ab, die er dem Interpreten gegeben hat, oder von weiteren Belegen, die seiner berechtigten Annahme zufolge dem Interpreten vorliegen. Der Sprecher kann sich im Hinblick auf das, was seine eigenen Worte bedeuten, irren. Das ist einer der Gründe, warum die Autorität der ersten Person nicht unfehlbar ist. Die Asymmetrie wird durch die Möglichkeit des Irrtums allerdings nicht ausgeräumt. Die Asymmetrie beruht darauf, daß sich der Interpret auf etwas verlassen muß, was im Falle einer expliziten Darlegung eine schwierige Schlußfolgerung im Rahmen der Interpretation des Sprechers wäre, während sich dieser auf nichts Derartiges verläßt.

Weder der Sprecher noch der Hörer erfährt in spezieller oder geheimnisvoller Weise, was die Worte des Sprechers bedeuten. Außerdem können sich beide irren. Es gibt jedoch einen Unterschied. Der Sprecher hat, nachdem er all sein Wissen und Können an die Aufgabe gewandt hat, zu sagen, was die eigenen Worte bedeuten, nichts Besseres zu bieten als eine Aussage der folgenden Art: »Meine Äußerung der Worte ›Wagner starb glücklich‹ ist dann und nur dann wahr, wenn Wagner glücklich starb.« Der Interpret hingegen hat keinen Grund zur Annahme, daß dies *seine* beste Möglichkeit ist, die Wahrheitsbedingungen der Sprecheräußerung zu formulieren.

Um einzusehen, was es mit diesem Unterschied auf sich hat,

stellt man sich am besten eine Situation vor, in der zwei Personen, die nicht miteinander verwandte Sprachen sprechen und von der Sprache des jeweils anderen keine Ahnung haben, allein gelassen werden, um das Kommunizieren zu lernen. Das Entschlüsseln einer neuen Sprache ist nicht das gleiche wie das Lernen der Muttersprache, denn der echte Anfänger verfügt weder über das Denkvermögen noch über den Vorrat an Begriffen, auf den die an dieser imaginären Situation beteiligten Personen zurückgreifen können. Das berührt allerdings nicht den Punkt, den ich hervorheben möchte, denn was mein imaginärer Interpret bewußt als Belegmaterial deuten kann, ist genau das, wodurch der Lerner der Muttersprache zum Sprachbenutzer konditioniert wird. Lassen wir eine der beiden imaginären Personen reden, während die andere zu verstehen versucht. Es wird keine Rolle spielen, ob der Sprecher tatsächlich die Sprache spricht, in der er groß geworden ist, denn seine frühere soziale Situation ist ohne Belang. (Hier unterstelle ich, daß der Sprecher kein Interesse daran hat, den Hörer so zu schulen, daß er mit der ursprünglichen Sprachgemeinschaft des Sprechers zu Rande kommt.) Der Sprecher kann nichts Besseres tun, als sich um *Interpretierbarkeit* zu bemühen, d.h. einen endlichen Vorrat an unterscheidbaren Lauten zu gebrauchen, die konsequent auf Gegenstände und Situationen angewandt werden, von denen er annimmt, daß sie seinem Hörer ins Auge stechen. Es ist offensichtlich, daß dieses Vorhaben dem Sprecher von Zeit zu Zeit mißlingen kann. In diesem Fall kann man, wenn man will, sagen, er wisse nicht, was seine Worte bedeuten. Genauso offenkundig ist allerdings, daß sich der Interpret auf nichts weiter stützen kann als das Lautmuster, welches der Sprecher in Verbindung mit sonstigen Vorgängen (die natürlich auch weitere Handlungen seitens Sprecher und Hörer beinhalten) von sich gibt. In dieser Situation hat es keinen Sinn, sich zu fragen, ob der Sprecher generell Fehler macht. Es mag sein, daß sein Verhalten einfach nicht interpretierbar ist. Ist es jedoch interpretierbar, dann ist das, was seine Worte bedeuten, (im allgemeinen) das, was sie nach seiner Absicht bedeuten sollen. Da es für die »Sprache«, die er spricht, keine weiteren Hörer gibt, kommt die Vorstellung, der Sprecher könne seine Sprache falsch gebrauchen, nicht zur Anwendung. Hier ist anzunehmen – und das ist eine unumgängliche, im Wesen der Interpretation angelegte Annahme –, daß der Sprecher normalerweise weiß, was er meint. Es ist also anzunehmen, daß der Sprecher, sofern er weiß, daß er einen bestimmten Satz für wahr hält, weiß, was er glaubt.

2
Wissen, was man denkt

Es ist kein Geheimnis, welcher Art die Belege sind, anhand deren wir über die Gedanken anderer Leute befinden: Wir beobachten ihre Handlungen, lesen ihre Briefe, prüfen ihr Mienenspiel, lauschen ihren Worten, informieren uns über ihren Lebenslauf und ziehen ihr Verhältnis zur Gesellschaft in Betracht. Wie es gelingt, aus derlei Indizien ein überzeugendes Bild des Geistes zusammenzufügen, ist eine andere Frage. Wir können es, ohne unbedingt zu wissen, wie wir es anstellen. Manchmal bringe ich, was ich glaube, mehr oder weniger genauso in Erfahrung wie andere Leute, nämlich indem ich feststelle, was ich sage und tue. Mitunter ist das vielleicht mein einziger Zugang zu den eigenen Gedanken. Graham Wallas schreibt: »Es gab einmal ein kleines Mädchen, das, aufgefordert, erst zu überlegen und das Gemeinte erst dann auszusprechen, erwiderte: ›Woher soll ich wissen, was ich denke, ehe ich mitkriege, was ich sage?‹ Dieses Mädchen hatte das Zeug zur Dichterin.«[1] Einen ähnlichen Gedanken hat Robert Motherwell geäußert, als er sagte: »Ich möchte behaupten, daß die meisten guten Maler gar nicht wissen, was sie denken, ehe sie es malen.«

Gilbert Ryle stand in dieser Frage ganz auf seiten der Dichter und Maler. Er blieb wacker bei der Behauptung, daß wir den eigenen Geist in genau derselben Weise kennen, in der wir etwas über den Geist der anderen in Erfahrung bringen, nämlich indem wir beobachten, was wir sagen, tun und malen. Ryle hatte unrecht. Es ist nur selten der Fall, daß ich Belege oder Beobachtungen brauche oder heranziehe, um herauszubekommen, was ich glaube; normalerweise weiß ich, was ich denke, ehe ich spreche oder handle. Auch wenn ich tatsäch-

1 Graham Wallas, *The Art of Thought.*

lich über Indizien verfüge, mache ich selten Gebrauch davon. Tatsächlich kann ich mich im Hinblick auf die eigenen Gedanken irren, und daher ist die Berufung auf öffentlich Bestimmbares nicht irrelevant. Aber die Möglichkeit eines Irrtums hinsichtlich der eigenen Gedanken ist nicht dazu angetan, die vorrangige Annahme auszustechen, daß Personen wissen, wovon sie überzeugt sind. Im allgemeinen ist die Überzeugung, man habe einen bestimmten Gedanken, ausreichend, um diese Überzeugung zu rechtfertigen. Aber obwohl das wahr ist und für die meisten von uns sogar auf der Hand liegt, gibt es, soweit ich sehe, keine einfache Erklärung dieses Faktums. Während zumindest in groben Zügen klar ist, worauf wir uns beim Versuch, die Gedanken der anderen auszuloten, stützen müssen, ist unklar, warum wir im eigenen Fall so oft wissen können, was wir denken, ohne Belege heranzuziehen oder auf Beobachtungen zurückzugreifen.

Da wir normalerweise wissen, was wir glauben (wünschen, bezweifeln und beabsichtigen), ohne Belege zu benötigen oder zu benutzen (selbst wenn sie zu Gebote stehen), sind unsere aufrichtigen Bekundungen bezüglich unseres gegenwärtigen geistigen Zustands nicht anfällig für die Schwächen von Schlußfolgerungen, die auf Belegen beruhen. Daher besitzen aufrichtige, in der ersten Person Präsens geäußerte Behauptungen über Gedanken, obwohl sie weder unfehlbar noch unkorrigierbar sind, eine Autorität, die keiner Behauptung in der zweiten oder dritten Person mit anderem Tempus zukommen kann. Daß man diese Tatsache einsieht, heißt allerdings nicht, daß man sie erklärt hat.

Seit Wittgenstein hat es sich eingebürgert, daß man sorgenvolle Zweifel hinsichtlich »unserer Kenntnis des Fremdpsychischen« durch den Hinweis zu beschwichtigen versucht, es sei ein wesentlicher Aspekt unseres Gebrauchs bestimmter mentaler Prädikate, daß man sich bei ihrer Anwendung auf andere Personen auf Verhaltensbelege stütze, während man bei der Anwendung auf sich selbst ohne diese Hilfe auskomme. Dieser Hinweis ist zutreffend, und wenn man ihn entsprechend ausformuliert, sollte er als Antwort auf jemanden genügen, der sich fragt, wie es möglich sei, über die Psyche der anderen Bescheid zu wissen. Aber als Erwiderung auf den Skeptiker dürfte Wittgensteins Erkenntnis (sofern sie überhaupt auf Wittgenstein zurückgeht) kaum ausreichen. Denn erstens ist es ein sonderbarer Gedanke, daß Behauptungen ohne Untermauerung durch Belege oder Beobachtungen höher bewertet werden sollen als Behauptungen, die auf diese Weise abgesichert sind. Freilich, wenn keine Belege zur Untermauerung einer These angeführt werden, kann man diese These nicht anfechten, indem man die Wahrheit oder die Relevanz der Belege in Frage stellt. Doch diese Gegebenheiten genügen kaum, um vorschlagen zu können, daß Behauptungen ohne Untermauerung durch Belege generell zuverlässiger sind als Behauptungen, die entsprechend abgesichert sind. Die zweite und wichtigste Schwierigkeit ist die folgende: Normalerweise würde man sagen, daß das, was als Beleg für die Anwendung eines Begriffs gilt, zur Definition dieses Begriffs beiträgt oder zumindest seiner Bestimmung Einschränkungen auferlegt. Wenn die Anwendung zweier Begriffe im Regelfall von verschiedenen Kriterien oder Bereichen der Untermauerung durch Belege abhängt, muß es sich um verschiedene Begriffe handeln. Verhält es sich also so, daß der augenscheinlich gleiche Ausdruck manchmal zu Recht auf der Basis von Belegen eines bestimmten Bereichs und manchmal auf der Grundlage von Belegen eines anderen Bereichs (oder ohne jede derartige Grundlage) angewendet wird, dürfte die offenkundige Schlußfolgerung lauten, daß der Ausdruck doppeldeutig ist. Warum sollten wir dann annehmen, daß ein Prädikat wie »*x* glaubt, daß Ras Dashan der höchste Berg von Äthiopien ist«, das manchmal auf der Basis von Verhaltensbelegen und manchmal ohne eine solche Basis angewendet wird, nicht doppeldeutig ist? Falls es tatsächlich doppeldeutig ist, besteht kein Grund zur Annahme, es habe bei der Anwendung auf die eigene Person dieselbe Bedeutung wie bei der Anwendung auf andere. Wenn wir (was ratsam ist) einräumen, daß der notwendig öffentliche und interpersonale Charakter der Sprache eine Gewähr dafür bietet, daß wir diese Prädikate oft zu Recht auf andere anwenden und daher oft tatsächlich wissen, was *andere* denken, muß die Frage aufgeworfen werden, welche Gründe jeder von uns für die Annahme hat, er wisse, was *er* denke (in derselben Bedeutung des Ausdrucks). Die Antwort à la Wittgenstein mag zwar das Problem des Fremdpsychischen lösen, aber sie schafft ein entsprechendes Problem hinsichtlich der Kenntnis der eigenen Psyche. Die Entsprechung ist allerdings nicht ganz vollständig. Das ursprüngliche Problem des Fremdpsychischen legte die Frage nahe, woher man wisse, daß andere überhaupt eine Psyche haben. Das Problem, dem wir uns jetzt gegenübersehen, muß wie folgt formuliert werden: Ich weiß, wonach ich bei der Fremdzuschreibung von Gedanken suchen muß. Indem ich ganz andere (oder keine) Kriterien benutze, wende ich die gleichen Prädikate auf mich selbst an. So ergibt sich die skeptische Frage, warum ich annehmen soll, es seien *Gedanken*, die ich mir selbst zuschreibe. Doch da die Belege, die ich im Fall der anderen benutze, öffentlich zugänglich sind, besteht kein Grund, warum ich mir selbst Gedanken nicht in der gleichen Weise zuschreiben soll, in der ich sie anderen zuschreibe, also in der von Graham Wallas, Robert Motherwell und Gilbert Ryle empfohlenen Weise. Mit anderen Worten: Ich behandle die eigenen mentalen Zustände zwar nicht in der gleichen Weise wie die Zustände der anderen, aber möglich wäre es. Keine derartige Strategie steht jemandem zu Gebote, der im Hinblick auf die Gedanken der anderen die gleiche Art von Autorität anstrebt, über die er offenbar im Umgang mit seinen eigenen Gedanken verfügt. Daher bleibt die Asymmetrie zwischen diesen Fällen ein Problem, und es ist die Autorität der ersten Person, durch die dieses Problem aufgeworfen wird.

Im ersten Artikel des vorliegenden Buchs habe ich eine Antwort auf dieses Problem vorgeschlagen. Dort habe ich geltend gemacht, daß aufmerksame Beachtung der Art und Weise, in der wir anderen Personen Gedanken und Kenntnis gemeinter Bedeutungen zuschreiben, eine Erklärung für die Autorität der ersten Person liefere, ohne zu skeptischen Zweifeln Anlaß zu geben. In den letzten Jahren sind jedoch gerade einige jener Fakten, auf die ich mich zur Rechtfertigung der Autorität der ersten Person gestützt hatte, benutzt worden, um diese Autorität unter Beschuß zu nehmen. So hat man aus Gründen, die man für neu hält, geltend gemacht, daß die Verfahren des Interpreten der dritten Person zwar bestimmen, was wir normalerweise als Inhalt der Akteurspsyche erachten, doch der so bestimmte Inhalt könne dem Akteur unbekannt sein. In der vorliegenden Abhandlung betrachte ich einige dieser Argumente und verfechte die These, daß sie die Autorität der ersten Person nicht wirklich in Gefahr bringen. Nach meinem Eindruck wird die in meiner früheren Abhandlung angebotene Erklärung der Asymmetrie zwischen der ersten Person und den übrigen Personen durch die neuen Überlegungen – bzw. durch die allem Anschein nach stichhaltigen unter diesen Überlegungen – allenfalls noch gestärkt.

Das Problem, mit dem ich mich hier befasse, setzt, wie nochmals betont werden sollte, nicht voraus, daß unsere Überzeugungen hinsichtlich der eigenen gleichzeitig gegebenen geistigen Zustände unfehlbar oder unkorrigierbar sind. Es ist möglich und kommt tatsächlich vor, daß wir im Hinblick auf das, was wir glauben, wünschen, gutheißen und beabsichtigen, Fehler machen. Außerdem besteht hier die Möglichkeit der Selbsttäuschung. Solche Fälle sind zwar nicht selten, aber dennoch gilt, daß sie weder Standardfälle sind noch sein können. Das begründe ich jetzt nicht, sondern halte es für eine von mehreren Tatsachen, die erklärt werden sollten.

Lassen wir nun die Selbsttäuschung ebenso beiseite wie sonstige anomale oder Grenzphänomene, dann lautet die Frage, ob man – ohne Irrationalität, Widersprüchlichkeit oder Verwirrung – schlankweg und problemlos denken kann, man habe eine Überzeugung, die man gar nicht hat, bzw. man habe eine Überzeugung, die man tatsächlich hat, nicht. Eine Reihe von Philosophen und philosophisch gesinnten Psychologen haben in letzter Zeit Anschauungen in Betracht gezogen, die implizieren oder nahelegen, daß dergleichen ohne weiteres geschehen könnte – ja, daß es ständig geschehen muß.

Angelegt war die Gefahr schon in Russells Vorstellung von Propositionen, von denen man wissen könne, daß sie wahr seien, obwohl sie »Bestandteile« enthielten, mit denen der Geist des Wissenden nicht bekannt sei; und indes die Erforschung der Einstellungen *de re* vorankam, wurde die Gefahr immer bedrohlicher.

Aber es war Hilary Putnam, der den entscheidenden Schritt tat. Man denke etwa an Putnams 1975 veröffentlichte Argumentation, die zeigen sollte, daß Bedeutungen, wie er sagt, »nun mal nicht im Kopf stecken«.[2] Putnam legt überzeugend dar, daß das, was Worte bedeuten, von mehr abhängt als dem, »was im Kopf steckt«. Er erzählt eine Reihe von Geschichten, deren Moral darauf hinausläuft, daß manche Aspekte der Naturgeschichte des Prozesses, durch den man den Gebrauch eines Worts lernt, hinsichtlich der Bedeutung des Worts notwendig einen Unterschied machen. Daraus scheint zu folgen, daß zwei Personen in physisch identischen Zuständen sein und dennoch mit den gleichen Worten Verschiedenes meinen könnten.

Die Konsequenzen sind weitreichend. Denn wenn die Menschen (normalerweise) dazu in der Lage sind, ihre Gedanken richtig in Worten auszudrücken, dann müssen ihre Gedanken – ihre Überzeugungen, Wünsche, Absichten, Hoffnungen, Erwartungen – z. T. ebenfalls mit Hilfe von Ereignissen und Gegenständen außerhalb der Person bestimmt werden.

2 Hilary Putnam, »The Meaning of ›Meaning‹«, S. 227.

Sofern Bedeutungen nicht im Kopf stecken, dann gilt das gleiche offenbar auch für Überzeugungen, Wünsche usw.

Da manche Leser womöglich des Putnamschen Doppelgängers auf der Zwillingserde überdrüssig sind, möchte ich meine eigene Science-Fiction-Geschichte erzählen (sofern das die richtige Bezeichnung ist). Bei meiner Geschichte werden einige irrelevante Schwierigkeiten der Darstellung Putnams vermieden, wobei allerdings ein paar neue Probleme eigener Art ins Spiel gebracht werden.[3] (Auf die Erde komme ich in Kürze wieder zu sprechen – auf die Zwillingserde ebenfalls.)

Nehmen wir an, der Blitz schlage im Sumpf in einen abgestorbenen Baum ein, während ich in der Nähe stehe. Mein Körper wird in seine Elemente zerlegt, während der Baum durch reinen Zufall (und aus anderen Molekülen) in ein physisches Ebenbild meiner selbst verwandelt wird. Mein Ebenbild, das Sumpfwesen, bewegt sich genauso wie ich. Seiner Natur entsprechend verläßt das Wesen den Sumpf, es begegnet meinen Freunden, es scheint sie wiederzuerkennen und ihren Gruß in meiner Sprache zu erwidern. Es zieht in meine Wohnung und scheint Artikel über radikale Interpretation zu schreiben. Niemand kann angeben, worin der Unterschied besteht.

Es gibt aber tatsächlich einen Unterschied. Mein Ebenbild kann meine Freunde nicht wiedererkennen; es kann gar nichts *wieder*-erkennen, denn es hat zunächst einmal überhaupt nichts erkannt. Es kann die Namen meiner Freunde nicht kennen (obwohl es sie natürlich zu kennen scheint). Auch an mein Haus kann es sich nicht erinnern. Es kann z. B. mit dem Wort »Haus« nicht dasselbe meinen wie ich, denn der vom

3 Auf Originalität erhebe ich hier keinen Anspruch. Stephen Stich hat in seinem Artikel »Autonomous Psychology and the Belief-Desire Thesis«, S. 537ff., ein ganz ähnliches Beispiel benutzt. Betonen sollte ich, daß ich keineswegs andeuten möchte, ein zufällig oder künstlich hervorgebrachter Gegenstand könne nicht denken. Das Sumpfwesen benötigt einfach Zeit, in der ihm eine kausale Geschichte zuwachsen und der These Sinn verleihen könnte, es spreche von, erinnere sich an, ermittle oder denke an Dinge in der Welt. (Auf diesen Punkt komme ich später zurück.)

Sumpfwesen geäußerte Laut »Haus« ist nicht in einem Kontext gelernt worden, der ihm die richtige Bedeutung – oder überhaupt irgendeine Bedeutung – verliehe. Ja, ich vermag nicht einzusehen, wie man behaupten kann, mein Ebenbild meine irgend etwas mit den von ihm geäußerten Lauten oder es habe irgendwelche Gedanken.

Es könnte sein, daß Putnam dieser letzten Behauptung nicht zustimmen würde, denn er sagt: Wenn sich zwei Personen (oder Gegenstände) in relevanter Hinsicht im gleichen physischen Zustand befinden, sei es »absurd« anzunehmen, ihr psychischer Zustand »sei im geringsten verschieden«.[4] Es wäre jedoch verfehlt, wollte man mit Sicherheit unterstellen, daß Putnam und ich in dieser Hinsicht wirklich verschiedener Meinung sind, denn noch ist nicht klar, wie der Ausdruck »psychischer Zustand« gebraucht wird.

Nach Putnams Ansicht gehen viele Philosophen zu Unrecht davon aus, daß psychische Zustände wie das Glauben und das Kennen einer Wortbedeutung sowohl (I) etwas »Inneres« sind, insofern sie die Existenz keines Individuums voraussetzen außer der Existenz jenes Subjekts, dem der Zustand zugeschrieben wird, als auch (II) eben solche Zustände sind, die wir normalerweise in der Weise identifizieren und individuieren, in der wir bei den Überzeugungen und den übrigen propositionalen Einstellungen verfahren. Da wir geistige Zustände und gemeinte Bedeutungen normalerweise zum Teil durch Bezugnahme auf vom Subjekt verschiedene Gegenstände und Ereignisse identifizieren und individuieren, glaubt Putnam, daß (I) und (II) auseinanderfallen. Nach seiner Meinung gibt es keine Zustände, die beide Bedingungen erfüllen.

Psychische Zustände, die Bedingung (I) erfüllen, nennt Putnam »eng«. Er deutet solche Zustände als solipsistische und bringt sie mit der Cartesischen Sicht des Menschen in Verbin-

4 Putnam, »The Meaning of ›Meaning‹«, S. 144.

dung. Es mag sein, daß Putnam diese Zustände für die einzig »wahren« psychischen Zustände hält; an vielen Stellen seines Artikels läßt er die nähere Bestimmung »eng« weg, obwohl die (so bezeichneten) engen psychischen Zustände den propositionalen Einstellungen, wie man sie normalerweise bestimmt, gar nicht entsprechen. Nicht jeder hat sich davon überzeugen lassen, daß sich wirklich eine verständliche Unterscheidung treffen läßt zwischen engen psychischen Zuständen und durch Bezugnahme auf externe (soziale oder sonstige) Fakten identifizierten psychischen Zuständen (sofern es dergleichen gibt). (Anstatt von engen spricht man auch von inneren, cartesianischen oder individualistischen psychischen Zuständen – alle diese Ausdrücke sind geläufig.) So hat John Searle behauptet, daß unsere normalen propositionalen Einstellungen Bedingung (I) erfüllen, so daß an Zuständen, die Bedingung (II) erfüllen, gar kein Bedarf bestehe. Von Tyler Burge hingegen wird bestritten, daß es in irgendeinem interessanten Sinn propositionale Einstellungen gibt, die Bedingung (I) erfüllen.[5] Allerdings scheint man sich durchweg darüber einig zu sein, daß es keine Zustände gibt, die beide Bedingungen erfüllen.

In der vorliegenden Arbeit wird die These vertreten, es bestehe kein Grund zu der Annahme, daß normale geistige Zustände nicht sowohl Bedingung (I) als auch Bedingung (II) erfüllen. Nach meinem Dafürhalten sind solche Zustände insofern »innere«, als sie mit Zuständen des Körpers identisch sind und daher ohne Bezugnahme auf Gegenstände oder Ereignisse außerhalb des Körpers identifiziert werden können. Zugleich sind sie insofern »nichtindividualistisch«, als es möglich und normalerweise tatsächlich der Fall ist, daß sie zum Teil anhand ihrer kausalen Beziehungen zu Ereignissen und Gegenständen außerhalb des Subjekts, dessen Zustände sie sind, identifiziert werden. Als Korollarium dieser These

5 John Searle, *Intentionality*; Tyler Burge, »Individualism and Psychology«.

wird sich ergeben, daß die Autorität der ersten Person im Gegensatz zu einer häufig gemachten Annahme widerspruchsfrei für Zustände gelten kann, die üblicherweise anhand ihrer Beziehungen zu Ereignissen und Gegenständen außerhalb der Person identifiziert werden.

Zunächst zum Korollarium. Wieso ist es naheliegend anzunehmen, daß Zustände, die Bedingung (II) erfüllen, einer Person, die sich in einem solchen Zustand befindet, vielleicht unbekannt sind?

Jetzt muß ich auf Putnams Zwillingserde zu sprechen kommen. Wir sollen uns, wie er meint, zwei Personen vorstellen, die einander in physischer Hinsicht und (daher) im Hinblick auf alle »engen« psychischen Zustände genau gleichen. Eine der beiden Personen, ein Erdbewohner, hat den Gebrauch des Worts »Wasser« dadurch gelernt, daß auf Wasser gezeigt wurde, sowie durch Wasser betreffende Lektüre, Hörensagen usw. Die andere Person, ein Bewohner der Zwillingserde, hat den Gebrauch des Worts »Wasser« unter Bedingungen gelernt, die keine sichtbare Verschiedenheit aufweisen, obwohl die Substanz, die wahrzunehmen war, kein Wasser ist, sondern eine zum Verwechseln ähnliche Substanz, die wir als »Zwasser« bezeichnen können. Unter diesen Umständen bezieht sich die erste Person, wie Putnam behauptet, auf Wasser, wenn sie das Wort »Wasser« verwendet, während ihr Zwilling auf Zwasser Bezug nimmt, wenn er das Wort »Wasser« gebraucht. Damit scheinen wir einen Fall vor uns zu haben, in dem die »engen« psychischen Zustände identisch sind und die Sprecher dennoch mit demselben Wort verschiedene Dinge meinen.

Wie steht es mit den Gedanken dieser beiden Sprecher? Der erste sagt sich, wenn er ein Glas Wasser vor Augen hat: »Das ist ein Glas Wasser«, während der zweite im Selbstgespräch genau die gleichen Laute benutzt, wenn er ein Glas Zwasser vor sich hat. Jeder der beiden spricht die Wahrheit, denn ihre Worte bedeuten Verschiedenes. Und da jeder der beiden aufrichtig ist, ist es naheliegend anzunehmen, daß sie Verschiedenes glauben: Während der erste glaubt, er habe ein Glas Wasser vor sich, glaubt der zweite, er habe ein Glas Zwasser vor Augen. Aber wissen sie eigentlich, was sie glauben? Wenn die Bedeutungen ihrer Worte und daher auch die durch den Gebrauch dieser Worte ausgedrückten Überzeugungen zum Teil durch äußere Faktoren bestimmt werden, von denen die Akteure keine Ahnung haben, dann sind ihre Überzeugungen und Bedeutungsintentionen nicht im Sinne Putnams eng. Es gibt also nichts, anhand dessen der eine oder der andere Sprecher anzugeben vermag, in welchem Zustand er sich befindet, denn es gibt keinen verfügbaren Anhaltspunkt für den Unterschied. Offenbar sollten wir daraus den Schluß ziehen, keiner der beiden Sprecher wisse, was er meine oder denke. Dieser Schluß ist von mehreren Philosophen explizit gezogen worden, unter anderem auch von Putnam. Er erklärt, »völlig ohne die Vorstellung auskommen« zu wollen, »daß es, sofern ein Bedeutungsunterschied vorliegt, auch einen Unterschied in unseren Begriffen (oder im psychischen Zustand) geben *müsse*«. Über das, was die Bedeutung und die Extension bestimme, »wisse der Sprecher im allgemeinen nicht zur Gänze Bescheid«.[6] Hier bedeutet »psychischer Zustand« soviel wie *enger* psychischer Zustand, und es wird vorausgesetzt, daß man nur über solche Zustände »zur Gänze Bescheid weiß«. Jerry Fodor wiederum glaubt, normale propositionale Einstellungen seien (wie man nachgerade sagen kann) »im Kopf«, aber ebenso wie Putnam ist er der Meinung, daß propositionale Einstellungen, *wenn* ihre Identifikation zum Teil durch Faktoren außerhalb des Akteurs geschähe, nicht im Kopf steckten und dem Akteur nicht unbedingt bekannt wären.[7] John Searle ist – wenn auch nicht aus den gleichen Gründen

6 Putnam, »The Meaning of ›Meaning‹«, S. 164f.

7 Jerry Fodor, »Cognitive Science and the Twin Earth Problem«, S. 103. Siehe auch Fodors »Methodological Solipsism Considered as a Research Strategy in Cognitive Psychology«.

wie Fodor – ebenfalls der Meinung, Bedeutungen seien im Kopf (»Es gibt keinen anderen Ort, an dem sie sich befinden könnten«), doch er scheint den Schluß gelten zu lassen, daß die Autorität der ersten Person dahin wäre, wenn es sich anders verhielte.[8] Die vielleicht unverblümteste Formulierung dieses Standpunkts findet sich in Andrew Woodfields Einleitung zu einem Band mit Aufsätzen über die Gegenstände des Denkens. Unter Bezugnahme auf die Behauptung, geistige Inhalte würden oft durch Fakten bestimmt, die sich außerhalb der Person, um deren Geist es geht, befinden und die dieser Person vielleicht unbekannt sind, sagt er: »Da die externe Beziehung nicht subjektiv bestimmt wird, hat das Subjekt diesbezüglich keine Autorität. Eine dritte Person könnte durchaus in einer besseren Lage sein als das Subjekt, um zu erfahren, über welchen Gegenstand das Subjekt nachdenkt, und wäre daher vielleicht auch eher imstande zu wissen, um welchen Gegenstand es sich handelt.«[9] Wer die These akzeptiert, der Inhalt propositionaler Einstellungen werde zum Teil durch Bezugnahme auf externe Faktoren identifiziert, hat es offenbar mit einem ähnlichen Problem zu tun wie der Skeptiker, der meint, daß wir hinsichtlich der »Außenwelt« völlig im Irrtum sein können. Im vorliegenden Fall wird die normale Skepsis bezüglich der Sinneswahrnehmung vermieden, indem man annimmt, der Inhalt der Gedanken über die Welt werde durch die Welt selbst mehr oder weniger richtig bestimmt. (Der Sprecher, der meint, es handle sich um Wasser, hat wahrscheinlich recht, denn er hat den Gebrauch des Worts »Wasser« in einer Wasser-Umgebung gelernt. Der Sprecher, der meint, es handle sich um Zwasser, hat wahrscheinlich ebenfalls recht, denn er hat das Wort »Wasser« in einer Zwasser-Umgebung gelernt.) Damit ist die Skepsis aber noch nicht besiegt, sondern nur auf das Gebiet der Kenntnis

8 John Searle, *Intentionality*, 8. Kapitel.

9 Andrew Woodfield, »Introduction«, in: Woodfield (Hg.), *Thought and Object*, S. viii.

der eigenen Psyche verschoben worden. Unsere normalen Überzeugungen hinsichtlich der Außenwelt sind (nach dieser Anschauung) zwar auf die Welt gerichtet, aber wir wissen nicht, wovon wir überzeugt sind.

Natürlich gibt es einen Unterschied zwischen Wasser und Zwasser, und diesen Unterschied kann man mit normalen Mitteln herausfinden – einerlei, ob er wirklich ermittelt wird oder nicht. So könnte man herausbekommen, was man selbst glaubt, indem man den Unterschied zwischen Wasser und Zwasser entdeckt und genug über die eigenen Beziehungen zu beiden Substanzen ausfindig macht, um zu bestimmen, auf welche der beiden sich die eigenen Äußerungen und Überzeugungen beziehen. Die skeptische Schlußfolgerung, zu der wir scheinbar gelangt sind, betrifft das Ausmaß der Autorität der ersten Person: Es sei viel enger begrenzt, als wir angenommen hatten. Unsere Ansichten über die Welt seien größtenteils wahr, doch es könne ohne weiteres geschehen, daß wir uns hinsichtlich der eigenen Gedanken irren. Das ist ein transponiertes Bild der Cartesischen Skepsis.

Die Vertreter der Ansicht, daß der Inhalt unserer Gedanken und die Bedeutungen unserer Worte oft durch Faktoren bestimmt werden, über die wir nichts wissen, haben sich um die hier betonte offenkundige Konsequenz ihrer Anschauungen nicht sonderlich gekümmert. Natürlich haben sie bemerkt, daß, wenn sie recht haben, die Cartesische Vorstellung, des Inhalts des eigenen Geistes könne man ganz besonders gewiß sein, ebenso falsch sein muß wie Freges Vorstellung von einem vollständig »erfaßten« Sinn. Aber soweit ich weiß, haben sie sich nicht sehr bemüht, den scheinbar bestehenden Konflikt zwischen ihren Anschauungen und dem ausgeprägten Gefühl, daß es so etwas wie die Autorität der ersten Person wirklich gibt, beizulegen.

Ein Grund für diese Unbesorgtheit liegt vielleicht darin, daß manche offenbar glauben, das Problem sei auf einen recht begrenzten Bereich von Fällen beschränkt, und zwar auf den

Bereich derjenigen Fälle, in denen sich Begriffe oder Wörter an Gegenstände anheften, die durch den Gebrauch von Eigennamen, Indikatoren und Wörtern für natürliche Arten herausgegriffen oder Bezug nehmend bezeichnet werden. Andere Autoren machen hingegen geltend, die Verbindungen zwischen Sprache und Denken einerseits und externen Dingen andererseits seien so allumfassend, daß kein Aspekt dessen, was man sich normalerweise unter Denken vorstellt, davon unberührt bleibe. In diesem Sinne meint Daniel Dennett: »Um von jemandem einigermaßen zu Recht sagen zu können, er habe Überzeugungen, muß der Betreffende über die Welt insgesamt sowie über ihre Bewohner und Eigenschaften gut unterrichtet sein und in einem engen Verhältnis zu ihnen stehen.«[10] Des weiteren behauptet Dennett, die Identifikation *aller* Überzeugungen werde von jenen externen, nichtsubjektiven Faktoren infiziert, deren Wirken in Fällen der hier erörterten Art eingesehen wird. Auch Burge akzentuiert das Ausmaß, in dem unsere Überzeugungen von externen Faktoren beeinflußt werden, obwohl er darin aus unerklärt bleibenden Gründen offenbar keine Gefahr für die Autorität der ersten Person erblickt.[11]

Unser Gegenstand hat eine beunruhigende Wendung genommen. Früher einmal hat man sich auf den Behaviorismus berufen, um zu zeigen, wie es möglich sei, daß eine Person wisse, was im Geist des anderen vor sich gehe. Später wurde der Behaviorismus abgelehnt, und zwar zum Teil deshalb, weil er nicht dazu in der Lage war, einen der besonders offenkundigen Aspekte mentaler Zustände zu erklären, nämlich die Tatsache, daß der Träger solcher Zustände im allgemeinen über sie Bescheid weiß, ohne behavioristische Belege heranzuziehen. Neuerdings herrscht eine allerdings nicht streng behavioristische Mode, der zufolge geistige Zustände zum

10 Daniel Dennett, »Beyond Belief«, S. 76.

11 Tyler Burge, »Other Bodies«, »Individualism and the Mental«, »Two Thought Experiments Reviewed«, S. 284-293.

Teil wieder durch Bezugnahme auf soziale und sonstige externe Faktoren identifiziert werden, so daß sie insofern als öffentlich ermittelbar gelten. Doch damit wird zugleich das Problem einer Erklärung der Autorität der ersten Person von neuem zum Leben erweckt.

Diejenigen, die von der externen Dimension des Inhalts der normal identifizierten und individuierten Gedanken überzeugt sind, haben unterschiedlich reagiert. *Eine* Reaktion besteht darin, daß man einen Unterschied macht zwischen subjektiv und intern bestimmtem Inhalt des Geistes einerseits und normalen Überzeugungen, Wünschen und Absichten, die wir üblicherweise auf der Basis sozialer und sonstiger äußerer Zusammenhänge zuschreiben, andererseits. Das entspricht offenbar der Tendenz von Putnams Argumentation (obwohl das Wort »Wasser« verschiedene Bedeutungen hat und zur Äußerung unterschiedlicher Überzeugungen gebraucht wird, wenn man es zur Bezugnahme auf Wasser und Zwasser verwendet, können die Personen, von denen das Wort zu diesen verschiedenen Zwecken benutzt wird, im »gleichen psychischen Zustand« sein). Jerry Fodor akzeptiert die genannte Unterscheidung, was bestimmte Zwecke betrifft, argumentiert dabei jedoch für die These, die Psychologie solle sich die Haltung des »methodologischen Solipsismus« zu eigen machen, d. h. sie solle sich ausschließlich mit inneren Zuständen befassen, also mit jenen wirklich subjektiven psychischen Zuständen, die ihren Beziehungen zur Außenwelt nichts schuldig sind.[12]

Stephen Stich trifft im wesentlichen die gleiche Unterscheidung, zieht aber eine strengere Lehre daraus. Während Fodor meint, wir brauchten nur ein wenig an den normal aufgefaßten propositionalen Einstellungen herumzudoktern, um das rein subjektive Element abzutrennen, ist Stich der Meinung, unser derzeitiger Begriff von psychischen Zuständen gehöre

12 Jerry Fodor, »Methodological Solipsism Considered as a Research Strategy in Cognitive Psychology«.

zu einer grobschlächtigen und wirren »Volkspsychologie«, die durch eine »Kognitionswissenschaft« ersetzt werden müsse, deren Erfindung noch bevorstehe. Der Untertitel des kürzlich erschienen Buchs von Stich deutet schon an, daß es gegen den Begriff der Überzeugung geht.[13]

Wer eine solche Unterscheidung trifft, hat damit sichergestellt, daß das Problem der Autorität der ersten Person zumindest in der von mir aufgeworfenen Form nicht gelöst werden kann. Denn so wie ich die Frage gestellt habe, lautet sie: Wie ist es möglich, die Asymmetrie zwischen der Weise, in der man über seine jetzigen geistigen Zustände Bescheid weiß, und der Weise, in der andere darüber Bescheid wissen, zu erklären? Die geistigen Zustände, um die es geht, sind normal aufgefaßte Überzeugungen, Wünsche, Absichten usw. Wer eine Unterscheidung der von Putnam vorgeschlagenen Art akzeptiert, macht nicht einmal den Versuch, die Autorität der ersten Person mit Bezug auf diese Zustände zu erklären; sofern es eine Autorität der ersten Person überhaupt gibt, geht sie mit ganz anderen Zuständen einher. (Im Fall von Stich ist nicht klar, ob sie mit irgend etwas einhergehen kann.)

Meines Erachtens haben Putnam, Burge, Dennett, Fodor, Stich und andere Autoren recht, wenn sie auf die Tatsache aufmerksam machen, daß normale geistige Zustände – zumindest die propositionalen Einstellungen – zum Teil anhand von Beziehungen zur Gesellschaft und zur übrigen Umwelt identifiziert werden, wobei es sich um Beziehungen handelt, die der in einem solchen Zustand befindlichen Person in der einen oder anderen Hinsicht unbekannt sein können. Ebenfalls recht haben sie meiner Ansicht nach mit ihrer Meinung, aus diesem (wenn schon keinem anderen) Grund sei es nicht möglich, die Begriffe der »Volkspsychologie« in ein kohärentes und umfassendes System von Gesetzen der von der Physik

13 Stephen Stich, *From Folk Psychology to Cognitive Science: The Case against Belief.*

angestrebten Art zu integrieren. Diese Begriffe sind Bestandteile einer in etwas freiem Stil gehaltenen, aber (nach meiner Auffassung) unentbehrlichen Common-Sense-Theorie zur Beschreibung, Deutung und Erklärung des menschlichen Verhaltens. Eine von der »Volkspsychologie« gesäuberte und mit dem Denken und Handeln der Menschen befaßte Wissenschaft kann ich mir zwar vorstellen, aber ich kann mir nicht ausmalen, was sie interessant machen könnte. Das ist allerdings nicht das Thema dieser Abhandlung.

Was mich hier beschäftigt, ist die rätselhafte Entdeckung, daß wir offenbar nicht wissen, was wir denken – jedenfalls nicht in der Form, in der wir dazu imstande zu sein glauben. Das ist ein echtes Rätsel, wenn man es, wie ich selbst, für wahr hält, daß der Inhalt der Gedanken zum Teil durch äußere Faktoren bestimmt wird, und außerdem glaubt, man selbst wisse im allgemeinen, was man denkt, während andere es in bestimmter Hinsicht nicht wissen. Das Problem ergibt sich deshalb, weil das Zugeständnis, externe Faktoren spielten tatsächlich eine identifizierende und individuierende Rolle, zu der Schlußfolgerung zu führen scheint, es könne sein, daß wir über die eigenen Gedanken nicht Bescheid wissen.

Aber ist diese Schlußfolgerung wirklich stichhaltig? Die Antwort richtet sich danach, wie man die Abhängigkeit der Identifikation des geistigen Inhalts von äußeren Faktoren deutet.

Stichhaltig ist die Schlußfolgerung z. B. im Hinblick auf jede Theorie, wonach die propositionalen Einstellungen mit Hilfe von Gegenständen identifiziert werden, die sich (wie etwa Propositionen, Zeichen für Propositionen oder Repräsentationen) im oder »vor« dem Geist befinden und außerhalb des Akteurs gelegene Gegenstände oder Ereignisse (als »Bestandteile«) enthalten oder einschließen. Es liegt nämlich auf der Hand, daß jeder äußere Gegenstand zahllose Merkmale besitzt, von denen niemand eine Ahnung hat. Daß sich die Schlußfolgerung aus diesen Annahmen herleiten läßt, wird allgemein zugegeben.[14] Aus Gründen, die ich weiter unten nennen werde, lehne ich jedoch die Annahmen ab, auf denen die Schlußfolgerung in diesem Fall beruht.

Von Tyler Burge stammt der Vorschlag, es gebe noch eine andere Weise, in der äußere Faktoren in die Bestimmung des Inhalts von Äußerungen und Gedanken einfließen. Wie es der Zufall will, trifft eines von Burges »Gedankenexperimenten« ziemlich genau auf mich selbst zu. Bis vor kurzem habe ich geglaubt, Arthritis sei eine durch Kalziumablagerungen verursachte Entzündung der Gelenke. Was ich nicht wußte, war, daß jede Gelenkentzündung, z. B. auch Gicht, ebenfalls als Arthritis gilt. Als mir ein Arzt die (wie sich später herausstellte) falsche Mitteilung machte, ich litte an Gicht, war ich der Überzeugung, an Gicht, aber nicht an Arthritis zu leiden. An diesem Punkt werden wir von Burge dazu aufgefordert, uns eine Welt vorzustellen, in der ich physisch der gleiche bin, aber in der das Wort »Arthritis« zufälligerweise wirklich nur auf eine durch Kalziumablagerung verursachte Gelenkentzündung zutrifft. Dann wäre der Satz »Gicht ist keine Form von Arthritis« nicht falsch, sondern wahr; und der durch diesen Satz ausgedrückte Gedanke wäre nicht die falsche Überzeugung, Gicht sei keine Form von Arthritis, sondern eine zutreffende Meinung über eine von der Arthritis verschiedene Krankheit. Doch in der imaginären Welt wären alle meine physischen Zustände, meine »internen qualitativen Erfahrungen«, mein Verhalten und meine Verhaltensdispositionen die gleichen wie in dieser Welt. Meine *Überzeugung* hätte sich geändert, aber für mich gäbe es keinen Grund zu der Annahme, daß sie sich geändert habe, und daher könnte man nicht behaupten, ich wisse, wovon ich überzeugt sei.

Wie Burge betont, ist seine Argumentation abhängig von »der Möglichkeit, daß man eine propositionale Einstellung haben kann, obwohl man einen in ihrem Inhalt gegebenen Begriff

14 Siehe z. B. Gareth Evans, *The Varieties of Reference*, S. 45, 199, 201.

nicht beherrscht [...]. Damit das Gedankenexperiment überhaupt funktioniert, muß man in irgendeinem Stadium feststellen, daß das Subjekt trotz unvollständigen Verständnisses oder falscher Anwendung einen Inhalt glaubt (oder eine andere Einstellung hat, die durch diesen Inhalt gekennzeichnet ist)«.[15]

Daraus scheint sich ableiten zu lassen, daß, wenn Burge recht hat, folgendes gilt: Immer wenn jemand im Hinblick auf die öffentliche Bedeutung eines Worts im Irrtum, konfus oder teilweise falsch informiert ist, ist er im Irrtum, konfus oder teilweise falsch informiert im Hinblick auf jede seiner Überzeugungen, die durch den Gebrauch des betreffenden Worts zum Ausdruck gebracht werden (oder würden?). Da dieses »Teilverständnis« nach Burge »im Falle vieler Ausdrücke unserer Vokabulare verbreitet oder sogar normal« ist, muß es ebenso verbreitet oder normal sein, daß wir uns im Hinblick auf unsere Überzeugungen irren (und natürlich auch im Hinblick auf unsere Ängste, Hoffnungen, Wünsche, Zweifel usw.).

Diese Schlußfolgerung akzeptiert Burge anscheinend. So deute ich es jedenfalls, wenn er bestreitet, daß »vollständiges Verständnis eines Inhalts im allgemeinen eine notwendige Bedingung dafür ist, daß man von diesem Inhalt überzeugt ist«. Ausdrücklich verwirft er »das alte Modell, wonach man den Inhalt des eigenen Gedankens unmittelbar kennen oder direkt erfassen muß. [...] Der *Inhalt* des Gedankens einer Person wird weder durch etwas bestimmt, was in ihrem Inneren vor sich geht, noch durch etwas, was ihr schon durch gründliches Nachdenken zugänglich ist«.[16]

Ich bin mir nicht sicher, wie diese Behauptungen aufzufassen sind, denn ich bin mir nicht sicher, wie ernst man das Reden von der »unmittelbaren Kenntnis« eines Inhalts und dem »direkten Erfassen« eines Inhalts nehmen soll. Aber auf jeden Fall bin ich überzeugt, daß die Autorität der ersten Person

15 Tyler Burge, »Individualism and the Mental«, S. 83.

16 Ebd., S. 90, 102, 104.

sehr ernsthaft gefährdet ist, wenn das Gemeinte und Gedachte in der von Burge angenommenen Form durch die sprachlichen Gewohnheiten unserer Mitmenschen determiniert werden. Da das Ausmaß und die Beschaffenheit dieser Gefährdung nach meinem Eindruck unvereinbar sind mit dem, was wir über unsere Kenntnis der eigenen Psyche wissen, muß ich eine der Prämissen von Burge verwerfen. Ebenso wie er bin ich der Meinung, daß das von mir Gemeinte und Gedachte nicht (ausschließlich) durch Vorgänge in meinem Inneren »bestimmt« sind; also ist das, was ich bestreiten muß, die von Burge gegebene Darstellung der Art und Weise, in der soziale und sonstige äußere Faktoren den Inhalt der Psyche einer Person steuern.
Aus einer Reihe von Gründen bin ich geneigt, die Wichtigkeit der von Burge herausgestrichenen Merkmale unserer Einstellungszuschreibungen geringer zu bewerten. Machen wir folgende Annahme: Ich glaube, das Wort »Arthritis« treffe auf Gelenkentzündungen nur dann zu, wenn sie durch Kalziumablagerungen verursacht sind, und nun äußere ich ebenso wie mein Freund Arthur, der es besser weiß, aufrichtig den an Schmitz gerichteten Satz »Karl hat Arthritis«. Sofern die übrigen Umstände mehr oder weniger gleich bleiben (Arthur sei ebenso wie ich selbst ein im allgemeinen kompetenter Sprecher des Deutschen, wir beide haben das Wort »Arthritis« schon häufig auf echte Fälle von Arthritis angewandt usw.), bedeuten unsere Worte nach Burge in dieser Situation das gleiche – Arthur und ich meinen mit unseren Worten das gleiche, und wir bringen die gleiche Überzeugung zum Ausdruck. Mein Irrtum hinsichtlich der Wörterbuch-Bedeutung des Worts (bzw. hinsichtlich der Beschaffenheit von Arthritis) macht demnach keinen Unterschied bezüglich dessen, was ich bei dieser Gelegenheit gemeint oder gedacht habe. Die Belege, die Burge für diese These anführen kann, beruhen offenbar auf seiner Überzeugung, das entspreche dem, was jeder (nicht durch Philosophie verdorbene) Mensch über mich

und Arthur berichten würde. Daß Burge damit recht hat, möchte ich bezweifeln. Aber selbst wenn er recht hat, ist seine These, wie ich glaube, damit nicht bewiesen. Normale Zuschreibungen von Bedeutungen und Einstellungen beruhen auf umfassenden und vagen Annahmen über vorhandene und nicht vorhandene (sprachliche und sonstige) Gemeinsamkeiten zwischen dem Zuschreibenden, der Objektperson der Zuschreibung und den intendierten Hörern des Zuschreibenden. Sobald sich die eine oder andere dieser Annahmen als falsch erweist, können wir die zur Berichterstattung benutzten Worte in häufig erheblicher Weise verändern. Wenn nicht viel davon abhängt, sind wir geneigt, den bequemen Weg einzuschlagen: Wir nehmen den Betreffenden beim Wort, auch wenn das den einen oder anderen Aspekt des vom Sprecher Gedachten oder Gemeinten nicht zur Gänze widerspiegelt. Das liegt aber (zumindest außerhalb der Gerichtshöfe) nicht daran, daß wir uns diesbezüglich legalistisch verhalten müssen. Und häufig müssen wir uns tatsächlich nicht so verhalten. Wenn Schmitz (der nicht durch Philosophie verdorben ist) einem weiteren Hörer (vielleicht einem entfernt lebenden Arzt, der auf der Grundlage eines telephonischen Berichts eine Diagnose zu stellen versucht) berichtet, daß Arthur ebenso wie ich selbst sagt und glaubt, daß Karl Arthritis habe, kann er *seinen* Hörer aktiv in die Irre führen. Wenn sich diese Gefahr einstellte, würde Schmidt, der die Fakten aufmerksam betrachtet, nicht bloß sagen: »Arthur und Davidson glauben beide, daß Karl Arthritis hat«, sondern er würde einen Zusatz hinzufügen wie z. B.: »Davidson glaubt allerdings, Arthritis müsse durch Kalziumablagerungen ausgelöst werden.« Daß ein solcher Zusatz nötig ist, zeigt nach meiner Einschätzung, daß die schlichte Zuschreibung nicht ganz richtig war. Vielmehr gab es einen relevanten Unterschied zwischen den Gedanken, die Arthur und ich ausgedrückt haben, als wir »Karl hat Arthritis« sagten. Durch dieses Argument braucht sich Burge freilich nicht von seiner Meinung abbringen zu lassen, denn er kann darauf pochen, daß der Bericht buchstäblich richtig ist, aber wie jeder andere Bericht auch in die Irre führen kann. Andererseits würde man bei dieser Erwiderung verkennen, in welchem Maß der Inhalt der einen Überzeugung notwendig vom Inhalt anderer Überzeugungen abhängt. Gedanken sind keine unabhängigen Atome, und daher kann es keine einfache und strenge Regel für die richtige Zuschreibung eines einzelnen Gedankens geben.[17]

17 Burge deutet an, der Grund, weshalb wir normalerweise glauben, der Sprecher meine – egal, ob er weiß oder nicht weiß, was die anderen meinen – mit seinen Worten das gleiche wie die übrigen Mitglieder der Sprachgemeinschaft, liege darin, daß »die Menschen häufig von anderen wie von sich selbst an den Maßstäben der Gemeinschaft gemessen werden, wenn es um Mißbrauch oder Mißverständnis geht«. Ferner sagt er, daß solche Fälle »von einer gewissen Verantwortung gegenüber der gemeinschaftlichen Praxis abhängen« (ebd., S. 90). Das Phänomen als solches möchte ich keineswegs in Frage stellen, aber ich bezweifle, daß es mit dem, was es zeigen soll, viel zu tun hat. (a) Es ist oft vernünftig, Menschen dafür verantwortlich zu machen, daß sie wissen, was ihre Worte bedeuten; in solchen Fällen können wir sie als Personen behandeln, die auf Positionen verpflichtet sind, über die sie nichts wissen oder an die sie sich nicht gebunden glauben. Das hat (so ohne weiteres) nichts mit der Frage zu tun, was sie mit ihren Worten meinen oder wovon sie überzeugt sind. (b) Als brave Bürger und Eltern wollen wir Praktiken fördern, welche die Chancen der Verständigung verbessern; und Wörter so zu gebrauchen, wie sie nach unserer Meinung auch von anderen gebraucht werden, kann der Verständigung dienen. Dieser Gedanke (einerlei, ob gerechtfertigt oder nicht) kann zu einer Erklärung beitragen, warum manche Leute dazu neigen, Bedeutungen und Überzeugungen in legalistischer Weise zuzuschreiben: Sie hoffen, zu konformem Verhalten anzuregen. (c) Ein Sprecher, der verstanden werden möchte, muß die Absicht haben, daß seine Worte in bestimmter Form interpretiert werden (also entsprechend interpretierbar sind). Dieser Absicht kann es dienen, die Worte in der gleichen Weise zu gebrauchen wie die anderen (obwohl das häufig nicht der Fall ist). Ebenso muß ein Hörer, der einen Sprecher zu verstehen wünscht, die Absicht haben, die Worte so zu verstehen, wie sie vom Sprecher intendiert wurden (egal, ob die Interpretation dem »Standard« entspricht oder nicht). Moralisch wichtig werden diese wechselseitigen Absichten in zahllosen Situationen, die mit der Bestimmung dessen, was jemand im Sinn hat, in keinem notwendigen Zusammenhang stehen.

Obwohl ich die von Burge mit Nachdruck vertretene These ablehne, wir könnten nicht umhin, den Worten eines Sprechers die Bedeutungen zu geben, die sie in seiner Sprachgemeinschaft haben, und seine propositionalen Einstellungen auf der gleichen Grundlage zu interpretieren, gibt es meines Erachtens einen davon ein wenig verschiedenen, aber äußerst wichtigen Sinn, in dem soziale Faktoren tatsächlich steuern, was der Sprecher mit seinen Worten meinen kann. Wenn der Sprecher verstanden werden möchte, muß er die Absicht haben, daß seine Worte in bestimmter Weise interpretiert werden, und daher muß er auch beabsichtigen, seinen Hörern die Anhaltspunkte zu geben, die sie benötigen, um zu der beabsichtigten Interpretation zu gelangen. Das gilt unabhängig davon, ob der Sprecher ein geübter Kenner der betreffenden Sprache ist oder jemand, der seine Muttersprache lernt. Es ist die Bedingung der Lernbarkeit, der Interpretierbarkeit, die den irreduziblen sozialen Faktor beisteuert, und das zeigt, warum man mit seinen Worten nichts meinen kann, was von einer anderen Person nicht richtig entschlüsselt werden kann. (In einem späteren Artikel scheint Burge auch seinerseits auf diesen Gedanken hinzuweisen.[18])

Jetzt möchte ich auf Putnams Beispiel mit der Zwillingserde zurückkommen. Dieses Beispiel ist nicht von der Vorstellung abhängig, der gesellschaftlich gegebene Sprachgebrauch schreibe (unter mehr oder weniger dem Standard entsprechenden Bedingungen) vor, was die Sprecher mit ihren Worten meinen, und natürlich ist es auch nicht von der Vorstellung abhängig, der Sprachgebrauch schreibe vor, welches die (engen) psychischen Zustände der Sprecher sind. Ich bin, wie gesagt, überzeugt, daß Putnam recht hat: Was unsere Wörter bedeuten, ist zum Teil durch die Umstände bestimmt, in denen wir diese Wörter gelernt und gebraucht haben. Vielleicht reicht Putnams einziges Beispiel – nämlich Wasser – nicht aus,

18 Tyler Burge, »Two Thought Experiments Reviewed«, S. 289.

um diesen Gedanken endgültig zu erhärten, denn es ist möglich, auf der Meinung zu beharren, das Wort »Wasser« treffe nicht nur auf Stoff mit der gleichen Molekularstruktur wie Wasser zu, sondern auch auf Stoff, der dem Wasser strukturell ähnlich genug ist, um geruchlos und trinkbar zu sein sowie um Schwimmer oder Segelboote usw. zu tragen. (Ich bin mir im klaren darüber, daß diese Äußerung – ebenso wie viele andere in dieser Abhandlung – zeigen kann, daß ich einen starren Bezeichnungsausdruck nicht einmal dann zu erkennen vermag, wenn ich ihn vor Augen habe. Das stimmt, dazu bin ich tatsächlich nicht imstande.) Die Frage hängt weder von solchen Spezialfällen ab noch davon, wie wir sie lösen oder lösen sollten. Vielmehr hängt die Frage schlicht davon ab, wie die Verbindung zwischen Wörtern und Dingen bzw. zwischen Gedanken und Dingen hergestellt wird. Sofern ich Burge und Putnam richtig verstehe, bin ich genauso wie sie der Meinung, daß die Verbindung durch kausale Interaktionen zwischen Personen und Teilen und Aspekten der Welt hergestellt wird. Die Dispositionen, auf derart etablierte Gegenstände und Ereignisse unterschiedlich zu reagieren, sind für die richtige Interpretation der Gedanken und Äußerungen einer Person ausschlaggebend. Wäre das nicht der Fall, hätten wir keine Möglichkeit, herauszubekommen, was andere denken oder mit ihren Worten meinen. Das Prinzip ist unkompliziert und einleuchtend. Es lautet: Wird jemand ausschließlich durch den Anblick des Monds (kausal) dazu veranlaßt, einen bestimmten Satz für wahr zu halten, dann bedeutet dieser tendenziell soviel wie »Dort ist der Mond«. Der damit ausgedrückte Gedanke besagt tendenziell, dort sei der Mond. Der Gedanke, der ausschließlich durch den Anblick des Monds ausgelöst wird, ist tendenziell der Gedanke, daß dort der Mond sei. Der Zusatz »tendenziell« sorgt dafür, daß verständliche Irrtümer, Berichte aus zweiter Hand usw. berücksichtigt werden. Nun ist es nicht so, als stünden alle Worte und Sätze in einem dermaßen direkten Konditionierungszusammenhang mit dem Gegenstand, von dem sie handeln. Das Wort »Mond« kann man durchaus lernen, ohne je den Mond zu sehen. Die These besagt vielmehr, daß alles Denken ebenso wie alles Sprachliche durch derart direkte historische Zusammenhänge fundiert sein muß, und durch diese Zusammenhänge wird die Interpretation der Gedanken und der sprachlichen Äußerungen eingeschränkt. Vielleicht sollte ich betonen, daß die Argumente für diese These nicht auf intuitiven Vorstellungen davon beruhen, was wir sagen würden, wenn bestimmte kontrafaktische Aussagen wahr wären. Weder Science Fiction noch Gedankenexperimente sind nötig.[19]

Demnach bin ich ebenso wie Putnam und Burge der (von Burge wie folgt formulierten) Meinung: »Eine Erklärung des intentionalen Inhalts normaler propositionaler Einstellungen gelingt nicht durch Bezugname auf physische, phänomenale, kausal-funktionale, computerähnliche oder syntaktische Zustände oder Prozesse, die nichtintentional bestimmt und nur im Hinblick auf das von seiner physischen und sozialen Umwelt isolierte Individuum definiert werden.«[20] Dabei stellt sich nach wie vor die Frage, ob diese Tatsache wirklich die Autorität der ersten Person gefährdet, was von Burge allem Anschein nach und von Putnam sowie anderen Autoren mit

19 Burge hat Gedankenexperimente beschrieben, die gar keine Sprache beinhalten. Eines dieser Experimente veranlaßt ihn zu der Behauptung, jemand, der in einer Umwelt ohne Aluminium aufwächst, könne keine »Aluminiumgedanken« haben (»Individualism and Psychology«, S. 5). Burge sagt zwar nicht, warum er das glaubt, aber es liegt keineswegs auf der Hand, daß kontrafaktische Annahmen nötig sind, um diesen Gedanken zu untermauern. Auf jeden Fall ist es so, daß die neuen Gedankenexperimente offenbar auf völlig anderen intuitiven Vorstellungen basieren als denen, auf die er sich in »Individualism and the Mental« beruft. Es ist nicht klar, welche Rolle soziale Normen bei den neuen Experimenten spielen; die sprachlichen Gewohnheiten der Gemeinschaft sind allem Anschein nach ohne Belang. Es mag sein, daß Burges Standpunkt damit dem meinen nahekommt.

20 »Two Thought Experiments Reviewed«, S. 288.

Sicherheit angenommen wird. Ein Argument, das Burge nennt und von dem, wenn es richtig wäre, tatsächlich eine solche Gefahr ausginge, habe ich bereits abgelehnt. Aber da ist auch der im vorigen Absatz gekennzeichnete Standpunkt, den ich sowieso vertrete, einerlei, ob andere dieser Ansicht sind oder nicht. Denn soviel »Externalismus« ist meines Erachtens nötig, um zu erklären, wie die Sprache gelernt wird und wie Worte und Einstellungen von einem Interpreten identifiziert werden können.

Warum glaubt Putnam, der Benutzer eines Worts verliere die Autorität der ersten Person, wenn der Bezug des Worts (manchmal) durch die Naturgeschichte des Erwerbs dieses Worts bestimmt wird? Putnam behauptet (meines Erachtens zu Recht), daß zwei Personen in allen relevanten physischen (chemischen, physiologischen usw.) Hinsichten gleich sein und dennoch mit ihren Worten verschiedene Dinge meinen und verschiedene propositionale Einstellungen haben können (wenn man die normale Art der Ermittlung solcher Einstellungen zugrunde legt). Die Unterschiede gehen auf Umweltunterschiede zurück, von denen die beiden Akteure in der einen oder anderen Hinsicht vielleicht keine Ahnung haben. Warum sollen wir annehmen, daß diese Akteure unter solchen Umständen nicht wissen, was sie meinen und denken? Wenn man mit ihnen redet, wird sich das nicht ohne weiteres zeigen. Wie wir festgestellt haben, wird jeder der beiden, wenn er ein Glas Wasser bzw. Zwasser vor Augen hat, aufrichtig sagen: »Das ist ein Glas Wasser.« Wenn sie sich in ihrer heimatlichen Umwelt befinden, hat jeder der beiden recht; wenn sie die Erde vertauscht haben, hat jeder der beiden unrecht. Fragt man die beiden, was sie mit dem Wort »Wasser« meinen, geben sie die richtige Antwort und benutzen dabei natürlich die gleichen Worte. Wenn wir sie fragen, was sie glauben, geben sie ebenfalls die richtige Antwort. Richtig sind diese Antworten, weil sie zwar sprachlich gleich sind, aber verschieden interpretiert werden müssen. Und was ist es nun, das sie im Hinblick auf ihre eigenen Zustände nicht (mit der üblichen Autorität) wissen? Wie wir gesehen haben, unterscheidet Putnam die eben erörterten Zustände von »engen« psychischen Zuständen, welche die Existenz keines Individuums außer dem im betreffenden Zustand befindlichen Subjekt voraussetzen. Nun fragen wir uns vielleicht, warum Putnam an engen psychischen Zuständen interessiert ist. Zum Teil lautet die Antwort natürlich, daß es diese Zustände sind, die seiner Meinung nach die »cartesianische« Eigenschaft haben, daß der Träger solcher Zustände in spezieller Weise darüber Bescheid weiß. (Der andere Teil der Antwort hat mit dem Aufbau einer »wissenschaftlichen Psychologie« zu tun, doch dieser Teil beschäftigt uns hier nicht.)

Der entsprechende Gedankengang hängt meines Erachtens von zwei weitgehend unbezweifelten Voraussetzungen ab, und zwar von diesen:

(1) Wenn ein Gedanke anhand einer Beziehung zu einer Sache außerhalb des Kopfes identifiziert wird, ist er nicht zur Gänze im Kopf. (Er steckt nun mal nicht im Kopf.)

(2) Wenn ein Gedanke nicht zur Gänze im Kopf ist, kann er vom Geist nicht in der zur Autorität der ersten Person erforderlichen Weise »erfaßt« werden.

Daß dies wirklich der Gedankengang Putnams ist, wird durch seine Behauptung nahegelegt, daß dann, wenn zwei Köpfe gleich sind, auch die engen psychischen Zustände gleich sein müssen. Nehmen wir also an, zwei Personen seien »Molekül für Molekül« gleich (»in dem Sinn, in dem zwei Krawatten ›identisch‹ sein können«, wobei man, wenn man will, noch hinzufügen darf, daß jede der beiden Personen »die gleichen verbalisierten Gedanken denkt . . ., die gleichen Sinnesdaten, die gleichen Dispositionen hat usw.«). Unter dieser Voraussetzung »ist es absurd anzunehmen, der [eine] psychische Zustand unterscheide sich im geringsten von« dem anderen. Dabei handelt es sich natürlich um enge psychische Zustände, nicht um solche, die wir normalerweise zuschreiben und die nicht im Kopf stecken.[21]

Es fällt nicht leicht, anzugeben, inwiefern die verbalisierten Gedanken, Sinnesdaten und Dispositionen eigentlich identisch sein können, ohne auf die Krawatten zurückzugreifen. Greifen wir also auf sie zurück! Dann besagt der Grundgedanke, daß die engen psychischen Zustände zweier Personen identisch sind, wenn es nicht möglich ist, ihre physischen Zustände auseinanderzuhalten. Das zu bestreiten, wäre sinnlos, denn es ist Putnams Sache, wie er die engen psychischen Zustände definiert. Was ich meinerseits in Frage stellen möchte, ist die oben genannte Voraussetzung (1), die zu der Schlußfolgerung geführt hat, normale propositionale Einstellungen seien nicht im Kopf, weshalb die Autorität der ersten Person bei ihnen nicht zum Tragen komme.

Soviel sollte klar sein: Aus der bloßen Tatsache, daß gemeinte Bedeutungen zum Teil durch Beziehungen zu Gegenständen außerhalb des Kopfs identifiziert werden, folgt keineswegs, daß solche Bedeutungen nicht im Kopf sind. Wollte man das annehmen, wäre der Fehler ähnlich schlimm wie im Fall der Überlegung, mein Sonnenbrand sei, da er die Existenz der Sonne voraussetze, kein Zustand meiner Haut. Es kann sein, daß meine sonnenverbrannte Haut nicht von der Haut einer anderen Person zu unterscheiden ist, die auf andere Weise zu ihrer Verbrennung gekommen ist (unsere Häute können also »im Krawattensinn« identisch sein). Dennoch hat der eine von uns einen Sonnenbrand und der andere nicht. Das genügt schon, um zu zeigen, daß die Anerkennung der externen Faktoren, die bei unseren üblichen Verfahren zur Identifizierung geistiger Zustände eine Rolle spielen, keine Theorie in Mißkredit bringt, von der die Identität des Geistigen mit dem Physischen behauptet wird. Andrew Woodfield hingegen scheint etwas anderes zu glauben. Er schreibt: »Kein Zustand

21 »The Meaning of ›Meaning‹«, S. 227.

de re, der sich auf einen außerhalb des Gehirns des Betreffenden befindlichen Gegenstand bezieht, kann möglicherweise mit einem Zustand dieses Gehirns identisch sein, denn es gibt keinen Gehirnzustand, der die Existenz eines externen Gegenstands voraussetzt.«[22] In *begrifflicher* Hinsicht setzen einzelne Zustände und Ereignisse von sich aus gar nichts voraus; manche ihrer *Beschreibungen* hingegen können durchaus etwas voraussetzen. Mein Großvater väterlicherseits hat mich nicht vorausgesetzt, doch wenn jemand als mein Großvater väterlicherseits beschrieben werden kann, müssen mehrere Personen außer meinem Großvater existieren, darunter auch ich selbst.

Es kann sein, daß Burge an der folgenden Stelle einen ähnlichen Fehler begeht:

> Kein Vorkommnis eines Gedankens könnte einen anderen Inhalt haben und dennoch dasselbe Token-Ereignis sein. [. . .] Demnach gibt es kein Gedanken-Ereignis einer Person, das *identisch* wäre mit irgendeinem physiologisch, biologisch, chemisch oder physikalisch beschriebenen Ereignis in ihrem Inneren. Nehmen wir nämlich an, *b* sei irgendein gegebenes Ereignis, das mit den Mitteln einer physikalischen Wissenschaft beschrieben wird und im Inneren des Subjekts stattfindet, während es den relevanten Gedanken denkt. Nun sei der Ausdruck »*b*« derart, daß er das gleiche physische Ereignis bezeichnet, das sich in unserer kontrafaktischen Situation in dem Subjekt abspielt. [. . .] *b* braucht nicht von kontrafaktischen Unterschieden [die am Inhalt des Gedanken-Ereignisses nichts ändern] beeinflußt zu werden. Somit [. . .] ist [das physische Ereignis] *b* nicht mit dem gegenwärtigen Gedanken des Subjekts identisch.[23]

Burge beansprucht nicht, die Prämisse dieses Arguments erhärtet zu haben; für die Konklusion gilt daher das gleiche. Er glaubt jedoch, die Verneinung der Prämisse sei »intuitiv höchst unplausibel«. Er fährt fort: »Durch materialistische Identitätstheorien hat die Vorstellungskraft Übung darin bekommen, sich den Inhalt eines geistigen Ereignisses so auszumalen, als wechsle er, während das Ereignis unverändert

22 Andrew Woodfield, *Thought and Object*, S. viii.

23 »Individualism and the Mental«, S. 111.

bleibt. Aber ob es sich bei solchen Vorstellungen um mögliche Fakten oder bloß um philosophische Einbildungen handelt, ist eine andere Frage.« Da Burge die Verneinung der Prämisse für höchst unwahrscheinlich hält, ist er der Meinung, daß »materialistische Identitätstheorien« ihrerseits »durch die nichtindividualistischen Gedankenexperimente an Plausibilität verlieren«.[24]

Ich für mein Teil akzeptiere Burges Prämisse. Ihre Verneinung halte ich nicht nur für unplausibel, sondern für absurd. Wenn zwei geistige Ereignisse verschiedenen Inhalt haben, handelt es sich gewiß um verschiedene Ereignisse. Was die von Burge und Putnam genannten Beispiele nach meinem Dafürhalten zeigen (und was, wie ich finde, aus dem Beispiel mit dem Sumpfwesen noch unmittelbarer hervorgeht), ist folgendes: Personen, die in allen relevanten physischen Hinsichten ähnlich (bzw. im Krawattensinn »identisch«) sind, können sich in dem, was sie meinen oder denken, genauso unterscheiden wie im Hinblick auf ihre Großväterlichkeit oder ihren Sonnenbrand. Aber natürlich gibt es *etwas*, was an ihnen verschieden ist, und zwar sogar in der physischen Welt: Ihre kausalen Entwicklungsgeschichten sind verschieden, und außerdem sind sie getrennte physische Gegenstände.

Die bloße Tatsache, daß normale geistige Zustände und Ereignisse durch Bezugnahme auf Beziehungen zur Außenwelt individuiert werden, hat, wie ich folgern möchte, nicht die geringste Tendenz, Theorien über die Identität des Geistigen mit dem Physischen als solche zu diskreditieren. In Verbindung mit einer Reihe weiterer (einleuchtender) Annahmen kann der »Externalismus« bestimmter geistiger Zustände und Ereignisse meines Erachtens benutzt werden, um Type-Type-Identitätstheorien zu diskreditieren; aber Token-Token-Identitätstheorien werden durch ihn eher untermauert. (Ich kann keinen triftigen Grund erkennen, weshalb man alle Identitäts-

24 »Individualism and Psychology«, S. 15, Anm. 7. Vgl. »Individualism and the Mental«, S. 111.

theorien »materialistisch« nennen sollte: Wenn einige geistige Ereignisse physische Ereignisse sind, werden sie dadurch nicht in höherem Maße physisch als mental. Die Identität ist eine symmetrische Beziehung.)

Putnam und Woodfield haben demnach unrecht, wenn sie behaupten, es sei »absurd« zu glauben, zwei Personen könnten in physischer Hinsicht (»im Krawattensinn«) identisch und dennoch im Hinblick auf ihre normalen psychischen Zustände verschieden sein. Sofern Burge nicht bereit ist, essentialistische Annahmen sehr viel stärker zur Geltung zu bringen als bisher, hat er unrecht, wenn er gezeigt zu haben glaubt, alle Identitätstheorien seien unplausibel. Daher steht es uns frei, die Ansicht zu vertreten, verschiedene Personen könnten in allen relevanten physischen Hinsichten identisch (und zwar »im Krawattensinn« identisch) sein, während sie sich in psychischer Hinsicht unterscheiden. Das ist in der Tat der Standpunkt des »anomalen Monismus«, für den ich an anderer Stelle Gründe genannt habe.[25]

Ein Hindernis, das der These im Weg stand, es gebe so etwas wie eine nicht auf Belegen beruhende Kenntnis unserer eigenen normalen propositionalen Einstellungen, ist nun aus dem Weg geräumt. Denn wenn normale Überzeugungen und die übrigen Einstellungen »im Kopf« sein können, obwohl sie zum Teil durch Bezugnahme auf etwas nicht im Kopf Befindliches als eben diese Einstellungen identifiziert werden, dann kann die Gefahr für die Autorität der ersten Person nicht einfach von der Tatsache herrühren, daß externe Faktoren für die Identifikation der Einstellungen relevant sind.

Aber eine augenscheinliche Schwierigkeit bleibt nach wie vor: Freilich, mein Sonnenbrand läßt sich zwar nur im Verhältnis zur Sonne als solcher beschreiben, aber er ist identisch mit einer Beschaffenheit meiner Haut, die (wie ich annehme) auch ohne Bezugnahme auf solche externen Faktoren beschrieben

25 »Mental Events«, in: Donald Davidson, *Essays on Actions and Events.*

werden kann. Doch wenn ich als in allen physikalischen Fächern bewanderter Wissenschaftler nur zu meiner Haut Zugang habe und nichts über die Geschichte ihrer Beschaffenheit in Erfahrung bringen kann, besteht für mich laut Voraussetzung keine Möglichkeit festzustellen, daß ich wirklich einen Sonnenbrand habe. Vielleicht gilt dann auch, daß man im Hinblick auf den Inhalt seines Geistes nur insofern über die Autorität der ersten Person verfügt, als dieser Inhalt ohne Bezugnahme auf externe Faktoren beschrieben oder ausfindig gemacht werden kann. Insofern der Inhalt durch Bezugnahme auf externe Faktoren identifiziert wird, kommt die Autorität der ersten Person notwendig nicht zum Zuge. Durch Untersuchung meiner Haut kann ich Auskunft über meine private oder »enge« Verfassung geben, aber nichts, was ich in diesem begrenzten Bereich in Erfahrung bringen kann, wird mich darüber unterrichten, daß ich einen Sonnenbrand habe. Der Unterschied zwischen dem Fall, in dem man auf Wasser Bezug nimmt und an Wasser denkt, und dem Fall, in dem man auf Zwasser Bezug nimmt und an Zwasser denkt, ähnelt dem Unterschied zwischen dem Fall, in dem man Sonnenbrand hat, und dem Fall, in dem man aufgrund einer anderen Ursache in der gleichen Verfassung ist. Der semantische Unterschied liegt in der Außenwelt, jenseits der Reichweite des subjektiven oder sublunarischen Wissens. So könnte das Argument lauten.

Dieser Vergleich zwischen der begrenzten Sicht des Hautarztes und dem Tunnelblick des geistigen Auges ist grundverkehrt. Seinen Reiz verdankt er einem verfehlten Bild des Geistes; und an dieses Bild halten sich die Gegner des subjektiven Charakters normaler psychischer Zustände ebenso wie die von ihnen Angegriffenen. Wenn wir uns dazu durchringen können, dieses Bild preiszugeben, werden wir die Autorität der ersten Person nicht mehr als Problem sehen. Ja, es wird sich herausstellen, daß die Autorität der ersten Person von den diese Autorität angeblich untergrabenden sozialen und öffentlichen Faktoren abhängt und erklärt wird.

Es gibt ein Bild des Geistes, das so tief in unserer philosophischen Tradition verwurzelt ist, daß es selbst dann, wenn seine Fehler erkannt und abgelehnt werden, nachgerade unmöglich ist, seinem Einfluß zu entkommen. In einer groben, aber vertrauten Fassung stellt sich dieses Bild wie folgt dar: Der Geist ist ein Theater, in dem das bewußte Selbst eine vorüberziehende Schau (die Schatten an der Wand) betrachtet. Diese Schau besteht aus »Erscheinungen«, Sinnesdaten, Qualia, dem in der Erfahrung »Gegebenen«. Was auf der Bühne erscheint, sind nicht die normalen, vom äußeren Auge registrierten und vom Herzen geliebten innerweltlichen Gegenstände, sondern deren angebliche Stellvertreter. Was immer wir über die Außenwelt wissen, hängt davon ab, was wir den inneren Anhaltspunkten entnehmen können.

Bei dieser Beschreibung des Geistigen fällt von vornherein auf, daß schwer zu erkennen ist, wie es möglich sein soll, einen zuverlässigen Pfad von innen nach außen zu bahnen. Eine ebenfalls deutlich erkennbare, wenn auch vielleicht weniger gewürdigte Schwierigkeit liegt in der Frage, wie man das Selbst in diesem Bild unterbringen soll. Denn einerseits scheint das Selbst das Theater, die Bühne, die Schauspieler und das Publikum zu umfassen; andererseits betrifft das, was gewußt und registriert wird, einzig und allein das Publikum. Dieses zweite Problem könnte man ebensogut als das Problem des Standorts der Gegenstände des Geistes bezeichnen: Sind diese Gegenstände *im* Geist oder werden sie bloß *von* ihm betrachtet?

Hier geht es mir jetzt nicht um solche (heute weitgehend verworfenen) Gegenstände des Geistes wie Sinnesdaten, sondern um deren Vettern in Urteilsgestalt: die unterstellten Gegenstände der propositionalen Einstellungen, einerlei, ob sie als Propositionen oder Zeichen von Propositionen, als Repräsentationen oder Fragmente des »Mentalesischen« aufgefaßt werden. Der Grundgedanke, den ich angreifen möchte, besagt, daß es sich bei ihnen um Entitäten handelt, mit denen sich der Geist »befassen« oder die er »erfassen« kann, die ihm »vorschweben« können oder deren »Bekanntschaft« er machen kann. (Wahrscheinlich sind diese Metaphern aufschlußreich: Voyeure wollen nichts weiter, als daß dem geistigen Auge Repräsentationen vorschweben, während sie von aggressiveren Typen erfaßt werden. Die Engländer machen sich mit dem Inhalt des Geistes nur bekannt, während sich entgegenkommendere Leute wirklich mit ihm befassen.)

Es ist unschwer zu erkennen, inwiefern die Feststellung, daß äußere Fakten in die Individuation von psychischen Zuständen hineinspielen, das soeben beschriebene Bild des Geistes stört. Denn wenn »in einem geistigen Zustand sein« heißt, daß der Geist in einer bestimmten Beziehung zu einem Gegenstand steht, dann muß alles, was zur Bestimmung der Beschaffenheit des Gegenstands beiträgt, genauso erfaßt werden, damit der Geist erfährt, in welchem Zustand er sich befindet. Besonders offensichtlich ist das, wenn ein äußerer Gegenstand ein »Bestandteil« des dem Geist vorschwebenden Gegenstands ist. Aber im einen wie im anderen Fall kann es sein, daß die Person in dem betreffenden geistigen Zustand nicht weiß, in welchem geistigen Zustand sie sich befindet.

Das ist der Punkt, an dem der Begriff des Subjektiven – eines Zustands des Geistes – auseinanderzufallen scheint. Einerseits gibt es die echten inneren Zustände, im Hinblick auf die der Geist seine Autorität bewahrt; andererseits gibt es die normalen Zustände des Glaubens, Wünschens, Beabsichtigens und Meinens, die von ihren notwendigen Verbindungen mit der sozialen und öffentlichen Welt verunreinigt sind.

Im analogen Fall gibt es das Problem des Experten für Sonnenbrand, der durch bloßes Betrachten der Haut nicht angeben kann, ob es sich um einen Fall von Sonnenbrand oder bloß um einen »identischen« Zustand mit anderer Ursache handelt. Das Problem des Sonnenbrands läßt sich lösen, indem man die Unterscheidung zwischen Sonnenbrand und Sonnigbrand einführt: Sonnigbrand ist genauso wie Sonnenbrand, außer daß offenbleibt, ob die Sonne eine Rolle spielt oder nicht. Einen Fall von Sonnigbrand kann der Fachmann durch bloßes Hinschauen erkennen, aber bei einem Fall von Sonnenbrand geht das nicht. Diese Lösung funktioniert, weil Hautbeschaffenheiten – im Gegensatz zu Gegenständen des Geistes – nicht voraussetzen, daß es einen speziellen Jemand gibt, der durch bloßes Hinschauen angeben kann, ob die betreffende Beschaffenheit gegeben ist oder nicht.

Im Fall der geistigen Zustände gibt es eine andere Lösung, und sie ist einfacher. Sie besteht darin, daß man sich von der Metapher der dem Geist vorschwebenden Gegenstände befreit. Die meisten von uns haben schon längst die Vorstellung preisgegeben, es gebe Wahrnehmungen, Sinnesdaten oder Erlebnisströme in der Gestalt von Dingen, die dem Geist »gegeben« sind. Mit propositionalen Gegenständen sollten wir genauso umgehen. Natürlich haben die Menschen Überzeugungen, Wünsche, Zweifel usw. Doch indem man das einräumt, macht man weder geltend, daß Überzeugungen, Wünsche und Zweifel *Entitäten* sind, die sich im Geist befinden oder dem Geist vorschweben, noch daß es, damit man in einem solchen Zustand sein kann, entsprechende geistige Gegenstände geben muß.

Das haben schon andere vor mir gesagt, und sie haben es in unterschiedlichem Tonfall gesagt, doch ihre Gründe waren andere als meine. Ontologische Bedenken z. B. sind hier für mich nicht von Interesse. Wir werden stets einen unendlich großen Vorrat an Gegenständen benötigen, die uns helfen, Einstellungen von der Art des Glaubens zu beschreiben und zu identifizieren. Ich möchte auf keinen Fall andeuten, daß Sätze über Überzeugungen und Sätze, von denen die übrigen Einstellungen zugeschrieben werden, nicht von relationaler Art sind. Was ich wirklich vorschlage, läuft darauf hinaus, daß die Gegenstände, zu denen wir Personen in Beziehung setzen, um ihre Einstellungen zu beschreiben, in keinem Sinn *psychische* Gegenstände zu sein brauchen – Gegenstände, die von

der Person mit den beschriebenen Einstellungen erfaßt, erkannt oder in Erwägung gezogen werden.
Auch diese Einsicht ist vertraut. Quine beruft sich darauf, wenn er vorschlägt, wir dürften unsere eigenen Sätze benutzen, um den Gedanken derjenigen, die unsere Sprache nicht können, auf der Spur zu bleiben. Quines Interesse ist semantischer Art, und in diesem Zusammenhang sagt er nichts über die erkenntnistheoretischen und psychologischen Aspekte der Einstellungen. Wir müssen diese verschiedenen Belange zusammenbringen. Sätze über die Einstellungen sind relational; aus *semantischen* Gründen muß es daher Gegenstände geben, zu denen man die Träger der Einstellungen in Beziehung setzen kann. Aber wenn jemand eine Einstellung hat, heißt das nicht, daß seinem Geist eine Entität vorschwebt. Aus zwingenden *psychologischen* und *erkenntnistheoretischen* Gründen sollten wir bestreiten, daß der Geist Gegenstände vor sich hat.
Das Problem rührt von dem Dogma her, daß dem Geist einer Person, die einen Gedanken hat, damit ein Gegenstand vorschwebt. Von Putnam und Fodor (und vielen anderen Autoren) sind zwei Arten von Gegenständen unterschieden worden, nämlich: diejenigen, die wirklich im Inneren vorkommen und daher »dem Geist vorschweben« oder von ihm »erfaßt« werden, und diejenigen, durch die der Gedanke in der üblichen Weise identifiziert wird. Ich möchte denen beipflichten, die behaupten, kein Gegenstand könne sowohl dem einen als auch dem anderen Zweck dienen. Putnam glaubt ebenso wie einige der übrigen Philosophen, die ich genannt habe, die Schwierigkeit werde dadurch hervorgerufen, daß man sich bei einem zum Teil mit Hilfe externer Relationen identifizierten Gegenstand nicht darauf verlassen könne, daß er mit einem dem Geist vorschwebenden Gegenstand zusammenfällt, denn es könne sein, daß der Geist über die betreffende externe Beziehung nichts weiß. Vielleicht verhält es sich wirklich so. Daraus folgt aber nicht, daß wir *andere* Gegenstände ausfin-

dig machen können, die das gewünschte Zusammenfallen gewährleisten. Denn wenn der Gegenstand *nicht* mit der Welt in Verbindung steht, können wir dadurch, daß unserem Geist dieser Gegenstand vorschwebt, niemals etwas über die Welt in Erfahrung bringen. Aus reziproken Gründen wäre es unmöglich, einen solchen Gedanken bei einer anderen Person zu ermitteln. Es sieht also so aus, als könne das, was vor dem Geist steht, nicht seine äußeren Verbindungen – seine Semantik – mit einschließen. Andererseits gilt: Wenn der Gegenstand tatsächlich mit der Welt verbunden ist, kann er dem Geist im relevanten Sinn nicht zur Gänze vorschweben. Doch sofern es ausgeschlossen ist, daß ein *semantischer* Gegenstand *in seinem semantischen Aspekt* dem Geist vorschwebt, kann er dem Schicksal der Sinnesdaten nicht entgehen.

Das Grundproblem ist nicht kompliziert: Wenn einen Gedanken haben soviel heißt wie: dem Geist schwebe ein Gegenstand vor, und wenn die Beschaffenheit des Gedankens durch die Identität des Gegenstands determiniert wird, muß es stets möglich sein, daß man im Irrtum ist über das, was man denkt. Denn sofern man über den betreffenden Gegenstand nicht *alles* weiß, wird es stets Hinsichten geben, in denen man nicht weiß, um welchen Gegenstand es sich handelt. Schon häufig ist versucht worden, eine Beziehung zwischen einer Person und einem Gegenstand ausfindig zu machen, die in allen Kontexten genau dann besteht, wenn von der Person intuitiv behauptet werden kann, sie wisse, um welchen Gegenstand es sich handele. Aber keiner dieser Versuche ist erfolgreich ausgegangen, und der Grund ist meines Erachtens klar. Der einzige Gegenstand, der die Doppelforderung erfüllen würde, sowohl dem Geist vorzuschweben als auch so beschaffen zu sein, daß er den Inhalt des Gedankens bestimmt, muß den Ideen und Eindrücken Humes gleichen und »das sein, was er zu sein scheint, und zu sein scheinen, was er wirklich ist«. Solche Gegenstände gibt es nicht – weder öffentliche noch private, weder abstrakte noch konkrete.

Die von Burge, Putnam, Dennett, Fodor, Stich, Kaplan, Evans und vielen anderen Autoren genannten Argumente, die zeigen sollen, es sei ausgeschlossen, daß Propositionen *sowohl* den Inhalt unserer Gedanken bestimmen *als auch* subjektiv verbürgt sind, sind meiner Meinung nach nichts weiter als Varianten des schlichten und allgemeinen Arguments, das ich soeben umrissen habe. Nicht nur Propositionen sind außerstande, diese Aufgabe zu erfüllen. Kein Gegenstand wäre dazu in der Lage.
Sobald wir uns von der Annahme befreit haben, den Gedanken müßten geheimnisvolle Gegenstände entsprechen, können wir einsehen, inwiefern die Tatsache, daß im üblichen Sinn aufgefaßte geistige Zustände zum Teil anhand ihrer Naturgeschichte identifiziert werden, weder die innere Beschaffenheit solcher Gegenstände antastet noch die Autorität der ersten Person gefährdet und darüber hinaus einer Erklärung der Autorität der ersten Person den Weg bahnt. Die Erklärung geht mit der Einsicht einher, daß das, was die Worte einer Person bedeuten, in den grundlegendsten Fällen davon abhängt, welche Arten von Gegenständen und Ereignissen die Ursachen dafür sind, daß die betreffende Person diese Worte für anwendbar hält. Entsprechendes gilt für die Frage, wovon die Gedanken dieser Person handeln. Wer die Worte und Gedanken des anderen interpretiert, muß sich, um den anderen zu verstehen, auf verstreute Informationen, geglückte Unterweisung und phantasievolle Mutmaßungen verlassen. Der Akteur selbst ist allerdings nicht dazu in der Lage, sich zu fragen, ob er im allgemeinen die eigenen Worte so verwendet, daß sie auf die richtigen Gegenstände und Ereignisse zutreffen; denn einerlei, worauf der Akteur die Worte im Regelfall anwendet – das, worauf er sie anwendet, gibt seinen Worten die Bedeutung, die sie haben, und ihren Gedanken den Inhalt, den sie haben. Natürlich kann sich der Akteur in jedem Einzelfall, in dem er etwas über die Welt glaubt, irren. Unmöglich ist hingegen, daß er sich meistens irrt. Der Grund

ist offenkundig: Ginge man nicht davon aus, daß der Sprecher weiß, was er meint – also die eigene Sprache richtig benutzt –, gäbe es für den Interpreten nichts zu interpretieren. Um es anders zu formulieren: Es gibt nichts, wovon man behaupten könnte, hier mache jemand ständig den falschen Gebrauch von den eigenen Worten. Sobald wir den Mythos des Subjektiven – die Vorstellung, daß Gedanken geistige Gegenstände benötigen – fallenlassen, fügen sich die Autorität der ersten Person, der soziale Charakter der Sprache und die äußeren Determinanten des Denkens und der gemeinten Bedeutung auf natürliche Weise zusammen.

3
Der Mythos des Subjektiven

Diese Arbeit behandelt ein altes Thema: die Beziehung zwischen dem menschlichen Geist und der übrigen Natur, zwischen dem Subjektiven und dem Objektiven im Sinne unserer heutigen Auffassung. Dieser Dualismus ist zwar gewissermaßen zu offenkundig, als daß man ihn in Frage stellen könnte, doch er hat in unserer Überlieferung eine umfangreiche und nicht unbedingt passende Last damit verbundener Ideen im Schlepptau. Manche dieser Ideen unterliegen nunmehr einer kritischen Überprüfung, und das Ergebnis verspricht einen Umbruch im zeitgenössischen philosophischen Denken zu markieren. Die vorliegende Abhandlung vertritt zwar offenbar eine bestimmte Tendenz, aber sie soll nicht in erster Linie dazu dienen, den Zweifler zu bekehren, sondern ihr Hauptziel liegt darin, eine recht weithin anerkannte Entwicklung im neueren Denken über den Begriff des Bewußtseinsinhalts von einem bestimmten Standpunkt zu beschreiben und auf einige der Konsequenzen hinzuweisen, die sich meines Erachtens aus dieser Entwicklung ergeben.

Geist gibt es in der Mehrzahl, die Natur nur in der Einzahl. Jeder von uns hat seine eigene Stellung in der Welt und folglich seinen eigenen Blickwinkel, unter dem er sie betrachtet. Es geschieht leicht, daß man von dieser Binsenweisheit in eine konfuse begriffsrelativistische Vorstellung abgleitet. Der zuerst genannte – harmlose – Relativismus ist nichts weiter als der altvertraute Relativismus der jeweiligen Position in Raum und Zeit. Da jeder von uns ein gewisses Volumen Raum-Zeit mit Beschlag belegt, können sich keine zwei von uns zur selben Zeit an genau derselben Stelle befinden. Die Beziehungen zwischen unseren Positionen sind deshalb verständlich, weil wir jede Person in einer einzigen gemeinschaftlichen Welt und in einem gemeinsamen Zeitrahmen lokalisieren können.

Der Begriffsrelativismus wirkt zwar vielleicht ähnlich, doch es fällt schwer, die Analogie ausführlich darzulegen. Es fragt sich ja, welches der gemeinsame Bezugspunkt beziehungsweise das gemeinsame Koordinatensystem ist, im Hinblick auf das jedes Schema relativ sein soll. Ohne eine gute Antwort auf diese Frage büßt die These, jeder von uns wohne gewissermaßen in seiner eigenen Welt, ihre Verständlichkeit ein.

Aus diesem Grund und aus weiteren Gründen vertrete ich schon seit langem die Auffassung, daß die mögliche Differenz zwischen individuellen oder sozialen Gedankensystemen begrenzt ist. Wenn wir unter Begriffsrelativismus die Idee verstehen, Begriffsschemata und Moralsysteme oder die mit ihnen verbundenen Sprachen könnten grundverschieden sein – und zwar so weitgehend, daß sie füreinander unverständlich oder wechselseitig inkommensurabel seien bzw. niemals einer rationalen Lösung zugeführt werden könnten –, dann lehne ich den Begriffsrelativismus ab.[1] Freilich gibt es von Epoche zu Epoche, von Kultur zu Kultur und von Person zu Person verschiedene Arten von Gegensätzen, die wir alle anerkennen und mit denen wir alle zu kämpfen haben. Doch dies sind Gegensätze, die wir mit Hilfe von Sympathie und Anstrengung erklären und begreifen können. Probleme stellen sich ein, sobald wir uns die Vorstellung zu eigen machen wollen, es könnte umfassendere Differenzen geben, denn damit wird, wie es scheint, die (ungereimte) Forderung gestellt, wir sollten einen Standpunkt beziehen, der außerhalb unserer eigenen Denkweisen liegt.

Meiner Meinung nach ist die Vorstellung von einem solchen wirklich fremden Schema für uns unverständlich. Wir wissen, welche Bewandtnis es mit Bewußtseinszuständen hat und wie sie korrekt identifiziert werden. Sie sind genau die Zustände,

1 Meine Gründe habe ich in meinem Artikel »Was ist eigentlich ein Begriffsschema?« genannt, abgedr. in *Wahrheit und Interpretation* (Abhandlung 13).

deren Inhalt in hinlänglich bekannter Weise ermittelt werden kann. Falls sich andere Personen oder Lebewesen in Zuständen befinden, die mit Hilfe dieser Methoden nicht zu ermitteln sind, kann das nicht daran liegen, daß unsere Methoden versagen, sondern der Grund muß der sein, daß es nicht richtig ist, diese Zustände als Zustände eines Geistes zu bezeichnen – es handelt sich bei ihnen eben nicht um Überzeugungen, Bestrebungen, Wünsche oder Absichten. Die Sinnlosigkeit der Vorstellung von einem unserem Verständnis auf ewig entzogenen Begriffsschema verdankt sich weder unserer Unfähigkeit, ein solches Schema zu begreifen, noch unseren sonstigen menschlichen Unzulänglichkeiten; sie ist einfach auf das zurückzuführen, was wir unter einem Begriffssystem verstehen.

Viele Philosophen geben sich mit Argumenten wie diesen nicht zufrieden, weil sie glauben, es existiere noch eine andere Möglichkeit, den Begriffsrelativismus verständlich zu machen. Es hat ja den Anschein, als könnten wir einen solchen Relativismus begreiflich machen, vorausgesetzt, wir wären imstande, im Geist ein Element ausfindig zu machen, das von begrifflicher Interpretation unberührt ist. Dann wäre es möglich, verschiedene Schemata so zu sehen, als wären sie relativ zu diesem gemeinsamen Element und als wäre ihnen die Aufgabe übertragen, Ordnung in dieses Element zu bringen. Dieses gemeinsame Element ist natürlich eine Spielart der Anschauungen Kants, der Eindrücke und Ideen Humes, der Sinnesdaten, der uninterpretierten Empfindungen oder des sinnlich Gegebenen. Kant hielt nur ein einziges Begriffsschema für möglich, doch sobald der Dualismus von Schema und Inhalt explizit gemacht ist, springt die Möglichkeit alternativer Schemata ins Auge. Die Vorstellung, es gebe für uns eine Wahl zwischen verschiedenen Schemata, wird von C. I. Lewis deutlich ausgesprochen: »Es gibt in unserer Erkenntniserfahrung zwei Elemente: die unmittelbaren – etwa von den Sinnen gelieferten – Daten, die dem Geist dargeboten

oder gegeben werden, sowie eine Form, Konstruktion oder Deutung, welche die Tätigkeit des Denkens repräsentiert.«[2]
Könnten wir die Funktion der Begriffsschemata in dieser Weise auffassen, erschiene der Relativismus trotz der Zweifel hinsichtlich der eventuellen Entschlüsselung eines fremden Schemas immerhin als abstrakte Möglichkeit. Dahinter stünde die Vorstellung, daß verschiedene Schemata oder Sprachen verschiedene Möglichkeiten abgeben, das in der Erfahrung Gegebene zu ordnen. Nach dieser Darstellung gäbe es zwar keinen Standpunkt, von dem wir einen Überblick über solche Schemata gewinnen könnten, und vielleicht kein Verfahren, sie generell zu vergleichen und zu bewerten. Doch solange wir die Dichotomie Schema/Inhalt zu verstehen glauben, könnten wir uns vorstellen, wie der unbefleckte Strom der Erfahrung von verschiedenen Geistern oder Kulturen in unterschiedlicher Form bearbeitet wird. In dieser Weise, so meint man vielleicht, läßt sich der Begriffsrelativismus mit dem Element ausstatten, zu dem die alternativen Schemata in Beziehung stehen, und dieses Element sei das uninterpretierte Gegebene, der nicht kategorisierte Inhalt der Erfahrung.

Dieses Bild des Geistes und seiner Stellung in der Natur hat weitgehend die Probleme definiert, welche die moderne Philosophie lösen zu müssen geglaubt hat. Zu diesen Problemen gehören viele der Grundfragen in bezug auf die Erkenntnis: Woher wissen wir etwas über die »Außenwelt«? Wie gelingt es, Fremdpsychisches zu erkennen? Ja, wie ist es möglich, den Inhalt des eigenen Bewußtseins zu erkennen? Ebenfalls hinzurechnen sollten wir aber auch das Problem der Natur der moralischen Erkenntnis, die Analyse der Wahrnehmung sowie viele beunruhigende Fragen im Rahmen der Philosophie der Psychologie und der Bedeutungstheorie.

Diesem Katalog der Probleme entspricht eine lange Liste von

2 C. I. Lewis, *Mind and the World Order*, S. 38. Lewis behauptet, die Philosophie habe die Aufgabe, »jene kategorialen Kriterien aufzuzeigen, die der Geist auf das ihm Gegebene anwendet« (S. 36).

Möglichkeiten der Formulierung des vermeintlichen Gegensatzes zwischen Schema und Inhalt. Unter dem Schema kann man sich eine Art »Ideologie« vorstellen: eine Menge von Begriffen, die zur Erfüllung der Aufgabe geeignet sind, die Erfahrung zu ordnen und in Gegenstände, Ereignisse, Zustände und aus diesen zusammengesetzte Komplexe einzuteilen. Eine andere Möglichkeit ist die Auffassung des Schemas als Sprache, die vielleicht mit Prädikaten und der mit ihnen verknüpften Maschinerie ausgestattet ist, wobei die Prädikate so interpretiert werden, daß sie einer Ideologie dienen. Den Inhalt des Schemas bilden womöglich Gegenstände besonderer Art, etwa Sinnesdaten, Wahrnehmungsobjekte, Eindrücke, Empfindungen oder Erscheinungen. Möglich ist aber auch, daß sich die Gegenstände auflösen und zu Umstandsbestimmungen der Erfahrung werden, so daß es heißt, uns werde »in roter Weise erschienen«. Beim Finden von Möglichkeiten, den Inhalt des Gegebenen in Worte zu fassen, haben die Philosophen allerhand Scharfsinn an den Tag gelegt. Da gibt es etwa jene seltsamen, ohne Verb auskommenden Sätze des Typs »Rot hier jetzt« und die verschiedenen Formulierungen der Protokollsätze, über die es zwischen den logischen Positivisten zu Auseinandersetzungen gekommen ist.

Den Inhalt in Worte zu fassen, ist jedoch nicht nötig und nach manchen Auffassungen nicht einmal möglich. Die Einteilung in Schema und Inhalt kann sogar in einem Umfeld gedeihen, das nichts übrig hat für die Unterscheidung zwischen analytischen und synthetischen Urteilen, für Sinnesdaten oder für die Annahme, es könne theoriefreie Gedanken oder Erfahrungen geben. Ein Beispiel hierfür ist, wenn ich recht habe, der Rahmen, den W.V. Quine verfügbar gemacht hat. Nach Quines »naturalisierter Erkenntnistheorie« sollten wir von einer philosophischen Theorie der Erkenntnis nicht mehr verlangen als eine Erklärung der Möglichkeit, wie wir unter Voraussetzung der Belege, auf die wir uns stützen müssen, imstande sind, eine befriedigende Theorie über die Welt aufzustellen. Diese Erklärung beruft sich auf die beste Theorie, die wir kennen, also unsere heutige Naturwissenschaft. Die Belege, auf denen die Bedeutungen unserer Sätze, ja unsere Erkenntnis überhaupt letztlich beruhen, werden durch Reizungen unserer Sinnesorgane geliefert. Diese Reizungen sind es, die der betreffenden Person ihre einzigen Anhaltspunkte geben für »die Vorgänge in ihrer Umgebung«. Freilich vertritt Quine keinen Reduktionismus: »Die begrifflichen Hüllen können wir nicht Satz um Satz abstreifen.« Dennoch ist nach Quine eine eindeutige Unterscheidung zu treffen zwischen dem invarianten Inhalt und den wechselnden Hüllen, »zwischen Bericht und Erfindung, Gehalt und Stil, Fingerzeig und Begriffsbildung«. Denn

> wir können die Welt und den Menschen als Teil dieser Welt erforschen und so herausfinden, über welche Anhaltspunkte über die Vorgänge in seiner Umgebung er verfügt. Und indem wir diese Anhaltspunkte von der Weltsicht des Menschen subtrahieren, erhalten wir als Differenz das, was er selbst zu dieser Weltsicht beiträgt. Diese Differenz markiert das Ausmaß der begrifflichen Souveränität des Menschen: den Bereich, in dem er seine Theorien revidieren kann, ohne etwas an den Daten zu ändern.[3]

Weltsicht und Anhaltspunkte, Theorien und Daten – sie sind nichts anderes als das Schema und der Inhalt, von denen vorhin die Rede war.

Es kommt also nicht darauf an, daß die Daten in einer neutralen, theoriefreien Ausdrucksweise beschrieben werden, sondern darauf, daß es eine letzte Quelle der Belege gibt, deren Beschaffenheit restlos angegeben werden kann, ohne auf das Bezug zu nehmen, wofür sie Belege sind. Reizmuster etwa lassen sich, ebenso wie Sinnesdaten, identifizieren und beschreiben, ohne auf »Vorgänge in unserer Umgebung« Bezug zu nehmen. Falls sich unsere Kenntnis der Welt ausschließlich von Belegen dieser Art herschreibt, besteht nicht nur die Möglichkeit, daß unsere Sinne uns manchmal trügen, sondern

3 Diese Stelle sowie die vorangehenden Zitate stammen aus Quines *Word and Object*, S. 5; Übers., S. 23 f.

Täuschung ist dann systematisch und ganz allgemein möglich.
Was uns dazu veranlaßt, diese Ansicht zu vertreten, kann man sich ohne weiteres ins Gedächtnis rufen: Es wird für nötig erachtet, die letzten Belegquellen gegen die Außenwelt abzuschotten, um die Autorität der Belege für das Subjekt zu gewährleisten. Da wir nicht sicher sein können, wie die Welt außerhalb des Bewußtseins beschaffen ist, kann das Subjektive seine Tugend – seine Keuschheit, seine Gewißheit für uns – nur bewahren, indem es vor der Verunreinigung durch die Welt beschützt wird. Das altbekannte Problem besteht nun freilich darin, daß diese Abtrennung eine Lücke entstehen läßt, die durch keine Überlegung oder Konstruktion zu überbrücken ist. Hat man sich erst einmal für diesen Ausgangspunkt entschieden, weiß man – wie es scheint – nicht mehr anzugeben, wofür die Belege eigentlich Belege sind. Idealismus, reduktionistische Formen des Empirismus und Skeptizismus werden drohend sichtbar.
Die Geschichte ist zwar bekannt, doch der Leser möge mir gestatten, noch ein weiteres Kapitel in meiner kurzatmigen Erzählweise wiederzugeben. Sofern die letzten Belege für unsere Schemata und Theorien – also der Rohstoff, auf dem diese basieren – in der beschriebenen Weise subjektiv sind, gilt das auch für alles, was unmittelbar darauf beruht, also für unsere Überzeugungen, Wünsche, Absichten und das, was wir mit unseren Worten meinen. Diese sind zwar die Frucht unserer »Weltsicht« – ja, zusammengenommen machen sie unsere Sicht der Welt aus –, aber dennoch bewahren sie – ebenso wie die Belege, auf denen sie beruhen – ihre cartesianische Unabhängigkeit von dem, wovon sie handeln sollen. Sie könnten, ebenso wie die Empfindungen, genauso sein, wie sie sind, ohne daß sich an der Welt sonderlich etwas ändern würde. Unsere Überzeugungen beanspruchen zwar, etwas Objektives darzustellen, doch ihr Subjektivitätscharakter hält uns davon ab, den ersten Schritt zu tun, um zu bestimmen, ob

sie mit dem, was sie darzustellen vorgeben, auch wirklich übereinstimmen.

Anstatt zu behaupten, die Probleme der modernen Philosophie seien von der Dichotomie Schema/Inhalt beherrscht und definiert worden, könnte man demnach ebensogut sagen, der maßgebliche Faktor sei die Art der Auffassung des Dualismus von Objektivem und Subjektivem gewesen. Diese Dualismen haben nämlich einen gemeinsamen Ursprung: einen Begriff des Geistes mit seinen privaten Zuständen und Gegenständen.

Damit habe ich den Punkt erreicht, auf den ich hinauswollte, denn nach meinem Eindruck läuft der verheißungsvollste und interessanteste Wandel, der sich heute in der Philosophie abspielt, darauf hinaus, daß diese Dualismen auf neue Weise in Frage gestellt oder gründlich umgestaltet werden. Es bestehen gute Aussichten, daß diese Dualismen zumindest in ihrer jetzigen Form preisgegeben werden. Die Veränderung wird gerade erst sichtbar, und ihre Konsequenzen sind auch von denen, die diese Veränderung herbeiführen, bisher kaum erkannt worden. Was uns bevorsteht, ist der Blick auf das Auftauchen einer radikal umgemodelten Auffassung der Beziehung zwischen Geist und Welt.

In den Mittelpunkt der Handlung ist nun der Begriff der Subjektivität gerückt, also der Begriff dessen, was »im Geist« ist. Ausgehen wollen wir von dem, was wir wissen oder begreifen, sobald wir die Bedeutung eines Wortes oder Satzes kennen. Im Rahmen der aufs Empirische bedachten Tradition gilt es als Gemeinplatz, daß wir unsere ersten (zu Anfang die Funktion von Sätzen erfüllenden) Wörter – also Wörter wie »Apfel«, »Mann«, »Hund«, »Wasser« – lernen, indem Geräusche oder Sprachverhalten durch Konditionierung auf die entsprechenden Materialien im öffentlichen Bereich abgestimmt werden. Am besten funktioniert diese Konditionierung bei Gegenständen, die den Lernenden interessieren und von Lehrer oder Schüler kaum übersehen werden können.

Diese Geschichte handelt nicht nur davon, wie wir Wörter gebrauchen lernen; auch wenn es um eine angemessene Erklärung des Bezugs der Wörter und ihrer Bedeutung geht, muß diese Geschichte einen wesentlichen Teil der Darstellung bilden.

Selbstverständlich kann die ganze Geschichte nicht derart simpel sein. Andererseits fällt es schwer zu glauben, daß diese Art von Interaktion zwischen Sprachbenutzern und öffentlichen Ereignissen und Gegenständen keinen grundlegenden Teil der Gesamtgeschichte bildet, nämlich den Teil, der – sei es direkt oder indirekt – weitgehend bestimmt, in welcher Weise Wörter mit Dingen verbunden sind. Diese Geschichte beinhaltet jedoch Konsequenzen, die bis vor ganz kurzer Zeit offenbar unbeachtet geblieben sind. Eine Konsequenz besteht darin, daß die Einzelheiten der Mechanismen, die von Sprecher zu Sprecher, von besprochenem Gegenstand zu Sprecher und Sprachlernendem führen, ihrerseits nicht von Belang sein können für Bedeutung und Bezug. Das Bedeutungsverständnis wird nur durch die Endelemente des Konditionierungsvorgangs bestimmt; überprüft wird es ausschließlich anhand des Endprodukts, also anhand der auf die passenden Gegenstände und Situationen abgestimmten Verwendung der Wörter. Dies läßt sich vielleicht am ehesten einsehen, wenn man beachtet, daß zwei Sprechern, die mit einem Ausdruck »dasselbe meinen«, nicht mehr gemeinsam zu sein braucht als ihre Dispositionen zu angemessenem Sprachverhalten, während die Vernetzung der Nervenbahnen völlig verschieden sein kann. Dieser Sachverhalt läßt sich auch andersherum formulieren: Zwei Sprecher können in allen relevanten physischen Hinsichten gleich sein und dennoch aufgrund der Unterschiede zwischen den äußeren Situationen, in denen die Wörter gelernt werden, mit denselben Wörtern ganz Verschiedenes meinen. Insoweit man glaubt, das Subjektive oder Geistige sei supervenient abhängig von den physischen Merkmalen einer Person, können Bedeutungen also nicht etwas rein Subjektives oder Geistiges sein. Um eine Formulierung von Hilary Putnam zu zitieren: »Bedeutungen stecken nun mal nicht im Kopf.«[4] Die Pointe dieser Bemerkung ist, daß die richtige Interpretation dessen, was der Sprecher meint, nicht ausschließlich durch das bestimmt wird, was in seinem Kopf vorgeht, sondern außerdem von der Naturgeschichte dessen abhängt, was in seinem Kopf steckt. Putnams Argumentation beruht auf ziemlich ausgepichten Gedankenexperimenten, die nach Auffassung mancher Philosophen nicht überzeugend wirken. Doch soweit ich sehen kann, ist die Sache am besten zu begründen, indem man sich gleich auf einleuchtende Fakten bezüglich des Sprachlernens beruft sowie auf Fakten bezüglich unserer Interpretationsweise von Wörtern und Sprachen, die uns unbekannt sind.[5] Die relevanten Fakten sind oben bereits genannt worden. In den einfachsten und besonders grundlegenden Fällen leiten Wörter und Sätze ihre Bedeutung von den Gegenständen und von den Umständen her, unter denen sie erlernt worden sind. Ein Satz, den man aufgrund der Ursache des Vorhandenseins von Feuer durch den Lernvorgang für wahr zu halten konditioniert worden ist, wird dann wahr sein, wenn ein Feuer vorhanden ist; ein Wort, das man aufgrund der Ursache des Vorhandenseins von Schlangen für anwendbar zu halten konditioniert worden ist, wird auf Schlangen Bezug nehmen. Freilich gibt es eine ganze Menge Wörter und Sätze, die nicht in dieser Weise gelernt werden; aber die Verankerung der Sprache in der Welt wird durch diejenigen Wörter und Sätze zustande gebracht, die tatsächlich so gelernt werden.

Wenn die Bedeutungen der Sätze Propositionen sind und wenn Propositionen die Objekte von Einstellungen wie Glauben, Beabsichtigen und Wünschen sind, dann muß das bisher über Bedeutungen Gesagte auch für die Gesamtheit der propositionalen Einstellungen gelten. Die Pointe dieses

4 Hilary Putnam, »The Meaning of ›Meaning‹«, S. 227.

5 Gründe für diese Auffassung nenne ich hier in Abhandlung 1.

Gedankens läßt sich auch ohne Inanspruchnahme von Propositionen oder sonstigen vermutlichen Objekten der Einstellungen deutlich machen. Denn daraus, daß die Sprecher generell imstande sind, ihre Gedanken sprachlich zum Ausdruck zu bringen, folgt, daß, insoweit die Subjektivität der gemeinten Bedeutung in Zweifel steht, dies auch für Gedanken überhaupt gilt.

Die Auswirkungen dieser Überlegungen auf die Erkenntnistheorie sind zumindest umwälzend. Sofern Worte und Gedanken in den besonders grundlegenden Fällen notwendig von den sie normalerweise verursachenden Arten von Gegenständen und Ereignissen handeln, gibt es keinen Spielraum für cartesianische Zweifel an der unabhängigen Existenz solcher Gegenstände und Ereignisse. Freilich, manche Zweifel kann es geben. Doch um sicher zu sein, daß wir hinsichtlich der Beschaffenheit der Welt meistens recht haben, braucht es nichts zu geben, bezüglich dessen wir zweifelsfrei recht haben. Manchmal scheint der Skeptizismus auf einem einfachen Trugschluß zu beruhen, nämlich auf dem Trugschluß, aus der Tatsache, daß es nichts gibt, bezüglich dessen wir uns nicht irren können, folge die Konklusion, daß wir uns mit Bezug auf alles irren könnten. Diese zweite Möglichkeit ist ausgeschlossen, wenn wir den Gedanken akzeptieren, daß unsere einfachsten Sätze ihre Bedeutungen durch die Situationen erhalten, welche im allgemeinen die Ursache dafür sind, daß wir diese Sätze für wahr oder falsch halten, denn einen Satz, den man versteht, für wahr oder falsch halten heißt nichts anderes als etwas glauben, d.h. eine Überzeugung haben. Wenn wir in dieser Richtung weiterdenken, kommen wir zu der Erkenntnis, daß ein allgemeiner Skeptizismus hinsichtlich der Auskünfte unserer Sinne nicht einmal formuliert werden kann, denn die Sinne und ihre Auskünfte spielen gar keine maßgebliche theoretische Rolle bei der Erklärung des Glaubens, Meinens und Wissens, sofern der Inhalt des Bewußtseins von den – wie immer beschaffenen – kausalen Beziehungen zwischen den Einstellungen und der Welt abhängig ist. Womit natürlich nicht bestritten werden soll, daß die Sinne bei der Erkenntnis und beim Spracherwerb tatsächlich eine wichtige kausale Rolle spielen.

Daß unsere Ohren, Augen und Geschmacksknospen, unsere Tast- und Geruchsorgane bei der Herausbildung von Überzeugungen über die Welt eine vermittelnde Rolle spielen, ist ein empirischer Zufall. Die kausalen Verbindungen zwischen Gedanken und Gegenständen und Ereignissen in der Welt hätten auch in ganz anderer Weise hergestellt werden können, ohne daß dies im Hinblick auf den Inhalt oder die Wahrheitstendenz der auf Wahrnehmung beruhenden Überzeugungen einen Unterschied gemacht hätte. Richtig ist, daß bestimmte Überzeugungen, die durch Sinneserfahrung bewirkt werden, oft zur Wahrheit tendieren und daher oft gute Gründe für weitere Überzeugungen liefern.

Wenn das zutrifft, hat die Erkenntnistheorie (vielleicht als unabhängige Theorie neben der Wahrnehmungsforschung, die heute als nur noch entfernt mit der Erkenntnistheorie verwandt angesehen wird) keinen grundlegenden Bedarf an rein privaten, subjektiven »Gegenständen des Bewußtseins«, gleichgültig, ob diese als uninterpretierte Sinnesdaten oder Erfahrungsgegebenheiten einerseits oder als vollständig interpretierte Propositionen andererseits aufgefaßt werden. Inhalt und Schema sind, wie es in dem Zitat von C. I. Lewis ausgesprochen wird, als Paar ins Spiel gekommen; nun können wir sie auch zusammen ausscheiden lassen. Sobald wir diesen Schritt tun, werden keine Gegenstände übrig sein, in bezug auf die das Problem der Repräsentation aufgeworfen werden kann. Überzeugungen sind wahr oder falsch, aber sie repräsentieren nichts. Es ist von Vorteil, die repräsentierenden Vorstellungen loszuwerden und mit ihnen zugleich die Korrespondenztheorie der Wahrheit, denn es ist der Glaube an die Existenz solcher Vorstellungen, der relativistische Gedanken entstehen läßt. (Es richtet natürlich keinen Schaden an, wenn man sagt, wahre Überzeugungen und Gedanken seien aufgrund des So-Seins der Welt wahr: Sie »repräsentieren« die Welt richtig.)

Es gibt eine Fülle von Rätseln hinsichtlich Empfindung und Wahrnehmung; doch diese Rätsel sind, wie schon gesagt, nicht von grundlegender Bedeutung für die Erkenntnistheorie. Während die Frage, was in der Sinneserfahrung unmittelbar erfahren wird und in welcher Beziehung es zu Wahrnehmungsurteilen steht, heute ebenso schwer zu beantworten ist wie eh und je, kann sie nicht mehr als die für die Erkenntnistheorie ausschlaggebende Frage gelten. Der Grund ist schon genannt worden: Die Sinneserfahrung spielt zwar eine Hauptrolle bei dem kausalen Vorgang, durch den die Überzeugungen mit der Welt verbunden werden, doch es ist ein Fehler zu glauben, daß sie bei der Bestimmung des Inhalts dieser Überzeugungen eine erkenntnistheoretische Rolle spielt. Indem wir diese Schlußfolgerung akzeptieren, geben wir das Hauptdogma des traditionellen Empirismus preis, also das, was ich das dritte Dogma des Empirismus genannt habe. Aber damit war zu rechnen, denn der Empirismus vertritt ja die Ansicht, das Subjektive (die »Erfahrung«) sei die Grundlage der objektiven empirischen Erkenntnis. Ich möchte dagegen geltend machen, daß die erkenntnistheoretische Erkenntnis keine empirische Grundlage hat und auch keine braucht.[6]

Daneben gibt es ein weiteres vertrautes Problem, das transformiert wird, sobald wir einsehen, daß Überzeugungen, Wünsche und die übrigen sogenannten propositionalen Einstellungen nicht in der bisher angenommenen Weise subjektiv sind. Dabei handelt es sich um das Problem, wie jemand wissen kann, was im Bewußtsein einer andern Person vorgeht. Nun ist es vielleicht offensichtlich, daß die Zugänglichkeit des Fremdpsychischen von vornherein gewährleistet ist, sofern

6 Siehe Abhandlung 10.

die von mir skizzierte Erklärung unseres Sprachverstehens und seines Zusammenhangs mit dem Inhalt der Gedanken zutrifft. Der Skeptizismus im Hinblick auf die Erkenntnis des Fremdpsychischen ist somit ausgeschlossen. Aber mit der Einsicht in diesen Sachverhalt ist nicht zugleich die Frage beantwortet, welche begrifflichen Bedingungen wir hinsichtlich der Denkmuster aufstellen, durch die der Interpret die Möglichkeit erhält, vom beobachteten Verhalten des anderen zur Kenntnis seiner intentionalen Einstellungen fortzuschreiten. Daß es eine Antwort auf diese Frage gibt, wird jedoch durch den Tatbestand verbürgt, daß Sprache und Gedanken derart beschaffen sind, daß sie interpretiert werden können.[7]

Man sollte allerdings nicht annehmen, daß sich alle Probleme der Erkenntnistheorie in Luft auflösen, wenn wir aufhören, uns von der Dichotomie Schema/Inhalt und der Dichotomie subjektiv/objektiv drangsalieren oder betören zu lassen. Doch die allem Anschein nach besonders hervorstechenden Probleme werden sich wandeln. Die Beantwortung des globalen Skeptizismus wird keine Herausforderung mehr sein, die Suche nach erkenntnistheoretischen Grundlagen in der Erfahrung wird für zwecklos befunden werden, und der Begriffsrelativismus wird seine Anziehungskraft verlieren. Aber zahlreiche Fragen von gleichem oder größerem Interesse werden bleiben oder durch den neuen Standpunkt aufgeworfen werden. Nach dem Hinscheiden der bisherigen Auffassung des Subjektiven stehen wir ohne Grundlagen der Erkenntnis da, und zugleich verlieren wir das Bedürfnis nach solchen Grundlagen. Danach taucht jedoch eine ganze Schar neuer Probleme auf, in deren Mittelpunkt das Wesen des Irrtums steht, denn Irrtümer sind schwer auszumachen und zu erklären, wenn der Holismus, der mit einem fundierungsfreien Ansatz einhergeht, nicht irgendwie begrenzt wird. Ob die Erkenntnis der Welt und des Fremdpsychischen möglich sei, ist

7 Siehe Abhandlung 1.

zwar kein Problem mehr, aber die Fragen, wie wir zu solcher Erkenntnis gelangen und welche Bedingungen eine Überzeugung erfüllen muß, um als Wissen zu gelten, stellen sich wie eh und je. Dabei handelt es sich nicht eigentlich um Fragen im Rahmen der traditionellen Erkenntnistheorie, sondern um Fragen hinsichtlich des Wesens der Rationalität. Dies sind Fragen, die ebensowenig wie die erkenntnistheoretischen Fragen, an deren Stelle sie treten, endgültig zu beantworten sind; doch im Gegensatz zu den Fragen, die sie verdrängen, lohnt es sich bei ihnen, eine Beantwortung zu versuchen.

Viele der bisher von mir dargelegten Gedanken sind heute weitgehend bekannt. Aber soweit ich weiß, haben nur wenige erkannt, wie weit die daraus folgende Umwälzung unseres Denkens über die Philosophie reicht. Wenigstens zum Teil lassen sich die Gründe für diese mangelnde Einsicht auf bestimmte Mißverständnisse zurückführen, die das Wesen des neuen »Antisubjektivismus« betreffen (wie wir diese Richtung vielleicht versuchsweise bezeichnen dürfen). Im folgenden nenne ich drei dieser Mißverständnisse:

1. Daß die gemeinten Bedeutungen von Faktoren außerhalb des Kopfes abhängen, ist nicht durch allgemeine Argumente, sondern durch Beispiele plausibel gemacht worden. Daher besteht die starke Neigung anzunehmen, diese Abhängigkeit sei auf die in diesen Beispielen immer wieder vorkommenden Arten von Ausdrücken beschränkt, nämlich Eigennamen, Wörter für natürliche Arten wie »Wasser« und »Gold« sowie Indikatoren.[8] In Wirklichkeit handelt es sich jedoch um ein allumfassendes Phänomen, denn es ist mit dem sozialen Charakter der Sprache untrennbar verbunden. Es ist kein lokales Problem, das durch einen schlauen semantischen Kunstgriff zu lösen ist, sondern ein völlig allgemeiner Tatbestand, der das Wesen des Denkens und Sprechens betrifft.

2. Falls sich geistige Zustände wie Glauben, Wünschen, Beab-

8 Tyler Burge, »Individualism and the Mental«; Hilary Putnam, »The Meaning of ›Meaning‹«.

sichtigen und Meinen nicht aus den physischen Zuständen der jeweiligen handelnden Person allein ergeben, dann – so hat man geltend gemacht – müssen Theorien, die geistige Zustände und Ereignisse mit physischen Zuständen des Körpers und physischen Vorgängen im Körper gleichsetzen, falsch sein. Angedeutet wird dies von Putnam mit seinem Spruch, wonach gemeinte Bedeutungen »nun mal nicht im Kopf stekken«, und ausdrücklich behauptet wird es von Tyler Burge und Andrew Woodfield.[9] Bei ihrer Argumentation machen sie folgende Voraussetzung: Wenn ein Zustand oder Vorgang durch Bezugnahme auf Dinge außerhalb des Körpers identifiziert wird (was, wenn es sich um einen geistigen Zustand oder Vorgang handelt, vielleicht notwendig ist), müsse dieser Zustand oder Vorgang etwas außerhalb des Körpers sein oder dürfe zumindest nicht mit einem körperinternen Vorgang identisch sein. Dies ist schlicht ein Fehler: Ebensogut könnte man argumentieren, ein sonnengebräuntes Stück Haut befinde sich nicht am Körper der sonnengebräunten Person (denn der Zustand der Haut sei ja durch Bezugnahme auf die Sonne identifiziert worden). Ebenso werden geistige Zustände zum Teil durch ihre Beziehungen zu Vorgängen und Gegenständen außerhalb der betreffenden Person gekennzeichnet, was jedoch weder zeigt, daß geistige Zustände etwas über diese Person Hinausgehendes sind, noch daß sie nicht mit physischen Zuständen identisch sind.

3. Ein drittes Mißverständnis hängt eng mit dem zweiten zusammen: Wenn die richtige Bestimmung der Gedanken eines Akteurs zumindest in gewissem Maße von der kausalen Entstehungsgeschichte dieser Gedanken abhängt, und wenn diese Geschichte dem Betreffenden unbekannt sein kann, dann – so meint man – könne es sein, daß dieser Akteur womöglich nicht weiß, was er denkt (und mutatis mutandis nicht weiß, was er meint, beabsichtigt usw.). Der neue Antisubjek-

9 Tyler Burge, »Individualism and the Mental«, S. 111; Andrew Woodfield, »Introduction«, in: Woodfield (Hg.), *Thought and Object*, S. viii.

tivismus wird daher als Bedrohung der Autorität der ersten Person empfunden – so, als wolle er den Sachverhalt bestreiten, daß die Menschen im allgemeinen ohne Rückgriff auf Folgerungen aus Belegen, also in einer den anderen unzugänglichen Weise wissen, was sie selbst denken, wollen und beabsichtigen. Darauf hat man reagiert, indem man Zuflucht genommen hat zu Maßnahmen, durch die geistige Zustände erneut von ihren äußeren Bestimmungsgründen isoliert werden sollen.

Diese Maßnahmen sind nicht nötig, denn die Autorität der ersten Person ist gar nicht in Gefahr. Es kann etwa sein, daß mir der Unterschied zwischen einem Kurzschnabeligel und einem Stachelschwein unbekannt ist, was dann womöglich zu dem Ergebnis führt, daß ich alle Kurzschnabeligel, die mir über den Weg laufen, als Stachelschweine bezeichne. Doch da ich das Wort »Stachelschwein« in einer bestimmten Umgebung gelernt habe, bezieht sich mein Wort »Stachelschwein« nicht auf Kurzschnabeligel, sondern auf Stachelschweine. Stachelschweine sind es, auf die sich das Wort nach meiner Überzeugung bezieht, und ein Stachelschwein ist es, was ich vor mir zu sehen glaube, wenn ich aufrichtig behaupte: »Dies ist ein Stachelschwein.« Meine Unkenntnis der Umstände, die bestimmen, was ich meine und denke, ist nicht im mindesten dazu angetan zu zeigen, daß ich nicht weiß, was ich meine und denke. Wollte man etwas anderes annehmen, so ginge daraus nur hervor, wie sehr wir an der Vorstellung hängen, subjektive geistige Zustände könnten unabhängig vom Rest der Welt und deren Geschichte genauso beschaffen sein, wie sie es nun einmal sind.

Eine andere Reaktion auf die imaginäre Bedrohung unseres wirklichen Innenlebens besteht darin: einzuräumen, daß die normalerweise von uns ermittelten Überzeugungen und sonstigen Bewußtseinszustände nicht etwas im eigentlichen Sinne Subjektives sind, und gleichzeitig geltend zu machen, es gebe ähnliche innere (oder »enge«) geistige Zustände, die tatsächlich subjektiv seien. Hierbei könnte einem z. B. folgender Gedanke vorschweben: Da es weder an meinem inneren Zustand noch an meinem Verhalten etwas gibt, wodurch eine Unterscheidung getroffen wird zwischen Stachelschweinen und Kurzschnabeligeln, glaube ich beim Anblick eines Kurzschnabeligels (oder eines Stachelschweins) in Wirklichkeit, daß das, was ich vor mir habe, ein Tier mit bestimmten allgemeinen Merkmalen ist, nämlich Merkmalen, die Stachelschweinen und Kurzschnabeligeln tatsächlich gemeinsam sind. Das Mißliche ist dann allerdings, daß ich, da sich mein Wort »Stachelschwein« nur auf Stachelschweine bezieht, offenbar gar nicht weiß, was ich meine, wenn ich sage: »Dies ist ein Stachelschwein.« Diese wenig reizvolle Lösung ist vermeidbar, denn sie beruht auf einer Verwechslung in bezug auf das »Innere«. Es gibt zwar jetzt keinen physikalischen Unterschied zwischen meinem tatsächlichen Zustand und dem Zustand, in dem ich mich befände, wenn ich nicht »Stachelschwein«, sondern »Kurzschnabeligel oder Stachelschwein« bzw. »Tier mit diesen oder jenen Eigenschaften« meinte und das, was ich dann meinte, auch glaubte, doch daraus folgt nicht, daß es in psychologischer Hinsicht keinen Unterschied gibt. (Es gibt zwar vielleicht keinen physikalischen Unterschied zwischen Sonnenbräune und Höhensonnenbräune, aber ein Unterschied besteht dennoch, weil der eine Zustand durch die Sonne bewirkt worden ist, der andere dagegen nicht. Und psychische Zustände verhalten sich in dieser Hinsicht wie die Sonnenbräune.) Nichts steht also der Behauptung im Wege, daß ich auch dann, wenn ich Kurzschnabeligel und Stachelschweine nicht auseinanderzuhalten vermag, wissen kann, was ich mit dem Gebrauch des Worts »Stachelschwein« meine und was ich glaube, wenn ich mir Gedanken über Stachelschweine mache. Der psychologische Unterschied – der ja kein anderer ist als der Unterschied zwischen Meinen und Glauben, daß ich ein Stachelschwein vor mir habe, und Meinen und Glauben, es sei ein Lebewesen mit bestimmten Merkmalen, die Stachelschweinen und Kurzschnabeligeln gemeinsam sind – ist genau der Unterschied, der nötig ist, um zu gewährleisten, daß ich weiß, was ich meine und was ich denke. Putnam und andere Autoren haben eigentlich nichts weiter gezeigt, als daß sich dieser Unterschied nicht in physischen Zuständen des Gehirns zu spiegeln braucht.

Die Erfindung einer neuen Menge wahrhaft »innerer« oder »enger« psychischer Zustände ist demnach keine Möglichkeit, dem Mentalen die Autorität der ersten Person zurückzuerstatten – ganz im Gegenteil. Es bleibt jedoch der Anspruch, eine systematische Wissenschaft der Psychologie sei darauf angewiesen, daß es auf seiten des Akteurs Zustände gebe, die sich ohne Bezugnahme auf ihre Entstehungsgeschichte oder sonstige Verbindungen mit der Außenwelt identifizieren lassen. Andernfalls, heißt es, gäbe es keine Erklärung für das Faktum, daß ich, der ich mich mit meinem Wort »Stachelschwein« nur auf Stachelschweine beziehen kann, den Unterschied zwischen einem Stachelschwein und einem Kurzschnabeligel ebensowenig angeben kann wie dann, wenn ich (sofern sich in physikalischer Hinsicht nichts geändert hat) statt dessen »Stachelschwein oder Kurzschnabeligel« meinte.

Die Aussichten einer wissenschaftlichen Psychologie sind für das Thema dieser Abhandlung nicht unmittelbar von Belang, und daher können wir die Frage außer acht lassen, ob es innere Zustände der Akteure gebe, durch die sich ihr Verhalten besser erklären ließe als durch die Überzeugungen und Wünsche im gewöhnlichen Sinn. Dagegen ist es wohl von Belang, auf die Frage einzugehen, ob es Bewußtseinszustände gibt, die in höherem Maße Anspruch auf die Bezeichnung »subjektiv« haben als die im üblichen Sinn aufgefaßten und ermittelten propositionalen Einstellungen.

Hier sind zwei Denkmodelle angeboten worden: Das bescheidenere (das sich z. B. in den Arbeiten Jerry Fodors findet) besagt, als eigentliche innere oder solipsistische Zustände könnten wir eine ausgewählte Gruppe der Einstellungen im üblichen Sinn sowie Modifikationen dieser ausgewählten Einstellungen gelten lassen. Gedanken über Stachelschweine und Kurzschnabeligel würden dann ausgeschieden, denn der Inhalt solcher Gedanken wird durch Beziehungen zur Außenwelt ermittelt. Zulässig wären hingegen Gedanken über Tiere, die bestimmte allgemeine Kriterien erfüllen (und zwar genau diejenigen, die wir bei der Entscheidung verwenden, ob etwas z. B. ein Stachelschwein ist).[10]

Falls solche inneren Zustände existierten, würden sie nach nahezu allen beliebigen Maßstäben als etwas Subjektives anerkannt werden. Sie könnten ohne Bezugnahme auf äußere Gegenstände und Ereignisse identifiziert und klassifiziert werden; sie ließen sich als Grundlagen der empirischen Erkenntnis in Anspruch nehmen; und bei ihnen wäre es auch plausibel, die Autorität der ersten Person gelten zu lassen. Es liegt jedoch offenbar auf der Hand, daß es solche Zustände gar nicht gibt, jedenfalls nicht, wenn sie sich in Worten ausdrücken lassen sollen. Die »allgemeinen Merkmale«, die wir benutzen, um Stachelschweine zu identifizieren, sind von der Art »hat vier Pfoten, eine Nase, Augen und Stacheln«. Es ist aber klar, daß die Bedeutungen der auf diese Merkmale Bezug nehmenden Wörter und der Inhalt der durch diese Wörter ausgedrückten Begriffe ebensosehr wie im Fall der Wörter »Stachelschwein« und »Kurzschnabeligel« von der Naturgeschichte des Erwerbs dieser Wörter und Begriffe abhängen. Es gibt keine Wörter bzw. mit Wörtern verknüpften Begriffe, die nicht – sei es direkt oder indirekt – im Hinblick auf kausale Beziehungen zwischen Personen und der Welt verstanden und interpretiert werden müssen (und natürlich auch im Hinblick auf die Beziehungen zwischen Wörtern und anderen Wörtern, zwischen Begriffen und anderen Begriffen).

10 Jerry Fodor, »Methodological Solipsism Considered as a Research Strategy in Cognitive Psychology«.

Nun kann man sich vorstellen, es werde ein Vorschlag gemacht, der darauf hinausliefe, es gebe unausdrückbare phänomenale Kriterien, auf die sich die öffentlich artikulierbaren Kriterien zurückführen ließen. Hier ist zu hoffen, daß die Erinnerungen an frühere Fehlschläge solcher reduktionistischen Wunschträume dazu dienen werden, den Gedanken zu unterdrücken, dieser Vorschlag lasse sich in die Tat umsetzen. Aber selbst abgesehen von wehmütigen Träumereien über phänomenalistische Reduktionen, ist es aufschlußreich festzustellen, wie das Bemühen um eine Verwissenschaftlichung der Psychologie umschlägt in eine Suche nach inneren propositionalen Zuständen, die unabhängig von Beziehungen zur übrigen Welt ausfindig gemacht und identifiziert werden können – ein Unternehmen also, das nicht sonderlich verschieden ist vom Streben früherer Philosophen nach etwas »in der Erfahrung Gegebenem«, das keinen notwendigen Hinweis auf die Vorgänge draußen enthält. Das Motiv ist in beiden Fällen ähnlich: Man meint, um ein solides Fundament der Erkenntnis oder der Psychologie zu errichten, sei etwas Inneres, d.h. etwas Nichtrelationales nötig.

Das zweite und in höherem Maße revolutionäre Denkmodell besagt, daß die für eine wissenschaftliche Psychologie benötigten geistigen Zustände zwar in etwa propositionaler Art seien, aber nicht unmittelbar in Verbindung stünden mit gewöhnlichen Überzeugungen, Wünschen und Absichten.[11] Diese Zustände, so wird gefordert, seien im Grunde diejenigen, die das Verhalten erklären; etwas Inneres oder Subjektives seien sie also nur insofern, als sie ausschließlich durch physisch unter der Haut Befindliches gekennzeichnet seien. Es besteht kein Grund zur Annahme, daß Menschen imstande sind anzugeben, wann sie sich in derartigen Zuständen befinden.

11 Dieser Gedanke wird von Stephen Stich verfochten, siehe sein Buch *From Folk Psychology to Cognitive Science*.

Um zusammenzufassen: Ich habe fünf miteinander zusammenhängende Punkte genannt, die den »Inhalt des Bewußtseins« betreffen:

Erstens, geistige Zustände wie Zweifel, Wünsche, Überzeugungen und Begierden werden zum Teil durch den sozialen und historischen Kontext ihrer Aneignung identifiziert. In dieser Hinsicht verhalten sie sich wie andere Zustände, die durch ihre Ursachen identifiziert werden, etwa das Leiden an Schneeblindheit oder an Fabismus (einer Krankheit, die durch den Genuß der Saubohne verursacht wird).

Zweitens, damit ist nicht erwiesen, daß Bewußtseinszustände keine physischen Zustände einer Person sind. Wie wir Ereignisse und Zustände beschreiben und identifizieren, hängt nicht unmittelbar mit dem Ort dieser Zustände und Ereignisse zusammen.

Drittens, daß Bewußtseinszustände – einschließlich dessen, was der jeweilige Sprecher meint – anhand ihrer kausalen Beziehungen zu äußeren Gegenständen und Ereignissen identifiziert werden, ist ein für die Möglichkeit der Kommunikation wesentliches Faktum, durch welches das eine Bewußtsein grundsätzlich auch dem anderen zugänglich wird. Dieser öffentliche und interaktive Aspekt des Geistes ist jedoch nicht dazu angetan, der Autorität der ersten Person etwas von ihrer Bedeutung zu nehmen.

Viertens, die Vorstellung es gebe eine fundamentale Spaltung zwischen nicht interpretierter Erfahrung und einem ordnenden Begriffsschema, ist ein Grundfehler, der sich aus dem wesentlich inkohärenten Bild ergibt, wonach der Geist ein passiver, aber kritischer Betrachter einer inneren Vorführung ist. Eine naturalistische Erklärung der Erkenntnis beruft sich nicht auf erkenntnistheoretische Vermittlungsinstanzen vom Typ der Sinnesdaten, Qualia oder unverarbeiteten Empfindungsgegebenheiten. Daraus ergibt sich, daß der globale Skeptizismus bezüglich Sinneserfahrung gar keinen kohärent erwägbaren Standpunkt darstellt.

Fünftens habe ich meine Einwände gegen die Forderung nach »Gegenständen des Denkens« geltend gemacht, gleichviel, ob diese nach dem Vorbild der Sinnesdaten oder als etwas in ihrem Charakter Propositionales aufgefaßt werden. Hier gibt es zwar die zahlreichen Bewußtseinszustände, aber deren Beschreibung setzt nicht die Existenz gespensterhafter Wesenheiten voraus, die der Geist irgendwie betrachtet. Wenn man ohne solche Wesenheiten auskommt, so heißt das, daß man eine ganze Reihe beunruhigender Probleme wegfegt, anstatt sie zu lösen. Denn wenn es solche Gegenstände gar nicht gibt, können wir weder die Frage aufwerfen, wie sie die Welt darzustellen vermögen, noch können wir uns den Kopf über die Frage zerbrechen, wie es dem Geist gelingt, ihre unmittelbare Bekanntschaft zu machen.

Was bleibt übrig vom Begriff der Subjektivität? Von der klassischen Auffassung der Subjektivität bleiben, soweit ich das zu sehen vermag, zwei Merkmale erhalten: Gedanken sind privat, und zwar in dem offenkundigen, aber wichtigen Sinn, in dem Eigentum privat sein, nämlich einer einzigen Person gehören kann. Ferner ist die Erkenntnis der Gedanken etwas Asymmetrisches, denn wer einen Gedanken hat, gelangt zu dem Wissen, daß er ihn hat, in einer Weise, die den anderen nicht zu Gebote steht. Damit ist aber auch schon alles genannt, was es mit dem Subjektiven auf sich hat. Das Denken ist weit davon entfernt, ein derart abgeschottetes Reservat zu bilden, daß es ein Problem darstellt, wie es Erkenntnis einer Außenwelt liefern oder anderen bekannt sein kann; vielmehr gehört das Denken notwendig zu einer gemeinsamen öffentlichen Welt. Es ist nicht nur so, daß andere in Erfahrung bringen können, was wir denken, indem sie auf die kausalen Abhängigkeiten achten, die unseren Gedanken ihren Inhalt verleihen, sondern die bloße Möglichkeit von Gedanken verlangt gemeinsame Maßstäbe der Wahrheit und der Objektivität.

4
Was ist dem Geist gegenwärtig?

Alles, woran wir denken, ist, während wir daran denken, in einem gewissen Sinn dem Geist gegenwärtig. In einem anderen, den Philosophen wohlbekannten Sinn jedoch heißt es nur von einigen der Dinge, an die wir denken können, sie seien dem Geist gegenwärtig. Dabei handelt es sich um Dinge, die dem Geist so unmittelbar vorschweben sollen, daß es unmöglich sei, sie nicht richtig zu identifizieren; und hierin liege der Unterschied zwischen ihnen und gewöhnlichen physischen Gegenständen oder irgendwelchen sonstigen Gegenständen, bei denen Identifikationsfehler durchweg leicht unterlaufen können. Es sei einfach deshalb unmöglich, diese Entitäten mit anderen zu verwechseln, weil es diese Gegenstände seien, von denen der Inhalt unserer Gedanken bestimmt werde.

Zu den Dingen dieser letzteren Art gehören z.B. die sogenannten Objekte von Wünschen, Überzeugungen, Absichten, Sorgen und Hoffnungen; und ebenfalls zu ihnen gehören die Propositionen, zu denen wir verschiedene Einstellungen haben, also die (von Frege so bezeichneten) Gedanken, die von unseren Sätzen zum Ausdruck gebracht werden. Außerdem hinzurechnen müssen wir natürlich die Bestandteile der Propositionen, etwa Eigenschaften und Relationen.

Die genannten Gegenstände stehen in einer speziellen Beziehung zum Geist. Nur durch den Geist können wir zu ihrer Erkenntnis gelangen. Da sie abstrakt sind, haben die Sinne keinen Zugang zu ihnen. Sie haben keine kausalen Kräfte, und daher können sie auf unseren Geist, auf unser Gehirn oder überhaupt auf uns nicht einwirken, und die umgekehrte kausale Beziehung ist ebenfalls ausgeschlossen.

Damit ist die Frage aufgeworfen, in was für Beziehungen wir oder unser Geist zu diesen Gegenständen stehen sollen, wenn wir behaupten, sie seien unserem Bewußtsein gegenwärtig. Wir kennen eine Menge Wörter, um unsere Beziehungen zu Propositionen auszudrücken: Wir begreifen sie, sobald wir einen Satz verstehen; sie schweben uns vor; wir verwerfen sie; wünschen, sie mögen wahr sein; hoffen, sie mögen es nicht sein; oder wir beabsichtigen, sie wahr zu machen. Aber was für Beziehungen sind das? Es klingt, als handele es sich um psychische Beziehungen, so als gebe es da eine Art geistiger Transaktion zwischen uns und diesen Entitäten. Aber was für Transaktionen lassen sich schon mit einem abstrakten Gegenstand abwickeln?

Von den propositionalen Gegenständen des Bewußtseins und ihren Bestandteilen nimmt man also an, sie hätten die folgenden beiden Eigenschaften: Sie führen zur *Identifizierung* eines Gedankens, indem sie seinen Inhalt bestimmen. Ferner sind sie dadurch, daß sie von der Person mit dem betreffenden Gedanken erfaßt oder sonstwie erkannt werden, *konstitutiv* für einen wesentlichen Aspekt der psychologischen Beschaffenheit dieses Gedankens. Wie sich diese beiden Eigenschaften miteinander vereinbaren lassen, ist ein Problem. Meine These besagt, daß sie nicht miteinander vereinbart werden können.

Folgendes ist die Hauptschwierigkeit: Ich setze es als selbstverständlich voraus, daß wir meistens wissen, was wir denken, obwohl die Selbstkenntnis nicht immer total ist. Doch wenn die bewußtseinsbedingte Erkenntnis des zu identifizierenden Gegenstands konstitutiv ist für die faktische Beschaffenheit des Gedankens, dann weiß man, welchen Gedanken man denkt, nur sofern man weiß, welcher Gegenstand dem Bewußtsein vorschwebt. Doch die Vorstellung »wissen, welcher Gegenstand dem Bewußtsein vorschwebt« hat, wie es scheint, keinen klaren Sinn. Das Mißliche ist, daß die Unkenntnis einer einzigen Eigenschaft eines Gegenstands unter den entsprechenden Umständen ausreichend sein kann, damit gilt, daß man nicht weiß, um welchen Gegenstand es sich handelt. Dies ist der Grund, weshalb Philosophen, die die Erkenntnis auf die unfehlbare Identifikation von Gegenständen gründen wollten, auf Gegenstände aus waren, die, wie die Eindrücke und Ideen Humes, »das sind, was sie zu sein scheinen, und das zu sein scheinen, was sie tatsächlich sind«, also Gegenstände, die alle Eigenschaften und ausschließlich die Eigenschaften haben, die sie nach unserer Meinung besitzen. Solche Gegenstände gibt es leider nicht. Jedem Gegenstand kommen unendlich viele logisch unabhängige Eigenschaften zu, und das gilt auch für die Gegenstände, deren sämtliche »wesentliche« Eigenschaften – wie im Fall der Zahlen – von uns selbst bestimmt werden.[1]

1 Nach Frege hat der »Sinn« das folgende von Michael Dummett beschriebene Merkmal: »Der Sinn kann kein Merkmal besitzen, das sich nicht erkennen ließe, indem man über das, was zum Ausdruck oder zum Begreifen dieses Sinnes gehört, nachdenkt oder Schlüsse daraus zieht. Zum Sinn eines Ausdrucks gehört nur das, was relevant ist für die Bestimmung des Wahrheitswerts des Satzes, in dem dieser Ausdruck vorkommt. Wenn es uns nicht gelingt, manche Merkmale seines Beitrags zu den Wahrheitsbedingungen gewisser Sätze zu erfassen, dann gelingt es uns auch nicht, seinen Sinn vollständig zu begreifen, während andererseits jeder Aspekt der Bedeutung des Ausdrucks, der für die Wahrheitsbedingungen des ihn enthaltenden Satzes ohne Belang ist, nicht zu seinem Sinn gehört. Darum ist es ausgeschlossen, daß der Sinn alle möglichen sonstigen Merkmale hat, die wir nicht ausfindig machen können. [...] Der Gedanke ist transparent in dem Sinn, daß man, wenn man ihn begreift, eben dadurch alles weiß, was es über ihn in seinem Ansichsein zu wissen gibt« (Dummett, *The Interpretation of Frege's Philosophy*, S. 50). Dummett begrenzt die Merkmale des Sinns, deren Aufspüren uns nicht mißlingen kann, auf die »internen Eigenschaften des Sinns, doch es ist unklar, nach welchem Prinzip solche Eigenschaften von anderen unterschieden werden sollen, ohne daß man dabei eine Petitio principii begeht.
Steve Yablo hat mich (brieflich) gefragt, warum es nicht möglich sein soll, die Aufmerksamkeit ausschließlich auf einige Eigenschaften der Gegenstände – vielleicht auf deren »wesentliche« Eigenschaften – zu richten. Nein, das geht nicht, wenn wir an der Vorstellung festhalten sollen, der Inhalt des Gedankens werde durch den Gegenstand individuiert. Denn wenn zwei Gegenstände zwar die gleichen »wesentlichen« Eigenschaften haben, aber hinsichtlich einer anderen Eigenschaft voneinander abweichen, haben

Dieser Punkt kommt in neueren Erörterungen von Überzeugungen *de re* deutlich zum Vorschein. Wenn wir ebenso wie Russell der Meinung sind, man könne sich nur dann ein Urteil über einen Gegenstand bilden, wenn man wisse, um welchen Gegenstand es sich handelt, oder wenn es (um eine andere von Russell gern gebrauchte Formulierung zu verwenden) ein Gegenstand ist, der dem Betreffenden »bekannt« ist, und wenn wir ferner meinen, dazu sei im Fall der Propositionen erforderlich, daß diese spezielle Beziehung zwischen dem Urteilenden und jedem Teil der Urteilsproposition besteht, dann ergibt sich im Hinblick auf Einstellungen wie die folgende ein spezielles Problem: »Es gibt ein Rezept für das Backen von Maisbrot, von dem Johanna glaubt, es sei leicht.« Zur Wahrheit dieser Zuschreibung ist nicht nur nötig, daß es ein Rezept für das Backen von Maisbrot gibt, sondern darüber hinaus ist offenbar erforderlich, daß Johanna weiß, um welches Rezept es sich handelt, bzw. daß sie irgendwie damit bekannt ist. Als Quine die Unterscheidung zwischen Glaubens-Sätzen *de re* und Glaubens-Sätzen *de dicto* zum erstenmal im heute gebräuchlichen Sinn betonte, war er geneigt, die Bezugnahme *de re* für eine Insel der Klarheit inmitten des undurchsichtigen Meers der Intensionalität zu erachten.[2] Spätere Entwicklungen haben ihn dazu bewogen, seine Meinung zu ändern. In dem Aufsatz »Nochmals zum Thema Intensionen« schreibt er: »Der Begriff des Wissens oder Glaubens, wer oder was jemand ist, ist ganz und gar kontextabhängig.«[3] Was Quine zu diesem Sinneswandel veranlaßte, war die Schwierigkeit der

wir es mit verschiedenen Gegenständen zu tun, und daher müssen die Gedanken verschieden sein.

Also ist es vielleicht nicht der *Gegenstand*, der dem Geist vorschwebt, sondern nur ein *Aspekt* dieses Gegenstands. Dann könnte man sich hinsichtlich des Gegenstands irren, ohne daß das eine Rolle spielte. In diesem Fall ist jedoch nicht der Gegenstand, um dessen Aspekt es sich handelt, sondern der Aspekt selbst der Gegenstand des Denkens.

2 W. V. Quine, »Quantifiers and Propositional Attitudes«.

3 W. V. Quine, »Intensions Revisited«, S. 121; Übers., S. 152.

Erklärung der zwischen einer Person und einem Gegenstand bestehenden Beziehung, durch welche die Behauptung, der Betreffende wisse, um welchen Gegenstand es sich handelt, gerechtfertigt würde. Bis dahin waren schon eine ganze Reihe von Versuchen gemacht worden, diese Beziehung klarzustellen: Føllesdal hatte geltend gemacht, nur »echte« Namen könnten darin eine Rolle spielen; Kripke hatte von »starren Designatoren« gesprochen; und bei David Kaplan hießen die auserwählten Namen »plastisch« [*vivid names*].[4] Gareth Evans war dem Problem auf den Grund gegangen und, ebenso wie andere Autoren, zu der Ansicht gelangt, die demonstrative Identifikation sei die einzige psychologische Beziehung, von der gelten könne, daß sie die erforderliche Art von »Fundamentalidentifikation« liefere. Einzig und allein in einem solchen Fall könne man behaupten, der Gegenstand gehöre zu der Proposition, die dem Betreffenden vorschwebt. In Russells Fußstapfen kommt Evans zu folgendem Schluß: Wenn jemand glaubt, es schwebe ihm ein Gedanke mit singulärem Bezug vor, während er in Wirklichkeit einen Namen ohne Bezug verwendet, ist gar keine Proposition gegeben, über die er nachdenken könnte, und folglich gibt es auch keinen Gedanken, den er hat. Verwendet er einen Satz, der einen Namen ohne Bezug enthält, bringt er keinen Gedanken zum Ausdruck.[5] Geht es dem Leser wie mir, wird es ihm schwerfallen, Zutrauen zu fassen zu den Kriterien für echte Fälle von »Fundamentalidentifikation«, und dann wird er auch einsehen, warum Russell solche Fälle auf Situationen beschränkte, in denen das Bewußtsein unmittelbare Bekanntschaft mit seinen Gegenständen hat, was nach Russells Auffassung nur im Hinblick auf Sinnesdaten (und vielleicht im Hinblick auf den Betreffenden selbst) möglich ist.

Hinter manchen dieser Versuche, die spezielle Beziehung

4 Dagfinn Føllesdal, »Knowledge, Identity, and Existence«; Saul Kripke, »Naming and Necessity«; David Kaplan, »Quantifying In«.

5 Gareth Evans, *The Varieties of Reference*.

zwischen dem Geist und seinen Objekten zu kennzeichnen, steckt natürlich das cartesianische Streben, eine Art von Erkenntnis ausfindig zu machen, die mit Sicherheit gegen Fehlschläge gefeit ist. Wird diese Suche mit der Voraussetzung verknüpft, wonach jegliche Erkenntnis darin besteht, daß das Bewußtsein in psychischer Verbindung mit einem Gegenstand steht, müssen Gegenstände gefunden werden, in bezug auf die Irrtümer unmöglich sind, also Gegenstände, die notwendig das sind, was sie zu sein scheinen, und zu sein scheinen, was sie wirklich sind.

Solche Gegenstände gibt es einfach nicht. Nicht einmal Erscheinungen sind alles das, wofür wir sie halten. Auch die »Aspekte« der Sinnesdaten lassen sich, sofern sie wirklich Gegenstände sind, nicht gegen diese oder jene Art von Fehlidentifikation schützen. Wenn Quine die Ansicht vertritt, wir seien außerstande, »die« Beziehung herauszugreifen, die für die Erkenntnis der Identität eines Gegenstands konstitutiv ist, hat er recht, und der Grund ist schlicht der, daß *jede* Eigenschaft eines Gegenstands unter den entsprechenden Bedingungen als relevantes Identifikationsmerkmal angesehen werden kann.

Daß ich mich mit dem Problem hier knapp in der Form auseinandergesetzt habe, in der es im Hinblick auf Eigennamen untersucht worden ist, liegt daran, daß dies der Ort zu sein scheint, an dem die Philosophen einer Einsicht in das Wesen der Schwierigkeit am nächsten gekommen sind. Aber sofern meine Diagnose zutrifft, steht das Problem eigentlich nicht in speziellem Zusammenhang mit Eigennamen, sondern es handelt sich um ein völlig allgemeines Problem hinsichtlich der Gegenstände des Bewußtseins. Falls der Geist nur denken kann, indem er dafür sorgt, daß die richtige Beziehung hergestellt wird zwischen ihm und einem Gegenstand, den er mit Sicherheit von allen anderen unterscheiden kann, dann ist Denken unmöglich. Falls der Geist nur durch einwandfreie Identifikation der ihm vorliegenden Gegenstände wissen kann, was er denkt, muß es sehr oft vorkommen, daß wir nicht wissen, was wir denken.

Wenn die propositionalen Gegenstände des Denkens soviel Ärger bereiten, fragt es sich, warum wir ihre Existenz überhaupt unterstellen. Nun, ein Grund für diese Annahme ist, daß wir bestimmt so reden, als gäbe es solche Entitäten: Wir denken tiefe Gedanken, wir teilen mit anderen unsere Vorstellungen, wir verwerfen manche Überzeugungen und machen uns andere zu eigen, es schweben uns Ideen und Aussagen vor, die wir betrachten und über die wir nachdenken – und diese Reihe ließe sich noch lange fortsetzen. Daß wir Äußerungen dieser Art mit ontologischem Argwohn zu begegnen gelernt haben, ist nicht unbegründet. Viel schwerer fällt es jedoch, die Problematik auf die leichte Schulter zu nehmen, in die wir geraten, sobald wir systematisch zu erklären versuchen, was bestimmte Sätze bedeuten, und zwar die Sätze, die wir verwenden, wenn wir denkenden Personen Gedanken zuschreiben wollen. Es ist nämlich schwer zu erkennen, wie gewöhnliche Sätze der Art »Paul glaubt, daß der Diamant Kohinoor eines der Kronjuwelen ist« analysiert werden können, sofern man nicht eine Beziehung herstellt zwischen Paul und einer Entität, die durch den Ausdruck »daß der Kohinoor eines der Kronjuwelen ist« oder vielleicht durch den Satz »Der Kohinoor ist eines der Kronjuwelen« herausgegriffen wird. Es sind eine Menge Versuche unternommen worden, durch die vermieden werden sollte, daß »glauben« als relationaler Terminus aufgefaßt wird, d. h. als Terminus, durch den zwei Gegenstände – ein glaubendes Subjekt und etwas anderes – zueinander in Beziehung gesetzt werden, doch soweit ich weiß, ist keiner dieser Versuche geglückt.

Einer der gemachten Vorschläge läuft darauf hinaus, den auf »glaubt« folgenden Rest des Satzes als komplexes Adverb aufzufassen. Die sich daraus ergebende Lesart könnte etwa lauten: »Paul glaubt in einer daß-der-Diamant-Kohinooreines-der-Kronjuwelen-ist-haften Weise«. Dieser Vorschlag ist allerdings unbefriedigend, denn kein Mensch hat die geringste Ahnung, wie die Bedeutung einer solchen Umstandsangabe aus den Bedeutungen der Einzelwörter abzuleiten wäre. Dabei ist jedoch intuitiv einleuchtend, daß wir die in Glaubens-Sätzen auf »daß« folgenden Nebensätze deshalb verstehen, weil wir die Teilwörter verstehen. Falls die Bedeutungen solcher Inhaltssätze (die den »Inhalt« der propositionalen Einstellungen angeben) aber nicht aus den Bedeutungen ihrer Teile zusammengesetzt sind, müssen sie unabhängig gelernt werden – als ob sie neue, vielfach sehr lange Wörter darstellten. Daß diese Idee verfehlt und wahrscheinlich unmöglich zu verwirklichen ist, liegt offenbar auf der Hand, denn jeder Aussagesatz kann als Inhaltssatz auftreten, und die Gesamtheit der Aussagesätze ist unbegrenzt und daher nicht lernbar.

Weitere Vorschläge, die sich ähnlicher Verfahren bedienen, sind schon recht häufig gemacht worden, doch bis jetzt hat noch niemand gezeigt, wie solche Vorschläge durch Einbeziehung in eine ausgewachsene semantische Theorie umgesetzt werden können.[6] Dabei scheint das übergeordnete Prinzip klar zu sein: Sofern wir von Sätzen absehen, gilt, daß Ontologie immer dann erforderlich ist, wenn wir eine grammatische Kategorie anerkennen, der wir unendlich viele Ausdrücke zuordnen müssen. Es muß unendlich viele Gegenstände geben, auf die man entweder mit Indikatoren oder mit Kennzeichnungen Bezug nehmen kann; dies sind die beiden zu Gebote stehenden Hilfsmittel, die es einem endlichen Vokabular gestatten, mit potentiell unendlich vielen Gegenständen zu Rande zu kommen. Gegenstände erlauben es uns, Adjektive

6 Eine Reihe von Versuchen, bei der Analyse von Sätzen, in denen Überzeugungen oder andere propositionale Einstellungen zugeschrieben werden, die ontologische Festlegung auf »Gegenstände des Denkens« zu eliminieren, wird in meinem Aufsatz »Sagen, daß« erörtert, siehe Abhandlung 7 in *Wahrheit und Interpretation*.

in den Griff zu bekommen; Ereignisse leisten zumindest für manche Adverbien das gleiche. Und wenn wir etwas messen wollen, wird diese Aufgabe von den Zahlen erfüllt.[7]

Demnach gibt es keine Alternative zu dem Verfahren, Glaubens-Sätze als relationale Sätze aufzufassen, und darum gibt es auch keine Alternative zu dem Verfahren, den Inhaltssatz (»Der Diamant Kohinoor ist eines der Kronjuwelen«) eventuell zusammen mit dem Wort »daß« – wenn vorhanden – als singulären Terminus aufzufassen, der durch Bezugnahme auf eine geeignete Entität die betreffende Überzeugung angibt.[8]

Hier stehen wir offenbar vor einem Dilemma. Auf der einen Seite haben wir das Faktum, daß das Haben einer Überzeugung oder sonst einer propositionalen Einstellung darauf hinausläuft, daß man in einer Beziehung zu einem Gegenstand bestimmter Art steht. Auf der anderen Seite haben wir das Faktum, daß es keine befriedigende Erklärung zu geben scheint für die psychische Beziehung, in der jemand zu dem passenden Gegenstand stehen muß, um diese Einstellung haben zu können. Daß es schwierig ist, eine derartige Erklärung zu geben, rührt von der Vorstellung her, daß man – da man ja im allgemeinen wisse, was man denkt – mit dem Gegenstand bzw. mit den Gegenständen, die den eigenen Gedanken definieren (also seinen Inhalt angeben), unmittelbar bekannt sein oder imstande sein müsse, diesen Gegenstand bzw. diese Gegenstände in spezieller Weise zu identifizieren oder zu individuieren.

7 Siehe W. V. Quine, »Events and Reification«.

8 Stephen Schiffer betont ganz zu Recht, daß die Möglichkeit der »kompositionalen Semantik« (womit die Vorstellung gemeint ist, daß die Bedeutungen komplexer Ausdrücke als funktional abhängig von den Bedeutungen der sie bildenden Ausdrücke angesehen werden müssen) maßgeblich auf der relationalen Analyse von Sätzen beruht, die zur Zuschreibung von propositionalen Einstellungen verwendet werden. Aus Gründen, die ich für mein Teil nicht gelten lasse, gibt Schiffer die Hoffnung auf die Entdekkung einer befriedigenden Analyse preis und damit auch die Hoffnung auf eine kompositionale Semantik. Siehe Schiffer, *Remnants of Meaning*.

Wenn wir uns von vorgefaßten Meinungen frei machen, ist meiner Ansicht nach ohne weiteres zu erkennen, wo wir uns geirrt haben. Daraus, daß ein denkendes Subjekt weiß, was es denkt, und daraus, daß das, was es denkt, ermittelt werden kann, indem man es zu einem bestimmten Gegenstand in Beziehung setzt, folgt nicht, daß das denkende Subjekt mit diesem Gegenstand bekannt ist oder auch nur irgend etwas darüber weiß. Wer einem anderen einen Gedanken zuschreibt, muß diesen anderen, wie ich geltend gemacht habe, zu einem Gegenstand in Beziehung setzen, und daher muß derjenige, der die Zuschreibung vornimmt, natürlich einen passenden Gegenstand identifizieren, indem er entweder auf diesen Gegenstand zeigt oder ihn kennzeichnet. Dagegen gibt es keinen Grund, weshalb der Zuschreibende in irgendeiner speziellen Beziehung zu dem zu identifizierenden Gegenstand stehen müßte; er braucht nichts weiter zu tun, als in derselben Weise darauf Bezug zu nehmen, in der er sich auf irgend etwas sonst bezieht.

Es ist zwar so, daß wir den subjektiven Zustand eines denkenden Subjekts bestimmen, indem wir es zu einem Gegenstand in Beziehung setzen, doch es besteht kein Grund zu behaupten, dieser Gegenstand habe seinerseits einen subjektiven Status, etwa in dem Sinn, daß er etwas von dem Denkenden »Gewußtes« oder etwas seinem Bewußtsein »Vorschwebendes« sei. Implizit war diese Konsequenz schon in manchen Analysen der Sätze über propositionale Einstellungen enthalten, z.B. in dem früher von Carnap in Betracht gezogenen und von Quine besprochenen Vorschlag, wonach Glaubens-Sätze so aufzufassen seien, daß durch sie eine Beziehung hergestellt werde zwischen einem Glaubenden und einem Satz desjenigen, der die Zuschreibung vornimmt. So verweist Quine, nach dessen Auffassung eine Katze Überzeugungen haben kann, darauf, daß kein Grund zu der Annahme besteht, eine Katze sei mit dem Satz »Das Essen ist fertig« bekannt, bloß weil man zu Recht von ihr sagen kann, sie glaube, daß das Essen fertig ist. Für diejenigen, die es für fraglich halten, daß Katzen propositionale Einstellungen haben, läßt sich dieser Sachverhalt durch den Hinweis verdeutlichen, daß wir eine Überzeugung Sebastians durch die Äußerung identifizieren können, er glaube, Neapel liege nördlich von San Francisco, obwohl Sebastian kein Wort Deutsch versteht. Hier kommt es mir nicht darauf an, daß Glaubens-Sätze eine Beziehung zwischen Überzeugungsträgern und Sätzen herstellen, sondern darauf, daß dieser längst vertraute Vorschlag von der Voraussetzung ausgeht, es sei möglich, daß die zur Identifizierung einer Überzeugung benutzten Gegenstände nicht zum Wissensbereich des Überzeugungsträgers gehören. Sobald wir diese Möglichkeit einräumen, steht es uns frei, das semantische Bedürfnis nach Gegenständen, durch die sich der Inhalt angeben läßt, von der Vorstellung zu trennen, es müsse überhaupt irgendwelche Gegenstände geben, mit denen jemand, der eine propositionale Einstellung hat, in psychischem Kontakt steht.

Zum Vergleich sei folgende Analogie genannt, bei der es um die Betrachtung von Gewichtsverhältnissen geht: Manche Dinge wiegen mehr als andere; manche Dinge wiegen gar nichts; mitunter kommt es vor, daß zwei Dinge dasselbe wiegen. Und ein Ding wiegt vielleicht doppelt soviel wie ein anderes. Diese Beziehungen zwischen Gegenständen sind es, über die wir berichten wollen, sobald wir ihnen Gewichte zuordnen. Durch die Einführung eines festen Maßstabs wird an dieser Sachlage nichts geändert. So hatte ein Pfund im monetären Sinn zur Zeit des englischen Königs Wilhelm I. dasselbe Gewicht wie zwölf Unzen; zwanzig Pennies waren nötig, um auf das Gewicht einer Unze zu kommen; und ein Penny wog dasselbe wie 32 Weizenkörner aus der Mitte der Ähre. Demnach wog ein Pfund dasselbe wie 7680 Weizenkörner. Alles, was wir über das Gewicht der Dinge sagen wollen, läßt sich im Sinne dieser Vergleichsverhältnisse formulieren: So wiegt der Diamant Kohinoor in seinem heutigen Zustand zum Beispiel ungefähr das gleiche wie 15⅓ Pennies oder 490 Weizenkörner.

Alle diese Vergleiche können langweilig anmuten, und um die relevanten Vergleiche übersichtlich zu machen, bedienen wir uns ohnehin der Zahlen. Daher ist es bequem, sich für ein direkt auf Zahlen gemünztes Verfahren der Darstellung von gewichtsbezogenen Relationen zwischen Gegenständen zu entscheiden. So sagen wir etwa, der Diamant Kohinoor wiege 109 Karat oder 345 Gramm. Aber durch solche Äußerungen wird es nicht erforderlich, daß wir Karat oder Gramm in unsere Ontologie aufnehmen. Die einzigen Gegenstände, die wir benötigen, sind die Zahlen und die Dinge, die Gewicht haben. Durch die Aussage, in Karat betrage das Gewicht des Diamanten Kohinoor 109, legen wir uns nicht auf *Gewichte* im Sinne von Gegenständen fest; es heißt nur, daß wir dem Diamanten die Zahl 109 zuordnen, um ihn in dieser Weise zu anderen Gegenständen auf der Karatskala in Beziehung zu setzen.

Derart aufgefaßt, sind Äußerungen darüber, wieviel die Dinge wiegen, relational: Diese Äußerungen setzen die Gegenstände zu Zahlen und damit zueinander in Beziehung. Doch niemand nimmt an, die Zahlen seien in irgendeinem Sinne etwas den Gegenständen, welche Gewicht haben, wesentlich Innewohnendes oder in irgendeinem Sinn »Teile« dieser Gegenstände. Das Grundlegende sind bestimmte *Beziehungen* zwischen Gegenständen, und über diese Beziehungen halten wir uns in praktischer Weise auf dem laufenden, indem wir den Gegenständen Zahlen zuordnen und dabei im Gedächtnis behalten, wie sich die Beziehungen zwischen den Gegenständen in den Zahlen spiegeln.

Ein wichtiger Aspekt des numerischen Messens besteht darin, daß im Regelfall nur einige Eigenschaften der Zahlen eine Rolle spielen, wenn sie zur Wiedergabe relativer Gewichte verwendet werden. So ist es tatsächlich relevant, daß alle beliebigen Zahlen, die wir benutzen, um Gewichte zu registrieren, ihr proportionales Verhältnis zueinander bewahren: Wenn ein Ding doppelt soviel Gramm wiegt wie ein anderes, muß es doppelt soviel Pfund wiegen. Die absolute Größe der Zahl ist dagegen belanglos: Beim Messen in Pfund, Weizenkörnern und Gramm ergeben sich zwar verschiedene Zahlen, aber die gleichen *relativen* Gewichte, wenn Vergleiche mit anderen Gegenständen vorgenommen werden.[9]

Die Analogie zu den Überzeugungen besteht in folgendem: Ebenso wie wir beim Messen von Gewichten eine Menge von Entitäten benötigen, die eine Struktur aufweisen, in der wir die Beziehungen zwischen Gegenständen mit Gewicht sich spiegeln lassen können, so brauchen wir bei der Zuschreibung von Zuständen des Glaubens (und sonstigen propositionalen Einstellungen) eine Kollektion von Entitäten, die in solcher Weise zueinander in Beziehung stehen, daß es uns gestattet ist, die relevanten Eigenschaften der verschiedenen psychischen Zustände und die Beziehungen zwischen psychischen Zuständen zu registrieren.

Wenn wir über das Gewicht physischer Gegenstände nachdenken und reden, brauchen wir nicht anzunehmen, es gebe solche Dinge wie Gewichte, die den Gegenständen zukämen. Ebenso brauchen wir beim Nachdenken und Reden über die Überzeugungen der Leute nicht anzunehmen, es gebe Überzeugungen im Sinne von Entitäten. Und genausowenig brauchen wir Gegenstände zu erfinden, die als »Gegenstände der Überzeugung« oder als etwas dem Bewußtsein Vorschwe-

9 Ein Vergleich zwischen der Art und Weise der Überzeugungszuschreibung und numerischem Messen wird von Paul Churchland vorgenommen. Vgl. sein Buch *Scientific Realism and the Plasticity of Mind*, S. 105. Dabei macht er allerdings den Fehler anzunehmen, wir könnten einen Ausdruck wie »345 Gramm« in »Der Diamant Kohinoor wiegt 345 Gramm« als *Adverb* zu »wiegt« auffassen und uns in dieser Weise des ontologischen Problems entledigen (das gleiche würde Churchland auch über den auf das Wort »glaubt« folgenden Nebensatz sagen). Dieser Vorschlag läßt sich jedoch, wie wir gesehen haben, nicht durch eine seriöse Semantik stützen.

bendes bzw. dem Gehirn Innewohnendes dienen sollen. Solche Erfindungen sind unnötig, denn die Entitäten, die wir anführen, um so zur Angabe eines Bewußtseinszustands beizutragen, brauchen gar keine *psychologische* oder erkenntnistheoretische Rolle zu spielen, wie die Zahlen ja auch keine physikalische Rolle spielen. Folglich besteht kein Grund, aus der Unkenntnis des denkenden Subjekts hinsichtlich der von uns zur Ermittlung seiner Gedanken benutzten Entitäten zu folgern, es selbst wisse womöglich nicht, was es denkt.

Der Vorschlag, den ich hier mit Bezug auf das Wesen der propositionalen Einstellungen mache, läßt sich unmittelbar auf ein Problem anwenden, das in den letzten Jahren eine ganze Reihe von Philosophen beunruhigt hat. Es gibt bestechende Argumente, die zeigen sollen, daß die richtige Bestimmung des Inhalts der Überzeugungen (sowie des Meinens und sonstiger propositionaler Einstellungen) zum Teil von kausalen Beziehungen abhängt, die zwischen dem Subjekt dieser Überzeugungen und Ereignissen und Gegenständen in der Welt bestehen, die dem Betreffenden womöglich unbekannt sind. Ein mittlerweile vertrautes Beispiel hierfür ist der von Putnam ersonnene Fall der Zwillingserde.[10] Wir sollen uns ausmalen, unsere Erde habe einen Zwilling, der in allen unmittelbar unterscheidbaren Hinsichten unserer Erde gleicht. Auf dieser Zwillingserde befindet sich mein Doppelgänger; er stimmt Molekül für Molekül mit mir überein (d. h. er ist mir »in relevanten Hinsichten« ähnlich), er ist der gleichen Konditionierung ausgesetzt gewesen und hat genau dieselben sprachlichen Dispositionen wie ich. Doch einer von uns glaubt, das, was er vor sich sieht, sei Wasser, während der andere glaubt, es sei Zwasser. Die Erklärung hierfür ist, daß sich dort, wo auf der Erde Wasser vorkommt, auf der Zwerde Zwasser befindet, obwohl niemand bisher den Unterschied ausfindig gemacht hat. Putnam legt dar, daß es zwischen mir

10 Hilary Putnam, »The Meaning of ›Meaning‹«.

und meinem Zwilling keinen inneren, keinen psychologischen Unterschied gibt. Keiner von uns hat einen Grund zu behaupten, das, was er glaubt, entspreche der einen im Gegensatz zur anderen Alternative. Also weiß (nach Putnams Darstellung) keiner von uns beiden, was er glaubt. (Ich weiß nicht, ob ich glaube, dies sei Wasser, oder glaube, dies sei Zwasser.) Demnach gibt es möglicherweise – ja vielleicht immer – nichtsubjektive, d.h. dem betreffenden denkenden Subjekt unbekannte Faktoren, die ausschlaggebend sind dafür, um welchen »Gegenstand des Denkens« es sich eigentlich handelt. Wenn die Identität des »Gegenstands des Denkens« zum Teil von Faktoren abhängig ist, die der Person mit diesem Gedanken unbekannt sind, stellt sich die Frage: Folgt daraus nicht, daß diese Person womöglich nicht weiß, was sie denkt?

Die Antwort lautet, daß dieser Schluß daraus nicht folgt. Der Schluß wäre berechtigt, wenn der Gegenstand, der benutzt wird, um meinen Gedanken zu identifizieren, etwas wäre, zu dessen Aussonderung ich imstande sein müßte, um zu wissen, was ich denke. Diese Annahme haben wir jedoch preisgegeben. Was ich vor mir sehe, halte ich für Wasser; ich laufe nicht Gefahr zu denken, es sei Zwasser, denn ich weiß gar nicht, was Zwasser ist. Wenn ich mich auf der Erde befinde, bin ich auch davon überzeugt, daß ich denke, jetzt Wasser zu sehen, und damit habe ich recht. Würde ich ohne mein Wissen auf die Zwerde verfrachtet, wäre ich davon überzeugt, daß Zwasser Wasser ist – und das wäre ein Fehler. In beiden Fällen wüßte ich, was ich glaube. Natürlich bezieht sich mein Zwilling auf der Zwerde mit dem Wort »Wasser« auf Zwasser. Er bezieht sich durch den Gebrauch des Worts »Wasser« auf Zwasser, weil er denkt, es sei Zwasser. Und das ist es auch, was er zu denken meint. Also wäre keiner von uns im Irrtum über das, was er selbst denkt. Die Möglichkeit eines Irrtums oder eines Fehlschlags im Erkennen eines eigenen Bewußtseinszustands, der ausschließlich bedingt ist durch die zur Bestimmung eines solchen eigenen Bewußtseinszustands beitragenden äußeren Elemente, ist nur unter der Voraussetzung verständlich, daß das Haben eines Gedankens eine spezielle psychologische Beziehung zu dem Gegenstand voraussetzt, der zur Feststellung der Identität dieses Bewußtseinszustands benutzt wird.[11]

Die Pointe dieses Gedankengangs kommt womöglich überraschend. Sie besagt nämlich, daß subjektive Zustände nicht in einem Supervenienzverhältnis zum Zustand des Gehirns oder des Nervensystems stehen: Es kann vorkommen, daß sich zwei Personen physikalisch gesehen im gleichen Zustand[12] und psychologisch gesehen dennoch in verschiedenen Zuständen befinden. Das heißt natürlich nicht, daß geistige Zustände gar nicht in einem Supervenienzverhältnis zu physischen Zuständen stehen, denn sofern die psychischen Zustände tatsächlich verschieden sind, muß es *irgendwo* auch einen physischen Unterschied geben. Dieser physische Unterschied befindet sich aber vielleicht nicht in der betreffenden Person; ebenso wie der Unterschied zwischen Wasser und Zwasser kann er (wie wir annehmen) an anderer Stelle liegen.

Viele Philosophen sind angesichts dieses Resultats zu dem Schluß gekommen, daß Überzeugungen und andere sogenannte propositionale Einstellungen in der normalerweise ermittelten Form nicht ganz so subjektiv sind, wie angenommen worden ist. So meint etwa Jerry Fodor, wenn er dem Psychologen das Verfahren des »methodologischen Solipsismus« ans Herz legt, damit empfehle er dem Psychologen, sich mit *wahrhaft* subjektiven Zuständen zu beschäftigen, also mit Zuständen, deren Identität ausschließlich durch das, was sich

11 Hierzu siehe die weiteren Ausführungen in Abhandlung 2.

12 Aber natürlich nicht im selben oder identischen physischen Zustand, wie es oft fehlerhaft formuliert wird. Physische Zustände können nämlich nur dann im relevanten Sinn identisch sein, wenn sie demselben Gegenstand inhärieren.

im Kopf befindet, bestimmt wird. Ähnliche Vorschläge sind auch von David Kaplan und Daniel Dennett gemacht worden.[13] Die von Stephen Stich vertretene Vorstellung geht in die gleiche Richtung, ist aber von größerer Tragweite, denn nach seiner Ansicht müssen wir die Volkspsychologie überhaupt aufgeben, sofern wir zu einer ernstzunehmenden Wissenschaft des menschlichen Verhaltens gelangen wollen.[14] Ich für mein Teil bin gleichfalls der Meinung, daß die Begriffe des Glaubens, des Wünschens, der Absicht usw. nicht geeignet sind für eine Wissenschaft vom Typ der Physik; und ich stimme auch mit der Ansicht überein, einer der Gründe hierfür liege darin, daß geistige Zustände zum Teil auf der Grundlage ihrer Ursachen und Wirkungen identifiziert werden. Doch da das gleiche auch für die in normaler Weise identifizierten menschlichen Handlungen gilt, besteht in diesem Bereich offenbar keine Aussicht auf »wissenschaftlichere« Erklärungen (vorausgesetzt, daß wir unter einer »wissenschaftlichen« Erklärung eine Erklärung der von der Physik erhofften Art verstehen).

Aber was immer wir im Hinblick auf die wissenschaftliche Zukunft der Volkspsychologie denken mögen, es gibt keinen stichhaltigen Grund für die These, Überzeugungen und die übrigen propositionalen Einstellungen seien keine wahrhaft subjektiven Zustände. Wir haben keinen Grund ausfindig gemacht für die Behauptung, wer denkt, wisse nicht generell, was er denkt, oder für die Behauptung, es gebe nicht immer von vornherein ein Vorurteil zugunsten des Denkenden selbst, wenn es zu Meinungsverschiedenheiten mit anderen kommt über das, was in ihrem Bewußtsein vorgeht. Und wie es scheint, verfügen wir über keinen besseren Subjektivitätstest als diesen.

13 Jerry Fodor, »Methodological Solipsism Considered as a Research Strategy in Cognitive Psychology«; David Kaplan, »Quantifying In«; Daniel Dennett, »Beyond Belief«.

14 Stephen Stich, *From Folk Psychology to Cognitive Science*.

Nun gibt es noch zwei wichtige Punkte, die ich in der Schwebe gelassen habe, und über diese Punkte möchte ich jetzt ein paar Bemerkungen machen. Erstens habe ich nichts darüber gesagt, welches die Gegenstände sind, auf die wir Bezug nehmen, wenn wir angeben wollen, was jemand glaubt. Und zweitens habe ich zwar geltend gemacht, daß die Erkenntnis, wonach das Geglaubte zum Teil durch Fakten bestimmt wird, die dem Überzeugungsträger womöglich unbekannt sind, keineswegs zeigt, daß er nicht weiß, was er glaubt. Doch damit habe ich lediglich einen negativen Hinweis gegeben, der nicht einmal einen Fingerzeig darauf enthält, *warum* man – normalerweise zu Recht – von vornherein vermutet, daß der Betreffende weiß, was er glaubt. Diese beiden Punkte stehen in engem Zusammenhang.

Zunächst fragt es sich, welches die Gegenstände sind, die wir benennen oder beschreiben, um Bewußtseinszustände zu kennzeichnen. Nun, fragen wir uns doch, was wir *sagen*! Wir sagen so etwas wie: »Paul glaubt, daß der Diamant Kohinoor eines der Kronjuwelen ist.« Die Wörter »glaubt, daß der Diamant Kohinoor eines der Kronjuwelen ist« kennzeichnen Pauls Bewußtseinszustand. Das relationale Wort ist »glaubt«, und die anschließenden Wörter benennen den Gegenstand – *nicht* des Denkens, wie ich betont habe, sondern eben den Gegenstand, der in regelmäßiger Weise den Bewußtseinszustand anzeigt. In früheren Arbeiten habe ich den Vorschlag gemacht, das Wort »daß« in solchen Sätzen als Demonstrativum aufzufassen, durch das die nächstfolgende Äußerung des die Zuschreibung vornehmenden Sprechers herausgegriffen oder bezeichnet wird. Dieser Gedanke läßt sich wie folgt wiedergeben: Paul glaubt, was ich glauben würde, wenn ich aufrichtig behauptete, was ich als nächstes sage:

Der Diamant Kohinoor ist eines der Kronjuwelen.

Da es mir hier nicht um diffizile semantische Einzelheiten geht, kann man nun entweder meine tatsächliche Äußerung mitsamt Zeit und Ort oder den damit geäußerten (und im Hinblick auf einen Zeitpunkt und einen Sprecher relativierten) Satz als den betreffenden Gegenstand auffassen. Wenn man will, darf man sogar annehmen, der Gegenstand sei eine Proposition. Da Äußerungen, Sätze und Propositionen so eng miteinander zusammenhängen, bestehen gute Aussichten, daß im Fall der Verwendbarkeit einer dieser Kategorien auch die anderen zum Einsatz gebracht werden können. Äußerungen haben allerdings gewisse augenscheinliche Vorteile, denn sie sind nicht abstrakt und bieten sich daher mitsamt des mit ihnen verbundenen Sprechers, Zeitpunkts und Kontexts dar. Darum werde ich annehmen, daß wir uns für Äußerungen entschieden haben, und zwar für eben die Äußerungen, die bei der Zuschreibung propositionaler Einstellungen getan werden: Sie seien die Gegenstände, die dazu dienen, die verschiedenen geistigen Zustände zu individuieren und zu identifizieren.
Solche Gegenstände erfüllen ihre Aufgabe der Kennzeichnung von Bewußtseinszuständen sehr gut. Dabei ist die Anzahl der uns zu Gebote stehenden verschiedenen Äußerungen (oder potentiellen Äußerungen) sicher ebenso groß wie die der Bewußtseinszustände, die wir im Zuge ihrer Zuschreibung zu unterscheiden vermögen – ja, im Grunde ist die Anzahl jener sogar größer. Selbst die besonderen Schwierigkeiten, die mit demonstrativen Ausdrücken oder Indikatoren zusammenhängen, sind nicht unlösbar, wenn wir die Vorstellung fallenlassen, wir wollten versuchen, Gegenstände zu ermitteln, zu denen die Träger der diversen Einstellungen einen geheimnisvollen Kontakt haben.
Äußerungen sind weitgehend in der gleichen Weise miteinander verbunden wie Überzeugungen, nämlich durch Folgerungsbeziehungen und Beziehungen der Fundierung durch Belege. Äußerungen sind, ebenso wie Überzeugungen, wahr bzw. falsch. Wenn wir von Komplikationen absehen, die von

Indikatoren herrühren, gehen wir bei der Identifikation einer Überzeugung so vor, daß wir einen Satz äußern, der dieselben Wahrheitsbedingungen hat wie die Überzeugung, zu deren Identifikation er verwendet wird. Daran ist nichts Überraschendes, denn häufig bringen wir unsere Überzeugungen zum Ausdruck, indem wir Sätze äußern, welche dieselben Wahrheitsbedingungen haben wie die jeweilige Überzeugung, die wir damit zum Ausdruck bringen.

An dieser Stelle wird man vielleicht meinen, daß ich einer Wiederherstellung eben jener Theorie, die alle unsere Probleme überhaupt erst verursacht hat, gefährlich nahe komme. Denn warum sollte man nicht fortfahren und sagen: Da Äußerungen bestimmte Bedeutungen haben, und da es Bedeutungen sind, die den Zuständen der Überzeugung wechselseitig eindeutig entsprechen, seien die Gegenstände, die wir bei der Zuschreibung von Überzeugungen vermittels unserer Äußerungen von Sätzen benennen, die Bedeutungen von Sätzen, d.h. Propositionen. Damit würde man es so einrichten, daß dann, wenn ein Franzose Paul denselben Bewußtseinszustand zuschreibt wie ich, von uns beiden derselbe Gegenstand benannt würde, während dies bei der eben betrachteten Theorie nicht der Fall wäre, denn der betreffende Satz des Franzosen wäre nicht der meine.

Gegen diesen Schritt habe ich im gegenwärtigen Zusammenhang eigentlich nur marginale Einwände, denn dies ist nicht der Schritt, der Schwierigkeiten bereitet. (Es mag sein, daß damit Schwierigkeiten anderer Art ausgelöst werden, denn Bedeutungen und Propositionen sind nun einmal heikle Sachen.) Die Schwierigkeiten rühren her von der Gleichsetzung des zur Charakterisierung eines Bewußtseinszustands benutzten Gegenstands mit einem Gegenstand, dessen das Bewußtsein »gewahr« oder mit dem es »bekannt« ist, d. h. es soll sich um einen »Gegenstand des Denkens« handeln. Wenn wir diese Gleichsetzung unterlassen, können wir den Schwierigkeiten aus dem Weg gehen, die ich hier erkundet habe. Wenn wir diese Gleichsetzung aber unterlassen, gewinnen wir andererseits auch nichts, indem wir von Äußerungen zu Sätzen und weiter zu Bedeutungen und Propositionen fortschreiten. Es ist also, wenn man mein Hauptanliegen im Auge behalten will, ein gutes Hilfsmittel, sich weiterhin an Äußerungen zu halten. Dann besteht keine Gefahr, annehmen zu wollen, daß das Subjekt der betreffenden Überzeugung generell mit Gegenständen bekannt ist, die benutzt werden, um seine Bewußtseinszustände zu kennzeichnen. Es sollte uns nicht beunruhigen, daß der Franzose und ich verschiedene Äußerungen verwenden, um denselben Zustand von Pauls Bewußtsein zu kennzeichnen. Damit verhält es sich ebenso wie mit dem Messen des Gewichts in Karat oder Unzen, wobei verschiedene Mengen von Zahlen das gleiche leisten.

Dieser zuletzt genannte Hinweis lenkt unsere Aufmerksamkeit auf eine umfassendere Problematik. Wenn wir Zahlen verwenden, um hinsichtlich der Beziehungen zwischen Gewichten, Längen und Temperaturen auf dem laufenden zu bleiben, sind wir nicht geneigt, auf die Tatsache, daß zum Registrieren alles empirisch Relevanten verschiedene Mengen von Zahlen ebenso gut geeignet sind wie andere, mit dem Einwand zu reagieren, Gewichte, Längen oder Temperaturen seien nichts »Wirkliches«. Wir wissen, daß kein Widerspruch besteht zwischen dem Sachverhalt, daß die Lufttemperatur 32 Grad Fahrenheit beträgt, und dem Sachverhalt, daß die Lufttemperatur 0 Grad Celsius beträgt. Dieser »Relativismus« enthält nichts, was zeigen könnte, daß die gemessenen Eigenschaften nicht »wirklich« sind. Sonderbarerweise ist eben diese Schlußfolgerung jedoch von mehreren Autoren gezogen worden. So findet z. B. John Searle es unbegreiflich, daß zwei verschiedene Interpretationen jeweils dazu dienen können, ein und denselben Gedanken (oder ein und dieselbe Äußerung) einer Person richtig zu deuten.[15] Doch im Hinblick

15 John Searle, »Indeterminacy and the First Person«.

auf die hier ausgeführten Überlegungen läuft dies lediglich auf die Einsicht hinaus, daß es möglich ist, mehr als eine Menge von Äußerungen einer Person mit gleichem Erfolg zu benutzen, um den Inhalt der Gedanken oder der sprachlichen Äußerungen eines anderen in den Griff zu bekommen. Ebenso wie Zahlen alle empirisch signifikanten Beziehungen zwischen Gewichten oder Temperaturen in unendlich vielen verschiedenen Weisen erfassen können, so kann die Äußerung einer Person alle signifikanten Merkmale der Gedanken und sprachlichen Äußerungen einer anderen Person in verschiedenen Weisen erfassen. Aus diesem Umstand ergibt sich kein Einwand gegen die Wirklichkeit der somit in verschiedenen Weisen wiedergegebenen Einstellungen oder gemeinten Bedeutungen. Auch Jerry Fodor gehört zu den Philosophen, die meinen, der Holismus bzw. die mit diesem in Verbindung gebrachte Unbestimmtheit der Übersetzung stelle eine Bedrohung dar für den Realismus bezüglich der propositionalen Einstellungen.[16] Damit wird wieder der gleiche Fehler begangen. Unbestimmtheit der Übersetzung heißt, daß verschiedene Menge von Äußerungen (oder, um mit Quine zu reden, verschiedene Mengen von Sätzen) bei der Interpretation der Sprache (oder der Gedanken) eines Sprechers das gleiche leisten, ohne daß damit angedeutet würde, daß die derart erfaßten Bewußtseinszustände des sprechenden oder denkenden Subjekts irgendwie vag oder unwirklich seien. Der Holismus behauptet, daß der Inhalt der sprachlichen Äußerungen und der Gedanken von den Beziehungen abhängt, die zwischen den Bedeutungen und zwischen den Gedanken bestehen. Aber auch diese Behauptung enthält nichts, was eine Bedrohung darstellen könnte für die Wirklichkeit der solcherart verbundenen Zustände. Die Bedrohung hinsichtlich der Wirklichkeit der Gedanken und Bedeutungen, die Searle und Fodor zu entdecken glauben, ist eigentlich eine ganz andere Bedrohung,

16 Jerry Fodor, *Psychosemantics*.

und zwar eine Bedrohung im Hinblick auf die Voraussetzung, wonach die zur Identifikation von Gedanken und gemeinten Bedeutungen benutzten Entitäten irgendwie vom Bewußtsein »erfaßt« werden, so daß sich die Gedanken selbst als verschieden herausstellen müssen, sofern diese Entitäten verschieden sind. Das ist so, als wäre der auf ein Metermaß bezogene »Unterschied« zwischen der Länge 1 Meter und der Länge 100 Zentimeter ein Unterschied im Metermaß selbst.

Nun komme ich zum letzten Problem: Vorausgesetzt, daß eine richtige Auffassung der Art und Weise, in der die »Gegenstände des Denkens« die Identität der verschiedenen Bewußtseinszustände bestimmen, keine Bedrohung darstellt für die Autorität der ersten Person, stellt sich die Frage: Wie ist diese Autorität der ersten Person zu erklären?

Eine Schwierigkeit wurde durch die Grammatik und durch falsche Schlüsse aus der Grammatik hervorgerufen, woraus sich die Vorstellung eines inneren Gegenstands ergab, zu dessen Erkenntnis man in privilegierter Weise gelange. Dieses Hindernis wurde durch den Nachweis beseitigt, daß es für die Annahme der Existenz solcher Gegenstände keinen Grund gibt. Eine zweite Schwierigkeit ging aus der Überzeugung hervor, daß sich die subjektive Qualität des wahrhaft Subjektiven – also dessen, wovon die betreffende Person privilegierte Kenntnis hat – nicht im mindesten auf Verbindungen mit der Außenwelt zurückführen läßt. Hier habe ich geltend gemacht, daß der Interpret, wenn er eine richtige Deutung liefern will, zwar auf die Beziehungen zwischen dem zu interpretierenden Bewußtsein und seiner Umgebung achten muß, ohne daß damit jedoch Selbstkenntnis des erkennenden Subjekts im geringsten präjudiziert werde.

Nachdem die Hindernisse beseitigt sind, bleibt wenig zu sagen übrig hinsichtlich der Frage, wie es kommt, daß wir wissen, was wir denken. In den interessanten und zunächst rätselhaften Fällen gibt es tatsächlich kein *Verfahren*, zu diesem Wissen zu gelangen – denn es gibt hier keine Belege, die man suchen, keinen inneren Gegenstand, den man erforschen, und keine konkurrierende Hypothese, die man abwägen könnte. Diese Sachlage wird deutlich, wenn wir folgende Situation betrachten: Nehmen wir an, ich sage: »Ich glaube, der Kohinoor ist ein Kronjuwel.« Oder vielmehr, wir wollen es nicht bloß annehmen, denn ich sage es ja tatsächlich. Ferner wollen wir annehmen (was wiederum tatsächlich der Fall ist), daß ich weiß, was die soeben geäußerten Worte bedeuten, und daß ich damit eine aufrichtige Behauptung aufstelle. Schließlich wollen wir auch noch annehmen, daß der andere und ich selbst in diesen Punkten einig gehen, nämlich darin: daß ich tatsächlich diese Worte geäußert und damit aufrichtig Worte geäußert habe, die ich verstehe. Aus diesen Annahmen folgt, daß ich weiß, was ich glaube, aber es folgt nicht daraus, daß der andere es weiß. Der Grund ist einfach: Der andere weiß vielleicht nicht, was ich meine. Die Kenntnis des anderen mit Bezug auf das mit meinen Worten Gemeinte muß auf Belegen und Folgerungen beruhen; wahrscheinlich nimmt er an, er habe es richtig begriffen, und wahrscheinlich hat er es wirklich richtig begriffen. Dennoch ist es eine Hypothese. Freilich kann es sein, daß ich selbst nicht weiß, was ich mit diesen Worten meine. Doch *von vornherein wird angenommen*, daß ich es weiß, denn es hat keinen Sinn zu vermuten, daß ich mich hinsichtlich der Bedeutung meiner Worte *durchweg* irre. Die von vornherein bestehende Annahme, daß ich mich in bezug auf das von mir Gemeinte nicht generell irre, ist wesentlich dafür, daß ich eine Sprache habe – es ist wesentlich dafür, daß ich überhaupt der Interpretation zugänglich bin. Hier will ich mich auf einen bekannten, wenngleich häufig mißverstandenen Sachverhalt berufen: Bei der Aufstellung der Wahrheitsbedingungen meiner Äußerung des Satzes »Der Kohinoor ist ein Kronjuwel« kann ich nichts Besseres vorbringen als die Aussage, dieser Satz sei dann und nur dann wahr, wenn der Kohinoor ein Kronjuwel ist. Wenn ich das sage, äußere ich eine Tautologie, doch wenn der andere die

Wahrheitsbedingungen meiner Äußerung mit Hilfe der gleichen Worte angibt, stellt er eine empirische Behauptung auf, wenn auch wahrscheinlich eine, die wahr ist.[17]
Nach Dummett hat sich Brentano »einzuräumen geweigert, daß einem geistigen Akt ein von dem äußeren Gegenstand verschiedenes inneres Objekt zukomme, nämlich eine geistige Vorstellung, durch die der äußere Gegenstand dem Bewußtsein präsentiert wird«.[18] Dummett weist darauf hin, für Brentano bestehe daher weiterhin das Problem der Gedanken (bzw. der scheinbaren Gedanken) über Gegenstände, die nicht existieren; und dieses Problem, meint Dummett, habe Brentano »nicht zu lösen vermocht«. Doch das Problem läßt sich ohne weiteres lösen, wenn wir die Vorstellung fallenlassen, es gebe innere Gegenstände oder geistige Vorstellungen im erforderlichen Sinn. Man braucht keineswegs anzunehmen, daß, wenn es keine derartigen inneren Gegenstände gibt, nur äußere Gegenstände übrig bleiben, mit deren Hilfe wir die verschiedenen Bewußtseinszustände identifizieren können. Es ist eine schlichte Tatsache, daß wir über die zur Ermittlung von Bewußtseinszuständen nötigen Hilfsmittel verfügen, auch wenn diese Bewußtseinszustände, wie man gern sagt, auf nicht existierende Gegenstände gerichtet sind, denn wir sind zu ihrer Ermittlung imstande, ohne vorauszusetzen, daß es überhaupt irgendwelche Gegenstände gibt, die dem Geist gegenwärtig sind.

17 Dieser Absatz resümiert die Schlußfolgerung der Abhandlung 1 des vorliegenden Bands.

18 Michael Dummett, *The Interpretation of Frege's Philosophy*, S. 57. Dummett verweist uns auf Franz Brentanos *Psychologie vom empirischen Standpunkt*.

5
Indeterminismus und Antirealismus

Der Antirealismus ist eine Äußerung des in der abendländischen Philosophie nicht zu unterdrückenden Drangs, zu verbürgen, daß alles Reale erkannt werden kann. Das versucht der Antirealismus zu erreichen, indem er allem, was nach seinen Bestimmungen die Reichweite der menschlichen Erkenntnis übersteigt, die Existenz abspricht. Daher sollte Parmenides als früher und extremer Antirealist gelten, da er verkündet, das kugelförmige, homogene und unveränderliche Eine sei das einzig Reale, und zur Begründung anführt, es sei der einzig mögliche Gegenstand der Erkenntnis. Platon muß natürlich zu den Antirealisten gezählt werden, denn nach seiner Auffassung sind die physische Welt und ihr gesamter Inhalt nicht wirklich real, denn sie seien unerkennbar. Die meisten reduktionistischen Ismen – Idealismus, Pragmatismus, Empirismus, Materialismus, Behaviorismus und Verifikationismus – sollten als Formen des Antirealismus gelten. Sie alle versuchen die Realität so zurechtzustutzen, daß sie in ihre jeweilige Erkenntnistheorie paßt. Jeder dieser Standpunkte hat Trost anzubieten: Normale Gegenstände wie Tisch und Besteck seien zwar, wie wir erfahren, real, existierten aber nur im Bewußtsein; physische Gegenstände seien nichts weiter als permanente Möglichkeiten der Empfindung; geistige Zustände seien nichts weiter als Verhaltensmuster; intentionale Phänomene seien nichts anderes als physische Ereignisse und Gegenstände usw. Die Terminologie unserer alten Ontologie wird uns nur so lange zugestanden, wie wir uns einverstanden erklären, lediglich das zu akzeptieren, was wir aus mit Gewißheit erkennbaren Entitäten zusammenschustern können. Von diesen Beschwichtigungsangeboten an den Skeptizismus sollten wir uns allerdings nicht täuschen lassen – Antirealismen bleiben Saure-Trauben-Formen der Philosophie. Ihr Motto lautet: Wenn man die Trauben nicht (in einer gebilligten Bedeutung des Worts) zu fassen bekommt, sind sie nicht bloß sauer, sondern haben überhaupt nie existiert. Aus Gründen, die ich sogleich darlegen werde, lassen sich manche Formen des Antirealismus besser ausdrücken, indem man auf epistemische Begrenzungen des Wahrheitsbegriffs abhebt. So kann man etwa die Ansicht vertreten, wir sollten, wenn unsere epistemischen Vermögen zur Bestimmung der Wahrheit oder Falschheit eines Satzes mangelhaft sind, festsetzen, daß der Satz gar keinen Wahrheitswert hat, oder von einer eingeschränkten Bedeutung des Wahrheitsbegriffs Gebrauch machen. Das Ergebnis ist das gleiche: Das Reale bzw. das Wahre wird beschnitten, bis es der Größe einer bevorzugten Erkenntnisform entspricht.

Aus meiner Sicht ist der Realismus keineswegs die Alternative zum Antirealismus. Wir können die eine oder andere Lesart des Antirealismus mit der Begründung ablehnen, daß die für sie angeführten Argumente scheitern, ohne deshalb eine vage Position namens Realismus gutheißen zu müssen. Nach einer verbreiteten Kennzeichnung behauptet der Realismus, es gebe etwas in oder an der Welt, was unsere Äußerungen, Behauptungen oder Gedanken wahr mache, wenn sie wahr seien, einerlei, ob wir über das Vermögen zur Bestimmung ihrer Wahrheit verfügen oder nicht. Die meisten kritischen Einwände gegen diese Formulierung stürzen sich verständlicherweise auf die Schwierigkeit einer genauen Erläuterung dessen, was in diesem Kontext mit »Vermögen« und »bestimmen« gemeint ist. Ich glaube aber nicht, daß wir uns so tief auf die Sache einlassen müssen, denn meines Erachtens verstehen wir nicht einmal die vorherige These, wonach es in oder an der Welt etwas gebe, was unsere Gedanken oder Behauptungen wahr mache, wenn sie denn wahr seien. In Wirklichkeit ist es nämlich so, daß noch nie jemand dazu imstande gewesen ist, in nichttrivialer Weise anzugeben, was für ein »Ding« es sei, das einen Satz (oder sonst einen Wahrheitsträger) wahr mache. Manche Sätze, Äußerungen oder Überzeugungen sind wahr, und es gibt eine Vielzahl von Dingen in der Welt, aber es erklärt gar nichts, wenn man sagt, die Wahrheitsträger würden von den Dingen wahr »gemacht«. Das Ergebnis besteht darin, daß die Realisten mit dem Wahrheitsbegriff dastehen, ohne jedoch erklären zu können, inwiefern die Realität darüber Aufschluß gibt. Zugleich wird durch das Scheitern der korrespondenztheoretischen Versuche, dem Wahrheitsbegriff Gehalt zu verleihen, gezeigt, wie nichtssagend es ist, den Realismus durch Bezugnahme auf Übereinstimmung zu kennzeichnen.

Hier erörtere ich jene Lesarten des Antirealismus, die im Lichte der Unbestimmtheit der Übersetzung bzw. Interpretation die Realität geistiger Zustände und Ereignisse in Zweifel ziehen. Ebenso befasse ich mich mit denen, die wie folgt argumentieren: *Wenn* man die Unbestimmtheit der Interpretation akzeptiere, müsse man hinsichtlich des Status der propositionalen Einstellungen – oder zumindest hinsichtlich des Status der Zuschreibungen von propositionalen Einstellungen – im Zweifel sein. Da ich meinerseits die These der Unbestimmtheit der Interpretation bejahe, würde es mich bedrücken festzustellen, daß sie eine Form von Antirealismus impliziert. Meiner Meinung nach tut sie das aber gar nicht, wie ich im folgenden zu erklären versuche. Nach meinem Dafürhalten zeigt der Indeterminismus weder, daß die propositionalen Einstellungen nicht ganz real seien (was immer das heißen mag), noch daß wir den Wahrheitsbegriff modifizieren müssen, sobald wir propositionale Einstellungen zur Sprache bringen. Mit anderen Worten: Viele unserer Überzeugungen und Aussagen über das, was die Menschen glauben, beabsichtigen, wünschen und sich erhoffen, sind wahr, und sie sind deshalb wahr, weil die Menschen diese Einstellungen haben.

Drei Überlegungen scheinen der Zustimmung zu dieser These im Weg zu stehen. Bei der ersten handelt es sich um eine

Form von Szientismus. Wie es aussieht, sind die propositionalen Einstellungen nicht dazu geeignet, in eine einheitliche wissenschaftliche Weltsicht integriert zu werden. So heißt es bei Quine, »für die wesentlich schauspielerische Ausdrucksform der propositionalen Einstellungen« sei in einer strengen Wissenschaft »kein Platz«,[1] und unser mentalistisches Vokabular stehe »hartnäckig in Widerspruch zu wissenschaftlichen Mustern«. Meiner Ansicht nach hat Quine recht, wenn er meint, es sei nicht möglich, das mentalistische Vokabular reduktionistisch zurückzuführen bzw. in das Vokabular der Physik oder einer der übrigen »harten« Naturwissenschaften einzugliedern. Ein Grund für diese Irreduzibilität ergibt sich daraus, daß jede richtige Erklärung der Überzeugungen eines Akteurs und seiner sonstigen Einstellungen das im kognitiven Inhalt angelegte normative Element anerkennen muß. Eine Einstellung steht in logischen Beziehungen zu anderen; und diese Beziehungen werden zwar durch die Grenzen unserer Vermögen verzerrt und in Unordnung gebracht, dienen aber dennoch dazu, den Inhalt unserer Gedanken zu lokalisieren und somit zu identifizieren. Wenn wir verfahren wie in den Naturwissenschaften und die Welt als geistlos behandeln, entspricht jener Dimension des Mentalen gar nichts. Eine weniger oft beachtete Eigenschaft, die unser Reden über geistige Zustände vom Vokabular der avancierten Wissenschaften abhebt, ist die Abhängigkeit von Kausalbegriffen. Das normale Reden über Physisches steckt, ebenso wie das Reden über Psychisches, voller kausaler Begriffe: Der Begriff des Katalysators ist ebenso kausal wie der Begriff der intentionalen Handlung. Der Unterschied liegt in dem der Physik innewohnenden, aber für die Psychologie irrelevanten Versprechen, daß der kausale Begriff im Laufe der Zeit und nach einiger Forschungstätigkeit durch eine Darstellung des Mechanismus ersetzt werden kann, der erklärt, was der unbehol-

1 *Word and Object*, S. 219; Übers., S. 378.

fene kausale Begriff lediglich erschlichen hat. Man darf die Gesetze der Physik, wenn man will, kausal nennen. Ausschlaggebend ist, daß sie sich keiner kausalen Begriffe bedienen. Die Konzentration der Psychologie auf die kausale Rolle der Gründe schließt jede Hoffnung auf die Möglichkeit aus, die mentalen Grundbegriffe in ein abgeschlossenes System von Gesetzen einzufügen. Daneben gibt es eine weitere (vieldiskutierte) Erwägung, die gegen die nomologische oder definitorische Zurückführung geistiger Begriffe auf Begriffe der Physik spricht, und diese Erwägung bezieht sich auf die Tatsache, daß propositionale Einstellungen und verwandte Ereignisse und Zustände zum Teil mit Hilfe ihrer kausalen und sonstigen Beziehungen zu Ereignissen identifiziert werden, die sich in zeitlicher wie örtlicher Hinsicht außerhalb des durch sie gekennzeichneten Akteurs abspielen. So wird – meines Erachtens zu Recht – die Meinung vertreten, daß die Geschichte jenes Prozesses, durch den ein Individuum Wörter und Begriffe lernt und zu gebrauchen übt, in maßgeblichen Fällen notwendig zur Bestimmung der Bedeutung der Wörter und des Inhalts der Begriffe beiträgt. Außerdem glaube ich, daß die interpersonelle Verständigung hinsichtlich der Möglichkeit und der Natur des Denkens eine notwendige Rolle spielt. Wenn solche externalistischen Faktoren tatsächlich dominante und unvermeidliche Merkmale des Mentalen sind, liegt es auf der Hand, daß eine Eingliederung der Psychologie in eine einheitliche wissenschaftliche Theorie der Welt unmöglich ist.
Diese Bemerkungen sind nichts weiter als Erinnerungen daran, warum viele Philosophen – darunter auch ich selbst – überzeugt sind, daß die Psychologie nicht zu einem Teil der Physik oder irgendeiner anderen »Natur«-Wissenschaft gemacht werden kann, solange man annimmt, daß unter anderem die Begriffe des absichtlichen Handelns, des Glaubens, der Wahrnehmung und der affektiven Einstellungen zur Psychologie gehören. Hier geht es um die Frage, ob die definito-

rische und nomologische Irreduzibilität der propositionalen Einstellungen ein Grund dafür ist, am objektiven Status der propositionalen Einstellungen zu zweifeln.

Quine hat gesagt, er stimme meiner Token-Token-Lesart des Monismus zu. Nach dieser Auffassung ist jeder Gegenstand und jedes Ereignis, das mit Hilfe geistiger Begriffe identifiziert wird, identisch mit einem Gegenstand oder Ereignis, das mit Hilfe physikalischer Begriffe identifiziert werden kann, obwohl sich die durch das mentale Vokabular abgegrenzten *Klassen* nicht durch Definition oder strenge Gesetze mit im Rahmen des physikalischen Vokabulars definierbaren Klassen gleichsetzen lassen. Diesem Standpunkt, den ich als anomalen Monismus bezeichne, gelingt es beinahe, die meisten – wenn auch nicht alle – Äußerungen Quines über propositionale Einstellungen miteinander in Einklang zu bringen. Der anomale Monismus macht sowohl die These begreiflich, Einstellungen seien Dispositionen zu bestimmten Verhaltensweisen, und diese Dispositionen wiederum seien physiologische Zustände, bei denen es sich letztlich um physische Zustände handele, als auch die These, intentionale Beschreibungen seien nicht auf verhaltensbezogene oder physikalische Beschreibungen zurückführbar und daher nicht dazu geeignet, in ein strenges System von Gesetzen eingegliedert zu werden. Das mentale Vokabular ist praktisch und unentbehrlich, aber für die präziseste Form der Wissenschaft ist es nicht gemacht. Der anomale Monismus legt keineswegs den Gedanken nahe, mentale Ereignisse und Zustände würden vom Zuschreibenden lediglich auf den Akteur projiziert. Im Gegenteil, dieser Monismus vertritt die Ansicht, geistige Ereignisse seien genauso real wie physische Ereignisse, mit denen sie ja identisch seien, und Zuschreibungen von Zuständen seien ebenso objektiv. Wenn Quine die Zuschreibungen von Einstellungen als schauspielerische Darstellungen kennzeichnet, impliziert das nicht, daß es hier nichts darzustellen gibt.

Der Umstand, daß das mentale Vokabular nicht dazu geeignet ist, in Wissenschaften wie Physik oder Physiologie integriert zu werden, kann als solcher nicht so aufgefaßt werden, als werde dadurch die Realität der Zustände, Ereignisse und Gegenstände angefochten, zu deren Beschreibung dieses Vokabular benutzt wird. Eine perfektionierte Physik muß jeden Gegenstand und jedes Ereignis umfassen, doch das ist eine ontologische und nomologische Forderung, welche das Ziel der Physik bestimmt, während die Physik ihrerseits nichts zu jenen Interessen beizutragen hat, die andere Verfahren zur Charakterisierung der Dinge verlangen.

Die Frage der Unbestimmtheit der Übersetzung oder Interpretation habe ich bisher noch gar nicht direkt angesprochen. Wenn die These der Unbestimmtheit gilt, impliziert das nicht, daß propositionale Einstellungen nicht ganz real sind? Vielleicht meint man, eben das werde von Quine angedeutet, wenn er sagt: »Brentanos These von der Nichtreduzierbarkeit intentionaler Ausdrucksformen steht mit der These von der Unbestimmtheit der Übersetzung voll und ganz in Einklang«, denn »den intentionalen Sprachgebrauch für bare Münze nehmen heißt [...], Übersetzungsrelationen als irgendwie objektiv gültig zu postulieren, obwohl sie in bezug auf die Gesamtheit der Rededispositionen prinzipiell unbestimmt sind«.[2] Ist damit denn nicht gesagt, die Akzeptierung des mentalen Sprachgebrauchs heiße, daß man etwas postuliert, wofür es keine empirischen Belege gibt – etwas, an dessen Existenz zu glauben wir daher keinen Grund haben?

Einerlei, ob es der Fall ist oder nicht, daß Quines Anschauungen implizieren, den propositionalen Einstellungen hafte etwas Nichtreales an – auf jeden Fall ist es eine bei einer ganzen Reihe von Philosophen verbreitete Vorstellung, der Indeterminismus untergrabe die Realität der geistigen Zustände. Nach der Auffassung von Fodor und anderen Autoren ist da-

2 Ebd., S. 221; Übers., S. 381.

mit eine Reductio des Indeterminismus gegeben. Daniel Dennett hingegen bejaht den Indeterminismus, pflichtet aber der Ansicht bei, daß dies der Realität der geistigen Zustände Abbruch tue. Diese Schlußfolgerung fechte ich an. Ich sehe zwar keine Möglichkeit, den Indeterminismus zu umgehen, bin aber der Überzeugung, daß er die Realität des Mentalen nicht in Mitleidenschaft zieht.

Zunächst möchte ich die eben angeführten Quine-Zitate verteidigen, die zu behaupten scheinen, daß der »intentionale Sprachgebrauch« keinen empirischen Inhalt habe. Hier besteht eine Verwechslung, an der Quine vielleicht zum Teil selber schuld ist, die sich jedoch leicht ausräumen läßt. Sofern Quine unter »intentionalem Sprachgebrauch« das Reden über die von manchen Philosophen hypostasierten Bedeutungen und Propositionen versteht, trifft es zu, daß er sie ablehnt, da es ihnen an empirischem oder zu einer Erklärung tauglichem Inhalt fehle. Daraus folgt aber nicht, daß normale Zuschreibungen von Einstellungen – zu denen auch Interpretationen von Äußerungen gehören – keinen Inhalt haben. Ja, wie könnte es ihnen an Inhalt fehlen, wenn Äußerungen über Mentales, wie Quine einräumt, etwas sind, ohne das wir gar nicht auskommen?

Meiner Meinung nach gibt es vor allem zwei Dinge, die uns zu der Annahme verlocken, es könne im Hinblick auf das, was wir mit unseren Worten meinen oder was wir denken, keine Unbestimmtheit geben. Der erste Punkt ist die Autorität der ersten Person, also das Faktum, daß man davon ausgeht, wir wüßten, was wir denken, in einer Weise, in der es kein anderer wissen kann. Der zweite Punkt rührt von der Semantik jener Sätze her, die zur Zuschreibung von Einstellungen benutzt werden. Hier möchte ich den zweiten Punkt zuerst behandeln und der Einfachheit halber bei Sätzen über das Glauben bleiben. Es liegt auf der Hand, daß die Anzahl der Überzeugungen, die man jemandem zuschreiben könnte, potentiell unendlich ist, und klar ist auch, daß potentiell unendlich viele Sätze zu Gebote stehen, denn man kann einen wohlgeformten Satz bilden, indem man beliebige unter unendlich vielen Sätzen auswählt und an die Worte »Agnes glaubt, daß ...« anfügt. Aber die einzigen tragfähigen semantischen Mittel, über die wir verfügen, um dieser Situation Herr zu werden, setzen voraus, daß man »glaubt« (oder »glaubt, daß«) als relationales Verb auffaßt und das Folgende als singulären Terminus oder Kennzeichnung behandelt. Die singulären Termini können nicht allesamt unstrukturierte Eigennamen sein, denn von denen gibt es nicht genügend viele. Wenn also das, was auf »glaubt« oder »glaubt, daß« folgt, ein singulärer Terminus ist, muß ein Demonstrativum zum Einsatz kommen; andernfalls müssen Kennzeichnungen zur Verfügung stehen. Doch im einen wie im anderen Fall muß es einen unendlichen Vorrat an *Entitäten* geben, die man herausgreifen kann. Haben wir jedoch erst einmal die passende Entität herausgegriffen, haben wir als Zuschreiber von Einstellungen der Überzeugung einen Inhalt zugeordnet.

Vielleicht ist es natürlich, anzunehmen, daß die Entität, auf die wir uns beziehen, um den Inhalt einer Überzeugung anzugeben, das *Objekt* des Glaubens ist – eine Entität, die der Glaubende im Sinn hat oder erfaßt, die *Sache*, von der der Glaubende überzeugt ist. Unter Voraussetzung der relationalen Semantik der Sätze über Überzeugungen (und über die anderen Einstellungen natürlich ebenfalls) sowie der naheliegenden Annahme, daß die Entität, die der Identifizierung der Überzeugung dient, das von dem Glaubenden erfaßte Objekt ist, sind wir praktisch zu der Schlußfolgerung genötigt, daß die bezeichnete Entität einzig ist. Denn wenn es mehr als nur eine Entität gäbe, die zur Bestimmung desselben Überzeugungszustands das gleiche beitragen, fragt es sich, von welcher Entität man sagen soll, daß sie von dem Glaubenden erfaßt werde, oder wie man behaupten kann, der Glaubende wisse, was er glaubt.

Dieses Rätsel läßt sich lösen, indem man die Vorstellung fallenläßt, die grammatischen Objekte der Überzeugungssätze seien als Termini zu deuten, die in psychologischer Hinsicht reale Gegenstände benennen: Gegenstände, die der Überzeugungsträger kennt, im Sinn hat oder erfaßt. Der einzige *Gegenstand*, der für die Existenz einer Überzeugung erforderlich ist, ist jemand, der etwas glaubt. Eine Überzeugung haben ist etwas anderes als eine Katze haben – es heißt, daß man sich in einem Zustand befindet. Und damit man sich in einem Zustand befindet, ist es nicht nötig, daß es eine Entität gibt, die als Zustand, in dem man sich befindet, bezeichnet wird. Für die Wahrheit einer Einstellungszuschreibung ist nichts weiter nötig, als daß das angewandte Prädikat auf die Person mit der betreffenden Einstellung zutrifft.

Dummett gebührt Anerkennung dafür, daß er den Antirealismus nicht im Hinblick auf Bezugnahme, sondern im Hinblick auf Wahrheit charakterisiert hat, nicht im Hinblick auf Namen oder Kennzeichnungen, sondern im Hinblick auf Sätze. Denn die eigentliche Frage, um die es bei geistige Zustände zuschreibenden Sätzen geht, ist keine ontologische; Überzeugungen sind keine Entitäten, und die »Gegenstände des Glaubens« brauchen keine Gegenstände zu sein. Bei der eigentlichen Frage geht es darum, ob es der Fall ist oder nicht, daß die Zuschreibungen von Einstellungen objektiv wahr oder falsch sind.[3]

Die Zuschreibung von Einstellungen ähnelt in vielen Hinsichten dem Messen diverser Größen. Wir können Zahlen zuordnen, um Größe, Gewicht und Geschwindigkeit der Gegenstände zu verfolgen, sofern die Gegenstände ein Muster der angemessenen Art an den Tag legen. Dabei nehmen wir nicht an, es gebe Gegenständen zukommende empirische

3 Freilich stellt sich hier außerdem die Frage, ob Bedeutungen und Propositionen existieren, doch das ist aus meiner Sicht Entscheidungssache. Falls sie existieren, sind sie abstrakte Gegenstände und haben nichts weiter nötig, als definiert zu werden. Sobald sie definiert sind, muß noch gezeigt werden, ob sie nützliche Erklärungs- oder Beschreibungsarbeit leisten.

Entitäten namens Gewicht, Größe oder Geschwindigkeit. Wie Carnap schon vor langer Zeit dargetan hat, sollten wir nicht glauben, der Satz »Diese Schachtel wiegt 8 Pfund« identifiziere zwei Entitäten namens »das Gewicht dieser Schachtel« und »8 Pfund«, sondern wir sollten den Satz so deuten, als setze er das in Pfund angegebene Gewicht der Schachtel mit der Zahl 8 gleich. Demnach besteht die erforderliche Ontologie aus den Gegenständen, die ein Gewicht haben, und den Zahlen. Die Zahlen sind keine Bestandteile der ein Gewicht aufweisenden Objekte; sie gehören nicht zur empirischen Welt, sondern zu uns, die wir sie benötigen, um bestimmten Beziehungen zwischen Gegenständen auf der Spur zu bleiben. Ebenso sind die Entitäten, zu denen wir denkende Personen in Beziehung setzen, wenn wir ihnen Überzeugungen und sonstige propositionale Einstellungen zuschreiben, nicht in diesen Personen – weder in ihrem Geist noch vor ihrem Geist. Daß man eine Überzeugung hat, heißt bloß, daß man eine Eigenschaft an den Tag legt – daß ein bestimmtes Prädikat auf einen zutrifft. Aber um über genügend Prädikate für alle Überzeugungen zu verfügen, die man vielleicht auseinanderhalten möchte, muß man die Prädikate konstruieren, indem man ein relationales Verb verwendet und eine der Stellen mit einem Ausdruck ausfüllt, der sich auf einen – einem potentiell unendlich großen Vorrat entnommenen – Gegenstand bezieht. Eines dieser Prädikate heißt »*x* glaubt, daß Schnee weiß ist«.

Ein Vorteil dieses Vergleichs besteht darin, daß er klar macht, warum verschiedene Zuordnungen von Gegenständen alle relevanten Informationen über eine Situation erfassen können, ohne die Wahrheit oder »Realität« dieser Situation zu gefährden. Niemand glaubt, das Faktum, daß Gewicht in Pfund oder Kilogramm angegeben werden kann, zeige, daß dem Gewicht eines Gegenstands etwas Nichtreales anhafte: Man kann verschiedene Zahlenmengen benutzen, um sich über genau dieselben Fakten auf dem laufenden zu halten. Angenommen, das Faktum bestehe darin, daß A das gleiche wiegt wie B. Dann ist die Zahl, die der Feststellung des Gewichts von A und B zugeordnet wird, dieselbe, egal, ob das Gewicht in Pfund oder in Kilo festgestellt wird. Angenommen, das Faktum bestehe darin, daß C das Doppelte wiegt wie D. Dann muß die Zahl, die der Feststellung des Gewichts von C zugeordnet wird, doppelt so groß sein wie die der Feststellung des Gewichts von D zugeordnete Zahl, egal, ob das Gewicht in Pfund oder in Kilo angegeben wird. Nötig ist nichts weiter, als daß die Entitäten, die wir zur Registrierung des Gewichts der Dinge benutzen, eine Struktur aufweisen, durch die sich bestimmte Merkmale der gewogenen Gegenstände darstellen lassen – und Zahlen können das auf zahllos viele Weisen leisten.

Ein weiterer Vorteil dieses Vergleichs besteht darin, daß er klar macht, warum Quine gerechtfertigt ist, wenn er – gegen Chomsky und andere Autoren – darauf pocht, daß die Unbestimmtheit der Übersetzung etwas anderes ist als die Unterbestimmung der Theorien durch alle möglichen Belege. Freilich stellt sich hier die Frage, ob Unterbestimmung im Sinne Quines überhaupt vorkommen kann, denn dazu ist nötig, daß es empirisch äquivalente, aber unvereinbare Theorien gibt.[4] Mit der Unbestimmtheit verhält es sich nicht so. Die empirisch äquivalenten Theorien, die demnach gleich gut geeignet sind, um einen Akteur zu verstehen, sind nicht unvereinbar, und sie sind es ebensowenig, wie die Feststellung des Gewichts in Pfund oder Kilo unverträgliche Theorien über das Gewicht voraussetzt.

Welche Gegenstände können wir benutzen, um uns über die Einstellungen zu unterrichten? Offensichtlich müssen sie ein annähernd ebenso komplex gestaltetes Feld bilden wie die einzelnen Einstellungen selbst. Die auffälligsten Merkmale der einzelnen Einstellungen sind ihre im Grunde rationalen Struk-

4 Was diese Frage betrifft, hat Quine seine Meinung öfter als einmal geändert. Siehe W. V. Quine, *Pursuit of Truth*, S. 97 ff.

turen (wenn jemand glaubt, daß alles weiß ist, dann hat er eine Überzeugung, die impliziert, daß Schnee weiß ist) und ihre Beziehungen zur Welt (die Überzeugung, daß Schnee weiß ist, ist dann und nur dann wahr, wenn Schnee weiß ist).[5]

Zu den Entitäten, die diese erforderlichen Eigenschaften aufweisen, gehören unsere *Sätze*, und es ist keineswegs klar, daß es irgendeine andere Entitätenmenge gibt, die das gleiche leistet (außer den Äußerungen).[6] Auf jeden Fall gibt es einen Sinn, in dem unsere Standardzuschreibungen von Einstellungen die Sätze des Zuschreibenden benutzen, um den Inhalt der zugeschriebenen Einstellung anzugeben. Damit meine ich nichts weiter, als daß wir im Anschluß an Worte wie »Anna glaubt, daß ...« einen von uns selbst beigesteuerten Satz benutzen müssen, um die Überzeugung Annas zu identifizieren. Nun müssen wir fragen, welche Eigenschaften des Satzes für die Identifikation der Überzeugung relevant sind, und zwar genauso, wie wir fragen, welche Eigenschaften der Zahlen wesentlich sind für die Rolle, die sie bei der Registrierung von Gewichten spielen. Offensichtlich ist, daß die Eigenschaft »einen Wahrheitswert haben« nicht ausreicht. Die Syntax wäre mehr als ausreichend, wenn da nicht die Tatsache wäre, daß ein und derselbe Satz gebraucht werden kann, um, je nach Interpretation, ganz unterschiedliche Dinge zu meinen (der gleiche Satz kann verschiedenen Sprachen oder Idiolekten angehören oder mehrdeutig sein). Aufgrund dieser Schwierigkeit habe ich vorgeschlagen, wir sollten die von der zuschreibenden Person bereitgestellte faktische *Äußerung* (bzw. die jeweiligen Schriftzeichen) als das Objekt auffassen,

5 Man darf nicht glauben, daß ich mir, indem ich von den Beziehungen zwischen den Einstellungen und der Welt rede, eine Korrespondenztheorie zu eigen mache. Eine Wahrheitstheorie der mir vorschwebenden Art beruht zwar tatsächlich darauf, daß eine Beziehung zwischen bestimmten Wörtern und Gegenständen hergestellt wird (nämlich Tarskis Beziehung der »Erfüllung«), aber sie benutzt keine Gegenstände, denen Sätze entsprechen könnten.

6 Siehe Abhandlung 4.

auf das sie sich bezieht, um den Inhalt einer Einstellung anzugeben. Daher habe ich eine parataktische Erklärung der Einstellungen zuschreibenden Sätze empfohlen, der zufolge das »daß« in »Anna glaubt, daß ...« als Demonstrativum zu deuten ist, das auf die anschließende Äußerung Bezug nimmt. Die Äußerung hat eine eindeutige Syntax und kann so aufgefaßt werden, als sei die Frage der passenden Sprache bzw. des entsprechenden Idiolekts durch sie gelöst, als seien Mehrdeutigkeiten bereinigt und als stünden die Parameter zu Gebote, die nötig sind, um die Bezugnahme durch Indikatoren zu bestimmen. Als ungefähres Äquivalent der parataktischen Erklärung könnte man sich den in Anführungszeichen eingeschlossenen Inhaltssatz vorstellen, wobei die Sprache und sonstige Merkmale von Sprecher und Kontext vorausgesetzt oder explizit gemacht werden. Wenn man von diesem zweiten Gedanken ausgeht, gelingt es besser, die intuitive Erkenntnis zu erfassen, daß Einstellungen zuschreibende Äußerungen Einzelsätze sind, doch das Verfahren ist komplizierter.

Es sollte uns nicht wundernehmen, daß das, was wir über die propositionalen Einstellungen der anderen sagen und daran verstehen können, das gleiche ist wie das, was wir in den Griff bekommen können, indem wir unsere eigenen Sätze auf diese Einstellungen abbilden. (Hier und im folgenden mache ich mir nicht die Mühe, zwischen Sätzen und Äußerungen zu unterscheiden.) Das heißt natürlich nicht, daß jemand anders außerstande wäre, Dinge zu denken, die ich selbst nicht zu denken vermag. Doch dann muß es sich um etwas handeln, dessen Inhalt ich auch nicht ausdrücken kann. Was ich ebenfalls nicht völlig ausschließen möchte, sind propositionale Gedanken, die ich habe, aber nicht ausdrücken kann. Für meine Argumentation genügt es, daß wir, wenn wir einen Gedanken – sei's einen eigenen oder den eines anderen – ausdrücken können, auf das Basismittel der Darstellung im Gefüge unserer Sätze zurückgreifen müssen. Unsere Sätze liefern das einzige Maß des Mentalen.

Was folgt daraus für die Unbestimmtheit? Wahrscheinlich wird jeder der Ansicht zustimmen, daß es manchmal möglich ist, ganz verschiedene Sätze desselben Berichterstatters zu benutzen, um genau denselben Gedanken auszudrücken. Ein gewisses Maß an Unbestimmtheit geht also automatisch mit der Redundanz der Sprache einher. Aber die Unbestimmtheiten, von denen Quine spricht und die ich größtenteils akzeptiere, sind etwas ganz anderes, denn sie deuten darauf hin, daß Sätze, die niemand für auch nur ungefähr synonym erachten würde, dennoch zur Bestimmung desselben Gedankens benutzt werden können.

Nun möchte ich knapp darlegen, worüber Quine und ich in dieser Sache gleicher bzw. verschiedener Meinung sind. Als Hauptbeleg für die Interpretation erachten wir beide die Einstellungen einer Person zu diversen Äußerungen und die Umstände, von denen diese Einstellungen herbeigeführt werden. Nach Quine ergeben bestimmte Muster der Zustimmung und der Ablehnung die Interpretation der wahrheitsfunktionalen Satzfunktionen, und ich bin der gleichen Auffassung. Ich gehe jedoch, im Unterschied zu Quine, darüber hinaus und benutze dieselbe Methode, um die Instrumente für Quantifikation und querverweisende Bezugnahme zu lokalisieren. Ich schließe mich also nicht der Ansicht von Quine an, wenn er meint, die innere Struktur der einfachsten Sätze sei unbestimmt. Wir setzen beide bei der Annahme an, daß der beobachtete Bereich der Phänomene, die im Hinblick auf bestimmte Sätze Zustimmung und Ablehnung auslösen, uns die Möglichkeit gibt, diese Sätze mit Ereignissen und Gegenständen in der Welt zu verknüpfen. Was nun Sätze betrifft, die weniger direkt an das ohne weiteres Beobachtbare gebunden sind, können wir meines Erachtens häufig mehr leisten, als Quine glaubt, denn ich meine, daß wir unsere Fähigkeit zur Ermittlung der von Satz zu Satz verschiedenen Grade der Untermauerung durch Belege als Schlüssel zur richtigen Interpretation verwenden können. Es bleiben zwei wichtige

Formen der Unbestimmtheit, bezüglich deren wir gleicher Meinung sind: die Unbestimmtheit aufgrund der von Quine so genannten Unerforschlichkeit des Bezugs, und die Unbestimmtheit, die sich aus der Verwischung der Unterscheidung zwischen dem Analytischen und dem Synthetischen ergibt.

Die These der Unerforschlichkeit des Bezugs besagt, daß keine Möglichkeit besteht anzugeben, welcher Weg der Verbindung von Worten mit Dingen der richtige ist. Wenn ein Weg funktioniert, wird es zahllos viele weitere geben, die das gleiche erbringen. Technisch betrachtet, bedeutet das, daß wir die übliche Erfüllungsbeziehung (wobei unter Erfüllung eine ausgeklügelte Form des Bezugs zu verstehen ist) durch zahllos viele sonstige Relationen ersetzen können, ohne die Wahrheitsbedingungen irgendeines Satzes oder die logischen Beziehungen zwischen den Sätzen zu ändern. Da alle Belege für die Interpretation der Sprache auf der Satzebene angeführt werden müssen (weil bei der Kommunikation nur Sätze eine Verwendung haben), kann es folglich keine Belege dafür geben, daß eine dieser Beziehungen der Erfüllung (oder des Bezugs) die richtige ist.

Um ein Beispiel zu nennen: Nehmen wir an, die Erfüllungsbeziehung *s* bildet das Wort »Rom« auf Rom ab und das Prädikat »ist eine Stadt in Italien« auf Städte in Italien. Dann wird die Wahrheitsdefinition zeigen, daß der Satz »Rom ist eine Stadt in Italien« dann und nur dann wahr ist, wenn Rom eine Stadt in Italien ist. Nun wollen wir eine andere Erfüllungsbeziehung *s′* betrachten, die das Wort »Rom« auf ein Gebiet 100 Kilometer südlich von Rom abbildet und das Prädikat »ist eine Stadt in Italien« auf Gebiete 100 Kilometer südlich der italienischen Städte. Jetzt wird die Wahrheitsdefinition sagen, daß der Satz »Rom ist eine Stadt in Italien« dann und nur dann wahr ist, wenn das 100 Kilometer südlich von Rom gelegene Gebiet eines ist, das 100 Kilometer südlich der italienischen Städte liegt. Die Wahrheitsbedingungen sind offenbar äquivalent. Die These der Unerforschlichkeit des Bezugs behauptet, es könne keine Belege dafür geben, daß *s* besser zur Interpretation des Satzes »Rom ist eine Stadt in Italien« taugt als *s'*. Das »Was«, wovon ein Satz handelt oder woran jemand denkt, läßt sich nicht angeben.

Wie ist das möglich? Rom und ein 100 Kilometer südlich davon gelegenes Gebiet sind doch gewiß nicht dieselbe Entität! Das ist richtig. Allerdings werden alle Unterschiede, die wir üblicherweise für Unterschiede im Bezug der Namen oder in der Extension von Prädikaten halten, von jeder richtigen Erfüllungsbeziehung beibehalten. Daß es zwischen den durch *s* und *s'* gelieferten Interpretationen keinen empirischen Unterschied gibt, impliziert nicht, daß die interpretierte Person nicht zwischen Rom und einem 100 Kilometer südlich davon gelegenen Gebiet unterscheiden kann. Allerdings impliziert es, daß sich nicht angeben läßt, auf welchen der beiden Orte sich bei dieser Person das Wort »Rom« bezieht. Eine korrekte Interpretation spürt einem komplexen Muster nach und lokalisiert einzelne Sätze und Einstellungen in dessen Rahmen. Aber die Maße, die wir benutzen, um dieses Muster darzustellen – nämlich unsere Sätze –, können es auf mehr als eine Weise darstellen.

Wenn die beiden Interpretationen des von jemandem geäußerten Satzes »Rom ist eine Stadt in Italien« gleichermaßen korrekt sind, stellt sich die Frage: Warum haben wir das Gefühl, eine von beiden sei die richtige? Die vollständige Antwort ist vermutlich ziemlich kompliziert, aber die unkomplizierte Antwort besagt, daß wir die übliche – und in diesem Fall bequemste – Methode der Wort-für-Wort-Übersetzung verwenden. Freilich, wenn die homophone Übersetzungsanleitung zu den verfügbaren Manualen gehört, werden wir sie benutzen. Und bei der Interpretation einer Sprache, für die kein homophones Manual zu Gebote steht, werden wir uns der konventionellen – und zumeist bündigsten – verfügbaren Methode bedienen. Das heißt nicht, daß andere Interpretatio-

nen verkehrt sind: *s′* liefert eine ebenso richtige Interpretation des Satzes »Rom ist eine Stadt in Italien« wie *s*.
Erhebt jemand den Einwand »Aber ›Rom‹ *bedeutet* nicht ›ein Gebiet 100 Kilometer südlich von Rom‹«, so lautet die richtige Antwort: Einzelne Wörter haben gar keine Bedeutungen. Sie haben eine *Rolle*, die sie bei der Bestimmung der Wahrheitsbedingungen von Sätzen spielen, und diese Rolle wird von *s′* ebenso sicher erfaßt wie von *s*.
Dennoch unterschlägt diese Antwort etwas, nämlich die Notwendigkeit, bei der Zuordnung eines Inhalts zu den Äußerungen oder Einstellungen eines Akteurs an einer bestimmten Methode der Interpretation festzuhalten. Es wird den Satz »Rom ist eine Stadt in Italien« falsifizieren, wenn man ihn so interpretiert, als sei er dann und nur dann wahr, wenn Rom in einem Gebiet 100 Kilometer südlich einer italienischen Stadt liegt; und es wird die Folgerungsbeziehungen zwischen Sätzen zerstören, wenn man für den einen Satz eine Methode und für den anderen Satz eine andere Methode benutzt. Genauso wie man angeben muß, ob die Zahlen, die man zum Messen der Temperatur benutzt, die Temperatur auf der Fahrenheit- oder auf der Celsius-Skala ansiedeln, so muß man auch angeben, welche Interpretationsmethode verwendet wird (beispielsweise *s* oder *s′*). Eine der Annehmlichkeiten des Festhaltens an derselben Methode besteht darin, daß man die Methode nicht ausdrücklich zu nennen braucht. (In etwa ähnlich verhält es sich, wenn man meine Äußerung »In diesem Zimmer muß es so um die 70 Grad sein« ganz natürlich so auffaßt, daß ich mich dabei der Fahrenheit-Skala bedient habe.)
Es gibt noch einen weiteren Einwand, von dem viele Leute annehmen, er sei verhängnisvoll für die These der Unbestimmtheit. Dabei wird behauptet, die Unbestimmtheit untergrabe die Autorität der ersten Person. Wer das behauptet, wird sagen wollen: »Es mag ja sein, daß Quines empirische Kriterien den Gebrauch alternativer Methoden für die Inter-

pretation anderer Personen nicht ausschließen können, aber *ich* weiß, daß ich mit meinem Wort ›Rom‹ nicht das Gebiet 100 Kilometer südlich von Rom meine, sondern Rom.« Dieser Hinweis ist zwar richtig, aber er steht nicht in Widerspruch zum Indeterminismus. Der Grund dafür, daß der Hinweis richtig ist, liegt darin, daß der Sprecher Rom nicht mit einem Gebiet 100 Kilometer südlich von Rom gleichsetzt. Wenn jemand solche Selbstzuschreibungen vornimmt, wissen wir, daß Wörter in der Metasprache die gleichen Rollen spielen wie diese Wörter in der Objektsprache, denn Objektsprache und Metasprache sind ein und dieselbe. Interpretationen in der ersten Person sind notwendig an das homophone Übersetzungsmanual gebunden (was soviel heißt wie: Übersetzung oder Interpretation sind hier fehl am Platz).

Daraus, daß man bei der Interpretation seiner selbst auf eine einzige Interpretationsweise beschränkt ist, sollte nicht der Schluß gezogen werden, daß der Bezug der Worte des Betreffenden deshalb eindeutig ist. (Sofern man hier überhaupt von Interpretation sprechen kann – es wäre besser zu sagen, daß, von pathologischen Fällen abgesehen, unsere Art, andere zu interpretieren, im eigenen Fall keine Anwendung hat.) In unserem Beispiel hat der Akteur nichts weiter herausgefunden, als daß seine Ausdrücke »Rom« und »das Gebiet 100 Kilometer südlich von Rom« in seiner Sprache nicht durch einander ersetzt werden können, und damit wird der Bezug keines dieser beiden Ausdrücke bestimmt. Ebenso zeigt die Tatsache, daß der Bezug seiner Worte nicht feststeht, keineswegs, daß er nicht weiß, was er meint oder denkt. Die verschiedenen Möglichkeiten, seine Äußerungen zu interpretieren oder seine Gedanken wiederzugeben, markieren keinen Unterschied im Inhalt seiner Einstellungen, also gibt es hier nichts, was er nicht weiß, wenn er nicht weiß, welche Weise der Wiedergabe seiner Gedanken die richtige ist. Da es eine bestimmte richtige Weise nicht gibt, gibt es hier nichts weiter, was er wissen müßte.

Nicht alle Fälle von Unbestimmtheit beruhen auf der Möglichkeit, die Erfüllungsbeziehung systematisch in einer Weise zu verändern, bei der die Wahrheitsbedingungen der Sätze nicht in Mitleidenschaft gezogen werden. Es kann auch Unbestimmtheiten geben, von denen die Wahrheitswerte beeinflußt werden. Diese Unbestimmtheiten ergeben sich, wenn man (wie ich selbst) die These Quines akzeptiert, es gebe keine von Regeln bestimmte Möglichkeit, eine klare Unterscheidung zwischen dem Analytischen und dem Synthetischen zu treffen. Hier fällt es leicht, Beispiele anzuführen. Wie ich merke, kommt es häufig zu Meinungsverschiedenheiten zwischen mir und anderen Leuten über die Frage, ob man die Farbe eines Gegenstands Grün oder Blau nennen sollte. Die Meinungsverschiedenheit ist durchgängig: Es gibt einen recht bestimmten Bereich von Fällen, in dem ich Grün sage, während die anderen Blau sagen. Diese Differenz läßt sich in zweierlei Weise erklären: Es kann sein, daß ich mich hinsichtlich der Farbe bestimmter Gegenstände irre (oder daß sich die meisten übrigen Leute irren), oder es kann sein, daß ich die Wörter »blau« und »grün« nicht ganz genauso verwende wie die anderen. Es mag sein, daß es keine Möglichkeit gibt, zwischen diesen beiden Erklärungen eine Entscheidung zu treffen. Indem man an anderen Stellen der Interpretation meiner Sätze und Überzeugungen ausgleichende Anpassungen vornimmt, kann man sie mit der einen wie mit der anderen Geschichte in Einklang bringen. Aber nach der einen Erklärung sind manche meiner Äußerungen über Farben falsch, während sie nach der anderen Erklärung wahr sind. Außerdem weiß ich nach beiden Erklärungen, was ich denke: Ich denke, daß die Dinge, die ich grün nenne, grün sind, und daß die Dinge, die ich blau nenne, blau sind. Keine dieser beiden Erklärungen dessen, was ich meine und denke, bringt dieses Wissen der ersten Person in Gefahr.

Während die bisher erörterten kritischen Einwände andeuten, daß man gemeinten Bedeutungen und geistigen Zuständen etwas von ihrer vollen Realität nimmt, wenn man den Indeterminismus akzeptiert, hat sich Daniel Dennett wohltuenderweise darüber beklagt, daß intentionale Zustände nach meiner Anschauung *zu* real seien.[7] Dennett erkennt deutlich, warum meine Auffassung mit ihrem Vergleich zwischen rivalisierenden Interpretationstheorien und verschiedenen Formen der numerischen Darstellung von Längen oder Temperaturen an und für sich keinen Zweifel an der Realität des Dargestellten anmelden kann. Er glaubt aber, daß sich zwei verschiedene Systeme, die dazu dienen, einer Person Überzeugungen zuzuschreiben, ganz erheblich voneinander unterscheiden können, und zwar so erheblich, daß sie verschiedene Verhaltensprognosen liefern, obwohl nichts genügen würde, um nachzuweisen, daß das eine System im Gegensatz zum anderen die wirklichen Überzeugungen des Betreffenden beschreibt.

Hier führt die Frage der Prognose meines Erachtens auf eine falsche Spur. Kein System der Einstellungszuschreibung – sei es auch noch so vollständig – liefert irgendeine Handlungsprognose, ohne daß eine Theorie hinzukäme; und über prognostische Theorien der Psychologie verschiedener Meinung zu sein, ist gewiß möglich. Es ist offenkundig, daß keine einleuchtenden Prognosen gestellt werden, solange keine quantitative Beschreibung vorliegt, von der Glaubensgrade (subjektive Wahrscheinlichkeiten) und die relative Stärke der Wünsche angegeben werden. Aber selbst wenn man annimmt, es wäre möglich, im Hinblick auf eine bestimmte Person zu bestimmter Zeit eine vollständige Beschreibung aller Einstellungen und deren Stärke zu geben, bestünde kein Grund zur Annahme, daß es strenge Gesetze gibt, um zu prognostizieren, was diese Person als nächstes tun wird – während triftige Gründe für die Annahme sprechen, daß es keine solchen Gesetze gibt. Auf welche Art von Belegen kann sich Dennett dann berufen, um zu zeigen, daß gleich gerechtfer-

7 Daniel Dennett, »Real Patterns«.

tigte Systeme der Zuschreibung von Einstellungen unvereinbar sind? Die Tatsache, daß verschiedene Systeme in verschiedenen Prognosen resultieren, beweist gar nichts, denn ein und dasselbe System kann benutzt werden, um verschiedene Prognosen zu untermauern.

Was nach Dennetts Vorstellung real ist, ist das Verhalten, und intentionale Zustände seien Muster in diesem Verhalten. Die Muster werden nicht mit Hilfe des Verhaltens definiert, sondern sie werden von einem Beobachter wahrgenommen, wenn dieser Beobachter die »intentionale Haltung« einnimmt. Der Wert der Muster besteht darin, daß sie eine enorm umfassende, physikalische Situation von für uns unbeschreiblicher Komplexität auf etwas reduzieren, was wir erfassen und auf dessen Grundlage wir ungefähre Vorhersagen machen können. Die Muster sind in einem gewissen (reduzierten) Sinn real, wenn auch abstrakt. Es kann überdies sein, daß verschiedene Personen im gleichen Verhaltensfeld verschiedene Muster wahrnehmen. Einige dieser Muster sind vielleicht besser als andere dazu geeignet, andere Phänomene vorherzusagen oder zu verstehen. Alle diese Muster sind »real«, doch wenn sie verschieden sind, läßt sich nicht angeben, welches von ihnen die wirklichen Einstellungen des anvisierten Akteurs darstellt.

Es ist nicht leicht zu erkennen, wie man diesen Vorschlag beurteilen soll, und noch schwerer zu verstehen ist, inwiefern er mit der Realismusproblematik zusammenhängt. Gewiß ist nicht *jedes* Muster, das man am Verhalten wahrnimmt, ein Muster propositionaler Einstellungen. Aber gibt es überhaupt eines? Muster sind, wie Dennett sagt, Abstraktionen und ähneln insofern Gravitationszentren. Doch können sie dann Überzeugungen und Wünsche sein? Überzeugungen und Wünsche sind, wie wir glauben möchten, Zustände eines physischen Körpers, die kausale Folgen nach sich ziehen können. Abstraktionen hingegen stehen, wie ich annehme, nicht in kausalen Beziehungen. Kräfte wirken nicht auf Gravitationszentren ein, sondern auf die Dinge, die Gravitationszentren besitzen. Aber Kräfte ändern gewiß meine Überzeugungen und Absichten. Nehmen wir Muster wahr? Ich habe den Eindruck, daß wir es nicht tun. Was wir wahrnehmen, ist etwas, das ein bestimmtes Muster *hat*, und mit einigem Glück (und der richtigen Haltung) können wir wahrnehmen, *daß* es dieses Muster hat. Es geht also nicht um die Frage, ob Muster real sind. Da ich kein Nominalist bin, glaube ich, daß Muster ebenso wie Formen und Zahlen so real sind wie möglich. Ich vermag aber nicht zu erkennen, wie die propositionalen Einstellungen einer Person Muster *sein* können. Auf die Frage, was denn das Muster an den Tag lege, kann man erwidern, es sei die Person, oder man kann antworten, es sei das beobachtbare Verhalten der Person. Aber im einen wie im anderen Fall geht es nicht um eine Frage bezüglich des ontologischen Status der Einstellungen. Sofern Personen oder ihr Verhalten wirklich die ihnen von Dennett zugeschriebenen Muster an den Tag legen, und sofern eine propositionale Einstellung haben heißt, daß der Betreffende ein bestimmtes Muster an den Tag legt, dann ist an den Einstellungen weder in ontologischer noch in erkenntnistheoretischer Hinsicht etwas Zweitrangiges.

Mir scheint, daß Dennett zwei Fragen miteinander verwechselt. Bei der einen geht es darum, ob die Einstellungen Entitäten sind; und hier lautet die Antwort meines Erachtens nein, es sei denn, man nimmt an, daß Zustände Entitäten seien. Andernfalls sollte man einfach sagen, daß Personen Einstellungen haben, was heißt, daß bestimmte Prädikate auf sie zutreffen. Bei der zweiten Frage geht es darum, ob es eine richtige Antwort auf die Frage gibt, ob jemand eine bestimmte Einstellung hat oder nicht. Das ist nach meinem Dafürhalten keine Frage, bei der es um Vagheit oder Grenzfälle ginge, sondern eine Frage danach, ob es objektive Gründe für eine Entscheidung zwischen einander widerstreitenden Hypothesen gibt. Dennett hat geltend gemacht, die Antwort auf die zweite Frage laufe darauf hinaus, daß es keine derartigen Gründe

gebe. Ich hingegen glaube, daß er uns keinen Grund genannt hat, diese Antwort zu akzeptieren.
Gibt es objektive Gründe für eine Entscheidung zwischen einander widerstreitenden Hypothesen? Besonders in diesem Fall müssen wir fragen, wodurch Gründe zu »objektiven« werden. Der letzte Ursprung (aber kein Grund) der Objektivität ist meiner Meinung nach die Intersubjektivität. Würden wir uns nicht mit anderen verständigen, gäbe es nichts, worauf man die *Idee* basieren könnte, daß wir mit dem, was wir sagen, oder mit dem, was wir denken, unrecht haben – und das gleiche gilt daher für die Idee des Rechthabens. Die Möglichkeit des Denkens wie der Verständigung hängt meiner Ansicht nach davon ab, daß zwei oder mehr Lebewesen mehr oder weniger gleichzeitig auf Input reagieren, der von einer gemeinschaftlichen Welt oder von den jeweils anderen Lebewesen herkommt. Wir sind geneigt zu sagen, jemand reagiere »in der gleichen Weise« auf etwas, beispielsweise auf Wölfe. Aber »gleich« bedeutet hier natürlich »ähnlich«. Unsere Gründe für die Behauptung, jemand halte einen Wolf für einem anderen Wolf ähnlich, liegen in der Tatsache, daß der Betreffende in ähnlicher Weise auf Wölfe reagiert. Das löst die nächste Frage aus: Wodurch werden die Reaktionen ähnlich? Die einzige Antwort lautet: Jemand anders findet sowohl Wölfe als auch die Reaktionen der ersten Person ähnlich. Damit wird die Grundfrage natürlich wieder um einen Schritt hinausgeschoben. Dennoch, was die für die Anwendbarkeit des Wahrheitsbegriffs nötigen Bedingungen schafft, ist diese Dreiecksverbindung kausaler Beziehungen zwischen den Reaktionen von zwei (oder mehr) Lebewesen, die aufeinander und auf gemeinsam erfahrene Reize der Welt ansprechen. Ohne eine zweite Person gibt es, wie Wittgenstein eindringlich nahelegt, keine Basis für ein Urteil, das eine Reaktion als falsch hinstellt, und daher auch keine für ein Urteil, das sie als richtig hinstellt.[8]

8 Siehe Abhandlung 14. Dort findet der Leser weitere Ausführungen zum Thema dieses Absatzes und der Schlußabsätze.

Damit komme ich zu meinem letzten Punkt. Der vorgeschlagene Vergleich zwischen physikalischer Messung und der Zuordnung von Inhalten, die den Worten und Gedanken anderer zugeschrieben werden, ist in einer wesentlichen Hinsicht mangelhaft. Im Fall der normalen Messung benutzen wir die Zahlen, um hinsichtlich der uns interessierenden Fakten auf dem laufenden zu bleiben. Im Fall der propositionalen Einstellungen benutzen wir unsere Sätze oder Äußerungen. Hier besteht jedoch folgender Unterschied: Die Eigenschaften der Zahlen können wir wechselseitig bestimmen. Die Zahlen liegen ebenso wie die Gegenstände, auf die wir sie anwenden, in der Mitte zwischen uns selbst und anderen. Eben das meint man, wenn man sagt, sie seien objektiv oder sie seien Gegenstände. Mit unseren Sätzen kann es sich nicht genauso verhalten. Du und ich, wir können uns nicht über die Interpretation unserer Sätze einigen und uns damit darauf vorbereiten, diese Sätze zur Interpretation anderer Personen zu benutzen, denn der Prozeß, durch den man zu einer solchen Einigung gelangt, beinhaltet eine Interpretation eben jener Art, auf die wir uns vorzubereiten gedachten. Es hat keinen Sinn, um einen gemeinsamen Standard der Interpretation einzukommen, denn die wechselseitige Interpretation liefert den einzigen Standard, über den wir verfügen.
Daß wir außerstande sind, einen Standard zur Beurteilung des Standards zu liefern oder einen Test zur Überprüfung, ob das Urmeter wirklich einen Meter lang ist, sollte uns nicht zur Verzweiflung bringen. Vielmehr sollten wir folgenden Schluß ziehen: Wenn unsere Urteile bezüglich der propositionalen Einstellungen anderer Personen nicht objektiv sind, dann sind gar keine Urteile objektiv, und der Begriff der Objektivität hat keine Anwendung.

6
Die Irreduzibilität des Begriffs »Selbst«

Schon des öfteren hat mich Dieter Henrich in seiner liebenswürdigen, beharrlichen Art gefragt, ob ich die Idee des Selbst für einen irreduziblen, grundlegenden Begriff halte. Darauf habe ich erwidert, daß ich tatsächlich dieser Ansicht bin, doch soweit ich mich erinnere, habe ich niemals gesagt, warum ich das glaube. Nach wie vor bin ich im Zweifel darüber, was nötig wäre, um eine angemessene Antwort zu geben, doch hier werde ich mich bemühen, einige Überlegungen aufzuzählen, die für eine ausführlichere Antwort womöglich von Belang sind.

Irreduzibel ist ein Begriff nur im Verhältnis zu einem genau bestimmten Vorrat an Hilfsmitteln. Sobald es um die allgemeinen, hochfliegenden Begriffe geht, für die sich die Philosophen interessieren – etwa die Begriffe des Guten, der Wahrheit, des Glaubens, der Erkenntnis, des materiellen Gegenstands, der Ursache und des Ereignisses –, halte ich einen Begriff für irreduzibel, wenn es nicht möglich ist, ihn, ohne in einen Zirkel zu geraten, mit Hilfe von anderen Begriffen zu definieren, die ebenso allgemein sind wie der Begriff, der weiter zurückgeführt werden soll, und zumindest ebenso klar. Was die eben aufgezählten Begriffe anlangt, bin ich der Meinung, daß die Suche nach einer derartigen Definition oder Analyse zum Scheitern verurteilt ist. Die Frage lautet nun: Gehört der Begriff des Selbst ebenfalls zu den wesentlichen und daher unersetzlichen begrifflichen Bausteinen unseres Denkens und unserer Sprachen?

Es dürfte ratsam sein, wenn ich von vornherein zugebe, daß ich keine Möglichkeit sehe, diese Frage unmittelbar anzusprechen, denn in der normalen Rede spielt der Ausdruck »das Selbst« keine klare Rolle. Von Philosophen wird er eingeführt, wenn sie solche Themen wie das Selbstbewußtsein oder die Frage nach dem einheitsstiftenden Element der diversen Erfahrungen einer Person erörtern wollen. Daher werde ich notgedrungen in indirekter Form an die Sache herangehen müssen.

Thomas Nagel fordert uns in seinem Artikel »The Objective Self« dazu auf, wir sollten uns eine Situation ausmalen, in der eine Weltbeschreibung vorliegt, die angibt, wann und wo alles im Verhältnis zu einem objektiven Raum-Zeit-Rahmen geschieht. Diese Beschreibung nennt jede Person zusammen mit ihren geistigen Zuständen sowie den Positionen und Eigenschaften aller sonstigen Gegenstände. Die Beschreibung enthält auch einen durchweg in der dritten Person gehaltenen, vollständigen historischen Bericht über Nagel selbst. Das einzige, was, wie Nagel sagt, nicht darin enthalten ist, ist die Information, daß unter all den beschriebenen Leuten *er* als eine bestimmte Person figuriert. Da er ja womöglich gar nicht weiß, daß er Nagel heißt, besteht die einzige Möglichkeit, seinen Ort in dieser Welt zu bestimmen, darin, daß er das Wort »ich« gebraucht. So wird es ihm durch das Personalpronomen gestattet, Wissen zum Ausdruck zu bringen, das sich auf keine andere Weise artikulieren läßt. Offenbar hat der Gebrauch der Pronomen der ersten Person – und zwar aller Pronomen der ersten Person – etwas Irreduzibles, Unersetzliches und Konkretes an sich. Ja, im Grunde hängen alle Sätze mit Indikatoren in puncto Interpretation und Wahrheitswert davon ab, welcher Sprecher sie äußert. Doch wenn ich es bin, der sie äußert, weiß ich, ohne Beobachtungen anzustellen, daß ich es bin, der sie geäußert hat. Auf diese Weise stelle ich Beziehungen her zu Orten, Gegenständen, Zeitpunkten und anderen Personen, indem ich Wörter verwende wie »dort« (»hier«, »hinter mir«), »dies« (»jenes«), »jetzt« (»morgen«, alle zeitlich bestimmten Verben) und »du«. Für diese Art, meinen Ort in der öffentlichen Welt zu bestimmen, gibt es keinen Ersatz.

Eine weniger offenkundige, aber genauso wichtige Funktion

der Indikatoren besteht darin, daß sie einen frühzeitigen und wesentlichen Schritt in den Bereich des Denkens und der Sprache ermöglichen. Denn ganz zu Anfang lernen wir, Ausdrücke wie »Mama«, »Nein«, »Hund« und »Blau« (die sich letzten Endes als Ein-Wort-Sätze herausstellen) mit Situationen, Ereignissen sowie Gegenständen und deren Merkmalen zu verknüpfen. Schon bald erfährt das Kind die Zauberkraft der Äußerung von Geräuschen, die von den Erwachsenen für angebracht gehalten und daher belohnt werden. Dies sind zunächst bloß Vorbereitungen zum eigentlichen Reden und Denken, denn anfangs hat das Kind kein Bewußtsein von der Unterscheidung zwischen Geglaubtem und Tatsächlichem, zwischen Gefragtem oder Verlangtem und Geantwortetem oder Geleistetem. Aber obwohl diese elementaren Beziehungen zwischen zwei Personen, in deren Gegenwart eine gemeinschaftliche Welt Reize aussendet, nur Vorbereitungen darstellen, enthalten sie schon den Kern des hinweisenden Lernens, und erst im Kontext solcher Interaktionen geschieht es, daß wir allmählich den propositionalen Inhalt von Überzeugungen, Wünschen, Absichten und sprachlichen Äußerungen begreifen.

Hier versuche ich natürlich nicht, die Wahrheit dieser Thesen zu untermauern; Gründe dafür habe ich an anderer Stelle genannt. Doch wenn ich recht habe, verweist diese Auffassung des Ursprungs und der Natur des vernünftigen Denkens auf einen anderen Sinn, in dem sich die Weltsicht jeder Person von der aller übrigen unterscheidet. Was diese Behauptung eigentlich besagt und bedeutet, wird alsbald deutlich werden. Soviel sollte aber jetzt schon klar sein: Sofern man überhaupt irgendwelche Gedanken hat, muß man ein Bewußtsein von jenem Basisdreieck haben, das von zwei Personen und einer gemeinsamen Welt gebildet wird. Wenn ich denken kann, weiß ich auch, daß es andere Personen mit einer Psyche gibt, die meiner eigenen gleicht, und daß wir in einem öffentlich gegebenen Raum-Zeit-Gebiet leben, das von Gegenständen und Ereignissen erfüllt ist, die vielfach auch anderen bekannt sind (und zwar vermittels eben jener hinweisenden Erläuterungen, durch die solche Gedanken auch für uns verfügbar wurden). Insbesondere stehen mir, ebenso wie jedem anderen Vernunftwesen, drei Arten von Wissen zu Gebote: Wissen über die objektive Welt (ohne zahlreiche hinweisende Erläuterungen, die geglückt sind, hätte ich gar keine Gedanken), Wissen über die Psyche anderer Personen und Wissen über den Inhalt meines eigenen Geistes. Keine dieser drei Arten von Wissen läßt sich auf die beiden übrigen oder eine Kombination der beiden jeweils anderen zurückführen. Daraus, daß ich Wissen einer dieser drei Arten habe, *folgt* sogar, daß ich auch über die beiden anderen Formen verfüge, denn das Basisdreieck ist eine Bedingung des Denkens, ohne daß jedoch eine dieser Formen in begrifflicher oder zeitlicher Hinsicht vor den anderen käme.

Wäre mein Wissen auf die Kenntnis des Psychischen – etwa auf die Kenntnis des eigenen Geists und der Psyche der anderen – beschränkt, bestünde für mich keine Möglichkeit, mein Wissen über die Welt, in der wir leben, aufzubauen, denn dazu bedarf es der kausalen Verbindungen zur Welt, die vermittels der Wahrnehmung hergestellt werden. Freilich, wenn mir der Inhalt des eigenen Geists oder einer fremden Psyche bekannt wäre, hätte ich auch Wissen über die öffentliche Welt und wüßte, daß ich über dieses Wissen verfüge. Das heißt aber nicht, daß ich dazu in der Lage wäre, derartiges Wissen aufgrund meines Wissens über den Inhalt der einen oder anderen Psyche zu *konstruieren.*

Meine Kenntnis einer fremden Psyche läßt sich nicht auf mein Wissen über den Inhalt des eigenen Geists und die natürliche Welt zurückführen, obwohl mein Wissen über Fremdpsychisches darauf beruht, daß ich mittels Wahrnehmung etwas über die Bewegungen der fremden Körper in Erfahrung bringe. Aber die (früher von manchen Behavioristen vertretene) Annahme, man könne mentale Zustände durch ausschließlich den Naturwissenschaften entnommene Begriffe *definieren*, läuft auf den Gedanken hinaus, das Intentionale lasse sich reduktionistisch auf das Extensionale zurückführen. Eine solche Zurückführung steht allerdings sicher nicht in Aussicht.

Daß eigenpsychisches Wissen etwas Spezielles ist und die Grundlage aller Erkenntnis bildet, ist natürlich ein Bestandteil des cartesianischen wie des empiristischen Traums. Und so viel ist richtig: Grundlegend ist derartiges Wissen insofern, als ich ohne es gar nichts wüßte (obwohl Selbstkenntnis keine hinreichende Bedingung für die übrigen Formen des Wissens darstellt), und etwas Spezielles ist es insofern, als es sich in irreduzibler Weise von den übrigen Arten des Wissens unterscheidet.

Was die drei Spielarten des Wissens vereinigt und ihre Interdependenz zum Fundament allen Denkens macht, läßt sich am besten durch eine Beschreibung des Vorgangs der hinweisenden Erläuterung veranschaulichen. Betrachten wir das Beispiel zweier Personen, die beide über ausgebildete Sprachen verfügen. Die eine Person fragt mit zeigender Geste: »Was ist das?«, worauf die andere erwidert: »Ein Kormoran.« Vielleicht sind weitere Fragen und zeigende Gesten nötig, ehe der Lernende die Sache verstanden hat, aber erstaunlich häufig sorgen die gemeinsamen Verallgemeinerungsgewohnheiten dafür, daß ein einziger Versuch für das Gelingen ausreicht. Hier haben wir es mit einem Vorgang zu tun, bei dem die drei ausgereiften Formen des Wissens zum Einsatz kommen. Schüler wie Lehrer wissen, was im Geist des jeweils anderen vor sich geht, und ein ausschlaggebendes Element dieses Verstehens hängt von der Gemeinsamkeit des Wahrnehmungsreizes ab. Wichtiger ist jedoch die Art und Weise, in der dieses Dreieck von Beziehungen Aufschluß gibt über die Grundlage der Objektivität des Denkens, über dessen Fähigkeit, sich an ein Etwas in der öffentlichen Welt festzuklammern. In unserem imaginären Szenario verfügen beide Beteiligten bereits über den Begriff des objektiven Inhalts und den Begriff der Wahrheit. Sie wissen, was ein physischer Gegenstand ist und was es heißt, daß eine Überzeugung wahr oder falsch ist. Dennoch verfügt der Schüler zu Beginn des Vorgangs der hinweisenden Erklärung über nichts weiter als einen wortlosen, begriffslosen Reiz, der mit einem Begriff und einem Wort verknüpft werden soll. Dem Lernenden steht zwar, wie wir annehmen, eine Vielzahl von Begriffen zu Gebote, doch es fragt sich, welcher Begriff der richtige ist. Das kann nur der Lehrende feststellen. Zwei Personen sind nötig, um den Ort des distalen Reizes durch Triangulation festzustellen; zwei Personen sind nötig, um Richtigkeit bzw. Falschheit objektiv zu testen. Wenn dem tatsächlich so ist, muß es von Anfang an so sein, also ehe der Schüler eine Vorstellung von Objektivität hat und mit Hilfe von hinweisenden Erläuterungen, die zunächst einmal nichts weiter sind als Verfahren zur Gewährleistung von Assoziationen, lernt, was es heißt, die Richtigkeit oder Falschheit einer Reaktion zu *beurteilen*. Die Möglichkeit des Denkens stellt sich ein, sobald man zu mehreren ist. Daher spielt die Anpassung sprachlicher (und sonstiger) Reaktionen auf Situationen, Ereignisse und Gegenstände vermittels der Anregung und Wahrnehmung anderer Personen eine Schlüsselrolle beim Erwerb der Muttersprache wie beim Lernen einer Fremdsprache ohne Dolmetscher oder zweisprachiges Wörterbuch.

Das Lernen der Muttersprache und das Lernen einer Fremdsprache sind natürlich grundverschiedene Unterfangen. Beim ersten dieser beiden Prozesse geht es darum, zum erstenmal in die Sphäre des Denkens einzudringen, beim zweiten geht es darum, daß jemand, der sich im Bereich des Denkens schon zu Hause fühlt, in das Denken anderer eindringt. Beide Formen des Lernens sind jedoch auf ähnliche Mechanismen und ähnliche Anhaltspunkte angewiesen. Außerdem wird der Gegensatz durch die Einsicht abgemildert, daß die beiden Formen des Lernens im Fall des kindlichen Anfängers ineinan-

dergreifen, denn indem das Kind die Vorstellung von einer objektiven Welt in sich aufnimmt, lernt es zur gleichen Zeit mit anderen kommunizieren, wozu ein gewisses Verständnis der Gedanken und Absichten dieser anderen erforderlich ist.
Die Deutung des sprachlichen und nichtsprachlichen Verhaltens anderer Personen ist ein Unterfangen, das nicht auf die Spezialfälle des Erwerbs der Muttersprache, des Lernens von Fremdsprachen oder der Vermehrung der eigenen Sprache um neue Wörter begrenzt ist. Man könnte den Begriff der Sprache aber auch enger fassen als in der normalen Rede und sagen, in allen diesen Fällen gehe es um das Lernen einer neuen Sprache, denn durch jede Vermehrung oder Veränderung unserer sprachlichen Ressourcen wird unsere Sprache zu einer anderen, einer neuen Sprache. Wenn wir die winzigsten Einzelheiten betrachten, sind keine zwei Idiolekte gleich, und wahrscheinlich bleibt die Sprache keines Sprechers lange unverändert. Als Interpreten sind wir ständig (und oft automatisch) damit beschäftigt, auszutüfteln, was andere mit ihren Äußerungen meinen. Außerdem haben wir sowohl wegen der Interdependenz von Denken und Sprechen als auch aus offenkundigen weiteren Gründen fortwährend damit zu tun, die Gedanken, Absichten und Wünsche anderer Sprecher festzustellen. Häufig gehen wir davon aus, daß wir uns, was unsere derzeitigen Vorhaben betrifft, ausreichend über die Dinge im klaren sind, und meistens sind die erforderlichen geringfügigen Anpassungen so leicht auszuführen, daß wir uns keiner geistigen Anstrengung bewußt sind. Nur dann und wann erkennen wir, daß wir mit alten Wörtern zurechtkommen, die in einer für uns neuen Weise gebraucht werden, oder daß etwas Grammatisches nicht als ein vertrautes Element behandelt werden kann. In solchen Fällen kommt es uns zu Bewußtsein, daß unsere interpretatorischen Fähigkeiten auf die Probe gestellt werden. Dies ist auch der Zusammenhang, in dem der einzigartige Beitrag des Standpunkts der ersten Person – des »Selbst« – besonders deutlich ins Auge springt.

Ein begrifflich geschultes denkendes Wesen hat bei der allmählichen Deutung der Äußerungen und Handlungen anderer Personen zwei grundlegende Interpretationsmittel zur Verfügung: zum einen die Annahme ausreichender Rationalität, um die Handlungen überhaupt verständlich zu machen, und zum anderen die Kenntnis der Art und Weise, in der die Wahrnehmung den Überzeugungen Inhalt verschafft. Im Fall des Redens ist das leicht zu veranschaulichen, und das dabei Gelernte läßt sich auf die propositionalen Einstellungen übertragen. Sätze – oder vielmehr die von ihnen ausgedrückten Einstellungen – verdanken ihren Inhalt, also ihren Sinn, zwei Dingen: ihren Beziehungen zu anderen Sätzen oder Einstellungen und ihren durch Wahrnehmung vermittelten, direkten oder indirekten Beziehungen zur Welt. Daher ist es für den Interpreten unmöglich, die logischen Beziehungen zwischen den Sätzen oder Einstellungen eines Sprechers völlig außer acht zu lassen. Das hängt nicht davon ab, daß sich die Akteure um Konsistenz bemühen, sondern davon, daß ihre Äußerungen und ihr Verhalten den ihnen zukommenden Sinn aufgrund der Art und Weise haben, in der sie miteinander zusammenhängen. Nur wenn genügend Kohärenz gegeben ist, besteht die Möglichkeit, den Äußerungen, Überzeugungen, Wünschen oder Absichten dieser Akteure propositionalen Inhalt zuzuschreiben. Daß der Interpret denen, die er zu verstehen trachtet, ein gewisses Maß an Rationalität unterstellt, ist daher nichts weiter als eine Bedingung dafür, sie überhaupt verstehen zu können.

Die grundlegende Rolle des Hinweisens beim Lernen und Interpretieren der Sprache verbürgt, daß sich der Interpret nicht irren kann, wenn er generell annimmt, daß die von offensichtlichen Merkmalen der wahrnehmbaren Welt zuverlässig ausgelösten Äußerungen eines Sprechers wahr sind und von diesen Merkmalen handeln. Mit Fehlern seitens des Sprechers oder des Interpreten muß man zwar rechnen, aber sie können nicht die Regel sein, denn Irrtümer empfangen ihren Inhalt von einem Hintergrund wahrheitsgemäßer Gedanken und aufrichtiger Behauptungen. Der maßgebliche Unterschied zwischen den vorherrschenden, zumeist banalen, durchschnittlichen, aber das Ziel treffenden Meinungen und Annahmen einerseits und gelegentlichen Abweichungen besteht in folgendem: Für Irrtümer, Verwechslungen und Irrationalitäten gibt es spezifische Erklärungen; daß man die Dinge richtig wiedergibt, ist hingegen, von schwierigen Fällen abgesehen, zu erwarten.

Bisher habe ich über die Kenntnis der eigenen Bewußtseinsinhalte nur wenig gesagt. Diese Kenntnis kann, wie jede Art des Wissens, nicht in einer von ihren sozialen Ursprüngen isolierten Form existieren. Der Begriff von einem selbst als einer unabhängigen Entität beruht auf der Einsicht in die Existenz anderer Personen, mithin auf einer Einsicht, die mit der Kommunikation richtig zum Tragen kommt. Das Vokabular der Einstellungen läßt sich auf einen selbst allerdings genauso anwenden wie auf andere, und der Inhalt der so zugeschriebenen Einstellungen läßt sich ebenfalls durch Begriffe ausdrükken, die dem öffentlichen Bereich angehören. Mein Gedanke, Shakespeare sei eine Frau gewesen, ist der meine, doch jeder andere kann das gleiche denken wie ich. Was ist dann so Besonderes an meiner Kenntnis des eigenen Geistes?

Ich weiß nicht nur, was ich denke. Daneben weiß ich über unendlich viele Dinge Bescheid, die ich ausdrücken kann und von denen ich weiß, daß jemand anders sie glauben, bezweifeln oder in Frage stellen könnte. Diese Liste ist in gewissem Sinn ebenso lang wie die Liste der Sachen, die in meiner Sprache und mit Hilfe der von mir beherrschten Begriffe artikuliert werden können. Das sind die propositionalen Inhalte, auf die ich mich beziehe, wenn ich mir selbst oder anderen Personen Einstellungen zuschreibe. Es ist dieses reichhaltige Reservoir an begrifflichen Ressourcen, das ich benutzen muß, wenn ich die Äußerungen oder Handlungen der Menschen in meiner Umgebung interpretiere. Wenn ich hier von »benutzen« rede, meine ich nicht, normalerweise sei Nachdenken oder Mühe dazu nötig. Nein, es geschieht, ohne daß man es merkt; es geschieht automatisch. Sogar die Versprecher, Auslassungen, Verstümmelungen der Grammatik und zufälligen Namenvertauschungen des anderen stelle ich stillschweigend und häufig unbewußt richtig. Meistens verstehe ich seine Worte, wenn ich sie höre, ohne daß sich ein bewußter, geistiger Vermittlungsprozeß abspielt. Mein Verständnis beweist jedoch, daß ein Prozeß – sei er auch noch so unartikuliert oder weit von jeder introspektiven Untersuchung entfernt – tatsächlich stattgefunden hat: ein Prozeß, dem, wenn er schon nicht den Namen Interpretation verdient, doch zumindest eine ganz ähnliche Bezeichnung gebührt. Es ist eine Form von Interpretation, bei der das bewußte Denken und der ausdrückliche Einsatz von Indizien und induktiven Schlüssen auf null reduziert ist.

Eine derart verkümmerte Form der Interpretation läßt sich in einer Terminologie beschreiben, die zwar nicht auf den beobachteten Prozeß abhebt, wohl aber auf den vom Input zum Ergebnis führenden Übergang, denn dieser Übergang ist doch der gleiche wie einer, der durch bewußtes Interpretieren vollzogen wird. Die Elemente sind hier die gleichen wie vorher, nämlich: ein auf der Voraussetzung von Rationalität basierendes Streben nach Kohärenz und die Wahrnehmung externer Anhaltspunkte, die zum Gesichtskreis des Sprechers oder Akteurs gehören. Hier gilt mein Interesse nicht den Einzelheiten des Vorgangs, sondern einer Tatsache, die so offensichtlich ist, daß sie vielleicht unbemerkt bleibt, nämlich der Tatsache, daß die Maßstäbe der Rationalität und der Realität, auf die ich beim Verstehen anderer Personen angewiesen bin, meine eigenen sind und daß es keine über sie hinausgehende Berufungsinstanz gibt. Damit soll nicht bestritten werden, daß es ohne eine Geschichte der Kommunikation und der Erfahrung alle meine Standards gar nicht gäbe. Ebensowenig soll die Annahme aufkommen, ich könne weder über meine eigenen Überlegungen nachdenken noch mich mit anderen beraten, um mehr Klarheit, Weisheit und Informationen zu gewinnen. Doch insofern ich Informationen auf direktem Weg durch Experiment und Beobachtung zu erlangen versuche, kann ich auch hier weder Besseres noch mehr tun, als meine eigenen Ressourcen zum Einsatz zu bringen. Und wenn ich mich frage, ob die von mir zum Verstehen anderer angewendeten Rationalitätsnormen richtig sind, kann ich natürlich Bastian fragen, ob ich bei meiner Erklärung von Kaspars Gedanken und Handlungen so objektiv oder vernünftig verfahre, wie ich sollte. Aber bei meiner Deutung von Bastians Antwort werde ich wieder meine eigenen Maßstäbe und Methoden zum Einsatz bringen. Daneben gibt es einen weiteren offenkundigen Hinweis auf die irreduzible Singularität meiner unmittelbaren Bekanntschaft mit dem Inhalt meines eigenen Bewußtseins, und dieser Hinweis besteht darin, daß solches Wissen insofern einzigartig ist, als es, von ungewöhnlichen Fällen abgesehen, nicht durch Beobachtungen, Belege oder Gründe untermauert wird. Das ist wenigstens zum Teil auf das Faktum zurückzuführen, daß Interpretation hier gar nicht zur Anwendung kommt. Wenn ich auf meinen Vorrat an potentiellen Gedanken zurückgreife, kommt bei einer Anwendung auf dieselben Gedanken nichts weiter heraus als Tautologien. Diese Art von Selbstbewußtsein kann zwar die Aufmerksamkeit nach innen lenken und die Selbstkritik fördern, aber von der Einsicht zum Handeln kann sie allenfalls in indirekter Form führen.

Die letzte Berufungsinstanz ist zwar an meine Person gebunden, aber ich glaube nicht, daß meine Urteile deshalb willkürlich oder subjektiv sind, denn sie wurden in einem sozialen Zusammenhang geprägt, der, wenn schon nicht die Richtigkeit, so doch die Objektivität meiner Überzeugungen verbürgt. Intersubjektivität ist nicht deshalb die Wurzel der Objektivität, weil das, worüber sich die Leute einig sind, notwendig wahr ist, sondern deshalb, weil Intersubjektivität von der Interaktion mit der Welt abhängt. Ohne vorherige Interaktion wäre es zwar nicht möglich gewesen, Erfahrungen miteinander zu vergleichen, doch letzten Endes sind es private Erfahrungen, die da verglichen werden. Das ist der Ort, an dem sich jede Person – jeder Geist bzw. jedes Selbst – als Teil einer Gemeinschaft freier Selbste zeigt. Es gäbe kein Denken, wenn das Individuum nicht die unentbehrliche und letztlich unvermeidlich kreative Rolle der letzten Schiedsinstanz spielte.

Intersubjektiv

7
Vernünftige Tiere

Weder ein Säugling, der erst eine Woche alt ist, noch eine Schnecke ist ein vernünftiges Wesen. Wenn der Säugling lange genug lebt, wird aus ihm wahrscheinlich ein vernünftiges Wesen werden, während das für die Schnecke nicht gilt. Wenn man will, darf man von vornherein behaupten, der Säugling sei ein Vernunftwesen, denn wenn er lange genug lebt, wird er aller Wahrscheinlichkeit nach vernünftig werden; oder man darf es behaupten, weil er einer Gattung angehört, der diese Fähigkeit zukommt. Einerlei, wie wir uns ausdrücken, der Unterschied in puncto Vernunft, der zwischen dem Säugling und der Schnecke einerseits und dem normalen Erwachsenen andererseits besteht, bleibt bestehen.

Der Unterschied liegt im Vorhandensein propositionaler Einstellungen wie Glauben, Wünschen, Beabsichtigen und Scham. Damit wird die Frage aufgeworfen, wie sich angeben läßt, wann ein Lebewesen propositionale Einstellungen hat. Darüber, daß Schnecken keine haben, sind wir uns vielleicht einig. Aber wie steht es mit Hunden oder Schimpansen? Die Frage ist nicht rein empirischer Art, denn hier stellt sich überdies die philosophische Frage: Welche Belege sind von Belang, um zu entscheiden, wann einem Lebewesen propositionale Einstellungen zukommen?

Manche Tiere denken und stellen Überlegungen an. Sie erwägen, prüfen, verwerfen und akzeptieren Hypothesen. Sie handeln aus Gründen, und dies tun sie manchmal, nachdem sie nachgedacht, sich die Folgen ausgemalt und Wahrscheinlichkeiten gegeneinander abgewogen haben. Sie haben Wünsche, Hoffnungen und Haßgefühle, und das mitunter aus stichhaltigen Gründen. Außerdem machen sie Fehler bei ihren Berechnungen, sie handeln wider besseres Wissen oder lassen Theorien trotz unzureichender Belege gelten. Jede einzelne dieser Leistungen, Tätigkeiten, Handlungen oder Fehleinschätzungen genügt für den Nachweis, daß das betreffende Tier ein Vernunftwesen ist, denn daß ein Tier vernünftig ist, heißt eben, daß es propositionale Einstellungen hat, egal, wie konfus, widersprüchlich, ungereimt, unberechtigt oder irrig diese Einstellungen sein mögen. Das ist nach meinem Vorschlag die Antwort.

Die Frage lautet: Welche Tiere haben Vernunft? Natürlich habe ich nicht die Absicht, Namen zu nennen, nicht einmal die Namen bestimmter Spezies oder sonstiger Gruppen. Ich werde keinen Versuch machen, darüber zu befinden, ob Delphine, Affen, menschliche Embryonen oder Politiker vernünftig sind, oder auch nur darüber, ob Computer nur deshalb nicht als vernünftig gelten, weil ihre Entstehungsgeschichte dagegen spricht. Meine Frage besagt: Wodurch wird ein Tier (oder irgend ein anderes Etwas) zu einem Vernunftwesen?

Die propositionalen Einstellungen liefern ein interessantes Rationalitätskriterium, denn zu den Elementen ihrer Menge gibt es stets Entsprechungen. Ist ein reichhaltiges Muster an Überzeugungen, Wünschen und Absichten gegeben, ist offensichtlich eine hinreichende Bedingung für Vernunft erfüllt. Man kann jedoch den Eindruck gewinnen, daß es allzu streng wäre, wollte man diese Bedingung für notwendig erklären. Im Grunde liegt die Strenge allerdings im Wesen der propositionalen Einstellungen, denn wenn man *eine* hat, so ist damit auch eine große Komplementärmenge gegeben. Eine Überzeugung setzt viele Überzeugungen voraus, und Überzeugungen verlangen weitere Grundeinstellungen wie z. B. Absichten und Wünsche sowie – wenn ich recht habe – Sprachfähigkeit. Das bedeutet nun nicht, daß es keine Grenzfälle gibt. Dennoch, durch das im innersten Wesen Holistische der propositionalen Einstellungen wird die Unterscheidung zwischen dem Fall, in dem überhaupt welche gegeben sind, und dem Fall, in dem es gar keine gibt, höchst aussagekräftig.

Wenn man diese Unterscheidung dermaßen akzentuiert und

die Sprache als ausschlaggebend hinstellt, handelt man sich leicht den Vorwurf des Anthropozentrismus ein. Der Vorwurf ist berechtigt, aber man sollte ihn nicht gegen mich richten. Ich beschreibe lediglich ein Merkmal bestimmter Begriffe. Es nimmt ja nicht wunder, daß unsere menschliche Sprache eine Fülle von Möglichkeiten enthält, um Männer und Frauen von sonstigen Lebewesen zu unterscheiden, so wie man ja auch behauptet, die Inuit hätten einen Wortschatz, der besonders dazu geeignet sei, verschiedene Arten von Schnee auseinanderzuhalten (eine Geschichte, die heutzutage allerdings als Mythos gilt). Wir machen mit unserer Sprache gemeinsame Sache, um ihr – und uns selbst – den Anschein des Besonderen zu verleihen.

Ich habe zwar versprochen, nicht über die Frage zu reden, ob bestimmte Spezies Vernunft haben, doch es wird unmöglich sein, den Eindruck zu vermeiden, daß von den Leistungen und Fähigkeiten der Tiere die Rede ist, denn es gehört nun einmal zur Tradition der Erörterung des Wesens des Denkens, daß man die geistigen Kräfte nichtmenschlicher Tiere in den Mittelpunkt der Diskussion rückt. Nach meinem Dafürhalten ist dieser Ansatz nichts weiter als eine anschauliche (und mitunter emotional befrachtete) Form des Nachdenkens über die Natur des Denkens.[1]

1 Aus meinen Aufzeichnungen geht hervor, daß ich, ehe die vorliegende Abhandlung geschrieben wurde, zwischen Valdosta (Georgia) und Auckland nicht weniger als zehn Vorträge unter dem Titel »Warum Tiere nicht denken können« gehalten habe. Dieser Titel war tendenziös, denn das Begründungsziel war seinerzeit (ebenso wie hier) der Nachweis, daß nur sprachfähige Lebewesen denken können. Wie es der Zufall will, glaube ich allerdings, daß Männer und Frauen die einzigen sprachbegabten Lebewesen sind. Zumindest sind sie die einzigen, die über etwas der Sprachfähigkeit hinreichend Ähnliches verfügen, um ihnen propositionale Gedanken zuzuschreiben. Was die moralische Frage betrifft, wie man mit sprachlosen Geschöpfen umgehen soll, sehe ich keinen Grund, Lebewesen ohne Gedanken oder Sprache weniger freundlich zu behandeln als solche mit Gedanken oder Sprache – ganz im Gegenteil!

Norman Malcolm erzählt die folgende Geschichte, die zeigen soll, daß Hunde denken:

> Nehmen wir an, unser Hund jagt die Nachbarskatze. Diese rennt mit höchster Geschwindigkeit auf die Eiche zu, doch im letzten Augenblick schwenkt sie ab und verschwindet in einem in der Nähe stehenden Ahornbaum. Der Hund hat dieses Manöver nicht gesehen, und sobald er die Eiche erreicht, stellt er sich auf die Hinterbeine, legt die Pfoten auf den Stamm, als wollte er hochklettern, und kläfft aufgeregt in Richtung der oberen Zweige. Wir, die wir den ganzen Vorgang vom Fenster aus beobachtet haben, sagen: »Er denkt, die Katze sei die Eiche hinaufgeklettert.«[2]

(Dem fügt Malcolm noch die Bemerkung hinzu, wir würden sagen, der Hund sei auf dem Holzweg.) Malcolm behauptet nun, unter diesen Umständen wäre es durchaus möglich – ja nachgerade sicher –, daß derjenige recht hat, der dem Hund die genannte Überzeugung zuspricht. Die Belege entsprächen genau der Art, die nötig sei, um eine solche Zuschreibung zu rechtfertigen.

Zunächst möchte ich ein vorläufiges Argument anführen, um Malcolms Behauptung in Frage zu stellen. Klar ist, daß die Indizien für die »Überzeugung« des Hundes davon abhängen, daß man die Überzeugung als eine Determinante des Handelns und der emotionalen Reaktion auffaßt. Wir sollen aus dem Gesehenen folgern, daß der Hund die Katze erwischen will, daß er aufgrund dieses Wunsches und seiner Meinung über den Fluchtweg der Katze an einen bestimmten Ort rennt und daß er der Enttäuschung über sein Unvermögen, der Katze auf den Baum zu folgen, Luft macht, indem er kläfft, mit den Pfoten scharrt usw. Die Einzelheiten brauchen natürlich nicht genau zu stimmen. Bis hierhin liegt die Sache auf der Hand: Wenn wir dazu berechtigt sind, Überzeugungen zu erschließen, ist es auch gerechtfertigt, Absichten und Wünsche (und vielleicht noch sehr viel mehr) zu erschließen.

Doch wie steht es mit der vermeintlichen Überzeugung des

2 Norman Malcolm, »Thoughtless Brutes«, S. 13.

Hunds, die Katze sei auf diese Eiche geklettert? Diese Eiche ist zufällig der älteste Baum in Sichtweite. Glaubt der Hund, die Katze sei auf den ältesten Baum in Sichtweite geklettert? Oder: die Katze sei denselben Baum hinaufgeklettert wie beim letzten Mal, als der Hund hinter ihr her war? Es fällt schwer, diesen Fragen einen Sinn abzugewinnen. Doch dann ist es offenbar unmöglich, zwischen grundverschiedenen Dingen zu unterscheiden, von denen man behaupten könnte, der Hund sei von ihnen überzeugt.

Eine Möglichkeit anzugeben, daß man eine propositionale Einstellung zuschreibt, besteht in dem Hinweis, daß der Wahrheitswert der Sätze, die man zur Zuschreibung verwendet, von Wahr zu Falsch wechselt, wenn man in den das Objekt der Einstellung herausgreifenden Formulierungen einen Bezug nehmenden Ausdruck durch einen anderen ersetzt, der sich auf denselben Gegenstand bezieht. Die Überzeugung, die Katze sei die Eiche hinaufgeklettert, ist nicht dieselbe Überzeugung wie der Gedanke, die Katze sei den ältesten Baum in Sichtweite hinaufgeklettert. Wenn man Wörter wie »glauben«, »denken« und »beabsichtigen« verwendet und dabei das Merkmal der semantischen Undurchsichtigkeit preisgibt, stellt sich die Frage, ob man diese Wörter wirklich zur Zuschreibung propositionaler Einstellungen benutzt. Man hat nämlich längst eingesehen, daß es die semantische Undurchsichtigkeit ist, die das Reden über propositionale Einstellungen vom Reden über andere Dinge unterscheidet.

Hier wird man vielleicht vorschlagen, die Position, die der Ausdruck »diese Eiche« in dem Satz »Der Hund denkt, die Katze sei diese Eiche hinaufgeklettert« einnimmt, sei durchsichtig (um Quines Terminologie zu gebrauchen). Die richtige Formulierung der Überzeugung des Hundes lautet (diesem Vorschlag zufolge): »Der Hund denkt mit Bezug auf diese Eiche, daß die Katze auf sie hinaufgeklettert sei«, oder: »Diese Eiche ist diejenige, von der der Hund denkt, die Katze sei auf sie hinaufgeklettert.« Doch solche Konstruktionen können zwar den Zuschreibenden von der Notwendigkeit befreien, eine Beschreibung des Gegenstands vorzulegen, die der Überzeugungsträger akzeptieren würde, aber dennoch implizieren sie, daß es eine solche Beschreibung gibt. Die Beschreibung *de re* greift einen Gegenstand heraus, den auch der Überzeugungsträger irgendwie herausgreifen könnte. Um es mit Hilfe einer beliebten, wenn auch irreführenden Redeweise auszudrücken: Der Hund muß, unter der einen oder anderen Beschreibung des Baums, glauben, die Katze sei diesen Baum hinaufgeklettert. Doch welche Art von Beschreibung käme dem Hund gelegen? Kann der Hund beispielsweise von einem Gegenstand glauben, er sei ein Baum? Das dürfte unmöglich erscheinen, es sei denn, man unterstellt, der Hund habe eine Vielzahl allgemeiner Meinungen über Bäume, etwa: daß sie wachsen, daß sie Erde und Wasser brauchen, daß sie Blätter oder Nadeln haben, daß sie brennen. Es gibt zwar keine feststehende Liste von Dingen, die jemand, der über den Begriff des Baums verfügt, glauben muß, doch wenn nicht viele allgemeine Überzeugungen gegeben wären, gäbe es keinen Grund, eine gewisse Überzeugung als Meinung über einen Baum – oder gar über eine Eiche – hinzustellen. Ähnliche Überlegungen gelten auch für die vermeintlichen Gedanken des Hunds über die Katze.

Daß wir Gedanken identifizieren, auseinanderhalten und als das kennzeichnen, was sie sind, gelingt nur insofern, als sie im Rahmen eines dichten Netzes verwandter Überzeugungen lokalisiert werden können. Wenn man einem Hund wirklich in verständlicher Form einzelne Überzeugungen zuschreiben kann, muß man sich auch ausmalen können, wie man darüber entschiede, ob der Hund außerdem viele weitere Überzeugungen der notwendigen Art hat, damit die Ausgangsüberzeugung verständlich wird. Mir scheint, daß man – einerlei, wo man ansetzt – sehr rasch zu Überzeugungen gelangt, die so beschaffen sind, daß man gar keine Vorstellung davon hat, wie man angeben soll, ob ein Hund diese Überzeugungen hat,

und die dennoch so beschaffen sind, daß die erste Zuschreibung zweifelhaft wirken würde, wenn diese Überzeugungen nicht gegeben wären.
Es ist nicht nur so, daß jede Überzeugung, um Inhalt und Identität zu erlangen, eine Fülle weiterer Überzeugungen voraussetzt, sondern auch jede andere propositionale Einstellung ist, was ihre Besonderheit anlangt, von einer ähnlichen Fülle von Überzeugungen abhängig. Um zu glauben, daß die Katze diese Eiche hinaufgeklettert sei, muß ich viele wahre Meinungen über Katzen und Bäume, über diese Katze und diesen Baum, über den Ort, die Erscheinung und die Gewohnheiten von Katzen und Bäumen haben usw. Das gleiche gilt aber auch, wenn ich mich frage, ob die Katze auf die Eiche geklettert ist; fürchte, daß sie es getan hat; hoffe, daß sie es getan hat; wünsche, daß sie es getan hat; oder beabsichtige, dafür zu sorgen, daß sie es tut. Überzeugungen – ja eigentlich: wahre Überzeugungen – spielen im Bereich der propositionalen Einstellungen eine maßgebliche Rolle. Daher möchte ich hier alle propositionalen Einstellungen zusammenfassend als Gedanken bezeichnen.
Mag sein, daß es, wie oben bereits angemerkt, keine feststehende Liste von Überzeugungen gibt, auf der ein bestimmter Gedanke beruht. Dennoch sind viele wahre Überzeugungen nötig. Manche Überzeugungen der erforderlichen Art sind allgemein, aber offenbar empirisch, etwa Ansichten wie die, daß Katzen kratzen oder auf Bäume klettern können. Andere sind spezifisch, beispielsweise die, daß sich die Katze, die man vor einem Augenblick vorbeilaufen gesehen hat, immer noch in der Nachbarschaft aufhält. Manche sind logischer Art. Gedanken stehen, ebenso wie Propositionen, in logischen Beziehungen zueinander. Da die Identität eines Gedankens nicht von seinem Platz im logischen Netz anderer Gedanken abgetrennt werden kann, läßt er sich nicht an einen anderen Ort dieses Netzes stellen, ohne sich in einen anderen Gedanken zu verwandeln. Im Bereich der Überzeugungen ist radikale

Inkohärenz daher unmöglich. Wer eine einzige propositionale Einstellung hat, verfügt damit insofern über eine weitgehend richtige Logik, als ein Muster von Überzeugungen gegeben ist, die in logisch kohärenten Verhältnissen zueinander stehen. Das ist ein Grund, weshalb derjenige, der propositionale Einstellungen hat, ein Vernunftwesen ist. Dieser Punkt läßt sich auf absichtliche Handlungen übertragen. Das absichtliche Handeln ist ein Handeln, das sich durch Bezugnahme auf Überzeugungen und Wünsche erklären läßt, deren propositionaler Inhalt die Handlung rational erscheinen läßt. Ebenso muß ein Gefühl wie das der Freude darüber, daß man zu rauchen aufgehört hat, ein Gefühl sein, das im Lichte der eigenen Überzeugungen und Werte rational wirkt.

Die Existenz irrationaler Überzeugungen, Handlungen und Gefühle wird damit, wie wohl nicht eigens betont werden muß, keineswegs bestritten. Eine Handlung, für deren Ausführung man Gründe hat, kann derart sein, daß noch bessere Gründe dagegen sprechen. Es mag sein, daß eine Meinung im Hinblick auf einige eigene Überzeugungen, aber nicht im Hinblick auf alle diese Überzeugungen vernünftig ist, usw. Ausschlaggebend ist, daß die Möglichkeit der Irrationalität von einem hohen Maß an Rationalität abhängt. Irrationalität ist kein bloßer Mangel an Vernunft, sondern eine Erkrankung oder Störung der Vernunft.

Hier setze ich voraus, daß ein Beobachter unter günstigen Umständen angeben kann, welche Überzeugungen, Wünsche und Absichten ein Akteur hat. Im Grunde habe ich mich auf diese Annahme schon berufen, als ich geltend gemacht habe, es sei, wenn ein Lebewesen nicht sprechen kann, nicht einleuchtend, daß sich bei Beschreibungen der vermeintlichen Überzeugungen und sonstigen Einstellungen dieses Wesens Intensionalität durchhalten läßt. Ebenso habe ich mich gefragt, ob es, sofern keine Sprache gegeben ist, angemessene Gründe dafür geben kann, jene allgemeinen Überzeugungen zuzuschreiben, die nötig sind, um überhaupt einen Gedanken zu deuten. Ohne die Annahme zu verteidigen, daß wir Fremdpsychisches erkennen können, möchte ich sie von anderen, anspruchsvolleren Voraussetzungen unterscheiden. Die Behauptung, ein Beobachter könne unter günstigen Umständen angeben, was eine andere Person denkt, läuft nicht darauf hinaus, daß man sich – sogar im Hinblick auf Gedanken – eine verifikationistische Auffassung zu eigen macht. Die Annahme der Beobachtbarkeit beinhaltet nämlich keineswegs, daß es möglich ist, explizite Angaben darüber zu machen, welche Belege für die Bestimmung des Vorliegens eines bestimmten Gedankens notwendig oder hinreichend sind. Es wird durchaus nicht nahegelegt, irgendwie lasse sich das Denken auf dem Wege der Definition auf etwas anderes zurückführen. Ebensowenig impliziert die Annahme der Beobachtbarkeit, Beobachtung sei das einzige Verfahren zur Bestimmung des Vorhandenseins eines Gedankens. Im Gegenteil ist klar, daß die Menschen normalerweise ohne Beobachtung oder Indizien wissen, was sie glauben, wollen und beabsichtigen.

Die Annahme der Beobachtbarkeit läuft auch nicht auf eine behavioristische Auffassung hinaus. Propositionale Einstellungen können von einem Beobachter ermittelt werden, der nichts anderes wahrnimmt als Verhalten, ohne daß sich die Einstellungen deshalb irgendwie auf Verhalten zurückführen ließen. Zwischen Einstellungen und Verhalten bestehen begriffliche Verbindungen, die – sofern genügend Informationen über wirkliches und potentielles Verhalten vorliegen – ausreichen, um richtige Schlüsse auf die Einstellungen zuzulassen.

Aus dem, was bisher über die Abhängigkeit der Überzeugungen von anderen Überzeugungen sowie über die Abhängigkeit der anderen propositionalen Einstellungen von den Überzeugungen gesagt worden ist, geht deutlich hervor, daß ein höchst komplexes Verhaltensmuster beobachtet werden muß, um die Zuschreibung eines einzigen Gedankens zu rechtfertigen. Genauer gesagt, es muß einen stichhaltigen Grund geben, der für die Vermutung spricht, daß ein solches komplexes Verhaltensmuster gegeben ist. Und nur wenn wirklich ein derartiges komplexes Verhaltensmuster vorliegt, gibt es Gedanken.

Meiner Ansicht nach ist ein solches Muster nur gegeben, wenn der Akteur eine Sprache kann. Sofern das richtig ist, ist Malcolm nur dann dazu berechtigt, seinem Hund Gedanken zuzuschreiben, wenn er aufgrund triftiger Indizien glaubt, sein Hund könne eine Sprache.

Die Ansicht, daß Denken – Glauben, Wünschen, Beabsichtigen und dergleichen – Sprache voraussetzt, ist zwar umstritten, aber gewiß nicht neu. Die Lesart dieser These, für die ich mich stark machen möchte, muß von diversen verwandten Lesarten unterschieden werden. So halte ich es z. B. nicht für möglich, Denken auf sprachliches Tun zurückzuführen. Ich finde auch nichts Einleuchtendes an der Vorstellung, Gedanken ließen sich nomologisch mit physikalisch oder neurologisch gekennzeichneten Phänomenen gleichsetzen oder in Korrelation bringen. Ferner sehe ich keinen Grund für die Behauptung, daß wir das, was wir nicht sagen können, auch nicht denken können. Meine These besagt also nicht, daß jeder Gedanke hinsichtlich seiner Existenz vom Vorhandensein eines Satzes abhängt, der diesen Gedanken zum Ausdruck bringt. Vielmehr lautet meine These, ein Lebewesen könne keinen Gedanken haben, sofern es keine Sprache kann. Um ein denkendes Vernunftwesen zu sein, muß das betreffende Lebewesen imstande sein, viele Gedanken zum Ausdruck zu bringen, und vor allen Dingen muß es die Äußerungen und Gedanken anderer interpretieren können.

Diese Behauptung ist, wie oben bereits festgestellt wurde, schon häufig vertreten worden. Mit welcher Begründung jedoch? Bedenkt man, welcher Beliebtheit sich diese Vorstellung seit den Rationalisten und bis hin zu den amerikanischen Pragmatisten sowie auch heute noch bei etlichen Vertretern der analytischen Philosophie erfreut, besteht ein erstaunlicher Mangel an Argumenten. Bisher habe ich auf folgende Punkte hingewiesen: Wo es um Tiere ohne Sprache geht, ist die Anwendbarkeit der Intensionalitätsprobe äußerst zweifelhaft; und damit überhaupt ein Gedanke gegeben sein kann, muß es einen reichhaltigen Vorrat an allgemeinen (und wahren) Überzeugungen geben. Diese Überlegungen weisen in Richtung Sprache, aber sie laufen nicht auf den Nachweis hinaus, daß Sprache eine notwendige Bedingung des Denkens ist. Eigentlich legen diese Überlegungen bloß die Einsicht nahe, daß es ohne Sprache wahrscheinlich nicht viele Gedanken geben kann.

Gegen die Abhängigkeit des Denkens von der Sprache spricht die schlichte Beobachtung, daß es uns gelingt, das Verhalten von Tieren ohne Sprache zu erklären und mitunter auch zu prognostizieren, indem wir ihnen Überzeugungen, Wünsche und Absichten zuschreiben. Diese Methode funktioniert bei Hunden und Fröschen ebenso wie bei Personen. Außerdem verfügen wir, wie man vielleicht hinzufügen darf, über keinen allgemeinen und praktischen Alternativrahmen zur Erklärung tierischen Verhaltens. Heißt das nicht, daß diese Fakten die Anwendung dieser Methode *rechtfertigen*?[3]

Doch, das heißt es zweifellos. Dennoch gibt es nach wie vor einen klaren Sinn, in dem es verfehlt wäre zu folgern, daß stumme Tiere (also solche, die zur Interpretation sprachlicher Kommunikation bzw. zur Beteiligung daran unfähig sind) propositionale Einstellungen haben. Um das einzusehen, muß man nur an die durchaus nicht abwegige Möglichkeit denken, daß jemand über keine bessere oder keine andere Möglichkeit verfügt, die Bewegungen eines infrarotgelenkten Geschosses zu erklären, als mit Hilfe der Annahme, das Geschoß wolle ein Flugzeug zerstören und glaube, das könne ihm gelingen, indem es sich in der beobachteten Weise bewegt. Dieser

3 Das ist die Position, die Jonathan Bennett in *Linguistic Behavior* unterstreicht.

kenntnislose Beobachter könnte durchaus berechtigt sein, dem Geschoß einen Wunsch und diverse Überzeugungen zuzuschreiben; doch er wäre im Irrtum. Ich z. B. weiß es besser, und zwar nicht, weil ich mich mit den Konstruktionsplänen des Geschosses auskenne, sondern weil ich weiß, daß es sich deshalb in der gegebenen Weise bewegt, weil sein Entwurf und seine Konstruktion von Personen stammen, die eben jenen Wunsch und jene Überzeugungen hatten, die mein ahnungsloser Freund dem Geschoß zuschreibt. Meine Erklärung ist zwar ebenfalls teleologisch und von der Existenz propositionaler Einstellungen abhängig, aber sie ist eine bessere Erklärung, denn sie verzichtet darauf, dem Geschoß das gleiche Potential an vielfältigen Verhaltensweisen zuzuschreiben, über das ein denkendes Lebewesen verfügen muß.

Der Fall des sprachlosen Lebewesens unterscheidet sich in zweierlei Hinsicht vom Fall des Geschosses: Die Menschenähnlichkeit ist, was den Verhaltensspielraum betrifft, bei vielen Tieren sehr viel größer als bei den Geschossen; und häufig kennen wir kein besseres Verfahren zur Erklärung tierischen Verhaltens als die Übertragung propositionaler Einstellungen. Was wir demnach brauchen, um zu einer Begründung zu gelangen, ist eine Kennzeichnung des von der Sprache beigesteuerten und fürs Denken notwendigen Moments. Denn wenn es eine solche notwendige Bedingung gibt, können wir das Verhalten sprachloser Lebewesen auch weiterhin durch Zuschreibung propositionaler Einstellungen erklären, während wir zur gleichen Zeit einsehen, daß diese Wesen in Wirklichkeit gar keine propositionalen Einstellungen haben. Wir werden anerkennen müssen, daß wir ein über die Ansprüche des beobachteten Verhaltens weit hinausgehendes Erklärungsmuster anwenden, dem wirklich gerecht zu werden das beobachtete Verhalten nicht diffizil genug ist.

Im Schlußteil dieser Abhandlung werde ich die meines Erachtens nur durch Sprache erfüllbare Bedingung für Gedanken formulieren und Überlegungen anführen, die für meine Anschauung sprechen. Diese Überlegungen werde ich zwar in argumentativer Form darlegen, aber dennoch wird klar sein, daß Einwände gegen meinen Gedankengang an mehreren Stellen möglich sind.

Meine »Argumentation« beinhaltet zwei Schritte. Gezeigt habe ich meines Erachtens bereits, daß alle propositionalen Einstellungen einen Hintergrund an Überzeugungen voraussetzen; daher werde ich mich auf Bedingungen für Überzeugungen konzentrieren. Ohne Überzeugungen gibt es keine sonstigen propositionalen Einstellungen und daher auch keine Rationalität im hier gekennzeichneten Sinn.

Erstens mache ich geltend, daß es, um eine Überzeugung zu haben, nötig ist, über den Begriff der Überzeugung zu verfügen.

Zweitens mache ich geltend, daß man, um den Begriff der Überzeugung zu haben, eine Sprache können muß.

Norman Malcolm führt in dem oben erwähnten Artikel eine Unterscheidung ein, die der von mir gewünschten zwischen dem Haben einer Überzeugung und der Verfügung über den Begriff der Überzeugung durchaus ähnlich ist. Allerdings ist Malcolms Terminologie von der meinen verschieden. Ich habe das Wort »Gedanke« benutzt, um alle propositionalen Einstellungen abzudecken. Malcolm hingegen beschränkt die Anwendung des Worts »Gedanke« auf eine höhere Ebene des Denkens. Seiner Ansicht nach kann der Hund zwar die Überzeugung haben, die Katze sei die Eiche hinaufgeklettert, nicht jedoch den Gedanken, die Katze sei die Eiche hinaufgeklettert. Dieser – aber nicht jene – setzt nach Malcolms Auffassung Sprache voraus. Malcolm trifft diese Unterscheidung, indem er sagt, ein Lebewesen habe lediglich die Meinung (die Überzeugung), daß *p*, wenn es merkt, daß *p*, während es den Gedanken, daß *p*, dann habe, wenn es merke, daß es merke, daß *p*. Das kommt in die Nähe der mir vorschwebenden Unterscheidung zwischen dem Fall, in dem man überzeugt ist, daß *p*, und dem Fall, in dem man überzeugt ist, man sei davon überzeugt, daß *p*. Im zweiten Fall handelt es sich um eine Überzeugung über eine Überzeugung, daher ist der Begriff der Überzeugung vonnöten. Um einen ungefähren Vergleich anzustellen: Malcolm meint, die Sprache trenne zwischen Lebewesen, die bloß denken, und Lebewesen, die den Begriff des Gedankens haben. Ich hingegen meine, daß man, um zu denken, den Begriff des Gedankens haben muß, so daß Sprache in beiden Fällen erforderlich ist.

Donald Weiss ist anderer Meinung als Malcolm, denn er hält es für möglich, sprachlosen Lebewesen sinnvoll Bewußtsein zuzuschreiben.[4] Da ich vermute, daß sein Beispiel auch bei anderen eine mitschwingende Saite anschlägt, möchte ich seine Ausführungen zusammenfassen und ausführlich zitieren. Folgendes ist seine Geschichte: Arthur ist kein Hund, sondern, wie wir sagen wollen, ein Überhund von einem fremden Planeten. Arthur gelangt ohne Begleitung auf die Erde, und hier gedeiht er. Er hat keinen Verkehr mit anderen Lebewesen und keine Kenntnis von solchen Wesen. Beobachtet wird er durch halbdurchlässige Spiegel. Eine Sprache kann er nicht. Laut Weiss kommen wir zu der Überzeugung, daß er reflektierte Intelligenz besitzt, sobald wir Zeugen der folgenden Szene werden:

Eines Tages stößt Arthur auf ein glänzendes Stück Metall, legt es ins Feuer und versucht es hämmernd zu bearbeiten, stellt jedoch fest, daß es offenbar nicht formbarer ist als in kaltem Zustand. Er versucht es noch einmal und verfährt langsamer und systematischer, doch das Ergebnis ist wieder das gleiche. Die Regelmäßigkeit, von der Arthur überzeugt war – flüstern wir einander zu –, gilt nicht völlig allgemein. Arthur hat einen Einzelfall entdeckt, der nicht der allgemeinen Regel entspricht.

Nun durchmißt Arthur mit aufgeregten Schritten den Raum, in dem er lebt. Plötzlich setzt er sich hin, und ebenso abrupt steht er wieder auf, um vor und zurück zu stapfen. Dann setzt er sich von neuem, doch diesmal verharrt er in sitzender Stellung. Eine Viertelstunde vergeht, ohne daß er seine Haltung verändert. Arthurs Augen blicken starr geradeaus. Auf einmal springt er hoch und macht sich sogleich daran, eine gewaltige Menge Holz auf sein

4 Donald Weiss, »Professor Malcolm on Animal Intelligence«.

Feuer zu häufen. [...] Dann stößt er das kürzlich gefundene Metall ins Feuer, um es nach einer gewissen Zeit wieder herauszuholen. Anschließend versucht er es hämmernd zu bearbeiten, und diesmal hat er Erfolg. Damit ist er offenbar zufrieden [...] und trifft gemächlich Anstalten, sich eine Mahlzeit zuzubereiten.[5]

Damit liegen uns, wie Weiss behauptet, überzeugende Indizien dafür vor, daß Arthur über seine eigenen Überzeugungen nachgedacht hat. Besonders beeindruckend findet Weiss den Umstand, daß Arthur auf seinen eigenen Zustand der Verblüffung reagiert, indem er mit großen Augen stocksteif dasitzt und anschließend regelrecht hochspringt, um Handlungen auszuführen, die zur Lösung seines Problems führen.[6]
Daß sich Weiss eines völlig parteiischen Vokabulars bedient, um Arthurs Bewegungen zu beschreiben, lasse ich außer acht, denn der von Weiss eingeschlagene Weg ist meines Erachtens durchaus kein Holzweg: Es ist wesentlich, daß wir Arthur als ein Wesen beschreiben können, das überrascht ist. Meiner Meinung nach ist klar: Wenn er überrascht ist, hat er tatsächlich reflektierte Gedanken und natürlich Überzeugungen.
Damit soll keineswegs behauptet werden, alles Denken gehe mit Selbstbewußtsein einher; oder immer, wenn man denkt, daß *p*, müsse man ein Bewußtsein davon haben, daß *p*; oder glauben, daß man glaube, daß *p*; oder denken, daß man denke, daß *p*. Vielmehr möchte ich folgendes behaupten: Um überhaupt eine propositionale Einstellung zu haben, ist es notwendig, über den Begriff der Überzeugung zu verfügen – eine Überzeugung über eine Überzeugung zu haben. Doch was ist erforderlich, um den Begriff der Überzeugung zu haben? Hier wende ich mich hilfesuchend dem Phänomen der Überraschung zu, denn meiner Meinung nach setzt Überraschung den Begriff der Überzeugung voraus.

5 Ebd., S. 91 f.
6 Ebd.

Nehmen wir an, ich glaube, in meiner Hosentasche befinde sich eine Münze. Ich kremple meine Tasche nach außen und finde keine Münze. Da bin ich überrascht. Offensichtlich könnte ich darüber zwar erschrocken, aber nicht überrascht sein, wenn ich nicht zunächst bestimmte Überzeugungen gehabt hätte. Vielleicht ebenso offensichtlich ist, daß das Haben einer Überzeugung – jedenfalls einer Überzeugung der in meinem Beispiel angesprochenen Art – die Möglichkeit der Überraschung impliziert. Wenn ich davon überzeugt bin, eine Münze in der Tasche zu haben, könnte etwas passieren, das einen Sinneswandel herbeiführt. Überraschung beinhaltet allerdings einen weiteren Schritt. Es genügt nicht, daß ich zuerst glaube, in meiner Tasche stecke eine Münze, und diese Überzeugung nicht mehr habe, nachdem ich meine Tasche nach außen gekrempelt habe. Überraschung setzt voraus, daß mir ein Gegensatz zwischen der früheren und der späteren Überzeugung bewußt ist. Diese Art von Bewußtsein ist jedoch eine Überzeugung über eine Überzeugung: Wenn ich überrascht bin, gelange ich unter anderem zu der Überzeugung, daß etwas, was ich ursprünglich geglaubt hatte, falsch ist. Ich brauche hier nicht darauf zu pochen, daß jeder Fall von Überraschung eine Überzeugung über das Falschsein einer früheren Überzeugung beinhaltet (obwohl ich geneigt bin, das für richtig zu halten). Was ich hier behaupten möchte, ist folgendes: Man kann keinen allgemeinen Vorrat an Überzeugungen der Art haben, die nötig ist, um überhaupt Überzeugungen haben zu können, ohne Überraschungen ausgesetzt zu sein, die Überzeugungen über die Richtigkeit der eigenen Überzeugungen involvieren. Überraschung über manche Dinge ist eine notwendige und hinreichende Bedingung des Denkens überhaupt. Damit ist der erste Teil meiner »Argumentation« abgeschlossen.

Der Witz des Begriffs der Überzeugung besteht großenteils darin, daß es der Begriff von einem Organismuszustand ist, der wahr oder falsch, richtig oder unrichtig sein kann. Wenn

man über den Begriff der Überzeugung verfügt, verfügt man daher auch über den Begriff der objektiven Wahrheit. Wenn ich glaube, in meiner Tasche befinde sich eine Münze, kann ich recht oder unrecht haben. Recht habe ich nur, wenn in meiner Tasche tatsächlich eine Münze steckt. Wenn ich mit Überraschung feststelle, daß keine Münze in meiner Tasche ist, komme ich zu der Ansicht, daß meine vorherige Überzeugung nicht dem Zustand meiner Finanzen entsprach. Damit habe ich die Vorstellung von einer objektiven Realität, die nicht von meiner Überzeugung abhängt.
Ein Lebewesen kann in komplexer Art und Weise mit der Welt interagieren, ohne irgendwelche Propositionen im Sinn zu haben. Es kann Farben auseinanderhalten sowie Geschmacksempfindungen, Klänge und Formen. Es kann lernen, d. h. sein Verhalten in einer Art und Weise verändern, die sein Leben erhält oder seine Nahrungsaufnahme steigert. Es kann insofern »verallgemeinern«, als es auf neue Reize in einer Weise reagiert, in der es bisher auf frühere Reize reagiert hat. Doch nichts von alledem – egal, wie groß der Erfolg nach meinen Maßstäben sein mag – zeigt, daß dieses Lebewesen etwas anfangen kann mit dem von Überzeugungen vorausgesetzten Gegensatz zwischen dem, was man glaubt, und dem, was der Fall ist.
Was würde denn nun tatsächlich zeigen, daß jemand mit diesem Gegensatz etwas anfangen kann? Sprachliche Verständigung wäre offensichtlich ausreichend. Um die Äußerungen einer anderen Person zu verstehen, muß ich an die gleichen Dinge denken können wie sie; meine Welt muß dieselbe sein wie ihre. Ich muß nicht in allen Dingen ihrer Meinung sein, aber um verschiedener Meinung sein zu können, müssen wir dieselben Propositionen und dasselbe Thema im Sinn haben, und unser Wahrheitsbegriff muß ebenfalls derselbe sein. Kommunikation beruht darauf, daß jeder am Kommunikationsprozeß Beteiligte den Begriff von einer gemeinsamen Welt – einer intersubjektiven Welt – hat und zu Recht glaubt,

der andere verfüge ebenfalls über diesen Begriff. Doch der Begriff von einer intersubjektiven Welt ist der Begriff von einer objektiven Welt: von einer Welt, über die jeder an der Kommunikation Beteiligte Meinungen haben kann.

Daher möchte ich geltend machen, daß der Begriff der intersubjektiven Wahrheit als Grundlage für Überzeugungen und somit für Gedanken im allgemeinen ausreicht. Einleuchtend ist vielleicht auch, daß das Haben des Begriffs der intersubjektiven Wahrheit davon abhängt, daß es Kommunikation im vollen sprachlichen Sinn gibt. Um meine »Argumentation« zum Abschluß zu bringen, muß ich jedoch zeigen, daß der *einzige* Weg, auf dem man zum Gegensatz zwischen Überzeugung und Wahrheit gelangen könnte, über den Begriff der intersubjektiven Wahrheit führt. Ich räume ein, daß ich keine Ahnung habe, wie sich das zeigen ließe. Aber ebensowenig habe ich eine Vorstellung davon, in welcher anderen Weise man zum Begriff der objektiven Wahrheit gelangen könnte. Anstatt den ersten Schritt zu begründen, möchte ich den folgenden Vergleich anbieten:

Wenn ich an den Erdboden geschmiedet wäre, stünde mir kein Verfahren zu Gebote, um den Abstand zwischen vielen Gegenständen und mir selbst zu bestimmen. Ich wüßte lediglich, daß sie auf einer Linie lägen, die sich von mir zu ihnen ziehen ließe. Ich könnte zwar erfolgreich mit Gegenständen interagieren, doch ich wäre außerstande, der Frage, wo sie sich befinden, Inhalt zu verleihen. Da ich nicht festgeschmiedet bin, steht es mir frei, das Verfahren der Triangulation zu benutzen. Unser Gefühl für Objektivität ist die Folge einer anderen Art von Triangulation, zu der zwei Lebewesen nötig sind. Jedes der beiden Wesen interagiert mit einem Gegenstand, doch was jedem von ihnen den Begriff von einem objektiven Sosein der Dinge vermittelt, ist die durch Sprache geformte Grundlinie zwischen diesen Wesen. Einzig daß ihnen ein Wahrheitsbegriff gemeinsam ist, macht die Behauptung verständlich, daß sie Überzeugungen haben und

Gegenständen einen Ort in der öffentlichen Welt zuordnen können.

Die Schlußfolgerung, die sich aus diesen Überlegungen ergibt, ist die, daß Vernunft ein soziales Merkmal ist. Nur wer kommuniziert, hat es.

8
Die zweite Person

... meinen ist, wie wenn man auf jemanden zugeht.
(Wittgenstein, *Philosophische Untersuchungen*, §457)

Wie viele kompetente Sprecher einer Sprache muß es geben, damit man überhaupt von jemandem sagen kann, er spreche oder verstehe eine Sprache? Da die Beantwortung dieser Frage vom gewundenen Weg der Evolution abhängt, habe ich keine Ahnung, wie die Antwort lautet. Vielleicht ist die erforderliche Anzahl sehr groß. Als Philosophen können wir die Frage jedoch in eher theoretischer Form stellen. In diesem Aufsatz werde ich mich auf die Rolle – und zwar die grundsätzliche Rolle – der zweiten Person konzentrieren. Dabei geht es mir, wie ich vielleicht hinzufügen sollte, nicht um das Thema der grammatischen zweiten Person, also nicht um »du«, »you«, »tú« oder »vosotros«. Hier schreibe ich über wirkliche zweite Personen, nicht über die Wörter, die man benutzt, um sie anzureden.

Man kann eine Sprache als einen komplexen abstrakten Gegenstand betrachten, der definiert wird, indem man eine endliche Liste mit Ausdrücken (Wörtern) anführt sowie Regeln für die Konstruktion sinnvoller Verkettungen von Ausdrükken (Sätzen) und eine auf den semantischen Merkmalen einzelner Wörter basierende semantische Interpretation der sinnvollen Ausdrücke. Mit den Einzelheiten der gebotenen Beschreibung oder Definition eines derartigen Gegenstands werde ich mich in der vorliegenden Abhandlung nicht befassen.

So aufgefaßt, ist eine Sprache abstrakt in dem einleuchtenden Sinn, daß sie unbeobachtbar und unwandelbar ist; und sie ist etwas, dessen Bestandteile ebenfalls unbeobachtbar und unwandelbar sind. Ausdrücke können zwar, wenn man will, als akustische oder zweidimensionale geometrische Gebilde angesehen werden, die bei manchen Gelegenheiten die Form faktisch gegebener Äußerungen oder Inschriften annehmen, doch die Ausdrücke selbst würden abstrakt und in ihrer Existenz von eventueller Exemplifizierung unabhängig bleiben.[1] Die Funktionen, von denen manche Ausdrücke durch Abbildung auf Gegenstände oder Klassen von Gegenständen interpretiert werden, sind natürlich ebenfalls abstrakt. Die einzigen konkreten Einzeldinge, die in die Kennzeichnung einer Sprache hineinspielen, sind manche der Gegenstände, auf die einige Ausdrücke abgebildet werden (beispielsweise durch die Beziehung des Benennens oder, wenn man einen Schritt weiter geht, durch Tarskis Erfüllungsrelation).

Die Abstraktheit der Sprache ist nichts Verwunderliches. Der Begriff der Sprache ist gleichartig mit – und abhängig von – Begriffen wie Name, Prädikat, Satz, Bezug, Bedeutung und Wahrheit. Dies sind allesamt theoretische Begriffe, und die Sachen, auf die sie zutreffen, sind abstrakte Gegenstände. Wir brauchen sie nicht, um eine Sprache zu lernen; und offensichtlich stehen sie uns nicht zu Gebote, wenn wir unsere Muttersprache lernen. Gebraucht werden diese Begriffe, wenn von Sprachverhalten die Rede ist. Philosophen, Psychologen und Linguisten benötigen diese theoretischen Termini, wenn sie Sprachhandlungen beschreiben, theoretisch behandeln und erklären wollen. Auch wir übrigen haben Gelegenheit, übers Reden zu reden oder übers Schreiben zu schreiben, und daher haben diese theoretischen Begriffe

1 Andernfalls kann man die Ausdrücke – um nicht minder abstrakte Entitäten zu nennen – als Klassen von Äußerungen oder Inschriften deuten. Doch wenn man Ausdrücke als Klassen von Äußerungen oder Inschriften auffaßt, werden alle nicht geäußerten und alle nicht niedergeschriebenen Ausdrücke – und folglich alle Ausdrücke nicht gebrauchter Sprachen – identisch sein. In manchen Fällen läßt sich diese Konsequenz in umständlicher Weise umgehen. (Siehe W. V. Quine und Nelson Goodman, »Steps toward a Constructive Nominalism«.) Was unsere Zwecke betrifft, wird es günstiger sein, Ausdrücke als Gestalten aufzufassen, d. h. als mögliche Eigenschaften von Äußerungen und Inschriften.

durchaus ihren Ort in jenen lockeren, informellen »Theorien«, die wir alle im Hinblick auf die Sprache vertreten. Ja, wir alle reden so unbefangen über Sprache oder Sprachen, daß wir geneigt sind zu vergessen, daß es in der Welt gar keine derartigen Dinge gibt; hier gibt es nur Personen und ihre diversen schriftlichen und akustischen Erzeugnisse. Dieser an und für sich offensichtliche Punkt wird trotzdem gern vergessen, und darüber hinaus zieht er Konsequenzen nach sich, die nicht allgemein anerkannt sind.

Ein Merkmal des von mir gekennzeichneten Begriffs der Sprache besteht demnach darin, daß es unendlich viele »Sprachen« geben muß, die niemand je gesprochen hat und die niemand je sprechen wird. Wenn man sagt, jemand spreche eine bestimmte Sprache, beispielsweise Französisch, so heißt das nichts weiter, als daß seine datierbaren Äußerungen und Niederschriften Einzelzeichen von französischen Ausdrücken sind. Um als Einzelzeichen eines französischen Satzes zu gelten, muß eine Äußerung oder Inschrift einen französischen Satz exemplifizieren, d.h. sie muß eine der als französischer Satz definierten Gestalten aufweisen; und außerdem muß die Äußerung jene semantischen Merkmale haben, die dieser Gestalt von der Definition des Französischen zugeordnet werden. (Von anderen – wahrscheinlich nicht gesprochenen – Sprachen werden den gleichen Gestalten andere semantische Merkmale zugeordnet.) Die Existenz der französischen Sprache hängt ebensowenig davon ab, daß sie von irgend jemandem gesprochen wird, wie die Existenz von Gestalten davon abhängt, daß es Gegenstände mit diesen Gestalten gibt.[2]

Daraus folgt, daß die Existenz einer bestimmten Sprache nichts an sich hat, was ihr mehr Interesse verliehe, als irgendeinem abstrakten Gegenstand sonst zukommen mag. Als Logiker können wir sie als eines unter zahllos vielen Beispielen für ein formales Muster untersuchen. Derartige Forschungen

2 Das ist im wesentlichen der Sprachbegriff von David Lewis, siehe seinen Artikel »Languages and Language«.

zahlen sich zwar in verschiedenen Hinsichten aus, doch sie haben nichts mit unserem normalen Anliegen zu tun, die Äußerungen anderer Personen zu verstehen oder herauszubekommen, wie wir selbst uns den anderen verständlich machen können. Unser nicht bloß theoretisches, sondern praktisches Interesse an sprachlichen Phänomenen ist folgendes: Wir wollen die wirklichen Äußerungen anderer verstehen, und wir wollen, daß unsere Äußerungen verstanden werden. Was hat Sprache mit diesem Interesse zu tun?

Die Antwort lautet: Nur dadurch, daß wir uns solcher Begriffe wie Wort und Satz bedienen, können wir eine systematische Beschreibung der sprachlichen Aspekte des Sprachverhaltens und der sprachlichen Fähigkeiten geben. Könnte man nicht von Wörtern reden – z.B. von jenen geheimnisvollen, abstrakten (akustischen) Gestalten, die den Äußerungen des Worts »demain« gemeinsam sind –, wäre man außerstande anzugeben, was man eigentlich gelernt hat, wenn man erfährt, daß »demain« auf französisch »morgen« bedeutet. Demnach bezieht sich eine Äußerung des Worts »demain« auf den Tag nach dem Tag der Äußerung. Könnten wir nicht auf Wörter und Sätze Bezug nehmen, gäbe es keine bequeme Möglichkeit anzugeben, für welche Äußerungen es gilt, daß sie Äußerungen von Sätzen und daher verständliche Äußerungen bilden.

Der Begriff der Sprache und die mit ihm einhergehenden Begriffe wie »Prädikat«, »Satz« und »Bezug« haben also vor allem den Zweck, uns die Möglichkeit zu geben, das Verhalten von Sprechern sowie das zur Kommunikation befähigende Wissen von Sprechern und ihren Interpreten kohärent zu beschreiben. Damit möchte ich keineswegs andeuten, daß die Sprecher und diejenigen, von denen sie verstanden werden, selbst dazu in der Lage sein müssen, derartige Beschreibungen ihrer Fähigkeiten und ihres Verhaltens zu geben. Um die Sache zu veranschaulichen: Ein kompetenter Sprecher einer Sprache (und ein kompetenter Interpret) kennen die Wahrheitsbedingungen von zahllos vielen Sätzen. So wissen die meisten Sprecher des Deutschen, daß eine Äußerung des Satzes »Montreal liegt in Kanada« dann und nur dann wahr ist, wenn Montreal in Kanada liegt. Außerdem sind dem Sprecher auch im Hinblick auf zahllose weitere Sätze analoge Fakten bekannt. Dieses Wissen braucht der Sprecher nicht mit Hilfe von Worten zu artikulieren. *Wir* hingegen können die Gesamtheit dieses dem Sprecher oder Interpreten der Sprache zukommenden Wissens nicht beschreiben, ohne unsererseits über eine Theorie – eine Theorie der Wahrheit oder dergleichen – zu verfügen, die zur Beschreibung des Deutschen gehört. (Diese Beschreibung dessen, was ein Sprecher des Deutschen weiß, braucht nicht auf deutsch formuliert zu werden; und falls sie tatsächlich nicht auf deutsch formuliert wird, klingt sie auch nicht so trivial.)

Kommen wir nun auf die Ausgangsfrage zurück: Wie viele Sprecher oder Interpreten einer Sprache müssen existieren, damit es überhaupt einen Sprecher geben kann? Um eine Sprache zu sprechen, müssen die Äußerungen des Sprechers mit der Definition einer Sprache in Einklang stehen. Das Mißliche ist, daß die Anzahl der Äußerungen endlich ist, während die Definition einer Sprache einer unendlichen Zahl von Sätzen Bedeutungen zuordnet. Daher wird es zahllos viele verschiedene Sprachen geben, die mit allen wirklichen Äußerungen des Sprechers übereinstimmen, aber im Hinblick auf nicht gesprochene Sätze differieren. Wie kommt es dann zustande, daß der Sprecher nicht jene Sprachen, sondern diese Sprache spricht? Das Problem kann sich in noch schlimmerer Form stellen. Denn selbst wenn ein Sprecher das Unmögliche fertigbrächte und jeden Satz einer bestimmten Sprache äußerte, gäbe es viele weitere Sprachen, die mit seinem gesamten Verhalten und allen seinen inneren Zuständen in Einklang stünden. Das hat Quine behauptet, und ich stimme dieser These zu.

Es ist zwar ein Faktum, daß alle öffentlich verfügbaren Belege mit Bezug auf einen Sprecher oder eine Gruppe von Sprechern mit vielen verschiedenen Sprachen (in der hier einstweilen festgesetzten Bedeutung des Worts »Sprache«) in Einklang stehen könnten – und zwar selbst dann, wenn man sich ausmalt, daß dieses Belegmaterial alle möglichen Indizien dieser Art umfaßt –, doch dieses Faktum braucht uns an und für sich nicht zu beunruhigen, denn wir können einräumen, daß es ausreicht zu wissen, daß ein Sprecher eine Sprache aus einer Menge von empirisch äquivalenten Sprachen spricht, solange die Menge durch die empirischen Einschränkungen klar definiert ist. Daher wollen wir im folgenden einfach jede Sprache aus dieser Menge als »die Sprache« eines Sprechers bezeichnen.[3] Diese Strategie taugt für empirisch äquivalente Sprachen, wenn man sich vorstellt, daß die Belege Äußerungen jedes Satzes umfassen, den wir der Sprache zurechnen würden. Aber derartige Belege stehen natürlich nie zur Verfügung. Also wird es zahllos viele Sprachen geben, die mit allen wirklichen Äußerungen eines Sprechers in Einklang stehen, ohne daß eine von ihnen »die« von diesem Sprecher gesprochene Sprache wäre.

Das Problem läßt sich auch mit Hilfe zeitlicher Begriffe formulieren und auf einen Interpreten beziehen. Wenn du (der Interpret) nicht weißt, wie ein Sprecher fortfahren wird, weißt du auch nicht, welche Sprache er spricht – einerlei, wieviel dieser Sprecher bisher schon gesagt hat. Es wird auch nichts helfen, wenn du darauf hinweist, der Sprecher habe sich bis jetzt den Erwartungen entsprechend verhalten, er sei auf dieselbe Schule gegangen wie du selbst oder gehöre dersel-

3 Meiner Ansicht nach stellt das Vorhandensein empirisch äquivalenter Sprachen (also Sprachen, die mit allen möglichen empirischen Belegen gleich gut übereinstimmen) keine Gefahr für die Realität oder Objektivität der richtigen Interpretation von Äußerungen und den mit ihnen einhergehenden geistigen Zuständen dar, die größer wäre als die Gefahr, die von der Existenz verschiedener Skalen für die Messung von Temperaturen oder Längen für die Realität oder Objektivität von Temperaturen oder Längen ausgeht. (Siehe Abhandlung 5.)

ben Kultur oder Gemeinschaft an, denn die Frage betrifft nicht die Vergangenheit, sondern die Zukunft. Ebensowenig kann man sich auf die Vorstellung berufen, der Sprecher beherrsche eine Reihe von Konventionen (welche Konventionen?) oder habe eine Menge von Regeln gelernt (welche denn?). Die Begriffe der Konvention oder der Regel kann man ebensowenig wie den Begriff der Sprache heranziehen, um Sprachverhalten zu rechtfertigen oder zu erklären. Bestenfalls können diese Begriffe zur Beschreibung (d. h. Definition) sprachlichen Verhaltens beitragen.

Dieses Problem mag zwar Wittgenstein beunruhigt haben und hat mit Sicherheit Kripke[4] umgetrieben, doch nach meinem Eindruck ist die Lösung relativ einfach. Je länger wir einen Sprecher mit offenkundigem Erfolg als Sprecher einer bestimmten Sprache interpretieren, desto größer ist unser berechtigtes Zutrauen, daß der Sprecher tatsächlich diese Sprache spricht, d. h. daß er sich auch weiterhin als Sprecher dieser Sprache interpretieren lassen wird. Unsere gesteigerten Erwartungen sind so gut begründet, wie sie durch unsere Belege und normale Induktion untermauert werden. Diese Erwartungen sind hauptsächlich konditionaler Art. Normalerweise weiß man zwar nicht, was jemand sagen wird, doch man ist dazu bereit, jede einzelne aus einer sehr großen Zahl von eventuellen Äußerungen des Betreffenden zu interpretieren. Unsere Interpretationsdispositionen und die Fortsetzungsdispositionen des Sprechers sind weder schattenhaft noch geheimnisvoll, sondern es handelt sich um echte Merkmale des Gehirns und der Muskeln. Natürlich können unsere Ansichten über das, was auf eine andere Person zutrifft, ohne weiteres falsch sein, und daher können wir uns auch in unseren Erwartungen hinsichtlich dessen irren, was diese Person mit ihren wirklichen oder möglichen Äußerungen meint. Ich glaube, daß derartige Meinungen tatsächlich oft fehlerhaft

4 Saul Kripke, *Wittgenstein on Rules and Private Language.*

sind. Aber sehr viel häufiger sind sie richtig, und die Dinge, mit Bezug auf die wir tatsächlich recht haben, versetzen uns normalerweise in die Lage, unser Verständnis einer Äußerung zu korrigieren, die nicht einer Sprache angehört, die unserer ursprünglichen Meinung zufolge gesprochen worden war. Insoweit wir recht haben im Hinblick auf das, was im Kopf einer Person vor sich geht – und daher auch im Hinblick auf das, was sie mit zahllosen nicht geäußerten Dingen meinen würde –, haben wir auch recht bezüglich »der« von dieser Person gesprochenen Sprache.

Diese ganz unvollständige Antwort auf die Frage nach den Gründen, die ein Interpret für seine Überzeugung haben kann, der Sprecher spreche eine bestimmte Sprache und nicht eine andere, die ebenso gut mit dem von diesem Interpreten beobachteten Sprachverhalten zu vereinbaren ist, hängt nicht in hohem Maße von den Details unserer Erklärung erfolgreichen Interpretierens ab. Der Witz der Antwort besteht darin, daß hier keine *zwei* Fragen vorliegen: eine Frage hinsichtlich der Gründe für die Überzeugung, der Sprecher spreche nicht jene, sondern diese Sprache, und eine zweite Frage hinsichtlich der uns naheliegenden Art und Weise, Erwartungen auszubilden. Die erste Frage ist schlicht eine Spielart der zweiten.

Die Interpretation hat jedoch einen weiteren Aspekt, der für unsere Belange wesentlich ist: Der Interpret interpretiert eine Äußerung des Sprechers nur dann (richtig), wenn er weiß, daß der Sprecher beabsichtigt, der Interpret möge der Äußerung des Sprechers bestimmte Wahrheitsbedingungen zuordnen.[5] Eine vollständige Erklärung dieser These würde eine

5 In dieser Form ist das Gesagte offenkundig unzulänglich. Verbessern läßt es sich, indem man die von Grice entlehnte Bedingung hinzufügt, der Sprecher müsse beabsichtigen, daß der Interpret zu den richtigen Wahrheitsbedingungen gelangt, indem er die Absicht des Sprechers erkennt, entsprechend interpretiert werden zu wollen. Die Annahme, daß Kenntnis der Wahrheitsbedingungen interpretationsadäquat ist, begründe ich hier nicht.

Erläuterung des Gedankens voraussetzen, daß Äußerungen »Wahrheitsbedingungen zugeordnet« werden, und dieser Gedanke ist in relevanten Hinsichten zweifellos genauso schwierig zu verstehen wie der Begriff der gemeinten Bedeutung selbst. Dieses Problem zu lösen, habe ich mir hier allerdings gar nicht vorgenommen. An dieser Stelle geht es nur darum, im Anschluß an Grice nachdrücklich zu betonen, daß Absichten für die Kommunikation von entscheidender Wichtigkeit sind. Wäre man, ebenso wie Grice, sicher, daß ein Sprecher, um etwas zu meinen, die Absicht haben muß, auf einen spezifischen Hörer oder eine spezifische Gruppe von Hörern eine bestimmte Wirkung auszuüben, wäre damit vielleicht schon erwiesen, daß die Sprache insofern etwas Soziales ist, als sie die Existenz wenigstens zweier Personen voraussetzt (denn es ließe sich geltend machen, daß die Absicht, bei einer anderen Person eine bestimmte Wirkung erzielen zu wollen, nur möglich ist, wenn eine solche Person existiert). Diesen direkten und verlockenden Weg werde ich hier nicht einschlagen. Dennoch können wir sagen, daß es auf seiten des Sprechers diese Absichten geben muß, wenn die Kommunikation gelingt, und daß diese Absichten für Meinen und Bedeutung wesentlich sind, *sofern* erfolgreiches Kommunizieren für Meinen und Bedeutung wesentlich ist. Das Vorhandensein von Absichten ist wichtig, denn es gibt einer Irrtumszuschreibung Inhalt, indem dadurch die Möglichkeit einer Diskrepanz zwischen Absicht und Leistung in Betracht gezogen wird. Absichten setzen, ebenso wie Überzeugungen und Erwartungen, weder Aufmerksamkeit noch Nachdenken voraus, und zu Absichten gelangt man normalerweise nicht durch bewußtes Überlegen. Absichten gehen normalerweise nicht mit besonderen Gefühlen einher, und zur Kenntnis der eigenen Absichten gelangt man (üblicherweise) nicht durch Folgerungen oder das Heranziehen von Beobachtungen. Allerdings haben Absichten unbegrenzt großen Spielraum, denn sie sind abhängig von der Überzeugung, das Beabsichtigte auch ausführen zu können, was wiederum die Meinung voraussetzt, nichts werde die beabsichtigte Handlung verhindern. Demnach scheinen Absichten genau jene Eigenschaften zu haben, die nötig sind, um die Vorstellung, der Sprecher sei *nicht* so fortgefahren wie bisher, verständlich zu machen.[6]

Die eben skizzierte Auffassung befaßt sich nur mit der Interpretation und argumentiert daher nicht für die Existenz einer sozialen Umgebung, sondern setzt diese voraus. Dennoch wird es an dieser Stelle nützlich sein, bestimmte Aspekte jener Anschauung zu betrachten, die Wittgenstein nach meinem Eindruck von Kripke zugeschrieben wird. (Für die Zwecke dieser Darstellung werde ich sagen, diese Anschauung sei Kripkes eigene. Im Grunde bekennt sich Kripke nicht deutlich zu dieser Auffassung, und ich für mein Teil bin mir nicht sicher, daß Wittgenstein sie wirklich vertreten hat. Also ist es vielleicht niemandes Auffassung.) Kripke konzentriert sich auf die Idee des Regelfolgens. Dieser Idee zufolge heißt eine Sprache sprechen soviel wie: Regeln folgen. Die Regeln geben an, was es heißt »in der gleichen Weise fortzusetzen«, beispielsweise ein Wort zu gebrauchen. Es gibt allerdings keinen inneren geistigen Akt oder Vorgang des »Erfassens« oder »Befolgens« der Regel, daher wird keine Erforschung oder Erkenntnis des Inneren des Sprechers Aufschluß darüber geben, ob er sich an diese oder jene Menge von Regeln hält. Nach dem schlichten Urteil der Interpreten folgt ein Sprecher derselben Regel wie sie selbst, wenn der Sprecher so fortfährt, wie sie selbst (die Interpreten) es täten. Um es mit Hilfe des Begriffs »Meinen« auszudrücken: Nach unserem Urteil meint

6 Im Grunde die gleichen Anmerkungen zum Begriff der Absicht macht auch Crispin Wright, wenn er, ähnlich wie ich selbst, den Versuch unternimmt, Kripkes Ansicht zu entschärfen, es sei ihm gelungen, Wittgensteins Ausführungen zum Begriff der Bedeutung oder des Meinens ein im wesentlichen unauflösbares »skeptisches Paradox« zu entnehmen. Siehe Crispin Wright, »Kripke's Account of the Argument against Private Language«.

ein Sprecher das gleiche, was auch wir im Fall der Äußerung der gleichen Worte meinen würden, wenn er so fortfährt, wie wir es täten.[7]

Die Angemessenheit des normalen Begriffs des Regelfolgens für eine Beschreibung dessen, was das Sprechen einer Sprache beinhaltet, sollten wir in Frage stellen. Wenn wir von Sprachregeln reden, denken wir normalerweise an die von Grammatikern oder Linguisten gegebenen (verallgemeinerten und idealisierten) Beschreibungen der wirklichen Sprachpraxis oder an jene Vorschriften, die wir nach dem Wunsch der Grammatiker befolgen sollten. Regeln können beim Lernen einer Sprache von Nutzen sein, aber ihre Hilfe steht nur beim Erlernen einer Fremdsprache zu Gebote. Der größte Teil des Lernens von Wortverwendungen erfolgt ohne alles explizite Lernen irgendwelcher Regeln.[8] Wittgenstein behandelt das Etwas-Meinen freilich mehr oder weniger in der gleichen Weise, in der er mit dem Befolgen gewisser Verfahren umgeht,

7 »Was meine ich nun, wenn ich sage, nach dem Urteil des Lehrers müsse der Schüler in bestimmten Fällen die ›richtige‹ Lösung nennen? Ich meine, daß der Lehrer urteilt, das Kind habe dieselbe Lösung genannt, die er selbst nennen würde. [...] sofern Müllers Neigungen in hinreichend vielen konkreten Fällen mit den eigenen übereinstimmen, wird Schmidt zu dem Urteil gelangen, daß Müller tatsächlich der Regel folgt« (Kripke, *Wittgenstein on Rules and Private Language*, S. 90f., Übers., S. 114 u. 116). Untermauert wird diese Interpretation vielleicht durch die folgenden Wittgenstein-Zitate: »[...] ich habe auch noch angedeutet, daß sich Einer nur insofern nach einem Wegweiser richtet, als es einen ständigen Gebrauch, eine Gepflogenheit, gibt. [...] Ist, was wir ›einer Regel folgen‹ nennen, etwas, was nur *ein* Mensch, nur *einmal* im Leben, tun könnte? [...] – Einer Regel folgen, eine Mitteilung machen, einen Befehl geben, eine Schachpartie spielen sind *Gepflogenheiten* (Gebräuche, Institutionen)« (*Philosophische Untersuchungen*, §§ 198 f.). Außer acht gelassen habe ich hier einen äußerst wichtigen Aspekt von Kripkes Erörterung, nämlich seine These, Wittgensteins »Lösung« des Problems des Meinens sei »skeptischer« Art.

8 Es sollte offensichtlich sein, daß die These, es gebe internalisierte oder genetisch eingepflanzte Regeln der *Grammatik*, hier ohne Belang ist. Die »Regeln« Wittgensteins und Kripkes betreffen das, was die Wörter bestimmter Sprachen bedeuten.

beispielsweise mit dem Addieren in der Arithmetik. Es gibt allerdings eine klare Unterscheidung zwischen diesen Fällen, die auch erklärt, warum wir das Wort »Regel« normalerweise im einen, aber nicht im anderen Fall verwenden. Im Fall des Addierens gibt es ein explizites Verfahren zur Ermittlung einer Lösung. Dieses Verfahren können wir lernen und beschreiben, und hier ist es angemessen, das Verfahren oder seine Beschreibung als Regel zu bezeichnen. Beim Sprechen befolgen wir normalerweise kein Verfahren; beim normalen Reden gibt es nichts, was dem Addieren einer Zahlenreihe entspräche. Doch wenn der Begriff des Regelfolgens nicht ganz angemessen ist, um den Fall zu beschreiben, indem man etwas meint, indem man etwas sagt, ist es ebenfalls fragwürdig, ob wir – selbst wenn wir uns darüber einig sind, daß der Gebrauch einer Sprache einer sozialen Einbettung bedarf – ohne Bedenken die Vorstellung akzeptieren sollten, wonach das Etwas-Meinen eine Konvention, eine Gepflogenheit oder eine Institution (nicht bloß gelegentlich ins Spiel bringt, sondern) voraussetzt.[9]

Eine wichtigere Frage betrifft die Vorstellung, sprachliche Kommunikation setze voraus, daß der Sprecher genauso verfährt wie die übrigen – daß man, um redend etwas zu meinen, mit den gleichen Worten das gleiche meinen müsse wie die anderen. Die oben gegebene Erklärung der Erwartungen, die erfüllt sein müssen, damit eine Person eine andere verstehen kann, hat keine Andeutung enthalten, wonach die beiden Personen die gleiche Sprache sprechen müßten. Es ist auch keineswegs klar, warum das notwendig sein müßte. Vielleicht wäre die Sprache nie entstanden, wenn da nicht die natürliche Tendenz der Tiere zur wechselseitigen Nachahmung gewesen wäre. Das mag zwar sein, obwohl ich diesbezüglich Zweifel

9 Daß ich, wenn es um die Untersuchung der Sprache geht, hinsichtlich der Erklärungskraft der Begriffe »Regelfolgen« und »Konvention« skeptisch bin, habe ich in meinem Aufsatz »Kommunikation und Konvention« ausführlicher dargelegt, siehe Abhandlung 18 in *Wahrheit und Interpretation*.

anmelden möchte, aber es hätte bestimmt anders kommen können. Wenn du und ich die einzigen Sprecher in der Welt wären, und du sprächst Tibetisch, während ich Deutsch rede, könnten wir einander dennoch verstehen, selbst wenn sich jeder von uns beiden an andere »Regeln« (Regelmäßigkeiten) hielte. Was natürlich wirklich eine Rolle spielen würde, ist der Umstand, daß wir dem jeweils anderen etwas liefern würden, was als Sprache zu verstehen ist. Das ist eine Absicht, welche die Sprecher haben müssen. Aber obschon die Ausführung dieser Absicht ein gewisses Maß an für den anderen erkennbarer Konsistenz verlangt, setzt sie nicht voraus, daß man gemeinsamen Regeln oder Konventionen folgt. Es könnte sogar sein, daß wir aufgrund von Unterschieden in unseren Stimmbändern außerstande wären, die gleichen Laute hervorzubringen, und deshalb unmöglich die gleiche Sprache sprechen könnten. Mir ist kein Argument bekannt, aus dem hervorginge, daß Kommunikation unter solchen Umständen ausgeschlossen wäre. Daher mag es zwar sein, daß das Sprechen die Existenz eines Interpreten voraussetzt, doch es ergibt sich keineswegs, daß mehr als eine Person die gleiche Sprache sprechen muß. Das ist günstig, denn wenn man es mit dem, was eine Sprache ausmacht, genau nimmt, verhält es sich wahrscheinlich so, daß keine zwei Personen wirklich die gleiche Sprache sprechen. Daraus ziehe ich den Schluß, daß Kripkes Kriterium für das Sprechen einer Sprache nicht richtig sein kann: Daß man eine Sprache spricht, kann nicht davon abhängen, daß man genauso redet wie jemand anders (oder viele andere).[10]

10 Wie liebende Mütter zu tun pflegen, hat auch meine Mutter Aufzeichnungen über die Sprache angefertigt, die ich im Alter von drei Jahren gesprochen habe. Es war mit Sicherheit nicht die gleiche Sprache, die von anderen Familienangehörigen gesprochen wurde – wahrscheinlich wurde diese Sprache überhaupt von niemand anderem gesprochen. Dennoch behauptet meine Mutter, und zwar zu Recht, daß sie mich und ich sie verstand. Außerdem ist es durchaus gebräuchlich, daß englische Mutter-

Nehmen wir also an, daß der Test für das Sprechen einer Sprache so modifiziert wird, daß auch der folgende Punkt berücksichtigt wird: Daß man eine Sprache spricht, ist, wie wir von nun an behaupten werden, nicht davon abhängig, daß zwei oder mehr Sprecher in der gleichen Weise reden. Erforderlich ist nur, daß jeder Sprecher absichtlich dafür sorgt, daß er für den anderen interpretierbar ist (der Sprecher muß mehr oder weniger so »fortfahren«, wie es der andere erwartet oder wie es immerhin dessen Interpretationsfähigkeiten entspricht).

Das ist gewiß eine notwendige Bedingung für erfolgreiches *Kommunizieren*. Aber wieso ist es eine Bedingung, die erfüllt sein muß, damit überhaupt eine Sprache gesprochen wird? Warum soll es nicht möglich sein, daß man in der gleichen Weise fortfährt – und alle Bedingungen der *Interpretierbarkeit* erfüllt –, ohne wirklich interpretiert zu werden?[11]

Es stimmt, daß unsere Belege dafür, daß jemand eine bestimmte Sprache spricht, hauptsächlich auf der Tatsache beruhen, daß er so fortfährt, wie wir es von einem Sprecher dieser

sprachler, die kein Französisch sprechen oder schreiben können oder wollen, französisch geschriebene Briefe auf englisch beantworten.

In meinem Aufsatz »A Nice Derangement of Epitaphs« habe ich Gründe dafür genannt, daß Kommunikation keine Gemeinsamkeit der Sprache voraussetze. Dieser Standpunkt wird auch von Noam Chomsky bejaht, siehe *Language and Problems of Knowledge*, S. 36f. Eine direkt auf Kripke bezogene, ausführlichere Erörterung dieses Themas findet der Leser in: Chomsky, *Knowledge of Language: Its Nature, Origin and Use*, S. 223-237.

11 Kripke scheint die Möglichkeit zuzulassen, daß Robinson Crusoe als Sprecher einer Sprache gilt, solange er in eine Gesellschaft aufgenommen werden *könnte*, auch wenn er in Wirklichkeit (nie?) in einen sozialen Rahmen integriert wird. Es müßte dennoch eine Gesellschaft (oder zumindest eine weitere Person) geben, die zu Recht urteilen kann, daß Robinson Crusoe mit seinen Lauten etwas gemeint hat. Chomsky glaubt, daß Kripke, indem er den Fall des Robinson Crusoe zuläßt, seiner eigenen Hauptthese widerspricht. Mag sein, aber meines Erachtens hat Chomsky unrecht, wenn er den reinen Robinson-Crusoe-Fall für möglich hält. Unter dem »reinen« Fall verstehe ich einen Robinson Crusoe, der sich niemals mit anderen Personen verständigt hat.

Sprache erwarten. Natürlich gibt es auch viele sonstige Arten von Indizien. Die Kleidung des Sprechers, seine Gefährten und sein Aufenthaltsort auf dem Erdball können allesamt Anhaltspunkte liefern, die über seine Sprache Auskunft geben. Trotzdem können wir einräumen, daß die endgültige Entscheidung letztlich von den Einzelheiten des Sprachverhaltens abhängen muß. Das Mißliche ist, daß die ursprüngliche Fragestellung weder die Bedingungen der Kommunikation betraf noch das Problem, über welche Belege jemand verfügen könnte, aus denen hervorginge, daß jemand anders eine bestimmte Sprache spricht. Eigentlich handelte es sich um die Frage, warum die einzige Sprache oder die Muttersprache eines Sprechers nicht eine private Sprache sein könne.

Unsere Erörterung hat eine Modifikation oder Erläuterung des Begriffs der privaten Sprache nach sich gezogen: Darunter verstehe ich nun nicht eine Sprache, die von nur einer Person gesprochen wird, sondern eine Sprache, die von nur einer Person verstanden wird. Und jetzt geht es um die Frage, warum es keine Sprache geben können soll, die von nur einer Person verstanden wird.[12] Die Antwort, die Wittgenstein in dem als Motto dieses Aufsatzes angeführten Zitat anzubieten scheint, geht dahin: Ohne einen Interpreten kann man der Behauptung, daß sich der Sprecher geirrt habe – also nicht so weitergemacht habe wie bisher –, keinen Gehalt geben.

Aber haben wir denn nicht durch Tilgung der Bedingung, der Sprecher müsse ebenso weitermachen wie der Interpret (oder sonst jemand), zur gleichen Zeit versehentlich jede Aussicht auf Kennzeichnung sprachlicher Irrtümer zunichte gemacht? Wenn es keine soziale Praxis gibt, mit der sich das Tun des Sprechers vergleichen ließe, stellt sich doch die von Wittgenstein angedeutete Frage, ob nicht alles, was der Sprecher sagen mag, mit irgendeiner Regel (d.h. mit irgendeiner Sprache)

12 Freilich kann es eine »Sprache« geben, die von nur einer Person verstanden wird, beispielsweise einen im Tagebuch verwendeten Geheimcode. Die Frage ist, ob eine erste Sprache privat sein kann.

übereinstimmen wird. Wenn das Sprachverhalten anderer Personen dem Sprecher nicht die Norm liefert, was wäre dann imstande, diese Aufgabe zu erfüllen? Die Antwort lautet, daß die Absicht des Sprechers, in einer bestimmten Weise interpretiert werden zu wollen, die »Norm« liefert. Der Sprecher wird seiner Absicht nicht gerecht, wenn er nicht so spricht, daß er seiner Absicht entsprechend verstanden wird. Unter normalen Umständen weiß der Sprecher, daß er am ehesten verstanden wird, wenn er so spricht, wie seine Hörer es täten, und daher wird er beabsichtigen, so zu sprechen, wie seine Hörer es nach seinem Dafürhalten täten. Dann wird er einer seiner Absichten nicht gerecht werden, wenn er nicht so redet wie die anderen. Dieses schlichte Faktum hilft meines Erachtens erklären, warum viele Philosophen den Sinn der Äußerungen eines Sprechers mit dem verknüpft haben, was andere mit denselben Wörtern meinen (einerlei, ob sich das Wort »andere« auf eine Sprachgemeinschaft, Experten oder eine Elite dieser oder jener Art bezieht[13]). Meiner Erklärung zufolge ist diese Verknüpfung weder wesentlich noch direkt. Ins Spiel kommt sie nur dann, wenn der Sprecher so interpretiert zu werden beabsichtigt wie (bestimmte) andere Personen. Sobald diese Absicht fehlt, wird das richtige Verständnis des Sprechers von keinem Sprachgebrauch tangiert, der über die intendierte Reichweite seiner Stimme hinausgeht. (Eine vereitelte Absicht, »richtig« zu sprechen, ist ohne Belang für das vom Sprecher Gemeinte, es sei denn, damit wird auch die Absicht durchkreuzt, in einer bestimmten Weise interpretiert zu werden.[14])

13 Siehe z.B. Hilary Putnam, »The Meaning of ›Meaning‹«; Tyler Burge, »Individualism and the Mental«; Michael Dummett, »The Social Character of Meaning«, in: Dummett, *Truth and Other Enigmas*, und »›A Nice Derangement of Epitaphs‹: Some Comments on Davidson and Hacking«, in: Ernest Lepore (Hg.), *Truth and Interpretation: Perspectives on the Philosophy of Donald Davidson*.

14 Diese Problematik wird hier auch in Abhandlung 2 besprochen.

Was diese Überlegungen zeigen, wenn sie richtig sind, läuft darauf hinaus, daß es eine weniger anspruchsvolle und einleuchtendere Alternative zu Kripkes Vorschlag gibt, der erklären soll, was erforderlich ist, damit jemand mit seinen Äußerungen etwas meinen kann. Denn während der Test, ob ein Sprecher etwas meint, nach Kripkes Erklärung davon abhängt, daß der Sprecher das gleiche tut wie die anderen, läßt sich die gleiche Unterscheidung zwischen »glauben, man meine etwas« und »es wirklich meinen« auch treffen, indem man darauf abhebt, ob die Absicht des Sprechers, in einer bestimmten Weise interpretiert zu werden, in Erfüllung gegangen ist. Beide Arten, diese Unterscheidung zu treffen, sind von einer sozialen Umgebung abhängig, aber die zweite stellt andere Anforderungen an den Sprecher.[15]

Haben wir inzwischen gezeigt, daß es eine private Sprache nicht geben kann? Gewiß nicht. Wenn wir davon ausgehen, daß Kripkes Vorschlag richtig ist, dann stimmt es auch, daß eine Möglichkeit der Unterscheidung zwischen »glauben, man meine etwas« und »es wirklich meinen« die Voraussetzung beinhaltet, daß Sprache öffentlich sei. Das gleiche läßt sich auch zugunsten der von mir vorgeschlagenen Alternative sagen. Es ist jedoch noch nichts Endgültiges gesagt worden, was zeigen würde, daß es keine andere Möglichkeit gibt, diese Unterscheidung zu treffen – eine Möglichkeit, die nicht von einer sozialen Umgebung abhinge.

Um die These zu erhärten, Sprache sei etwas wesentlich Öf-

15 Hier gibt es einen Punkt, den ich nicht unter Dach und Fach gebracht habe: Die Absicht des Sprechers wird vereitelt, wenn er nicht seiner Absicht entsprechend interpretiert wird. Es wäre jedoch falsch zu behaupten, ein solcher Fehlschlag bedeute notwendig, daß es dem Sprecher mißlungen sei, seinen Worten die Bedeutung zu geben, die der Interpret seiner Absicht nach erfassen sollte. Dieser letztere Fehlschlag ist (in einer Art und Weise, über die der normale Sprachgebrauch vielleicht nicht endgültig zu befinden vermag) von Fragen abhängig wie der, ob der Sprecher zu Recht geglaubt hat, sein Interpret könne oder wolle ihn seiner Absicht entsprechend interpretieren.

fentliches, brauchen wir eine Argumentation völlig anderer Art. Im restlichen Teil dieser Abhandlung werde ich eine solche Argumentation vorschlagen: eine Argumentation, die nicht nur für sprachliche Äußerungen gilt, sondern auch für Überzeugungen, Absichten und die übrigen propositionalen Einstellungen. Die anschließend dargelegte Argumentation geht zwar nicht von einem skeptischen Zweifel aus, dem man eine Erwiderung entgegenzusetzen sucht, aber sie endet mit einer Schlußfolgerung, die vielleicht die gleiche ist wie bei Wittgenstein: Die Sprache ist notwendig eine soziale Angelegenheit.

Betrachten wir zunächst eine primitive Lernsituation. Einem Lebewesen wird beigebracht – oder es lernt sonstwie –, in spezifischer Weise auf einen Reiz bzw. auf eine Klasse von Reizen zu reagieren. Der Hund hört eine Glocke und wird gefüttert; schon recht bald geschieht es, daß der Speichelfluß einsetzt, sobald er die Glocke hört. Das Kind plappert, und wenn es beim Vorhandensein von Tischen ein Geräusch wie »Tisch« hervorbringt, wird es je nach den Umständen belohnt; schon recht bald geschieht es, daß das Kind »Tisch« sagt, sofern Tische vorhanden sind. Das Phänomen der Verallgemeinerung – der wahrgenommenen Ähnlichkeit – spielt bei diesem Vorgang eine wesentliche Rolle. Vom Standpunkt des Hundes ist das eine Läuten der Glocke dem anderen hinreichend ähnlich, um ähnliches Verhalten auszulösen, ebenso, wie die eine Vorführung des Futters der anderen ähnlich genug ist, um den Speichelfluß anzuregen. Steckten manche dieser Unterscheidungsmechanismen nicht in unseren Genen, könnten gar keine erlernt werden. Das gleiche gilt auch für das Kind: Wir können die beim Kind ankommenden Reize entsprechend der Ähnlichkeit der Reaktionen einstufen, die durch diese Reize im Kind ausgelöst werden.[16]

16 Nichts ist hier von amateurpsychologischen Annahmen über Plappern, unterschiedliche Belohnungen oder vorsprachliche Induktion abhängig. Das einzige, worauf es ankommt, ist die Tatsache, daß Verallgemeinerung

Das ist, wie es scheint, eine klare Sache, doch wie die Psychologen bemerkt haben, gibt es hinsichtlich des Reizes ein Problem: Warum soll man im Fall des Hundes etwa sagen, das Läuten der Glocke sei der Reiz? Warum nicht die Luftschwingung in der Nähe der Ohren des Hundes – oder sogar die Reizung seiner Nervenenden? Würde man dafür sorgen, daß die Luft in derselben Weise vibriert, wie es sonst durch die Glocke bewirkt wird, würde das im Hinblick auf das Verhalten des Hundes gewiß keinen Unterschied machen. Und wenn die richtigen Nervenenden in der richtigen Weise aktiviert würden, ergäbe sich immer noch kein Unterschied. Und wenn wir schon eine Entscheidung treffen müssen, dürfte die dem Verhalten nächstliegende Ursache am ehesten Anspruch darauf haben, der Reiz genannt zu werden, denn je weiter ein Ereignis in kausaler Hinsicht vom Wahrnehmenden entfernt ist, desto eher besteht die Möglichkeit einer Unterbrechung der Kausalkette. Warum sollte man mit Bezug auf das Kind nicht das gleiche sagen? Man könnte behaupten: Seine Reaktion gilt nicht den Tischen, sondern den Reizmustern an seiner Oberfläche, denn diese Reizmuster rufen das Verhalten immer hervor, während es von Tischen nur ausgelöst wird, wenn die Bedingungen günstig sind.

Was erklärt den Umstand, daß es uns so natürlich vorkommt zu sagen, der Hund reagiere auf die Glocke, das Kind auf Tische? Es kommt uns deshalb natürlich vor, weil es – für uns – tatsächlich das Natürliche ist. Ebenso wie der Hund und das Kind auf bestimmte Reize in ähnlicher Weise reagieren, so reagieren auch wir selbst. Wir sind diejenigen, die es natürlich finden, die verschiedenen Speichelabsonderungen des Hundes zusammenzugruppieren; und die kausal mit dem Verhalten des Hundes verbundenen Ereignisse in der Welt, die wir bemerken und zusammengruppieren, sind Glockengeläute. Wir finden die Äußerungen des Wortes »Tisch« seitens des

in der einen oder anderen Weise stattfindet, und zwar bei verschiedenen Personen in ähnlicher Weise.

Kindes ähnlich, und die während dieser Äußerungen in der Welt gegebenen Dinge, die wir von Natur aus zusammengruppieren, bilden eine Klasse von Tischen. Die akustischen und visuellen Muster, die mit jeweils unterschiedlicher Geschwindigkeit zwischen Glocke und Hundeohren bzw. zwischen Tischen und Kinderaugen dahinschießen, können wir nicht ohne weiteres wahrnehmen; und wenn wir es könnten, würde es uns womöglich schwerfallen anzugeben, was ihre Ähnlichkeit ausmacht. (Es sei denn freilich, man bedient sich eines Tricks und sagt, dies seien die für das Läuten von Glokken bzw. für das Sehen von Tischen charakteristischen Muster.) Ebenso gilt, daß wir die Reizung der Nervenenden anderer Personen und Tiere nicht wahrnehmen; und wenn wir es täten, fänden wir es wahrscheinlich unmöglich, in nichtzirkulärer Weise zu beschreiben, wie es kommt, daß die Muster bei den verschiedenen Versuchen in relevanter Hinsicht ähnlich wirken. Dieses Problem gliche weitgehend dem der Definition von Tischen und Glockenläuten durch Bezugnahme auf Sinnesdaten, aber ohne Erwähnung von Tischen oder Glocken, und seine Lösung wäre ebenso unmöglich.

Unser Bild umfaßt nunmehr nicht bloß zwei, sondern drei Ähnlichkeitsmuster. Das Kind findet Tische ähnlich; wir finden Tische ähnlich; und außerdem finden wir die Reaktionen des Kindes auf Tische ähnlich. Jetzt hat es Sinn, daß wir die Reaktionen des Kinds Reaktionen auf Tische nennen. Sind diese drei Reaktionsmuster gegeben, können wir den Reizen, welche die Reaktionen des Kinds auslösen, einen Ort zuordnen. Die relevanten Reize sind die Gegenstände oder Ereignisse, die wir natürlicherweise ähnlich finden (nämlich Tische) und die in wechselseitigen Beziehungen stehen zu Reaktionen des Kindes, die wir ihrerseits ähnlich finden. Das ist eine Form von Triangulation: Eine Linie verläuft vom Kind aus zum Tisch hin, eine weitere Linie verläuft von uns aus zum Tisch hin, und die dritte Linie geht von uns hin zum Kind. Seinen Ort hat »der« Reiz dort, wo die Linie vom Kind zum Tisch sich mit der Linie von uns zum Tisch schneidet. Ist unsere Sicht des Kindes und der Welt gegeben, können wir »die« Ursache der Reaktionen des Kinds ermitteln. Es handelt sich um die gemeinsame Ursache unserer Reaktion und der Reaktion des Kindes.[17]

Damit sind genügend Merkmale an ihren Platz gerückt worden, um der Vorstellung, der Reiz habe einen objektiven Ort in einem gemeinsamen Raum, Sinn zu verleihen. Allerdings zeigt nichts an diesem Bild, daß entweder wir, die Beobachter, oder unsere Versuchssubjekte, der Hund und das Kind, über diese Vorstellung verfügen. Dennoch sind wir ein gutes Stück vorangekommen. Denn wenn ich recht habe, ist die von mir beschriebene Art der Triangulation zwar nicht hinreichend für den Nachweis, daß ein Lebewesen einen Begriff hat für einen bestimmten Gegenstand oder für eine Art von Gegenständen, wohl aber notwendig, damit es überhaupt eine Antwort gibt auf die Frage, was durch die Begriffe dieses Lebewesens begrifflich erfaßt wird. Wenn wir ein einzelnes Lebewesen allein betrachten, können seine Reaktionen – egal, wie komplex sie sind – nicht zeigen, daß sich seine Reaktionen oder Überlegungen auf Ereignisse beziehen, die sich in einer gewissen Entfernung von ihm abspielen, und nicht etwa auf seiner Haut. Die Welt des Solipsisten kann jede beliebige Größe annehmen, was nichts anderes besagt, als daß sie vom Standpunkt des Solipsisten keine Größe hat und gar keine Welt ist.

Dabei geht es, wie ich betonen sollte, nicht um das Problem, wie man verifizieren könnte, auf welche Gegenstände oder Ereignisse ein Lebewesen reagiert, sondern ausschlaggebend ist, daß es ohne ein auf das erste Lebewesen reagierendes

17 Die Metapher der Triangulation wird in Abhandlung 7 eingeführt. Die Vorstellung von der »gemeinsamen Ursache« wird in Abhandlung 10 ausführlicher dargelegt. Daß der Gedanke ein soziales Phänomen ist, wird in dem Aufsatz »Denken und Reden« (Nr. 11 in *Wahrheit und Interpretation*) sowie in der Abhandlung 7 des vorliegenden Bands betont.

zweites Lebewesen keine Antwort auf diese Frage geben kann. Und natürlich gilt: Wenn es auf diese Frage keine Antwort gibt, gibt es auch keine Antwort auf die Frage, welche Sprache von einem bestimmten Lebewesen gesprochen werde. Denn um eine Sprache als eine bezeichnen zu können, die tatsächlich gesprochen wird, ist es erforderlich, daß Äußerungen auf Gegenstände und Ereignisse in der Welt abgebildet werden (bei denen es sich im allgemeinen nicht um Ereignisse auf der Hautoberfläche handelt). Daher können wir, als Vorstufe zu einer Beantwortung unserer Ausgangsfrage, sagen, daß es, ehe jemand Gedanken haben kann, ein oder mehrere andere Lebewesen geben muß, die mit dem Sprecher interagieren. Dies kann aber natürlich nicht ausreichen, denn das bloße Interagieren als solches zeigt nicht, in welcher Weise die Interaktion für die beteiligten Wesen von Bedeutung ist. Sofern man von den betreffenden Wesen nicht sagen kann, sie reagierten auf die Interaktion, besteht keine Möglichkeit, wie *sie* sich für ihre Erkenntnisse die dreifältige Beziehung zunutze machen können, durch die *unserer* Vorstellung Inhalt verliehen wird, daß sie auf einen bestimmten Gegenstand reagieren und nicht auf einen anderen.

Folgendes sind demnach notwendige Teilbedingungen: Die Interaktion muß den interagierenden Lebewesen zugänglich gemacht werden. So hat das Kind, welches das Wort »Tisch« lernt, im Grunde bereits gemerkt, daß die Reaktionen des Lehrers ähnlich (nämlich belohnend) sind, sobald seine eigenen Reaktionen (Äußerungen des Wortes »Tisch«) ähnlich sind. Der Lehrer wiederum bringt dem Kind bei, ähnlich auf das zu reagieren, was er (der Lehrer) als ähnliche Reize wahrnimmt. Damit dies funktioniert, müssen die angeborenen Ähnlichkeitsreaktionen von Kind und Lehrer – also das, was sie von Natur aus zusammengruppieren – weitgehend ähnlich sein; andernfalls wird das Kind auf die nach Ansicht des Lehrers ähnlichen Reize in Weisen reagieren, die der Lehrer nicht für ähnlich erachtet. Eine Bedingung dafür, daß man ein Sprecher sein kann, ist die, daß es andere geben muß, die einem selbst hinreichend ähnlich sind.

Von den für das Sprechen einer Sprache offenbar wesentlichen Begriffen der Überzeugung und der Absicht ist in meiner expliziten Darstellung bislang nicht die Rede gewesen. Ich denke gar nicht daran, diese Begriffe durch Bezugnahme auf die bis jetzt geschilderten simplen Konditionierungssituationen einführen zu wollen. Der Begriff des Gedankens läßt sich auf keinen anderen zurückführen, und auf diese simplen Begriffe erst recht nicht. Ich habe lediglich zu zeigen versucht, daß Interaktion zwischen ähnlichen Lebewesen eine notwendige Bedingung für das Sprechen einer Sprache ist.

Nun wollen wir zwei Punkte zusammenbringen: Erstens, wenn jemand Gedanken hat, muß es ein anderes empfindungsfähiges Wesen geben, dessen angeborene Ähnlichkeitsreaktionen den eigenen hinreichend ähneln, um die Frage zu beantworten, auf welchen Reiz der Sprecher denn eigentlich reagiere. Zweitens, wenn die Reaktionen des Sprechers sprachlicher Art sind, müssen sie bewußt und absichtlich Reaktionen auf spezifische Reize sein. Der Sprecher muß den Begriff des betreffenden Gegenstands – der Glocke oder der Tische – haben. Da die Glocke bzw. der Tisch nur mit Hilfe des Durchschnitts von zwei (oder mehr) Mengen von Ähnlichkeitsreaktionen (die wir nachgerade Denklinien nennen könnten) identifiziert wird, besteht das Haben des Tisch- bzw. des Glockenbegriffs darin, daß man das Vorhandensein eines Dreiecks erkennt, dessen einer Scheitelpunkt man selbst ist, während ein weiterer ein anderes Lebewesen von ähnlicher Artung und der dritte ein Gegenstand (Tisch oder Glocke) ist, der sich in einem somit gemeinschaftlich gestalteten Raum befindet.

Daß der zweite Scheitelpunkt, also das zweite Lebewesen oder die zweite Person, auf denselben Gegenstand reagiert wie man selbst, kann man nur dadurch in Erfahrung bringen, daß man herausbekommt, ob die andere Person denselben Gegenstand im Sinn hat. Doch dann muß die zweite Person ebenfalls wissen, daß die erste Person einen Scheitelpunkt desselben Dreiecks bildet, welches einen anderen Scheitelpunkt aufweist, der von ihr – der zweiten Person – eingenommen wird. Damit zwei Personen voneinander wissen können, daß sie – daß ihre Gedanken – in einer solchen Beziehung zueinander stehen, ist erforderlich, daß es zwischen ihnen zur Kommunikation kommt. Jede dieser beiden Personen muß mit der jeweils anderen reden und von der anderen verstanden werden. Wie schon gesagt: Sie brauchen zwar mit denselben Wörtern nicht dasselbe zu meinen, aber sie müssen beide Interpreten des jeweils anderen sein.

Die in den letzten beiden Absätzen hastig geäußerten Bemerkungen deuten an, was man tun müßte, um eine Erklärung sinnvollen Redens zu geben. Aber auf eine solche Erklärung hatte ich es hier gar nicht abgesehen, sondern ich wollte nur eine Argumentation ausfindig machen, die zeigt, warum die erste Sprache nicht privat sein kann.

Diese Argumentation zeigt, daß die erste Sprache einer Person nicht privat sein kann, d. h. es kann sich nicht um eine Sprache handeln, die von nur einem Lebewesen verstanden wird. Insofern steht diese Argumentation in Einklang mit Kripkes Wittgenstein. Allerdings schlägt meine Argumentation einen anderen Weg ein, und sie würzt den sozialen Aspekt der Sprache in anderer Weise. Kripke ist auf die zweite Person bzw. auf eine Gemeinschaft angewiesen, um ein eingeschliffenes Verfahren zu konkretisieren, an dem sich auch der Sprecher beteiligen kann. Die von mir skizzierte Argumentation hingegen läßt ein gemeinsames Verfahren natürlich zu, setzt es aber nicht voraus, doch sie hängt davon ab, daß wenigstens zwei Sprecher-Interpreten miteinander interagieren, denn wenn ich recht habe, könnte man ohne Interaktion mit einer zweiten Person gar nicht angeben, worüber ein Sprecher redet oder nachdenkt, und es gäbe keine Basis für die Behauptung, er könne Gegenstände in einem objektiven Raum und in objektiver Zeit lokalisieren.

Die hier dargelegten Überlegungen gelten nicht nur für die Sprache, sondern genauso auch für das Denken im allgemeinen. Glauben, Beabsichtigen und die übrigen propositionalen Einstellungen sind allesamt etwas Soziales, denn sie sind Zustände, in denen sich ein Lebewesen nicht befinden kann, ohne über den Begriff der objektiven Wahrheit zu verfügen; und dies ist ein Begriff, den man nicht haben kann, ohne daß man an derselben Welt und an derselben Denkweise über die Welt teilhat wie jemand anders und überdies weiß, daß man daran teilhat.

9
Die Entstehung des Denkens

Der Bibel zufolge war das Wort von Anfang an da, doch es erscheint einleuchtender, daß Worte und Gedanken erst vor recht kurzer Zeit zum Vorschein gekommen sind. Was bedeutet es jedoch, wenn man sagt, ein Aspekt der Welt sei »entstanden«?

Von Entstehung zu reden, hat nur Sinn, wenn man einen bestimmten Blickpunkt einnimmt und sich im Rahmen einer bestimmten Begriffsmenge bewegt. Unter Voraussetzung *unserer* Begriffsmenge können wir uns einen Reim auf die Vorstellung machen, daß verschiedene Begriffe zu verschiedenen Zeiten exemplifiziert wurden. Die Begriffe der Quantentheorie wurden schon ganz früh exemplifiziert. Die Begriffe für die diversen Elemente erhielten erst später nach und nach konkrete Entsprechungen. Der Begriff des Lebens ist erst vor recht kurzer Zeit exemplifiziert worden, und unter die Begriffe des Denkens und der Sprache fällt erst ganz neuerdings etwas, nämlich seit es höhere Säugetiere gibt. Das heißt nicht, daß sich die Gesetze der Physik geändert haben, aber es bedeutet, daß wir, um Gedanken zu beschreiben und zu erklären, Begriffe benötigen, die nicht mit Hilfe des Vokabulars der Physik (oder sonst einer Naturwissenschaft) definiert werden können. Entstehung ist also in einem klaren Sinn relativ zu einer Begriffsmenge. Begriffe sind ihrerseits etwas Abstraktes und somit natürlich zeitlos, doch es kann geschehen, daß bestimmte Begriffe erst im Laufe der Zeit exemplifiziert werden. Das Universum kümmert sich, wie nicht eigens gesagt werden muß, nicht um unsere Begriffe. Uns hingegen liegt sehr viel an der Exemplifizierung derjenigen Begriffe, von denen der Begriff des Denkens abhängt, also solcher Begriffe wie: Überzeugung, Wunsch, Absicht, absichtliches Handeln, Erinnerung, Wahrnehmung und was es sonst noch an menschlichen Einstellungen und Eigenschaften gibt.

Zunächst möchte ich darlegen, warum es meines Erachtens ein so schwieriges Unterfangen ist, irgend etwas Interessantes und Tiefes über die Entstehung des Denkens zu sagen. Der Grund liegt darin, daß es so viele Begriffe gibt, die wir schon haben müssen, um die samt und sonders voneinander abhängigen Tätigkeiten des Denkens, des Handelns aus Gründen, des Glaubens oder des Bezweifelns zu thematisieren oder zu beschreiben. Das ist der *Holismus des Mentalen*, die wechselseitige Abhängigkeit verschiedener Aspekte des Geistigen. Innerhalb einer Dimension des Mentalen – etwa im Bereich der Überzeugungen – ist es offenbar unmöglich, die Vorstellung verständlich zu machen, jemand habe vielleicht nur ein oder zwei Überzeugungen. Überzeugungen stellen sich nicht jeweils einzeln ein. Was die Identität einer Überzeugung bestimmt und sie zu eben dieser gegebenen Überzeugung macht, ist (neben anderen Faktoren) ihre Beziehung zu anderen Überzeugungen. Man kann nicht eine Katze zu sehen glauben, ohne auch viele sonstige Dinge zu glauben: Man muß wissen, was eine Katze ist und was Sehen ist, und vor allem muß man die sei's noch so abwegige Möglichkeit erkennen, daß man sich irren kann. Manche Leute meinen, ein Hund könne solche isolierten Überzeugungen haben, doch ich für mein Teil habe aus den eben aufgezählten Gründen den Eindruck, daß Hunde weder Überzeugungen noch irgendwelche anderen propositionalen Einstellungen haben. Sie urteilen nicht.

Weder ein Hund noch sonst ein Lebewesen kann eine Einzelüberzeugung haben wie: Es sehe eine Katze. Der Grund dafür liegt darin, daß die Identität einer Überzeugung durch den vage so bezeichneten *propositionalen Inhalt* bestimmt wird. Demnach muß man, um eine Überzeugung über eine Katze zu haben, jene Begriffe beherrschen, die in das betreffende Urteil bzw. diese Überzeugung hineinspielen. Ein Lebewesen hat den Begriff der Katze nicht schon deshalb, weil es Katzen von anderen Dingen in seiner Umwelt unterscheiden kann. Mäuse sind äußerst geschickt, wenn es darum geht, Katzen von Bäumen, Löwen und Schlangen zu unterscheiden. Aber die Fähigkeit, Katzen unterscheiden zu können, ist nicht das gleiche wie: den Begriff der Katze haben. Den Begriff der Katze hat man nur, wenn man versteht, was es heißt, diesen Begriff *falsch anzuwenden*, also zu glauben oder zu urteilen, etwas, was keine Katze ist, sei eine Katze. Um den Begriff der Katze zu haben, muß man über den Begriff des Tiers oder zumindest über den Begriff des kontinuierlich existierenden physischen Gegenstands verfügen, über den Begriff eines Gegenstands, der sich in bestimmter Art und Weise bewegt, eines Etwas, das sich in seiner Umwelt ungezwungen bewegt, eines Etwas, das Empfindungen hat. Es gibt keine feststehende Liste von Dingen, die man über Katzenhaftigkeit wissen oder damit assoziieren muß. Doch sofern man nicht eine ganze Menge von Meinungen darüber hat, was eine Katze ist, hat man auch nicht den Begriff der Katze.

Da Überzeugungen durch ihre Beziehungen zu anderen Überzeugungen individuiert und identifiziert werden, muß man eine Vielzahl von Überzeugungen haben, um überhaupt welche zu haben. Überzeugungen stützen einander und verleihen einander Inhalt. Außerdem stehen Überzeugungen in logischen Beziehungen zueinander. Infolgedessen läßt sich der Inhalt von Überzeugungen nur dann ermitteln, wenn die Überzeugungen des Betreffenden einigermaßen miteinander in Einklang stehen. Ein gewisses Maß an Rationalität oder Widerspruchsfreiheit ist daher eine Bedingung für das Haben von Überzeugungen.

Damit soll nicht gesagt sein, jeder sei vollkommen rational. Vielmehr ist jeder dazu fähig, einen logischen Fehler zu machen oder Überzeugungen im Sinn zu haben, die einander widersprechen. (So haben beispielsweise sowohl Frege als auch Quine Bücher geschrieben, die auf inkonsistenten Logiken basierten.) Es gibt jedoch eine Grenze der Inkonsistenz, die mit der Zuschreibung von klar definierten Einstellungen eben noch verträglich ist. Jede Überzeugung muß mit anderen Überzeugungen, welche mit jener vereinbar sind, verknüpft sein, um als Überzeugung mit klarem Inhalt identifiziert werden zu können. Inkonsistenz oder sonstige Formen der Irrationalität können nur innerhalb des Raums der Gründe vorkommen. Widersprüchlichkeiten sind kein bloßes Fehlen von Rationalität, sondern Störungen der Rationalität.

Daher möchte ich nachdrücklich betonen, daß man über eine recht reichhaltig ausgestattete Menge von Grundbegriffen verfügen muß, um überhaupt irgendwelche Begriffe zu haben. Dabei habe ich kaum damit begonnen, den Grad der wechselseitigen Abhängigkeit zwischen Überzeugungen zu skizzieren. Zusätzlich zu den logischen Beziehungen gibt es nämlich auch Beziehungen der Untermauerung durch Belege. Es gibt zwar nur wenige Begriffe, die sich durch Bezugnahme auf ihren empirischen Gehalt definieren lassen, doch bei Überzeugungen muß das Glauben an faktische Gegebenheiten für die Wahrheit anderer Überzeugungen sprechen. Solche Beziehungen der Stützung durch Belege oder Induktion sind für die Identität vieler Überzeugungen wesentlich.

Zusätzlich zu den Beziehungen zwischen Überzeugungen gibt es hier auch Beziehungen zwischen Überzeugungen einerseits und evaluativen Einstellungen andererseits. Es ist zweifelhaft, daß man einem Lebewesen Überzeugungen zuschreiben könnte, wenn es nicht außerdem Wünsche hätte, denn es ist ein wesentlicher Aspekt der Überzeugungen, daß sie Verhalten beeinflussen und durch Verhalten belegt werden. Evaluative Einstellungen – zu denen neben den Wünschen auch Absichten, moralische Überzeugungen, Anschauungen über Pflichten und Verpflichtungen gehören – sind überdies propositionale Einstellungen. Aus der Grammatik der Ausdrücke, mit deren Hilfe evaluative Einstellungen zugeschrieben werden, geht das nicht immer deutlich hervor.

Man redet beispielsweise davon, einen Apfel zu wollen. Wenn nun jemand sagt: »Ich möchte einen Apfel«, wäre es zwar vielleicht unhöflich, aber stets sachgerecht zu fragen: »Und wozu möchtest du ihn?« Es hat keinen Sinn zu erwidern: »Ich möchte den Apfel einfach so, weder für etwas noch in irgendeiner bestimmten Weise.« Darauf könnte man antworten: »In Ordnung, da hast du ihn. Da in dem Baum hängt er. Was willst du denn sonst noch?« Die Antwort könnte lauten: »Ich möchte ihn in meiner Hand – oder in meinem Korb – oder weg vom Baum und in meinem Bauch usw.« Wünsche und Gelüste sind auf propositionale Inhalte gerichtet. Was man will, ist, *daß* es wahr sein möge, daß man den Apfel in der Hand hält oder essen kann. Ähnliches gilt für Absichten. Wer die Absicht hat, in die Oper zu gehen, beabsichtigt, dafür zu sorgen, *daß* er im Opernhaus sitzt.

Überzeugungen und Wünsche wirken zusammen und bringen es dadurch zuwege, daß absichtliche Handlungen verursacht, rationalisiert und erklärt werden. Wenn man absichtlich handelt, handelt man aus Gründen, und diese Gründe enthalten stets sowohl Werte als auch Überzeugungen. Wir würden nicht handeln, wenn es nicht einen Wert oder einen Zweck gäbe, den wir erreichen wollen (bzw. ein vermeintes Übel, das wir zu vermeiden hoffen), und wenn wir nicht glaubten, unser Ziel sei durch unsere Handlungsweise zu erreichen. Die Entscheidungstheorie ist ein Verfahren zur Systematisierung der Beziehungen zwischen Überzeugungen, Wünschen und Handlungen. Dazu geht diese Theorie mit einem komplexen, aber klar definierten Muster an das interaktive Verhältnis zwischen den Überzeugungen und Wünschen der Leute heran. Häufig wird die Entscheidungstheorie als falsche Beschreibung des wirklichen Handelns der Menschen verhöhnt. Man hat viel Scharfsinn aufgewendet, um Versuchspersonen durch Tricks dazu zu bringen, eine Reihe von Entscheidungen zu treffen, die der Theorie zufolge inkonsistent sind. Als Beschreibung des wirklichen Verhaltens scheint die Entscheidungstheorie deshalb falsch zu sein, weil es keine völlig befriedigende Methode zu ihrer Überprüfung gibt. Der Test hängt stets von den exakten Einzelheiten des Verfahrens ab, durch das der Theorie eine empirische Anwendung gegeben wird. Dennoch entspricht die Theorie unseren intuitiven Vorstellungen davon, wie wirkliche Entscheidungen getroffen werden. Im Grunde tut sie nichts weiter, als unser Common-sense-System zur Erklärung absichtlichen Handelns auszubuchstabieren. Denn einerlei, ob wir darüber nachdenken oder nicht: Wir alle treffen unsere Entscheidungen im Lichte unserer Gewichtungen der Werte verschiedener möglicher Ergebnisse unserer Handlungen und unter Berücksichtigung der Wahrscheinlichkeiten, die wir der einen oder anderen Handlungsweise zur Durchsetzung dieser Werte zuordnen. Warum jemand so handelt, wie er faktisch handelt, das versteht man nur, wenn man annimmt, daß der Betreffende den möglichen Ergebnissen dieses Handelns unterschiedlich abgestufte Werte zumißt und die Wahrscheinlichkeit abschätzt, mit der eine gegebene Handlung dieses oder jenes Resultat nach sich zieht. Demnach ist die Entscheidungstheorie zwar nicht zu präzisen Vorhersagen wirklicher Entscheidungen imstande, entspricht aber dennoch unseren intuitiven Vorstellungen davon, wie wirkliche Entscheidungen getroffen werden, und ist somit ein Bestandteil unseres Common-sense-Systems zur Erklärung absichtlichen Verhaltens.

Mit diesen Ausführungen betone ich den Holismus des Mentalen, also das Ausmaß, in dem verschiedene Aspekte des Geistigen voneinander abhängen. Es gibt, wie ich dargelegt habe, keine Überzeugungen ohne viele weitere Überzeugungen, die mit jenen zusammenhängen; es gibt keine Überzeugungen ohne Wünsche, keine Wünsche ohne Überzeugungen, keine Absichten ohne Überzeugungen *und* Wünsche. In begrifflicher Hinsicht gehören die Handlungen ihrerseits zum Gebiet des Mentalen, denn ein Verhalten gilt nur dann als Handlung, wenn es eine Beschreibung gibt, unter der dieses Verhalten ein absichtliches ist und daher als eines erklärt werden kann, das einen Grund hat. Natürlich wird es mit Bezug auf jede Handlung viele Beschreibungen geben, unter denen sie keine absichtliche ist. Handlungen können, wie jeder Gegenstand und jedes Ereignis, auf unbegrenzt viele verschiedene Weisen beschrieben werden. Wenn ich mich etwa absichtlich hinsetze, verdränge ich unabsichtlich eine Reihe von Luftmolekülen; ich drücke unabsichtlich das Kissen, auf das ich mich setze, ein; ohne jede Absicht verändere ich das Gravitationszentrum der Erde, des Sonnensystems und unserer Heimatgalaxie. Selbst unsere Mißerfolge sind etwas Absichtliches. Das heißt freilich nicht, daß wir zu scheitern beabsichtigen, sondern es geht darum, daß man, indem man scheitert, dennoch etwas mit Absicht tut. Wenn mein Schuß ins Aus geht, wurde zwar eine Absicht vereitelt, aber trotzdem wurde der Ball mit Absicht geschossen.

Der Leser wird meine Strategie erkannt haben. Ich erweitere das Gebiet der mentalen Aspekte des Lebens, die allesamt gemeinsam entstehen müssen. Absichtliches Handeln kann nicht vor Überzeugungen und Wünschen entstehen, denn eine absichtliche Handlung ist eine, die mit Hilfe der sie verursachenden Überzeugungen und Wünsche erklärt wird; Überzeugungen können nicht jeweils vereinzelt entstehen, denn der Inhalt jeder Überzeugung hängt von ihrem Ort im Zusammenhang weiterer Überzeugungen ab, usw. Es ist der Holismus des Mentalen, der dafür sorgt, daß die Entstehung des Mentalen so schwer zu beschreiben ist. Es kann keine Abfolge nacheinander zum Vorschein kommender Merkmale des Geistigen geben, jedenfalls nicht, wenn diese Merkmale mit Hilfe des üblichen mentalistischen Vokabulars beschrieben werden sollen. Natürlich läßt sich alles in der Welt und ihrer Geschichte grundsätzlich mit Hilfe der Sprache der Physik beschreiben, und daher ist es auch möglich, jedes Stadium der Entstehung des Denkens in physikalischer Terminologie zu beschreiben. Doch als Erklärung der Entstehung des Mentalen wird dieses Vorgehen scheitern, denn weder kennen wir ein Verfahren zur Abbildung der in physikalischer Terminologie beschriebenen Ereignisse auf in mentaler Terminologie beschriebene Ereignisse noch können wir damit rechnen, ein solches Verfahren ausfindig zu machen.

Die Schwierigkeit der Beschreibung der Entstehung geistiger Phänomene ist ein begriffliches Problem: Es ist die Schwierigkeit der Beschreibung der Frühstadien des Heranreifens der Vernunft, also jener Stadien, die der Situation vorangehen, in der Begriffe wie Absicht, Überzeugung und Wunsch eine klare Anwendung haben. Sowohl im Rahmen der menschheitsgeschichtlichen Evolution des Denkens als auch im Rahmen der individuellen Evolution des Denkens gibt es ein Stadium, in dem kein Denken gegeben ist, sowie ein daran anschließendes Stadium, in dem es tatsächlich Gedanken gibt. Die Entstehung des Denkens beschreiben hieße: den Prozeß beschreiben, der vom ersten dieser beiden Stadien zum zweiten führt. Was uns fehlt, ist ein befriedigendes Vokabular zur Beschreibung der Zwischenschritte. Wir sind durchaus dazu in der Lage, das Tun eines noch nicht sprechenden Kindes zu beschreiben, indem wir die Sprache der Neurologie benutzen; andernfalls können wir die Bewegungen und die laut werdenden Geräusche in grob behavioristischer Terminologie schildern. Man kann sich selbst einreden, das Kind spreche, wenn es Laute von sich gibt, die im Falle der Äußerung durch einen echten Sprachbenutzer eine bestimmte Bedeutung hätten. (Dergleichen ist sogar möglich, wenn es sich um Schimpansen handelt.) Eine vertraute Bedeutung, einen propositionalen Inhalt haben Wörter, ebenso wie Gedanken, jedoch nur, wenn sie in einem reichhaltigen Kontext vorkommen, denn ein solcher Kontext ist nötig, um den Wörtern oder Gedanken einen Ort und eine sinnvolle Funktion zu geben. Wenn eine Maus Stimmbänder der richtigen Art hätte, könnte man sie dazu abrichten, »Käse« zu sagen. Aber wenn das Wort von der Maus geäußert würde, hätte es keine Bedeutung, und die Maus würde gar nicht verstehen, was sie »sagt«. Das ist die Art und Weise, in der auch Kleinkinder Wörter äußern; und wenn sie es nicht täten, würden sie nie eine Sprache beherrschen lernen. Doch wenn man beschreiben möchte, was im Kopf des Kindes vor sich geht, wenn es nur wenige Wörter kann, die es in passenden Situationen äußert, wird der Beschreibungsversuch scheitern, weil man selbst nicht über Wörter der richtigen Art verfügt. Wir haben viele Vokabulare zur Beschreibung der für ungeistig erachteten Natur, und außerdem haben wir ein mentalistisches Vokabular zur Beschreibung des Denkens und des absichtlichen Handelns. Was uns abgeht, ist ein Verfahren zur Beschreibung des Zwischenbereichs. Besonders deutlich wird das, wenn wir von den »Absichten« und »Wünschen« einfacher Tiere reden. Wir kennen kein besseres Verfahren zur Erklärung ihres Tuns.

Es ist allerdings nicht so, als hätten wir eine klare Vorstellung davon, welcher Art die Sprache wäre, die wir zur Schilderung eines erst teilweise fertigen Bewußtseins verwenden könnten. Es mag sein, daß hierin eine ganz tiefe begriffliche Schwierigkeit oder Unmöglichkeit enthalten ist. Das heißt, daß in der Aufgabe einer vollständigen Beschreibung der Entstehung des Denkens vielleicht ein unüberwindliches Problem steckt. Ich bin dankbar dafür, daß ich nicht auf dem Gebiet der entwicklungspsychologischen Forschung arbeite.

Diesen pessimistischen Äußerungen zum Trotz habe ich einige Vorschläge hinsichtlich einer möglichen Herangehensweise an das Problem, wie sich etwas Verständliches über die Entstehung des Denkens sagen ließe. Es gibt eine vorsprachliche, präkognitive Situation, die nach meinem Dafürhalten eine notwendige Bedingung für Denken und Sprache bildet, und dabei handelt es sich um eine Situation, die unabhängig vom Denken gegeben sein und daher dem Denken vorhergehen kann. Es ist eine Situation, deren Bestehen sowohl im Fall nichtmenschlicher Tiere als auch im Fall kleiner Kinder zu beobachten ist. Die Grundsituation ist eine, an der mindestens zwei gleichzeitig miteinander und mit ihrer gemeinschaftlichen Welt interagierende Lebewesen beteiligt sind. Ich nenne das *Triangulation*. Sie ist das Resultat einer dreifachen Interaktion – einer Interaktion, die vom Standpunkt jedes der beiden Akteure zwei Seiten hat: Jeder der beiden interagiert gleichzeitig mit der Welt und dem jeweils anderen Akteur. Um es ein wenig anders zu formulieren: Jedes der beiden Lebewesen lernt, die Reaktionen des anderen Lebewesens mit Veränderungen oder Gegenständen in der Welt, auf die es auch seinerseits reagiert, zu korrelieren. In ihrer schlichtesten Form kann man diese Situation an einem Fischschwarm beobachten, in dem jeder Fisch fast augenblicklich auf die Bewegungen der anderen reagiert. Das ist offenbar eine fest verdrahtete Reaktion. Eine erlernte Reaktion läßt sich an bestimmten Affen beobachten, die drei unterscheidbare Laute von sich geben, je nachdem, ob sie eine Schlange, einen Adler oder einen Löwen herankommen sehen. Die anderen Affen reagieren, vielleicht ohne ihrerseits die Gefahr zu sehen, auf die Warnlaute, indem sie der jeweiligen Gefahr entsprechend auf Bäume klettern, davonlaufen oder sich verstecken. Sobald wir darüber nachdenken, sehen wir jedoch ein, daß das durchaus komplexe und zweckgerichtete Verhalten dieser Primaten nicht auf propositionale Überzeugungen, Wünsche oder Absichten zurückgehen und daß ihre Kommunikationsform keine Sprache konstituieren kann.

Trotzdem ist das angedeutete Dreieck für die Existenz des Denkens und folglich auch für die Entstehung des Denkens wesentlich. Es gibt nämlich zwei Aspekte des Denkens, die ohne das Dreieck nicht erklärt werden können. Diese beiden Aspekte sind zum einen die Objektivität des Denkens und zum anderen der empirische Inhalt der Gedanken über die Außenwelt.

Denken – propositionales Denken – ist insofern objektiv, als es einen Inhalt hat, der (von seltenen Ausnahmen abgesehen) unabhängig vom Vorhandensein des Gedankens oder des Denkenden wahr oder falsch ist. Außerdem ist dies eine Tatsache, über die sich der Denkende im klaren sein muß. Man kann etwas weder glauben noch bezweifeln, ohne zu wissen, daß das Geglaubte oder Bezweifelte wahr oder falsch sein kann und daß man sich womöglich irrt. Woher rührt die Vorstellung, daß wir uns womöglich irren – daß sich die Dinge vielleicht nicht entsprechend unseren Meinungen über sie verhalten? Wittgenstein hat (jedenfalls nach meinem Verständnis) vorgeschlagen, daß wir ohne unsere Interaktionen mit anderen Personen gar keinen Begriff davon hätten, daß man etwas falsch oder richtig machen kann. Das von mir beschriebene Dreieck steht für die einfachste interpersonale Situation. In ihr korrelieren zwei (oder mehr) Lebewesen ihre eigenen Reaktionen auf äußere Phänomene mit den Reaktionen des jeweils anderen Lebewesens. Sobald diese Korrelationen hergestellt sind, kann jedes der beiden Lebewesen das äußere Phänomen erwarten, wenn es die damit assoziierte Reaktion des anderen wahrnimmt. Die Möglichkeit des Irrtums wird dadurch ins Spiel gebracht, daß Erwartungen gelegentlich enttäuscht werden; hier ist die wechselseitige Beziehung zwischen den Reaktionen nicht gegeben. Diesen Gedanken bringt Wittgenstein zum Ausdruck, wenn er davon spricht, daß der Regel folgen etwas anderes ist als bloß der Regel zu folgen glauben. Er sagt, der Regel folgen (es richtig machen) hänge im Grunde davon ab, daß man ebenso vorgeht wie die anderen.[1] Natürlich können sich die anderen manchmal irren. Das soll aber nicht heißen, der Wahrheitsbegriff werde durch Konsens definiert, sondern es geht darum, daß der Konsens den Raum für die Anwendung des Wahrheitsbegriffs schafft. Wenn das zutrifft, ist das Denken ebenso wie die Sprache notwendig etwas Soziales.

Die soziale Interaktion – die Triangulation – liefert uns außer-

1 Siehe allerdings die Warnungen, die ich in Abhandlung 8 ausspreche.

dem die einzige Erklärung dafür, wie die Erfahrung unseren Gedanken einen spezifischen Inhalt geben kann. Ohne andere Personen, mit denen man gleichartige Reaktionen auf eine gemeinschaftliche Umwelt austauschen kann, gibt es keine Antwort auf die Frage, auf was in der Welt wir überhaupt reagieren. Der Grund hängt mit der Doppeldeutigkeit des Begriffs der Ursache zusammen. Eine Klärung dieser Doppeldeutigkeiten ist unentbehrlich, denn in den einfachsten Fällen ist es die Ursache einer Überzeugung, die dieser ihren Inhalt verleiht. Im vorliegenden Fall ist die Ursache doppelt unbestimmt: sowohl hinsichtlich der Weite als auch hinsichtlich der Entfernung. Die erste Doppeldeutigkeit betrifft die Frage, ein wie großer Anteil der Gesamtursache einer Überzeugung für den Inhalt relevant ist. Kurz gefaßt, lautet die Antwort, daß es derjenige Teil oder Aspekt der Gesamtursache ist, der Reaktionen hervorruft, die im Regelfall in relevanter Hinsicht ähnlich sind. In relevanter Hinsicht ähnlich werden die Reaktionen wiederum dadurch, daß diese Reaktionen auch von anderen für ähnlich angesehen werden. Wieder ist es die soziale Gemeinschaftlichkeit der Reaktionen, durch die die Objektivität des Inhalts verfügbar gemacht wird. Das zweite Problem hängt mit der Doppeldeutigkeit des relevanten Reizes zusammen, also mit der Frage, ob er proximal (beispielsweise auf der Haut) oder distal ist. Was den distalen Reiz zur relevanten Determinante des Inhalts macht, ist wieder der soziale Charakter dieses Reizes; er ist die gemeinsame Ursache. Dementsprechend wird der Reiz durch Triangulation bestimmt; er ist der Ort in der Welt, an dem die Ursachen konvergieren.

Die Dreiecksbeziehung zwischen den Akteuren und einer Umwelt, auf die sie wechselseitig reagieren, ist, wie ich dargelegt habe, eine notwendige Bedingung des Denkens. Hinreichend ist diese Bedingung nicht, was schon aus der Tatsache hervorgeht, daß sie bei Tieren gegeben sein kann, denen wir keine Urteilsfähigkeit zubilligen. Aus diesem Grund können wir etwas über eine Situation sagen, die vorkommen muß, wenn es Gedanken gibt, wobei es sich jedoch um eine Situation handelt, die unabhängig existieren und daher dem Denken in der Ordnung der Dinge vorhergehen kann. Sie kann vorher existieren, und mit Sicherheit existiert sie tatsächlich vorher. Daher können wir sagen, eine bestimmte Art der elementaren sozialen Interaktion gehöre mit zur Geschichte der Entstehung des Denkens.

Gibt es weitere notwendige Bedingungen des Denkens? Darauf ist meines Erachtens zu antworten: die Sprache. Das ist an und für sich keine große Hilfe, denn es liegt auf der Hand, daß ein über Sprache verfügendes Lebewesen denken kann. Sprache ist ein Werkzeug, um propositionale Inhalte zum Ausdruck zu bringen. Dennoch können wir die Frage aufwerfen, warum die Sprache dem Denken wesentlich ist. Der Grund ist, kurz gesagt, folgender: Sofern die Grundlinie des Dreiecks – die Linie zwischen den beiden Akteuren – nicht so weit verstärkt wird, daß sie der Mitteilung propositionaler Inhalte dienen kann, haben die Akteure keine Möglichkeit, die Dreieckssituation auszunutzen, um Urteile über die Welt zu bilden. Erst wenn eine Sprache gegeben ist, können Lebewesen etwas mit dem Begriff der objektiven Wahrheit anfangen. Über die tiefe Beziehung zwischen der Sprache als Mittel der interpersonalen Kommunikation und als Vehikel des Denkens ließe sich noch vieles sagen, aber hier werde ich diese Beziehung voraussetzen und mich ihrer bedienen, um noch etwas über die Entstehung des Denkens zu sagen. Die Sprache bietet uns die Chance, relativ trennscharfe Vergleiche zwischen verschiedenen sprachlichen und vorsprachlichen Symbolsystemen und verschiedenen Verfahren ihrer Beschreibung anzustellen.

Zu diesem Zweck möchte ich vorschlagen, daß wir einen Vergleich anstellen zwischen formalen Theorien der Semantik und Theorien über grundlegende Meßverfahren. In einer Theorie über grundlegende Meßfahren gibt es einen oder mehrere undefinierte Grundbegriffe. Im Fall der Messung von Gewichten beispielsweise kann es sich um die Beziehung »das eine Ding ist *zumindest genauso schwer wie* das andere« handeln sowie um die Operation »eins zum anderen *addieren*« (dies ist eine Funktion, von der zwei Sachen auf ihre Summe abgebildet werden). Diese Begriffe werden zwar nicht definiert, doch ehe die Theorie auf eine Reihe von Gegenständen angewendet oder an ihnen erprobt werden kann, muß eine Methode angedeutet werden, wie man den Grundbegriffen empirischen Inhalt geben kann. (Dementsprechend ist *a* zumindest so schwer wie *b*, wenn *a* in der Schale einer Balkenwaage, deren andere Schale *b* enthält, nicht nach oben geht.) Sodann gibt es eine Menge von *Axiomen*, welche die logischen Eigenschaften der Grundbegriffe und der zu messenden Entitäten bestimmen. (So werden die Axiome des Wiegens angeben, daß die Relation »zumindest so schwer wie ... sein« transitiv ist und daß die Summe von *a* und *b* zumindest so schwer ist wie die Summe von *b* und *a*.)

Das Ziel der Theorie ist eine in präziser Terminologie gehaltene Beschreibung der Beschaffenheit der Struktur, welche die einer Menge angehörenden Entitäten aufweisen müssen, damit wir ihnen Gewichte zuordnen können. Damit Gewichten die intuitiv erwarteten Eigenschaften zugesprochen werden können, muß nachgewiesen werden, daß die Axiome ausreichen, um diese Eigenschaften zu erklären. Einer der Sätze, die wir (nicht *innerhalb* der Theorie, sondern *bezüglich* der Theorie) beweisen wollen, ist ein Repräsentationstheorem, welches besagt, daß den unter die Theorie fallenden Gegenständen Zahlen in einer Weise zugeordnet werden können, bei der man über die Gewichtsrelationen zwischen den verschiedenen Gegenständen auf dem laufenden bleibt. Der zweite Satz, den man zu beweisen hat, ist ein Eindeutigkeitstheorem, das besagt: Wenn eine Menge von Zahlen die Gewichte von Gegenständen repräsentiert, dann wird jede andere Menge von Zahlen, die durch eine Transformation bestimmter Art mit der ersten Menge zusammenhängt, diese

Gewichte genauso gut repräsentieren. Im Fall des Gewichts wird die Multiplikation mit jeder positiven Konstante ein Maß in ein anderes verwandeln; Gewichtsangaben in Pfund taugen genauso viel wie Gewichtsangaben in Kilogramm.

Damit möchte ich nun eine semantische Theorie vergleichen, die sich auf einen Sprecher oder eine Gruppe von Sprechern bezieht. Die von Tarski angegebenen Wahrheitsdefinitionen können, wenn man sie so modifiziert, daß sie für natürliche Sprachen gelten, als derartige Theorien angesehen werden. Dann wird eine semantische Theorie, ebenso wie eine Theorie der Gewichtsmessung, einem oder mehreren undefinierten Grundbegriffen Einschränkungen auferlegen. Der wichtigste Grundbegriff ist der Begriff der Wahrheit. (Hier weicht mein Vorgehen von den Interessen und Absichten Tarskis ab. Während er die Wahrheit für bestimmte Sprachen *definiert* hat, schweben mir Axiomatisierungen eines allgemeinen und daher undefinierbaren Begriffs der Wahrheit vor. Bei diesem Vorgehen riskiert man genau das, was Tarski zu vermeiden bestrebt war, nämlich Inkonsistenz.) Die Theorie oktroyiert dann jeder Sprache, die sie beschreiben kann, eine bestimmte Struktur auf; und indem sie die Wahrheitsbedingungen aller Sätze einer Sprache angibt, definiert sie notwendig auch die logischen Beziehungen zwischen den Sätzen.

Eine solche Theorie können wir so auffassen, als gebe sie Auskunft über das, was nötig ist, um eine Sprache zu verstehen. Sie beschreibt, was ein Sprecher intuitiv über seine eigene Sprache weiß, und sie kann dazu dienen, das von einem solchen Sprecher Gesagte zu interpretieren. Daß die Theorie diesen Zwecken adäquat ist, läßt sich nachweisen, indem man zeigt, daß man die Eigenschaften der Objektsprache in einer Sprache, die man versteht, darzustellen vermag. Somit dient die Theorie dem Zweck, ein Übersetzungsmanual zu bestätigen. Ebenso wie wir Zahlen als ein praktisches Mittel zur Registrierung des Gewichts von Gegenständen benutzen, machen wir uns über die semantischen Merkmale einer Sprache kundig, indem wir Sätze benutzen, die wir verstehen. Was die Zahlen für diese Aufgabe so geeignet macht, ist der Umstand, daß wir genau wissen, welches ihre Struktur ist. Genauso haben auch die Sätze einer Sprache, die wir verstehen, eine bekannte Struktur, die wir benutzen können, um andere Sprecher zu verstehen.

Verschiedene Formen des Messens machen sich verschiedene Eigenschaften der Zahlen zunutze. Vage gesprochen: Je mehr Eigenschaften der Zahlen sie benutzen, desto aussagestärker oder informativer die Form des Messens. Werden Zahlen beispielsweise gebraucht, um die Angehörigen einer Mannschaft auseinanderzuhalten, liegt ihre einzige Bedeutung darin, daß jede Zahl von den übrigen verschieden ist. Die Mohssche Härteskala wiederum macht von der Tatsache Gebrauch, daß eine Zahl größer ist als eine andere: De facto werden 1 bis 10 verwendet, aber alle sonstigen zehn Zahlen würden den gleichen Zweck erfüllen, solange sie aufsteigend der Größe nach geordnet sind. Jede lineare Transformation der Fahrenheit-Temperaturskala würde den gleichen Dienst tun, während die aussagestärkeren Gewichts- und Entfernungsskalen ausschließlich Multiplikationen mit einer positiven Konstanten zulassen. Im Fall der Temperatur sind zwei Zahlen beliebig wählbar, nämlich der Nullpunkt und der numerische Wert des Intervalls; infolgedessen hat es keinen Sinn zu sagen, ein Körper sei doppelt so warm wie ein anderer. Dagegen kann ein Körper doppelt soviel wiegen wie ein anderer.

Dadurch erhalten wir eine Möglichkeit, über die relative Ausdruckskraft verschiedener Sprachen nachzudenken. Es ist intuitiv klar, daß viele Sätze hinsichtlich dessen, was sie mitteilen, äquivalent sind. Daher hat es Sinn zu fragen: Wie viele verschiedene Möglichkeiten gibt es, unsere eigenen Sätze den Sätzen einer anderen Sprache zuzuordnen und dennoch die gleichen Informationen zu erfassen (d.h. wie viele dieser Möglichkeiten würden gleich befriedigende Übersetzungsmanuale bilden)? Freilich übersetzt ein Übersetzungsmanual nicht jeweils einen Satz pro Zeitpunkt, sondern ein solches Manual ist eine Funktion, von der alle Sätze der einen Sprache auf die Sätze einer anderen abgebildet werden. (Genauso wie man keine Gewichtsangaben in Pfund ohne weiteres mit Gewichtsangaben in Kilogramm vergleichen kann, so kann man auch nicht ohne weiteren Hinweis Übersetzungsmanuale miteinander vergleichen, denn dadurch würden die Beziehungen zwischen Sätzen zunichte gemacht werden.) Was wir demnach in Betracht ziehen müssen, sind Gesamtsysteme der Übersetzung. Die Behauptung, es gebe solche empirisch äquivalenten Systeme, ist nichts anderes als Quines These der Unbestimmtheit der Übersetzung: Es gibt verschiedene Möglichkeiten, alles zu registrieren, was man je herausbekommen kann über das, was andere mit ihren Äußerungen meinen – und daher über alles, was sie überhaupt meinen.

Klar ist: Je mehr verschiedene Möglichkeiten es gibt, eine andere Sprache in unserer eigenen darzustellen, desto weniger Ausdruckskraft hat diese andere Sprache (natürlich von unserem Standpunkt gesehen). Betrachten wir einige Beispiele: Alle Sprachen haben ein endlich großes Grundvokabular. Wir können uns eine Sprache vorstellen, die nichts weiter enthält als Eigennamen und Prädikate. Eine solche Sprache muß eine endliche Anzahl von Sätzen haben, und daher braucht unsere Theorie nichts weiter zu leisten, als auf jeden Satz der fremden Sprache einen Satz unserer eigenen abzubilden. Die Semantik einer solchen Sprache ist wirklich unkompliziert: Es besteht keine Notwendigkeit, Sätze in ihre Teile zu zerlegen, kein Grund, rekursive Mittel zum Einsatz zu bringen, und kein Grund zur Zuschreibung einer Ontologie. Wenn man berücksichtigt, wie einfach die Semantik einer solchen Sprache sein kann, muß man sich fragen, ob sie überhaupt Sprache genannt werden sollte. Schließlich dürfte eine »Sprache«, die nicht verlangt, daß man eine Beziehung zwischen ihren Teilen (»Wörtern«) und Entitäten in der Welt ausfindig macht, kaum dieser Bezeichnung würdig sein.

Einen Schritt in Richtung mehr Komplexität tun wir, indem wir die wahrheitsfunktionalen Junktoren einführen, also Zeichen für Konjunktion, Negation, Alternation und das materiale Konditional (»und«, »nicht«, »oder«, »wenn ..., dann ...«). Jetzt wird es unendlich viele Sätze geben, denn man kann jedem Satz die Negation hinzufügen, um einen weiteren Satz zu erhalten, oder jeden Satz mit einem neuen Satz verknüpfen und so einen weiteren Satz hervorbringen. Dadurch wird das Element der Produktivität ins Spiel gebracht, also die Möglichkeit, neue Sätze auf der Grundlage einfacher syntaktischer und semantischer Regeln zu produzieren und zu verstehen. Die Semantik bleibt allerdings elementar, denn die Semantik unserer ersten – endlichen – Sprache reicht nach wie vor aus, um die Semantik der molekularen Sätze anzugeben. Die einzigen Redeteile, die unterschieden werden müssen, sind die einfachsten Sätze und die Sätze miteinander verknüpfenden Junktoren. Die Ontologie wartet immer noch hinter den Kulissen.

Das letzte Stadium setzt einen Sprung voraus. In diesem Stadium wird die Quantifikation eingeführt, d.h. es kommen jene Begriffe ins Spiel, die von den Wörtern »einige« und »alle« zum Ausdruck gebracht werden. Sobald wir zu diesem Stadium vordringen, sind wir bei Sprachen angelangt, die in puncto Komplexität zumindest ansatzweise unserer eigenen entsprechen. Die Semantik muß Unterschiede machen zwischen verschiedenstufigen Prädikaten, singulären Termini und Ausdrücken, welche die Aufgaben der Variablen (Pronomen und dergleichen) sowie natürlich auch der Quantoren erfüllen. Jetzt ist es zum erstenmal nötig, den einfachsten Sätzen eine Struktur zu entnehmen und Prädikate wie singuläre Termini mit Gegenständen zu korrelieren. Dies ist meiner Meinung nach der Ort, an dem wir den Grad an expressivem Raffinement erreichen, den wir mit Gedanken in Verbindung bringen, denn erst auf dieser Stufe gibt es klare Belege dafür, daß der Sprecher der Sprache die Möglichkeit hat, Gegenständen und Ereignissen Eigenschaften zuzusprechen. Es war Alfred Tarski, der diese Sachlage klargestellt hat, denn er hat als erster gezeigt, was erforderlich ist, um den Wahrheitsbegriff für Sprachen mit allgemeiner Quantifikation zu kennzeichnen. Das gelang ihm durch Einführung des Begriffs der *Erfüllung*, bei dem es sich um eine Beziehung zwischen Prädikaten beliebigen Komplexitätsgrads und Gegenständen in der Welt handelt.[2]

Um die relative Klarheit zu würdigen, die durch formale Semantik und den Vergleich mit der Theorie des Messens in unsere Reflexionen über die Entstehung des Denkens gebracht wird, muß man nicht dogmatisch sein hinsichtlich der Frage, wo das Denken oder die Sprache überhaupt beginnen. Denn einerlei, wie heikel und vag unsere Versuche zur Beschreibung der zum Denken und zur Sprache hinführenden Stadien auch sein mögen, durch die Semantik und die Theorie des Messens erhalten wir eine Plattform, die einen objektiven Standpunkt zur Unterscheidung verschiedener Entwicklungsebenen bietet.

2 Alfred Tarski, »Der Wahrheitsbegriff in den formalisierten Sprachen«.

Objektiv

10
Eine Kohärenztheorie der Wahrheit und der Erkenntnis

In dieser Abhandlung verteidige ich eine Theorie, die man durchaus als Kohärenztheorie der Wahrheit und der Erkenntnis bezeichnen darf. Die hier verfochtene Theorie steht nicht in Konkurrenz mit einer Übereinstimmungstheorie, hängt jedoch, was ihre Begründung betrifft, von einer Argumentation ab, die zu zeigen beansprucht, daß Übereinstimmung aus Kohärenz hervorgeht.

Die Wichtigkeit dieses Themas liegt auf der Hand. Sofern Kohärenz ein Wahrheitstest ist, besteht hier ein unmittelbarer Zusammenhang mit der Erkenntnistheorie, denn wir haben Grund zur Annahme, daß viele unserer Überzeugungen in einer Kohärenzbeziehung zu vielen anderen stehen; und in diesem Fall haben wir Grund zur Annahme, daß viele unserer Überzeugungen wahr sind. Wenn diese Überzeugungen wahr sind, dürften die Grundbedingungen der Erkenntnis offenbar erfüllt sein.

Nun könnte man versuchen, eine Kohärenztheorie der Wahrheit zu verteidigen, ohne eine Kohärenztheorie der Erkenntnis zu vertreten. Zur Begründung könnte man anführen, daß dem Träger einer kohärenten Menge von Überzeugungen ein Grund dafür abgehen könnte, die eigenen Überzeugungen für kohärent zu halten. Das ist nicht wahrscheinlich, aber es kann sein, daß jemand zwar wahre Überzeugungen und stichhaltige Gründe dafür hat, diese Überzeugungen zu vertreten, ohne jedoch die Relevanz der Gründe für die Überzeugungen einzusehen. Jemanden dieses Schlages darf man vielleicht am ehesten als eine Person ansehen, die über Erkenntnisse verfügt, von denen sie nicht weiß, daß sie darüber verfügt. Diese Person hält sich für einen Skeptiker. Mit einem Wort, sie ist ein Philosoph.

Was Wahrheit und Erkenntnis zusammenbringt, ist – wenn man abwegige Fälle außer acht läßt – die Bedeutung. Sofern Bedeutungen durch objektive Wahrheitsbedingungen angegeben werden, stellt sich die Frage: Woher können wir wissen, daß die Bedingungen erfüllt sind? Denn hierzu scheint ein Vergleich zwischen unseren Überzeugungen und der Wirklichkeit nötig zu sein; doch die Vorstellung von einem solchen Vergleich ist ungereimt. Ist Kohärenz jedoch ein Wahrheitstest, dann ist Kohärenz auch ein Test zur Beurteilung der Frage, ob objektive Wahrheitsbedingungen erfüllt sind, so daß Bedeutung nicht mehr auf der Basis eines möglichen Vergleichs erklärt zu werden braucht. Mein Schlagwort lautet: Übereinstimmung ohne Vergleich. Ist eine zutreffende Erkenntnistheorie gegeben, können wir in allen Bereichen Realisten sein. Wir können objektive Wahrheitsbedingungen als Schlüssel zur Bedeutung gelten lassen, eine realistische Wahrheitsauffassung vertreten und darauf pochen, daß sich die Erkenntnis auf eine von unserem Denken und unserer Sprache unabhängige, objektive Welt bezieht.

Da es meines Wissens keine Theorie gibt, die es verdient, als *die* Kohärenztheorie bezeichnet zu werden, sei zunächst die Auffassung gekennzeichnet, für die ich mich hier stark machen möchte. Offensichtlich enthält nicht jede widerspruchsfreie Menge interpretierter Sätze nur wahre Sätze, denn es könnte sein, daß eine dieser Mengen ausschließlich den konsistenten Satz *s*, eine andere ausschließlich die Negation von *s* enthält. Es nützt dann nichts, weitere Sätze hinzuzufügen und gleichzeitig für Widerspruchsfreiheit zu sorgen. Wir können uns zahllos viele Zustandsbeschreibungen – maximal konsistente Beschreibungen – vorstellen, die nicht unsere Welt beschreiben.

Meine Kohärenztheorie handelt von Überzeugungen oder Sätzen, die von jemandem, der sie versteht, für wahr gehalten werden. An dieser Stelle möchte ich nicht behaupten, jede mögliche kohärente Menge von Überzeugungen sei wahr (oder enthalte größtenteils wahre Überzeugungen). Davor scheue ich zurück, weil unklar ist, was wirklich möglich ist. Auf der einen Seite könnte man meinen, der Bereich der möglichen maximalen Mengen von Überzeugungen sei so groß wie der Bereich der möglichen maximalen Mengen von Sätzen. In dem Fall wäre es witzlos zu behaupten, eine vertretbare Kohärenztheorie handele nicht von Propositionen oder Sätzen, sondern von Überzeugungen. Es gibt aber auch andere Auffassungen dessen, wovon man möglicherweise überzeugt sein kann. Solche Auffassungen würden nicht nur die Behauptung rechtfertigen, alle wirklich kohärenten Überzeugungssysteme seien weitgehend richtig, sondern auch die Behauptung, für alle möglichen Systeme gelte das gleiche. Der Unterschied zwischen diesen beiden Konzepten dessen, wovon man überzeugt sein kann, hängt von den Vorstellungen ab, die man sich hinsichtlich des Wesens der Überzeugungen, ihrer Interpretation, ihrer Ursachen, ihrer Träger und ihrer Muster macht. Nach meinem Dafürhalten sind Überzeugungen Zustände von Personen mit Absichten, Wünschen und Sinnesorganen. Es sind Zustände, die von Ereignissen innerhalb und außerhalb des Körpers ihrer Träger verursacht werden und die ihrerseits solche Ereignisse verursachen. Aber selbst unter Voraussetzung aller dieser Einschränkungen gibt es viele Dinge, die von den Leuten tatsächlich geglaubt werden, und noch viel mehr Dinge, die von ihnen geglaubt werden könnten. Für alle diese Fälle gilt die Kohärenztheorie.

Natürlich sind manche Überzeugungen falsch. Der Begriff der Überzeugung hat ja gerade den Witz, die mögliche Lücke zwischen dem für wahr Gehaltenen und dem Wahren ins Spiel zu bringen. Daher kann bloße Kohärenz – einerlei, wie anspruchsvoll der Begriff der Kohärenz einleuchtenderweise definiert werden mag – nicht verbürgen, daß das, was geglaubt wird, wirklich so ist. Eine Kohärenztheorie kann nichts weiter behaupten, als daß die meisten Überzeugungen in einer kohärenten Gesamtmenge von Überzeugungen wahr sind.

Diese Formulierung meines Standpunkts kann allenfalls als Andeutung aufgefaßt werden, denn es gibt kein nützliches Verfahren zum Zählen von Überzeugungen, und daher hat die Vorstellung von der Wahrheit der meisten Überzeugungen einer Person keinen klaren Sinn. Eine etwas bessere Formulierung dieses Gedankens besagt: Wir gehen von der Annahme aus, daß eine Überzeugung, die mit einer signifikanten Menge von Überzeugungen in Einklang steht, wahr ist. Jede in einer Gesamtmenge von Überzeugungen enthaltene Überzeugung ist im Lichte dieser Annahme gerechtfertigt, und zwar in ganz ähnlicher Weise gerechtfertigt wie jede absichtliche Handlung eines rationalen Akteurs (also eines Akteurs, dessen Überzeugungen und Wünsche im Sinne einer bayesianischen Entscheidungstheorie kohärent sind). Um es zu wiederholen: Sofern Erkenntnis das gleiche ist wie eine gerechtfertigte, wahre Überzeugung, dürften alle wahren Überzeugungen eines konsistenten Trägers von Überzeugungen Erkenntnis konstituieren. Diese Schlußfolgerung ist zwar zu vage und zu vorschnell, um richtig zu sein, doch sie enthält, wie ich darlegen werde, einen wichtigen Wahrheitskern. Fürs erste begnüge ich mich damit, auf die vielen Probleme hinzuweisen, die der Behandlung bedürfen: Welche Anforderungen stellt die Kohärenz im einzelnen? Wie groß sollte der zu berücksichtigende Anteil der induktiven Praxis sein, und ein wie großer Teil der wahren Theorie der Untermauerung durch Belege muß mit aufgenommen werden (falls es eine solche Theorie überhaupt gibt)? Da niemand über ein völlig widerspruchsfreies Korpus an Überzeugungen verfügt, fragt es sich: Im Hinblick auf *welche* Überzeugungen muß Kohärenz gegeben sein, um die Annahme der Wahrheit aufkommen zu lassen? Einige dieser Probleme werden schon bald in eine aufschlußreichere Perspektive gerückt werden.

Klar sein sollte, daß ich mich nicht der Hoffnung hingebe, die Wahrheit mit Hilfe der Begriffe Kohärenz und Überzeugung zu definieren. Verglichen mit den Begriffen Überzeugung und Kohärenz, ist der Begriff der Wahrheit herrlich transparent, und ich für mein Teil fasse ihn als undefinierten Grundbegriff auf. Wendet man den Begriff der Wahrheit auf Äußerungen von Sätzen an, legt er das in Tarskis Konvention W enthaltene Merkmal der Zitattilgung an den Tag; und das genügt, um den Anwendungsbereich dieses Begriffs zu bestimmen. Das gilt freilich relativ zu einer Sprache oder einem Sprecher, und daher hat es mit der Wahrheit einiges auf sich, was nicht in der Konvention W steckt, nämlich alles, was sich von einer Sprache auf eine andere Sprache oder von einem Sprecher auf einen anderen Sprecher übertragen läßt. Von der Konvention W werden so banale Sätze wie die folgenden für wahr erklärt: »›Gras ist grün‹ ist, von einem Sprecher des Deutschen geäußert, dann und nur dann wahr, wenn Gras grün ist.« Was aus dieser Konvention und solchen Sätzen hervorgeht, ist, daß die Wahrheit einer Äußerung von genau zwei Dingen abhängt, nämlich von dem, was die Worte in der geäußerten Form bedeuten, und davon, wie die Welt eingerichtet ist. Darüber hinaus besteht keine Relativität auf ein Begriffsschema, eine Betrachtungsweise oder eine Perspektive. Zwei beliebige Interpreten können – egal, wie wenig sie einander in puncto Kultur, Sprache und Standpunkt ähneln – verschiedener Meinung darüber sein, ob eine Äußerung wahr ist, doch das geht nur, wenn sich ihre Meinungsverschiedenheit auf Sachverhalte in der ihnen gemeinsamen Welt oder auf den Sinn der betreffenden Äußerung bezieht.

Aus diesen einfachen Überlegungen können wir meines Erachtens zwei Folgerungen ableiten: Erstens, Wahrheit ist Übereinstimmung mit dem Sosein der Dinge. (Dieser Gedanke läßt sich nicht in direkter Form artikulieren, ohne in die Irre zu führen. Um es richtig zu machen, muß man einen Umweg einschlagen über den Begriff der Erfüllung, mit dessen Hilfe der Wahrheitsbegriff charakterisiert wird.[1]) Sofern

1 Siehe meinen Aufsatz »Getreu den Tatsachen« (Abhandlung 3 in *Wahrheit und Interpretation*) und den »Nachtrag« zur vorliegenden Abhandlung.

eine Kohärenztheorie akzeptabel ist, muß sie also mit einer Übereinstimmungstheorie verträglich sein. Zweitens, eine Erkenntnistheorie, von der zugelassen wird, daß wir die Wahrheit erkennen können, muß eine nichtrelativierte, nichtinterne Form von Realismus sein. Daher muß eine Kohärenztheorie der Erkenntnis, sofern sie akzeptabel ist, mit einer solchen Form von Realismus verträglich sein. Die von mir vertretene Form von Realismus ist, um Putnams Terminologie zu gebrauchen, offenbar weder ein interner noch ein metaphysischer Realismus.[2] Um einen internen Realismus handelt es sich nicht, denn der interne Realismus relativiert die Wahrheit auf ein Schema, was wiederum eine Vorstellung ist, die ich nicht für verständlich halte.[3] Ja, ein Hauptgrund für die Bejahung einer Kohärenztheorie ist die Unverständlichkeit des Dualismus zwischen einem Begriffsschema und einer »Welt«, die darauf wartet, daß man mit ihr zu Rande kommt. Allerdings ist mein Realismus bestimmt kein metaphysischer Realismus im Sinne Putnams, denn diese Auffassung wird als »durch und durch nichtepistemisch« gekennzeichnet, was implizit besagt, es sei möglich, daß alle unserer gründlichst erforschten und bestätigten Gedanken und Theorien falsch sind. Nach meinem Dafürhalten setzt die Unabhängigkeit der Überzeugungen und der Wahrheit nur voraus, daß *jede* unserer Überzeugungen falsch sein kann. Was eine Kohärenztheorie aber natürlich nicht zulassen kann, ist die Möglichkeit der Falschheit *aller* Überzeugungen.

Aber warum kann sie es nicht zulassen? Vielleicht ist es offenkundig, daß das Kohärenzverhältnis zwischen einer Überzeugung und einem substantiellen Überzeugungskorpus die Wahrscheinlichkeit der Wahrheit jener Überzeugung erhöht, sofern Grund zu der Annahme besteht, daß das Überzeugungskorpus wahr bzw. weitgehend wahr ist. Aber inwiefern

2 Hilary Putnam, *Meaning and the Moral Sciences*, S. 125.

3 Siehe meinen Aufsatz »Was ist eigentlich ein Begriffsschema?«, Abhandlung 13 in *Wahrheit und Interpretation*.

kann die Kohärenz allein Gründe für eine Überzeugung liefern? Vielleicht kann man zur Begründung einer Überzeugung nichts weiter beitragen, als sich auf andere Überzeugungen zu berufen. Doch dann dürfte das Ergebnis darauf hinauslaufen, daß wir den philosophischen Skeptizismus anerkennen müssen, einerlei, wie wenig sich unsere Überzeugungen in der Praxis davon erschüttern lassen.

Hier handelt es sich um den Skeptizismus in einem seiner traditionellen Gewänder. In dieser Form stellt er die Frage: Warum soll es nicht möglich sein, daß alle meine Überzeugungen miteinander zusammenhängen und dennoch im Hinblick auf die wirkliche Welt insgesamt falsch sind? Es ist zwar tatsächlich eine Ungereimtheit oder Schlimmeres, wenn man versucht, unsere Überzeugungen – sei es einzeln oder als Ganzes – mit ihrem Gegenstand zu *vergleichen*, doch die bloße Einsicht in diesen Tatbestand genügt weder als Antwort auf die gestellte Frage noch erweist sie diese Frage als unverständlich. Kurz, sogar eine behutsame Kohärenztheorie wie die meine muß dem Skeptiker einen Grund nennen, weshalb man kohärente Überzeugungen für wahr halten sollte. Wer eine Kohärenztheorie vertritt, kann es nicht zulassen, daß sich die Gewißheit von einem Punkt außerhalb des Überzeugungssystems herschreibt, während im Inneren nichts für Unterstützung sorgen kann, es sei denn, es ließe sich letzten Endes oder sogleich zeigen, daß es auf einer unabhängig zuverlässigen Basis beruht.

Es liegt nahe, Kohärenztheorien von anderen Theorien zu unterscheiden, indem man sich auf die Frage bezieht: Ist es der Fall oder nicht, daß Begründungen an ein Ende gelangen können oder müssen? Doch das genügt nicht, um die verschiedenen Positionen zu definieren, sondern es deutet nur an, welche Form die Auseinandersetzung annehmen kann. Es gibt nämlich Kohärenztheoretiker, die meinen, manche Überzeugungen könnten den übrigen als Grundlage dienen, während es andererseits möglich wäre zu behaupten, daß Kohärenz nicht ausreicht, obwohl die Begründungen nie einen

Endpunkt erreichen. Was eine Kohärenztheorie auszeichnet, ist schlicht folgende These: Das einzige, was als Grund für das Vertreten einer Überzeugung gelten kann, ist eine weitere Überzeugung. Wer eine Kohärenztheorie vertritt, lehnt es als unverständlich ab, wenn die Berufung auf andere Formen der Begründung oder andere Möglichkeiten der Rechtfertigung verlangt wird. Rorty hat das so formuliert: »[...] als Begründung gilt etwas nur dann, wenn man sich auf etwas bereits Akzeptiertes beziehen kann; und es besteht keine Möglichkeit, aus unseren Überzeugungen und unserer Sprache herauszutreten, um auf diese Weise einen von der Kohärenz verschiedenen Test ausfindig zu machen.«[4] Was diesen Punkt betrifft, gehe ich, wie man sieht, mit Rorty einig. Sofern wir uns überhaupt uneins sind, dann im Hinblick auf das Problem, ob unter der Voraussetzung, daß »keine Möglichkeit besteht, aus unseren Überzeugungen und unserer Sprache herauszutreten, um auf diese Weise einen von der Kohärenz verschiedenen Test ausfindig zu machen«, immer noch eine Frage der folgenden Art zu stellen ist: Können wir trotzdem eine objektive, nicht von uns selbst produzierte, öffentliche Welt erkennen und über eine solche Welt reden? Meines Erachtens stellt sich diese Frage nach wie vor, während Rorty vermutlich anderer Ansicht ist. Sollte er tatsächlich anderer Auffassung sein, muß er es für einen Fehler meinerseits halten, wenn ich mich um eine Beantwortung dieser Frage bemühe. Ich versuche es aber trotzdem.

Es wird dem Vorankommen dienlich sein, wenn wir an dieser Stelle einen ganz flüchtigen Überblick über einige Gründe geben, die dafür sprechen, die Suche nach einer außerhalb des Bereichs unserer Überzeugungen gelegenen Erkenntnisbasis aufzugeben. Unter einer »Basis« verstehe ich hier insbesondere eine erkenntnistheoretische Grundlage, eine Quelle der Rechtfertigung.

4 Richard Rorty, *Philosophy and the Mirror of Nature*, 178.

Diejenigen Versuche, die es wert sind, ernst genommen zu werden, sind bemüht, unsere Überzeugungen in der einen oder anderen Weise auf das Zeugnis der Sinne zu gründen, auf Sinnesempfindungen, Wahrnehmungen, das Gegebene, die Erfahrung, Sinnesdaten oder eine vorüberziehende Darbietung. Alle derartigen Theorien müssen zumindest die folgenden beiden Sachverhalte erklären: Erstens, welches ist eigentlich genau das Verhältnis zwischen Sinnesempfindungen und Überzeugungen, das es jenen gestattet, diese zu rechtfertigen? Zweitens, warum sollten wir unsere Sinnesempfindungen für zuverlässig halten, d.h. warum sollten wir unseren Sinnen trauen?

Das bequemste Konzept läuft darauf hinaus, bestimmte Überzeugungen mit Sinnesempfindungen gleichzusetzen. So hat Hume offenbar keinen Unterschied gemacht zwischen der Wahrnehmung eines grünen Flecks und der Wahrnehmung, daß ein Fleck grün sei. (Eine gewisse Doppeldeutigkeit des Worts »*idea*« hat dabei eine erhebliche Rolle gespielt.) Die Verwechslung, die Hume damit unterlief, ist manchen anderen Philosophen aufgefallen, die dann ihrerseits den Versuch machten, die gleichen Resultate zu erzielen, indem sie die Lücke zwischen Wahrnehmung und Urteil auf null reduzierten, was sie dadurch zu erreichen trachteten, daß sie Urteile formulieren wollten, die nicht über die Feststellung hinausgehen, daß die betreffende Wahrnehmung, Sinnesempfindung oder Darbietung existiert (was immer das heißen mag). Solche Theorien dienen nicht dazu, Überzeugungen auf der Grundlage von Sinnesempfindungen zu rechtfertigen, sondern sie versuchen, bestimmte Überzeugungen durch die Behauptung zu begründen, sie hätten genau den gleichen epistemischen Inhalt wie eine Sinnesempfindung. Hier gibt es zwei Schwierigkeiten, die eine solche Auffassung betreffen: Erstens, wenn der Inhalt der Grundüberzeugungen nicht über die entsprechende Sinnesempfindung hinausgeht, können diese Überzeugungen kei-

nen Schluß auf eine objektive Welt tragen; zweitens, es gibt keine derartigen Überzeugungen.
Da leuchtet der folgende Gedankengang schon eher ein: Im Hinblick darauf, wie uns die Dinge erscheinen, können wir nicht im Irrtum sein. Wenn man eine Empfindung zu haben glaubt, hat man sie tatsächlich. Das gilt als analytische Wahrheit bzw. als Faktum bezüglich des Sprachgebrauchs.
Es fällt schwer, diesen vermeintlichen Zusammenhang zwischen Empfindungen und manchen Überzeugungen in einer Weise zu erklären, die keine Skepsis hinsichtlich des Fremdpsychischen aufkommen läßt; und solange keine adäquate Erklärung vorliegt, sollte man Zweifel hegen bezüglich der Implikationen, die sich aus diesem Zusammenhang ergeben und Begründungen betreffen. Auf jeden Fall ist unklar, wie es dieser Überlegung zufolge zugehen soll, daß Sinnesempfindungen das Glauben an diese Sinnesempfindungen rechtfertigen. Ausschlaggebend ist doch wohl eher, daß solche Überzeugungen keiner Rechtfertigung bedürfen, da das Vorhandensein der Überzeugung das Vorhandensein der Sinnesempfindung impliziert, so daß das Vorhandensein der Überzeugung deren eigene Wahrheit beinhaltet. Sofern dem nichts weiter hinzugefügt wird, sind wir wieder bei einer anderen Form von Kohärenztheorie gelandet.
Daß man in erkenntnistheoretischen Fragen soviel Nachdruck auf Sinnesempfindungen oder Wahrnehmungen legt, rührt von der folgenden einleuchtenden Überlegung her: Sinnesempfindungen seien dasjenige, was die Welt und unsere Überzeugungen miteinander verbindet; und daß sie zur Begründung zu taugen scheinen, liege daran, daß man ihrer gewahr sei. Das Problem, in das wir hier geraten, liegt darin, daß die Begründung offenbar auf dem Gewahrsein beruht, bei dem es sich schlicht um eine weitere Überzeugung handelt.
Versuchen wir es mit einem kühneren Weg: Nehmen wir an, es werde behauptet, daß die Sinnesempfindungen selbst – ei-

nerlei, ob sprachlich artikuliert oder nicht – bestimmte Überzeugungen rechtfertigen, die über das hinausgehen, was in der Sinnesempfindung gegeben ist. Dementsprechend kann unter bestimmten Bedingungen die Empfindung, man sehe ein grünes Licht aufblitzen, die Überzeugung rechtfertigen, daß ein grünes Licht aufblitze. Das Problem besteht darin, zu erkennen, inwiefern die Überzeugung durch die Sinnesempfindung gerechtfertigt wird. Freilich, wenn jemand die Empfindung hat, er sehe ein grünes Licht aufblitzen, ist es unter bestimmten Umständen wahrscheinlich, daß tatsächlich ein grünes Licht aufblitzt. *Wir* können das sagen, denn wir wissen über die Empfindung des Betreffenden Bescheid, doch *er* kann es nicht sagen, da wir ja annehmen, er sei autorisiert, ohne auf die Überzeugung, er habe die Empfindung, angewiesen zu sein. Nehmen wir einmal an, er glaube, diese Empfindung nicht zu haben. Würde die Empfindung ihn dann trotzdem zu der Überzeugung berechtigen, da sei ein objektiv aufblitzendes grünes Licht?

Die Beziehung zwischen einer Empfindung und einer Überzeugung kann nicht logischer Art sein, denn Empfindungen sind weder Überzeugungen noch sonstige propositionale Einstellungen. Um welche Beziehung handelt es sich dann? Die Antwort liegt meiner Meinung nach auf der Hand: Die Beziehung ist kausaler Art. Empfindungen lösen manche Überzeugungen aus und bilden in *diesem* Sinn die Basis oder das Fundament dieser Überzeugungen. Eine kausale Erklärung zeigt allerdings nicht, inwiefern oder warum die Überzeugung begründet ist.

Das Problem der Verwandlung einer Ursache in einen Grund quält den Gegner des Kohärenzgedankens erneut, wenn er unsere zweite Frage – »Was rechtfertigt die Überzeugung, daß wir von unseren Sinnen nicht systematisch getäuscht werden?« – zu beantworten versucht. Denn selbst wenn die Empfindungen ausreichen, um den Glauben an die Empfindung zu rechtfertigen, vermögen wir noch nicht einzusehen, inwiefern sie den Glauben an äußere Ereignisse und Gegenstände rechtfertigen.

Nach Quine sagt die Wissenschaft: »Unsere einzige Quelle von Informationen über die Außenwelt versorgt uns durch die Einwirkung von Lichtstrahlen und Molekülen auf die Oberflächen unserer Sinne.«[5] Was mich hier beunruhigt, ist die Frage, wie die Wörter »Quelle« und »Informationen« zu deuten sind. Wahr ist sicher, daß Ereignisse und Gegenstände der Außenwelt die Ursachen dafür sind, daß wir bestimmte Dinge über die Außenwelt glauben, und das meiste, wenn nicht alles an Kausalität nimmt den Weg über die Sinnesorgane. Der Begriff der Information hingegen bezieht sich in nichtmetaphorischer Weise nur auf die ausgelösten Überzeugungen. Dementsprechend ist »Quelle« schlicht als »Ursache« zu deuten und »Informationen« als »wahre Überzeugungen« oder »Wissen«. Eine Begründung der durch

5 W. V. Quine, »The Nature of Natural Knowledge«, S. 68. Auch an vielen weiteren Stellen spricht Quine von seiner Hoffnung, die sinnlich wahrnehmbaren Ursachen den Belegen anzuähneln. In *Word and Object* schreibt er: »Außer Oberflächenreizungen gibt es keine Anhaltspunkte für eine Außenwelt« (S. 22). In *Ontological Relativity* heißt es: »Die Reizung der Sinnesrezeptoren ist schon alles an Belegen, auf die man sich letztlich stützen kann, um zu seinem Weltbild zu gelangen« (S. 75). Auf derselben Seite schreibt Quine: »Zwei Grundsätze des Empirismus bleiben unanfechtbar [...]. Der eine besagt, daß alle Belege, auf die sich die Wissenschaft wirklich berufen kann, sinnlich gewonnene Belege sind. Der andere lautet [...], daß jegliches Einprägen von Wortbedeutungen letzten Endes auf sinnlich gewonnenen Belegen beruhen muß.« In *The Roots of Reference* sagt Quine, »Beobachtungen« seien »sowohl zur Stützung der Theorie als auch für das Lernen der Sprache« grundlegend (S. 37f.). Dann fährt er fort und schreibt: »Was sind Beobachtungen? Sie sind etwas Gesehenes, Gehörtes, Ertastetes, Gerochenes. Sie sind etwas offenkundig Sinnliches und somit etwas Subjektives. [...] Sollen wir also sagen, die Beobachtung sei nicht das gleiche wie die Empfindung [...]? Nein...« Im weiteren hört Quine auf, von Beobachtungen zu sprechen und redet statt dessen von Beobachtungssätzen. Aber natürlich können Beobachtungssätze – im Gegensatz zu Beobachtungen – nicht die Rolle von Belegen spielen, es sei denn, wir haben einen Grund zur Annahme, daß sie wahr seien.

unsere Sinne verursachten Überzeugungen ist noch nicht in Sicht.

Die hier nachgezeichnete Herangehensweise an das Problem der Begründung muß verfehlt sein. Wir haben die Sache wie folgt zu sehen versucht: Jemand habe alle seine Überzeugungen bezüglich der Welt – das heißt: alle seine Überzeugungen. Wie kann er nun angeben, ob sie wahr – oder wahrscheinlich wahr – sind? Das kann, wie wir angenommen haben, nur dadurch gelingen, daß seine Überzeugungen mit der Welt verknüpft werden, indem bestimmte Überzeugungen seinerseits jeweils einzeln mit den Bekundungen der Sinne verglichen werden, oder vielleicht indem die Gesamtheit seiner Überzeugungen dem Tribunal der Erfahrung gegenübergestellt wird. Kein Vergleich dieser Art hat Sinn, denn natürlich können wir nicht aus unserer Haut heraus, um zu ermitteln, wodurch die inneren Geschehnisse, deren wir gewahr sind, verursacht werden. Wenn man Zwischenschritte oder Zwischenentitäten wie Empfindungen oder Wahrnehmungen in die Kausalkette einführt, dient das nur dazu, das erkenntnistheoretische Problem offenkundiger zu machen. Denn wenn die Vermittlungsinstanzen nichts weiter als Ursachen sind, dienen sie keineswegs der Begründung der von ihnen verursachten Überzeugungen, während sie dann, wenn sie Informationen liefern, womöglich lügen. Die Lehre, die daraus zu ziehen ist, liegt auf der Hand: Da wir nicht dazu imstande sind, Vermittlungsinstanzen auf Wahrhaftigkeit zu vereidigen, sollten wir keine Vermittlungsinstanzen zwischen unseren Überzeugungen und deren Gegenständen in der Welt zulassen. Freilich gibt es kausale Vermittlungsinstanzen. Das, wovor wir uns hüten müssen, sind epistemische Vermittlungsinstanzen.

Es gibt verbreitete Sprachauffassungen, die zu untauglichen Erkenntnistheorien ermuntern. Das ist natürlich kein Zufall, denn Bedeutungstheorien hängen durch diverse Bemühungen um Beantwortung der Frage, wie die Wahrheit eines Satzes zu bestimmen ist, mit der Erkenntnistheorie zusammen. Wenn die Kenntnis der Bedeutung eines Satzes (also das Wissen, wie eine richtige Interpretation des Satzes zu geben ist) voraussetzt – oder damit identisch ist –, daß man weiß, wie die Wahrheit des Satzes festgestellt werden könnte, dann wirft die Bedeutungstheorie die gleiche Frage auf, mit der wir uns schon herumgeschlagen haben, denn für die Bestimmung der Bedeutung eines Satzes wird es nötig sein anzugeben, was die Behauptung dieses Satzes rechtfertigen würde. Hier wird der Verfechter des Kohärenzgedankens der Meinung sein, daß es nichts nützt, außerhalb des Bereichs der übrigen für wahr gehaltenen Sätze nach einer Quelle der Rechtfertigung zu suchen, während der Verfechter des Grundlagengedankens bestrebt sein wird, zumindest einige Wörter oder Sätze in nichtsprachlichem Felsgestein zu verankern. Diese Anschauung wird, wie ich meine, sowohl von Quine als auch von Michael Dummett vertreten.

Freilich gehen die Meinungen Dummetts und Quines im übrigen auseinander. Insbesondere sind sie uneins über den Holismus, also die These, die Wahrheit unserer Sätze dürfe nicht jeweils einzeln, sondern müsse insgesamt geprüft werden. Außerdem sind sie infolgedessen verschiedener Meinung über die Frage, ob es eine nützliche Unterscheidung zwischen analytischen und synthetischen Sätzen gibt, sowie über die Frage, ob eine befriedigende Bedeutungstheorie Unbestimmtheiten der von Quine geltend gemachten Art zulassen kann. (Was alle diese Punkte betrifft, bin ich Quines getreuer Schüler.)

Hier beschäftigt mich jedoch der Umstand, daß sich Quine und Dummett über ein Grundprinzip einig sind, welches besagt: Einerlei, was es mit dem Bedeutungsbegriff auf sich haben mag, es muß irgendwie auf die Erfahrung zurückgeführt werden, auf das Gegebene, auf Muster der Sinnesreizung, auf irgend etwas im Bereich zwischen den Überzeugungen und den üblichen Gegenständen, von denen unsere Überzeugungen handeln. Sobald wir diesen Schritt tun, öffnen wir dem Skeptizismus Tür und Tor, denn dann lassen wir die Möglichkeit zu, daß sehr viele – vielleicht die meisten – der von uns für wahr gehaltenen Sätze in Wirklichkeit falsch sind. Es hat etwas Ironisches. Der Versuch, die Bedeutung zugänglich zu machen, hat den Zugang zur Wahrheit versperrt. Sobald der Bedeutungsbegriff dermaßen ins Erkenntnistheoretische abgleitet, kommt es mit Notwendigkeit zu einer Scheidung zwischen Wahrheit und Bedeutung. Natürlich kann man eine Zwangsheirat arrangieren, indem man die Wahrheit umdefiniert und sagt, sie sei das, zu dessen Behauptung man berechtigt sei. Eine wirkliche Ehe zwischen den ursprünglichen Partnern kommt dadurch aber nicht zustande.

Denken wir an Quines Vorschlag, der ganze Bedeutungsgehalt (Informationswert) eines Beobachtungssatzes werde durch die Muster der Sinnesreizung bestimmt, die einen Sprecher dazu veranlassen würden, dem Satz zuzustimmen oder ihn zu bestreiten. Das ist ein wunderbar raffiniertes Verfahren, um die reizvolle Seite verifikationistischer Theorien in den Griff zu bekommen, ohne über Bedeutungen, Sinnesdaten oder Empfindungen reden zu müssen. Damit wurde zum erstenmal eine einleuchtende Darstellung des Gedankens gegeben, man könne und solle sich mit dem, was ich Bedeutungstheorie nenne, beschäftigen, ohne nötig zu haben, was Quine als Bedeutungen bezeichnet. Allerdings kommt Quines Vorschlag ebenso wie andere Formen des Verifikationismus dem Skeptizismus entgegen. Denn offensichtlich wäre es möglich, daß die Sinnesreizungen einer Person genau die gleichen wären wie jetzt, obwohl die Außenwelt eine völlig andere wäre. (Man denke an das Gehirn im Tank.)

Quines auf Bedeutungen verzichtendes Vorgehen ist diffizil und kompliziert. Er bindet die Bedeutungen einiger Sätze unmittelbar an Muster der Reizung (die nach Quine außerdem die Belege für die Zustimmung zum betreffenden Satz ausmachen), aber die Bedeutungen weiterer Sätze werden durch das

Bedingungsverhältnis zwischen ihnen und den Ausgangssätzen, also den Beobachtungssätzen bestimmt. Die faktischen Umstände dieser Bedingtheit gestatten keine scharfe Trennung zwischen Sätzen, die aus Bedeutungsgründen für wahr gehalten werden, und Sätzen, die aufgrund von Beobachtungen für wahr gehalten werden. Diesen Gedanken hat Quine durch folgenden Hinweis verdeutlicht: Wenn eine Interpretationsweise der Äußerungen eines Sprechers annehmbar ist, dann gilt das auch für viele andere Interpretationsweisen. Diese These der Unbestimmtheit der Übersetzung (wie sie bei Quine heißt) sollte man weder als geheimnisvoll noch als bedrohlich ansehen. Sie ist nicht geheimnisvoller als die Tatsache, daß die Temperatur in Grad Celsius oder Fahrenheit (oder sonst einer linearen Transformation dieser Zahlen) gemessen werden kann. Bedrohlich ist sie schon deshalb nicht, weil das gleiche Verfahren, mit dessen Hilfe das Ausmaß der Unbestimmtheit vorgeführt wird, zugleich aufzeigt, daß das, was dabei bestimmt bleibt, alles ist, was wir brauchen.
Meiner Ansicht nach hat die Tilgung der Grenzlinie zwischen dem Analytischen und dem Synthetischen die Sprachphilosophie als ernstzunehmendes Fach gerettet, indem sie gezeigt hat, wie man sich damit beschäftigen kann, ohne zu beanspruchen, was es nicht geben kann, nämlich: eindeutig bestimmte Bedeutungen. Jetzt schlage ich vor, daß wir auch auf die Unterscheidung zwischen Beobachtungssätzen und anderen Sätzen verzichten sollten. Denn die Unterscheidung zwischen Sätzen, bei denen der Glaube an ihre Wahrheit durch Empfindungen begründet wird, und Sätzen, bei denen der Glaube an ihre Wahrheit nur durch Berufung auf andere für wahr gehaltene Sätze begründet wird, verfällt nach kohärenztheoretischer Auffassung ebenso dem Bann wie die Unterscheidung zwischen Überzeugungungen, die durch Empfindungen begründet werden, und Überzeugungen, die lediglich durch Berufung auf weitere Überzeugungen begründet werden. Dementsprechend schlage ich vor, wir sollten die Vorstellung

fallenlassen, Bedeutung oder Erkenntnis gründe auf etwas, was als ultimative Quelle von Belegen gilt. Kein Zweifel, Bedeutung und Erkenntnis sind von Erfahrung abhängig, und die Erfahrung hängt letzten Endes von Sinnesempfindungen ab. Aber »Abhängigkeit« ist hier nicht im Sinne von Belegen oder Begründung zu verstehen, sondern im Sinne von Kausalität.

Nun habe ich mein Problem so gut formuliert, wie es mir gelingen will. Die Suche nach einer empirischen Grundlage der Bedeutung oder der Erkenntnis führt zum Skeptizismus, während eine Kohärenztheorie außerstande zu sein scheint, dem Überzeugungsträger einen Grund zu nennen, warum er glauben sollte, daß seine Überzeugungen – sofern kohärent – wahr seien. Wir sitzen fest zwischen einer falschen Antwort an die Adresse des Skeptikers und gar keiner Antwort.

In Wahrheit besteht hier gar kein Dilemma. Was man braucht, um auf den Skeptiker zu replizieren, ist der Nachweis, daß eine Person mit einer (mehr oder weniger) kohärenten Menge von Überzeugungen einen Grund hat anzunehmen, im großen und ganzen seien ihre Überzeugungen nicht falsch. Bereits gezeigt haben wir, daß es absurd ist, nach einem rechtfertigenden Fundament für die Gesamtheit der Überzeugungen zu suchen – nach einem Etwas außerhalb dieser Gesamtheit, das man benutzen könnte, um unsere Überzeugungen zu prüfen oder damit zu vergleichen. Die Lösung unseres Problems muß demnach darin bestehen, daß wir einen nicht in der Form von *Belegmaterial* gegebenen *Grund* finden, der für die Annahme spricht, die meisten unserer Überzeugungen seien wahr.

Meine Argumentation besteht aus zwei Teilen. Zunächst mache ich geltend: Aus einem richtigen Verständnis der sprachlichen Äußerungen sowie der Überzeugungen, Wünsche, Absichten und sonstigen propositionalen Einstellungen einer Person ergibt sich die Schlußfolgerung, daß die meisten Überzeugungen des Betreffenden wahr sein müssen, so daß man zu der Annahme berechtigt ist, jede dieser Überzeugungen sei, sofern sie in einem kohärenten Verhältnis zu den übrigen stehe, wahr. Anschließend möchte ich behaupten, jeder Gedankenträger – und somit insbesondere jeder, der sich fragt, ob er einen Grund zur Annahme hat, seine Ansichten über die Beschaffenheit seiner Umwelt seien generell richtig – müsse wissen, was eine Überzeugung ist und wie Überzeugungen im allgemeinen zu ermitteln und zu interpretieren sind. Da es sich hierbei um völlig allgemeine Fakten handelt, die bei der Kommunikation mit anderen – und auch beim Versuch (ja, sogar bei der bloßen Vorstellung von) der Kommunikation mit anderen – eine Rolle spielen müssen, darf in recht anspruchsvollem Sinn behauptet werden, wir wüßten, es sei anzunehmen, daß die Überzeugungen eines jeden (einschließlich unserer eigenen) im großen und ganzen wahr seien. Daher nützt es nichts, wenn jemand nach zusätzlichen Garantien Ausschau hält; dergleichen kann nur zu einer Vermehrung seines Vorrats an Überzeugungen führen. Benötigt wird nichts weiter als die Einsicht, daß die Tendenz zur Wahrheit in der Natur der Überzeugungen liegt.

Daß Überzeugungen zur Wahrheit tendieren, läßt sich erkennen, wenn man betrachtet, welches die Determinanten der Existenz und des Inhalts einer Überzeugung sind. Die Überzeugung steht, ebenso wie die übrigen »propositionalen Einstellungen«, in einer Supervenienzbeziehung zu verschiedenartigen Fakten aus den Bereichen des Verhaltens, der Neurophysiologie, der Biologie und der Physik. Darauf soll nicht deshalb hingewiesen werden, um zu definitorischer oder nomologischer Zurückführung der psychischen Phänomene auf etwas Fundamentaleres anzuregen, und erst recht nicht, um erkenntnistheoretische Prioritäten nahezulegen. Es geht vielmehr darum, die Dinge zu verstehen. *Eine* Art von Verständnis des Wesens der propositionalen Einstellungen gewinnt man, sobald man diese Einstellungen systematisch zueinander und zu Phänomenen auf anderen Ebenen in Beziehung setzt. Da die propositionalen Einstellungen tief ineinander verschachtelt sind, kann man das Wesen der einen Einstellung nicht erkennen, indem man sich zunächst einen Begriff von einer anderen macht. Als Interpreten bahnen wir uns einen Weg in das gesamte System hinein, wobei wir weitgehend auf das Muster der wechselseitigen Beziehungen angewiesen sind.

Denken wir z. B. an das wechselseitige Abhängigkeitsverhältnis zwischen Überzeugung und Bedeutung. Was ein Satz bedeutet, hängt einesteils von den äußeren Umständen ab, welche die Ursache dafür sind, daß er ein gewisses Maß an Glaubwürdigkeit gewinnt, und andernteils von grammatischen oder logischen Beziehungen zwischen diesem Satz und anderen Sätzen, die mit unterschiedlichen Überzeugtheitsgraden für wahr gehalten werden. Da diese Beziehungen ihrerseits auf direktem Weg in Überzeugungen übertragen werden, ist ohne weiteres zu erkennen, inwiefern Bedeutungen von Überzeugungen abhängen. Überzeugungen hängen jedoch im gleichen Maße von Bedeutungen ab, denn der einzige Zugang zur Feinstruktur und zur Individuation von Überzeugungen führt durch die Sätze, die von den Sprechern und den Interpreten der Sprecher benutzt werden, um Überzeugungen auszudrücken und zu beschreiben. Wollen wir über das Wesen der Bedeutung und der Überzeugung Aufschluß geben, müssen wir deshalb an einem Punkt ansetzen, an dem keiner der beiden Begriffe vorausgesetzt ist. Ich werde mich hier in der Hauptsache an den Vorschlag von Quine halten, man sollte die *herbeigeführte Zustimmung*, also das Kausalverhältnis zwischen der Zustimmung zu einem Satz und der Ursache für diese Zustimmung, als Ausgangsbasis nehmen. Dies ist ein geeigneter Ort, um das Vorhaben der Ermittlung von Überzeugungen und Bedeutungen in Gang zu bringen, denn die Zustimmung eines Sprechers zu einem Satz hängt sowohl davon ab, was er mit dem Satz meint, als auch davon, was er im Hinblick auf die Welt glaubt. Dennoch ist es möglich zu wissen, daß der Sprecher dem Satz zustimmt, ohne zu wissen, was der Satz in der von diesem Sprecher geäußerten Form bedeutet oder welche Überzeugung durch diesen Satz zum Ausdruck gebracht wird. Ebenso offensichtlich ist, daß man, sobald ein bejahter Satz interpretiert ist, auch eine Überzeugung zugeschrieben hat. Wenn zutreffende Interpretationstheorien nicht eindeutig sind (also nicht zu allein richtigen Interpretationen führen), wird das gleiche natürlich auch für Zuschreibungen von Überzeugungen gelten, denn diese sind an die Bejahung spezifischer Sätze gebunden.

Ein Sprecher, der wünscht, daß seine Worte verstanden werden, kann seine prospektiven Interpreten nicht systematisch darüber täuschen, wann er Sätzen zustimmt, d. h. sie für wahr hält. Demnach ist es prinzipiell so, daß Bedeutungen und, aufgrund des Zusammenhangs mit den Bedeutungen, auch die Überzeugungen öffentlich bestimmbar sind. Diesen Umstand werde ich mir im folgenden zunutze machen und den Standpunkt des radikalen Interpreten einnehmen, wenn ich dem Wesen der Überzeugung auf den Grund gehen möchte. Was ein vollständig informierter Interpret über das von einem Sprecher Gemeinte herausfinden könnte, ist schon alles, was hier in Erfahrung zu bringen ist. Das gleiche gilt auch für die Überzeugungen des Sprechers.[6]

Das Problem des Interpreten besteht darin, daß das, worüber er laut Voraussetzung Bescheid weiß – nämlich die Ursachen der Sätzen zustimmenden Bekundungen eines Sprechers –, wie wir gesehen haben, aus zwei Elementen resultiert, über die er laut Voraussetzung nicht Bescheid weiß, nämlich aus Bedeutungen und Überzeugungen. Wären ihm die Bedeutun-

6 Inzwischen halte ich es für unerläßlich, bei der radikalen Interpretation von vornherein auch die Wünsche des Sprechers zu berücksichtigen, so daß die Triebfedern des Handelns und Beabsichtigens – also sowohl Überzeugungen als auch Wünsche – zur Bedeutung in Beziehung gesetzt werden. In der vorliegenden Abhandlung ist es allerdings nicht nötig, diesen zusätzlichen Faktor ins Spiel zu bringen.

gen bekannt, wüßte er über die Überzeugungen Bescheid, und wenn ihm die von den bejahten Sätzen ausgedrückten Überzeugungen bekannt wären, wüßte er über die Bedeutungen Bescheid. Doch wie kann er sie beide zugleich in Erfahrung bringen, wo doch jedes der beiden Elemente vom jeweils anderen abhängt?

Die Grundzüge der Lösung gehen, ebenso wie die Problemstellung selbst, auf Quine zurück. Ich werde jedoch an der von Quine vorgeschlagenen Lösung einige Veränderungen vornehmen, wie ich ja auch schon die Problemstellung selbst modifiziert habe. Diese Veränderungen sind für die Frage des erkenntnistheoretischen Skeptizismus unmittelbar relevant.

Die radikale Interpretation ist der radikalen Übersetzung Quines sehr ähnlich, ohne ihr jedoch völlig zu gleichen. Ihr Ziel ist es, im Stile Tarskis Charakterisierungen der Wahrheit für die Sprache des Sprechers sowie eine Theorie über dessen Überzeugungen vorzulegen. (Letztere folgt aus den ersteren, wenn man die vorausgesetzte Kenntnis der für wahr gehaltenen Sätze hinzunimmt.) Dadurch wird dem Quineschen Übersetzungsvorhaben nur wenig hinzugefügt, denn die Übersetzung der Sprache des Sprechers in die eigene Sprache summiert sich, wenn eine Wahrheitstheorie für die eigene Sprache hinzukommt, zu einer Wahrheitstheorie für den Sprecher. Durch den Wechsel vom syntaktisch geprägten Übersetzungsbegriff hin zum semantischen Wahrheitsbegriff werden allerdings die formalen Einschränkungen einer Wahrheitstheorie in den Vordergrund gerückt, und es kommt zur Akzentuierung eines bestimmten Aspekts der engen Beziehung zwischen Wahrheit und Bedeutung.

Im Rahmen der Methode Quines spielt das Prinzip der Nachsichtigkeit eine entscheidende Rolle, und bei meiner Variante ist es in noch höherem Maße ausschlaggebend. Im einen wie im anderen Fall wird der Interpret durch dieses Prinzip dazu angehalten, bei seiner Übersetzung oder Interpretation so zu verfahren, daß einige seiner eigenen Wahrheitsmaßstäbe in das Muster der vom Sprecher für wahr gehaltenen Sätze hineingedeutet werden. Der Witz des Prinzips liegt darin, daß es den Sprecher verständlich macht, denn wenn sich allzu erhebliche Abweichungen von Konsistenz und Richtigkeit einstellen, bleibt kein gemeinsames Fundament, auf dem man stehen könnte, um über Einigkeit oder Uneinigkeit zu urteilen. Von einem formalen Standpunkt betrachtet, leistet das Prinzip der Nachsichtigkeit einen Beitrag zur Lösung des Problems der Wechselwirkung zwischen Bedeutung und Überzeugung, indem es die der Überzeugung zugestandenen Freiheitsgrade einschränkt und dabei zugleich bestimmt, wie Wörter zu interpretieren sind.

Wir haben, wie Quine behauptet, gar keine andere Wahl: Wir müssen unsere eigene Logik in die Gedanken des Sprechers hineinlesen. Bei Quine bezieht sich das auf die Aussagenlogik, und ich für mein Teil würde das gleiche auch im Hinblick auf die Quantorenlogik erster Stufe sagen. So erhält man auf direktem Weg die Möglichkeit, die logischen Konstanten zu ermitteln und jedem Satz eine logische Form zuzuordnen.

Ein ähnliches Prinzip wie das der Nachsichtigkeit wird bei der Interpretation derjenigen Sätze wirksam, deren Ursachen der Zustimmung je nach Zeitpunkt und Ort kommen und gehen: Wenn der Interpret einen Satz des Sprechers ausfindig macht, dem der Sprecher unter Bedingungen, die der Interpret als solche wiedererkennt, regelmäßig zustimmt, begreift der Interpret diese Bedingungen als die Wahrheitsbedingungen dieses Satzes des Sprechers. Das ist allerdings, wie wir gleich sehen werden, nur in etwa richtig.

Sätze und Prädikate, die weniger direkt mit leicht ermittelten Vorgängen verzahnt sind, können nach Quines Vorschriften beliebig interpretiert werden, sofern nur die Einschränkungen beachtet werden, die auf die wechselseitigen Zusammenhänge mit unmittelbar weltbedingten Sätzen zurückgehen. Hier würde ich das Prinzip der Nachsichtigkeit so erweitern, daß es Interpretationen begünstigt, bei denen die Wahrheit möglichst weitgehend erhalten bleibt. Denn es kommt meines Erachtens dem gegenseitigen Verständnis und daher auch besseren Interpretationen entgegen, wenn man das, was der Sprecher als wahr akzeptiert, ebenfalls nach Möglichkeit als wahr interpretiert. In dieser Hinsicht habe ich weniger Bewegungsfreiheit als Quine, denn ich vermag nicht zu erkennen, wie sich die Grenze zwischen Beobachtungssätzen und theoretischen Sätzen gleich zu Anfang ziehen ließe. Dafür gibt es mehrere Gründe, aber im Hinblick auf unser jetziges Thema ist der folgende besonders relevant: Letzten Endes basiert die genannte Unterscheidung auf einer erkenntnistheoretischen Überlegung einer Form, auf die ich verzichtet habe, nämlich auf der Überlegung, Beobachtungssätze beruhten unmittelbar auf so etwas wie Sinnesempfindungen – Mustern der Sinnesreizung –, und das ist eine Vorstellung, die nach meiner These zum Skeptizismus führt. Ohne die unmittelbare Bindung an Empfindungen oder Reizungen läßt sich die Unterscheidung zwischen Beobachtungssätzen und sonstigen Sätzen allerdings nicht durch Bezugnahme auf ein erkenntnistheoretisch signifikantes Fundament treffen. Was jedoch erhalten bleibt, ist die Unterscheidung zwischen Sätzen, deren Zustimmungsursachen je nach den beobachtbaren Umständen kommen und gehen, und solchen Sätzen, an denen der Sprecher bei allem Wandel festhält; und diese Unterscheidung bietet die Möglichkeit, Wörter und Sätze auch jenseits des logischen Bereichs zu interpretieren.

Auf die Einzelheiten kommt es hier nicht an. Klar sein sollte folgendes: Sofern ich das Verhältnis zwischen Überzeugung und Bedeutung und deren Deutung durch einen Interpreten richtig erklärt habe, sind die meisten der von einem Sprecher für wahr gehaltenen Sätze – und zwar vor allem jene, an denen er besonders hartnäckig festhält, also die Sätze im innersten Zentrum seines Überzeugungssystems – zumindest nach Meinung des Interpreten tatsächlich wahr. Denn die einzige und daher unanfechtbare Methode, die dem Interpreten zu

Gebote steht, stellt zwischen den Überzeugungen des Sprechers und den logischen Maßstäben des Interpreten automatisch ein harmonisches Verhältnis her und schreibt dem Sprecher daher die offenkundigen Wahrheiten der Logik aufs Konto. Hier gibt es selbstverständlich graduelle Abstufungen der logischen Widerspruchsfreiheit sowie sonstiger Formen der Konsistenz, und mit vollkommener Konsistenz ist nicht zu rechnen. Hervorgehoben werden sollte nur, daß es aus methodologischen Gründen notwendig ist, ein ausreichendes Maß an Konsistenz zu finden.

Dem entspricht die Unmöglichkeit einer Situation, in der ein Interpret einen Sprecher versteht und zur gleichen Zeit herausfindet, daß die meisten Ansichten des Sprechers über die Welt irrig sind. Denn der Interpret hält sich an das (von der Überzeugungszuschreibung nicht unterscheidbare) Verfahren, für wahr gehaltene Sätze zu interpretieren, wobei er sich nach den in der Außenwelt gegebenen und das Fürwahrhalten eines Satzes bewirkenden Ereignissen und Gegenständen richtet.

Was ich für den wichtigen Aspekt dieses Ansatzes halte, wird leicht verkannt, denn dieser Ansatz beinhaltet die Umkehrung der für uns naheliegenden, von Situationen bereits gesicherten Verständnisses hergenommenen Auffassung der Kommunikation. Sobald das Verständnis gesichert ist, sind wir häufig dazu imstande, die Überzeugungen einer Person auch unabhängig von den Ursachen der Überzeugungsbildung herauszubringen. Auf diesem Weg gelangt man vielleicht zu der entscheidenden, ja verhängnisvollen Schlußfolgerung, wir seien generell in der Lage, das von jemandem Gemeinte unabhängig von seinen Überzeugungen und unabhängig von den Ursachen seiner Überzeugungsbildung zu bestimmen. Doch wenn ich recht habe, ist es uns im allgemeinen eben nicht möglich, zuerst die Überzeugungen und die gemeinten Bedeutungen zu ermitteln und anschließend nach ihren Ursachen zu fragen. Die Kausalität spielt bei der Bestimmung des Inhalts dessen, was wir sagen und glauben, eine unverzichtbare Rolle. Das ist ein Faktum, das man einzusehen lernen kann, indem man ebenso verfährt wie wir und die Dinge vom Standpunkt des Interpreten betrachtet.

Daß die Gedanken und die sprachlichen Äußerungen eines Akteurs in hohem Maße wahr und widerspruchsfrei sind, ist ein Kunstprodukt, das sich daraus ergibt, daß der Interpret die Äußerungen und Einstellungen des Betreffenden richtig interpretiert. Doch dabei handelt es sich um Wahrheit und Widerspruchsfreiheit nach den Maßstäben des Interpreten. Warum soll es nicht passieren können, daß Sprecher und Interpret einander auf der Basis gemeinsamer, aber irriger Überzeugungen verstehen? Das kann zwar geschehen, und zweifellos geschieht es recht häufig, doch es kann nicht die Regel sein. Stellen wir uns nämlich kurzfristig einen Interpreten vor, der sowohl im Hinblick auf die Welt allwissend ist als auch im Hinblick auf alles, was einen Sprecher zur Bejahung irgendeines Satzes aus seinem (potentiell unbegrenzten) Repertoire veranlaßt und veranlassen würde. Der allwissende Sprecher bedient sich der gleichen Methode wie der fehlbare Interpret und kommt auf diesem Weg zu dem Ergebnis, daß der fehlbare Sprecher im großen und ganzen konsistente und richtige Meinungen vertritt. Das gilt freilich unter Zugrundelegung der Maßstäbe des Interpreten, doch da diese objektiv richtig sind, wird ersichtlich, daß die Ansichten des fehlbaren Sprechers auch nach objektiven Maßstäben weitgehend richtig und widerspruchsfrei sind. Wenn wir wollen, können wir es auch so einrichten, daß der allwissende Interpret seine Aufmerksamkeit dem fehlbaren Interpreten des fehlbaren Sprechers zuwendet. Dabei stellt sich heraus, daß der fehlbare Interpret zwar im Hinblick auf manche Dinge, aber nicht durchweg im Irrtum sein kann; und daher ist es ausgeschlossen, daß er und der von ihm interpretierte Akteur gemeinsam durch die Bank im Irrtum sind. Sobald wir der von mir skizzierten allgemeinen Interpretationsmethode zustimmen, wird

es unmöglich, zu Recht die Meinung zu vertreten, jemand könne sich über das Sosein der Dinge meistens irren.
Es gibt, wie oben bereits angemerkt, einen maßgeblichen Unterschied zwischen der jetzt von mir empfohlenen Methode der radikalen Interpretation und der von Quine ersonnenen Methode der radikalen Übersetzung. Der Unterschied liegt in der Art der Entscheidung über die Ursachen, welche die Interpretation regeln. Quine geht so vor, daß die Interpretation von Mustern der Sinnesreizung abhängt, während sie bei mir auf die äußeren Ereignisse und Gegenstände angewiesen ist, von denen der Satz laut Interpretation handelt. Dementsprechend ist Quines Bedeutungsbegriff mit Kriterien der Sinneswahrnehmung verknüpft, wobei es sich seiner Meinung nach um etwas handelt, was auch als Belegmaterial gedeutet werden kann. So gelangt Quine dahin, der Unterscheidung zwischen Beobachtungssätzen und sonstigen Sätzen erkenntnistheoretische Signifikanz zu verleihen, denn von den Beobachtungssätzen wird angenommen, sie seien aufgrund ihrer unmittelbaren Abstimmung auf die Sinne nachgerade außersprachlich begründet. Das ist die Anschauung, gegen die ich im ersten Teil dieser Arbeit argumentiert habe, wobei geltend gemacht wurde, daß Sinnesreizungen zwar tatsächlich zu der in Überzeugungen mündenden Kausalkette gehören, aber nicht ohne Verwechslung als Belege oder Quelle der Rechtfertigung für die durch Sinnesreizung hervorgerufenen Überzeugungen angesehen werden können.
Was einem globalen Skeptizismus bezüglich der Sinne im Wege steht, ist meines Erachtens die Tatsache, daß wir in den klarsten und methodologisch besonders grundlegenden Fällen nicht umhin können, die Gegenstände einer Überzeugung mit den Ursachen dieser Überzeugung gleichzusetzen. Und das, was wir als Interpreten für die Gegenstände der Überzeugung ansehen müssen, ist das, was sie de facto sind. Kommunikation setzt dort ein, wo die Ursachen konvergieren: Deine Äußerung bedeutet das gleiche wie meine, wenn der

Glaube an ihre Wahrheit systematisch durch dieselben Ereignisse und Gegenstände verursacht wird.[7]

Die Schwierigkeiten, denen diese Auffassung ausgesetzt ist, sind nicht zu übersehen, aber meiner Meinung nach können sie überwunden werden. In direkter Form läßt sich diese Methode allenfalls auf Gelegenheitssätze anwenden, also auf jene Sätze, bei denen eine zustimmende Reaktion systematisch durch öffentliche Veränderungen in der Welt verursacht wird. Weitere Sätze werden dadurch interpretiert, daß sie auf Gelegenheitssätze bezogen werden und daß in ihnen Wörter vorkommen, die auch in Gelegenheitssätzen auftreten. Bei einigen dieser Gelegenheitssätze wird die ihnen zugebilligte Glaubwürdigkeit nicht nur nach Maßgabe von Umweltveränderungen variieren, sondern auch nach Maßgabe von Veränderungen der Glaubwürdigkeit von Sätzen, die mit jenen zusammenhängen. Auf dieser Grundlage können Kriterien entwickelt werden, um aus internen Gründen – also ohne Berufung auf den Begriff einer außerhalb des Kreises der Überzeugungen liegenden Basis für Überzeugungen – Grade der Beobachtungsnähe zu unterscheiden.

In Zusammenhang mit diesen Problemen steht das noch leichter zu erfassende Problem des Irrtums. Denn selbst in den unkompliziertesten Fällen ist klar, daß dieselbe Ursache (ein Kaninchen hoppelt vorbei) bei Sprecher und Beobachter womöglich verschiedene Überzeugungen auslöst und so zur Bejahung von Sätzen ermuntert, die nicht die gleiche Interpretation tragen können. Zweifellos ist es dieses Faktum, das Quine dazu veranlaßt hat, den Schlüssel zur Interpretation

7 Es liegt auf der Hand, daß es kaum Gemeinsamkeiten gibt zwischen meiner kausalen Theorie der Bedeutung und den von Kripke und Putnam aufgestellten kausalen Theorien der Bezugnahme. Diese Theorien halten sich an kausale Beziehungen zwischen Namen und Gegenständen, von denen die Sprecher womöglich gar keine Ahnung haben. Auf diese Weise wird die Wahrscheinlichkeit systematischer Irrtümer erhöht. Das Gegenteil geschieht bei meiner kausalen Theorie, von der die Ursache einer Überzeugung mit deren Gegenstand verknüpft wird.

nicht bei Kaninchen, sondern bei Reizmustern zu suchen. Hebt man nur auf die Statistik ab, habe ich keine Ahnung, um wieviel der eine Ansatz dem anderen überlegen ist. Ist die relative Häufigkeit, mit der gleiche Reizmuster Zustimmung zu »Gavagai« und »Kaninchen« auslösen, größer als die relative Häufigkeit, mit der ein Kaninchen bei Sprecher und Hörer die gleichen beiden Reaktionen auslöst? Eine Frage, über die nicht ohne weiteres in überzeugender Weise befunden werden kann. Nehmen wir jedoch an, die imaginierten Resultate sprächen für Quines Methode. Dann müßte ich sagen, was ich ohnehin sagen muß: Dem Problem des Irrtums kann man nicht einmal auf der einfachsten Ebene mit einem von einzelnen Sätzen ausgehenden Verfahren beikommen. Das beste Vorgehen ist eines, bei dem wir holistisch an den Irrtum herangehen, d. h. bei dem wir so interpretieren, daß der Akteur in Anbetracht seiner Handlungen, seiner Äußerungen und seines Orts in der Welt so verständlich wie möglich dasteht. Was einige Dinge betrifft, wird er nach unserem Befund unrecht haben, und das wiederum ist nicht zu vermeiden, wenn wir ihm in anderen Fällen recht geben wollen. Um es ganz vage zu formulieren: Feststellen, daß er recht hat, bedeutet, daß man die Ursachen seiner Überzeugungen mit den Gegenständen dieser Überzeugungen gleichsetzt, den einfachsten Fällen besonderes Gewicht zubilligt und Irrtümer dort gelten läßt, wo sie am ehesten zu erklären sind.

Nehmen wir an, ich hätte recht mit meiner Behauptung, der Interpret müsse beim Interpretieren so vorgehen, daß der Sprecher oder Akteur mit seinen Ansichten über die Welt weitgehend recht hat. Inwiefern nutzt das dem Betreffenden selbst, der sich fragt: Welche Gründe habe ich, die für die Annahme sprechen, daß meine Überzeugungen größtenteils wahr sind? Wie kann er etwas in Erfahrung bringen über die zwischen der wirklichen Welt und seinen Überzeugungen bestehenden kausalen Beziehungen, die den Interpreten dazu bewegen, ihn als jemanden zu deuten, der auf der richtigen Spur ist?

Die Antwort ist in der Frage enthalten. Um die eigenen Überzeugungen bezweifeln oder hinsichtlich ihrer Herkunft Fragen stellen zu können, muß der Akteur bereits wissen, was eine Überzeugung ist. Das bringt den Begriff der objektiven Wahrheit mit sich, denn die Vorstellung von einer Überzeugung ist die Vorstellung von einem Zustand, der mit der Realität übereinstimmen oder auch nicht übereinstimmen kann. Überzeugungen werden aber auch, sei's in direkter oder indirekter Weise, mit Hilfe ihrer Ursachen identifiziert. Was ein allwissender Interpret weiß, das bekommt auch ein fehlbarer Interpret, sofern er den Sprecher versteht, in etwa heraus, und eben darin liegt die komplizierte kausale Wahrheit, die uns zu den Überzeugungsträgern macht, die wir nun einmal sind, und die den Inhalt unserer Überzeugungen bestimmt. Der Akteur muß nur darüber nachdenken, was eine Überzeugung ist, um einzusehen, daß die meisten seiner Grundüberzeugungen wahr sind, und unter seinen Überzeugungen sind diejenigen, die mit größter Sicherheit vertreten werden und mit dem Hauptkorpus seiner Überzeugungen kohärent in Einklang stehen, mit höchster Wahrscheinlichkeit wahr. Die Frage »Woher weiß ich denn, daß meine Überzeugungen generell wahr sind?« beantwortet sich also von selbst, und zwar einfach deshalb, weil es in der Natur der Überzeugungen liegt, im allgemeinen wahr zu sein. Wenn man die Frage umformuliert oder erweitert, lautet sie: »Wie kann ich angeben, ob meine Überzeugungen, die ihrer Natur nach im allgemeinen wahr sind, generell wahr sind?«

Alle Überzeugungen sind im folgenden Sinn gerechtfertigt: Sie werden von zahlreichen weiteren Überzeugungen gestützt (sonst wären sie nicht die Überzeugungen, die sie nun einmal sind), und man geht von der Annahme aus, daß sie wahr sind. Diese Annahme wird um so stärker, je größer und signifikanter das Korpus an Überzeugungen, mit denen eine Überzeugung kohärent in Einklang steht; und da es so etwas wie eine isolierte Überzeugung nicht gibt, gibt es auch keine

Überzeugung, für die nicht von vornherein etwas spräche. In dieser Hinsicht besteht zwischen dem Interpreten und der von ihm interpretierten Person ein Unterschied. Vom Standpunkt des Interpreten betrachtet, kann dieser aus methodologischen Gründen nicht umhin, dem Korpus der Überzeugungen insgesamt Wahrheit zu unterstellen, ohne daß er davon ausgehen müßte, jede Einzelüberzeugung einer anderen Person sei wahr. Durch die auf andere Personen bezogene allgemeine Annahme wird diesen Personen, wie ich schon betont habe, nicht in Bausch und Bogen recht gegeben, sondern diese Annahme liefert den Hintergrund, vor dem man den anderen Irrtümer vorwerfen kann. Doch jede Person muß, wenn sie beim eigenen Standpunkt ansetzt, von einer abgestuften Vermutung ausgehen, die für jede ihrer eigenen Überzeugungen spricht.

Leider ist es nicht möglich, die possierliche und erfreuliche Schlußfolgerung zu ziehen, alle wahren Überzeugungen konstituierten Wissen. Denn obwohl aus der Sicht des Überzeugungsträgers alle seine Überzeugungen in gewissem Maße gerechtfertigt sind, kann es sein, daß manche von ihnen nicht ausreichend oder nicht in der richtigen Weise gerechtfertigt sind, um Wissen zu konstituieren. Die allgemeine Annahme zugunsten der Wahrheit von Überzeugungen dient dazu, uns vor einer Standardform des Skeptizismus zu bewahren, indem sie zeigt, warum unsere Überzeugungen unmöglich alle zugleich falsch sein können. Die Aufgabe, die Bedingungen des Wissens zu bestimmen, wird davon so gut wie gar nicht tangiert. Hier ist es mir nicht um die Regeln der Untermauerung durch Belege gegangen (sofern es dergleichen überhaupt gibt), sondern ich wollte zeigen, daß alles, was als Beleg oder Rechtfertigungsgrund einer Überzeugung gilt, derselben Gesamtheit von Überzeugungen entnommen werden muß, zu der auch sie selbst gehört.

Nachtrag

Ein paar in die Jahre kommende Philosophen – eine Kategorie, zu der vielleicht Quine, Putnam, Dummett und mit Sicherheit ich selbst gehören – zerbrechen sich nach wie vor den Kopf über das Wesen der Wahrheit und über die Frage, inwiefern die Wahrheit mit Bedeutung und Erkenntnistheorie zusammenhängt oder nicht zusammenhängt. Rorty meint, wir sollten aufhören, uns Sorgen zu machen. Nach seiner Auffassung hat die Philosophie diese Rätsel durchschaut oder hinter sich gelassen und sollte sich nun weniger strapaziösen und interessanteren Angelegenheiten zuwenden. Vor allem mit mir geht er ins Gericht, weil ich nicht zugeben wolle, daß es mit dem alten Spiel vorbei ist, denn ansonsten findet er in meinen Arbeiten nützliche Hinweise, die seine eigene aufgeklärte Haltung stützen. Unter der Oberfläche meiner »altbackenen Rhetorik« stößt er auf die Umrisse einer im großen und ganzen richtigen Einstellung.

In seinem Artikel »Pragmatism, Davidson, and Truth« macht Rorty zweierlei geltend: erstens laufe meine Wahrheitsauffassung auf eine Ablehnung sowohl der Kohärenz- als auch der Korrespondenztheorie hinaus und sollte eigentlich der pragmatistischen Tradition zugerechnet werden; zweitens sollte ich nicht so tun, als replizierte ich auf den Skeptiker, wenn ich ihm in Wirklichkeit Bescheid gebe, er solle sich verdünnisieren. Was beide Punkte betrifft, bin ich weitgehend Rortys Meinung.

1983 kam es anläßlich eines Treffens der Pacific Division der American Philosophical Association zu einer Diskussion zwischen Rorty und mir, bei der ich versprach, meinen Standpunkt nicht mehr als Kohärenz- oder Korrespondenztheorie zu bezeichnen, wenn sich Rorty seinerseits bereit fände, die pragmatistische Wahrheitstheorie fallenzulassen. Er hat seinen Teil der Abmachung eingehalten und lehnt die Wahrheitstheorien von James und Peirce jetzt ausdrücklich ab. Ich meinerseits bin froh, auch meinem Teil der Vereinbarung gerecht zu werden. Wäre der Artikel nicht schon veröffentlicht, würde ich den Titel des Aufsatzes »Eine Kohärenztheorie der Wahrheit und der Erkenntnis« jetzt ändern und das Vorhaben nicht mehr mit den Worten kennzeichnen, es gehe um den Nachweis, »daß Übereinstimmung aus Kohärenz hervorgeht«. Wie Rorty darlegt, genügen schon die textinternen Belege, um zu zeigen, daß meine Auffassung nicht als Korrespondenztheorie bezeichnet werden kann. Bereits im Jahre 1969 (»Getreu den Tatsachen«[8]) habe ich geltend gemacht, es gebe nichts, wovon man nützlicher- und verständlicherweise sagen könne, es entspreche einem Satz. Dieser Gedanke wird in »Eine Kohärenztheorie der Wahrheit und der Erkenntnis« wiederholt. Seinerzeit glaubte ich, die Tatsache, daß man zu der auf eine Sprache bezogenen Charakterisierung der Wahrheit ein Verhältnis zwischen Wörtern und Gegenständen herstellen muß, sei ausreichend, um dem Gedanken der Übereinstimmung einen gewissen Angriffspunkt zu verschaffen. Heute halte ich das für einen Irrtum. In gewisser Hinsicht ist der Irrtum bloß eine verkehrte Bezeichnung, doch terminologische Mißgriffe haben die Tendenz, Begriffsverwirrungen nach sich zu ziehen, und so verhält es sich auch in diesem Fall. Korrespondenztheorien sind stets so aufgefaßt worden, als lieferten sie eine Erklärung oder Analyse der Wahrheit, und eben das wird von einer Wahrheitstheorie à la Tarski bestimmt nicht geleistet. Ebenfalls verwerfen würde ich jetzt den generell gegen Korrespondenztheorien erhobenen Vorwurf, es existiere kein Verfahren, mit dessen Hilfe sich je angeben ließe, ob unsere Sätze oder Überzeugungen mit der Wirklichkeit übereinstimmen. Diese Kritik ist bestenfalls irreführend, denn noch nie ist es jemandem gelungen zu erklären, worin eine solche Übereinstimmung bestehen könnte. Schlimmer noch: diese Kritik ist von der falschen Vorausset-

8 Abgedr. in *Wahrheit und Interpretation*.

zung abhängig, Wahrheit sei offensichtlich eine Sache der Erkenntnis.
Außerdem bedauere ich es, meine Auffassung als »Kohärenztheorie« bezeichnet zu haben. Meine Betonung der Kohärenz war eigentlich nichts weiter als ein Verfahren zur Formulierung eines negativen Gedankens, nämlich der Einsicht, »daß alles, was als Beleg oder Rechtfertigungsgrund einer Überzeugung gilt, derselben Gesamtheit von Überzeugungen entnommen werden muß, zu der auch sie selbst gehört«. Natürlich hat diese negative These im Regelfall jene Philosophen, von denen sie vertreten worden ist, zu der Schlußfolgerung geführt, Wirklichkeit und Wahrheit seien Denkkonstrukte. Ich für mein Teil habe mich hingegen nicht zu dieser Schlußfolgerung verleiten lassen, und schon allein aus diesem Grund hätte ich meine Auffassung nicht als Kohärenztheorie bezeichnen dürfen. Daneben gibt es einen weniger gewichtigen Grund, die Kohärenz nicht so zu akzentuieren. Kohärenz ist nichts weiter als Konsistenz, also Widerspruchsfreiheit. Gewiß spricht es für eine Menge von Überzeugungen, daß sie konsistent sind, aber es steht nicht im geringsten zu erwarten, daß die Überzeugungen einer Person nicht zur Widerspruchsfreiheit tendieren, denn Überzeugungen werden zum Teil mit Hilfe ihrer logischen Eigenschaften individuiert. Was nicht weitgehend zu vielen sonstigen Überzeugungen in einem Konsistenzverhältnis steht, kann gar nicht als Überzeugung identifiziert werden. Die Hauptstoßrichtung des Aufsatzes »Eine Kohärenztheorie der Wahrheit und der Erkenntnis« hat mit Konsistenz nur wenig zu schaffen. Die wichtige These, für die ich mich stark mache, besagt vielmehr, daß Überzeugungen in ihrem innersten Wesen zur Wahrheit tendieren. Das ist die Basis für meine Behauptung, Wahrheit sei zwar kein epistemischer Begriff, andererseits sei sie aber auch nicht völlig getrennt von Überzeugungen (während sich eine solche Trennung in jeweils verschiedener Hinsicht sowohl aus der Korrespondenz- als auch aus der Kohärenztheorie ergibt).

Meine Akzentuierung der Kohärenz war fehl am Platze. Daß ich meine Auffassung als »Theorie« bezeichnet habe, war ein veritabler Schnitzer. Rorty legt in seinem Artikel großen Nachdruck auf eine minimalistische Einstellung zur Wahrheit, von der er zu Recht annimmt, daß sie uns gemeinsam sei. Diese Einstellung ließe sich wie folgt formulieren: In puncto Klarheit und Fundamentalität kennt der Begriff der Wahrheit nicht seinesgleichen. Tarski hat uns eine Vorstellung davon vermittelt, wie der allgemeine Begriff, sofern wir ihn bereits verstanden haben, auf spezielle Sprachen anzuwenden (oder versuchsweise anzuwenden) ist. Aber natürlich hat er nicht gezeigt, wie der Begriff allgemein zu definieren wäre (vielmehr hat er bewiesen, daß eine solche Definition unmöglich ist). Jeder weitere Versuch, den Begriff zu erklären, zu definieren, zu analysieren oder zu explizieren, wird nichtssagend oder verfehlt sein. Korrespondenztheorien, Kohärenztheorien, pragmatistische Theorien sowie Theorien, von denen die Wahrheit mit verbürgter (und vielleicht auf »ideale« oder »optimale« Bedingungen beschränkter) Behauptbarkeit gleichgesetzt wird, und Theorien, von denen verlangt wird, die Wahrheit solle den Erfolg der Naturwissenschaft erklären oder als Endergebnis der Naturwissenschaft oder der Gespräche einer bestimmten Elite dienen – alle derartigen Theorien tragen nichts zu unserem Verständnis der Wahrheit bei oder werden durch einleuchtende Gegenbeispiele widerlegt. Warum in aller Welt sollten wir damit rechnen, die Wahrheit auf etwas Klareres oder etwas Fundamentaleres zurückführen zu können? Schließlich ist der einzige Begriff, dessen Definition Platon geglückt ist, der Begriff »Matsch« (nämlich Erde plus Wasser). Putnams Vergleich diverser Bemühungen um eine Kennzeichnung der Wahrheit mit den Versuchen, eine naturalistische Definition des Begriffs »gut« anzugeben, ist nach meinem Eindruck ebenso wie nach Rortys Ansicht treffend. Überdies scheint er mir auf Putnams eigene Gleichsetzung der Wahrheit mit idealisierter ausgewiesener Behauptbarkeit ebenfalls zuzutreffen.[9]

Eine auf einen Sprecher oder eine Gruppe von Sprechern bezogene Wahrheitstheorie liefert zwar keine Definition des allgemeinen Wahrheitsbegriffs, aber sie vermittelt immerhin einen deutlichen Eindruck vom möglichen Nutzen dieses Begriffs. Eine solche Theorie gestattet es, in knapper und klarer Weise anzugeben, was jemand, der diesen Sprecher bzw. diese Sprecher versteht, weiß. Außerdem fordert eine solche Theorie zu der Frage heraus, wie die Bestätigung ihrer Wahrheit durch einen Interpreten möglich wäre – womit eine Frage aufgeworfen ist, die ohne die Theorie gar nicht artikuliert werden könnte. Die Antwort wird, wie ich in »Eine Kohärenztheorie der Wahrheit und der Erkenntnis« zu zeigen versuche, wesentliche Beziehungen zwischen den Begriffen der Bedeutung, der Wahrheit und der Überzeugung deutlich machen. Wenn ich recht habe, setzt jeder dieser Begriffe die übrigen voraus, ohne daß einer von ihnen den übrigen untergeordnet oder gar durch sie definierbar wäre. Die Wahrheit ist, wie sich herausstellt, weder völlig von Überzeugungen getrennt (wie es von einer Korrespondenztheorie hingestellt würde) noch abhängig von den Entdeckungsmethoden und Erkenntnisvermögen der Menschen (was das Ergebnis epistemischer Wahrheitstheorien wäre). Was die Wahrheit vor dem Abgleiten ins »durch und durch Nichtepistemische« (Putnam) bewahrt, ist nicht der Umstand, daß die Wahrheit doch etwas Epistemisches wäre, sondern der Umstand, daß Überzeugungen vermöge ihrer Zusammenhänge mit dem Bedeutungsbegriff eine Tendenz zur Wahrheit beinhalten.

Und wie steht es schließlich mit Rortys Mahnung, ich sollte den Versuch fallenlassen, dem Skeptiker eine Antwort zu geben, und ihm statt dessen sagen, er möge sich verdünnisieren? Eine knappe Replik liefe darauf hinaus, daß dieser Bescheid

9 Hilary Putnam, *Realism and Reason*.

dem Skeptiker im Laufe der Jahrtausende immer wieder mitgeteilt geworden ist, ohne daß er darauf zu hören scheint. Er ist nun einmal Philosoph und verlangt eine Begründung. Das wollen wir ein wenig ausbuchstabieren: Vielleicht enthält Rortys Artikel »Pragmatism, Davidson, and Truth« den Hinweis, eine »naturalistische« Herangehensweise an die Probleme der Bedeutung und der propositionalen Einstellungen werde dem Skeptiker automatisch keinen Spielraum für weitere Manöver lassen. Dieser Gedanke ist falsch – einerlei, ob er von Rorty vertreten wird oder nicht. Quines naturalisierte Erkenntnistheorie ist, da sie auf der empiristischen Prämisse basiert, das von uns Gemeinte und Gedachte gründe in begrifflicher (und nicht nur in kausaler) Hinsicht auf dem Zeugnis der Sinne, dem üblichen Angriff des Skeptikers ausgesetzt. In »Eine Kohärenztheorie der Wahrheit und der Erkenntnis« war mir sehr daran gelegen, eine alternative Herangehensweise an die Begriffe Bedeutung und Erkenntnis zu begründen und zu zeigen, daß der Skeptizismus gar nicht in Gang kommen könnte, wenn diese Alternative richtig wäre. Insofern bin ich derselben Meinung wie Rorty. Es ging mir gar nicht darum, den Skeptiker zu »widerlegen«, sondern ich wollte eine meines Erachtens richtige Erklärung der Grundlagen der sprachlichen Kommunikation und der daraus resultierenden Implikationen bezüglich Wahrheit, Überzeugung und Erkenntnis skizzieren. Sofern man die Richtigkeit dieser Erklärung einräumt, kann man dem Skeptiker tatsächlich sagen, er möge sich trollen.

Sofern es zwischen Rorty und mir überhaupt Meinungsverschiedenheiten gibt, betreffen sie erstens die Bedeutung, welche wir den Argumenten beimessen, die den Skeptiker ins Verderben stürzen, und zweitens das Interesse, das unserer Meinung nach den Konsequenzen zukommt, die sich daraus im Hinblick auf Erkenntnis, Überzeugung, Wahrheit und Bedeutung ergeben. Rorty möchte in aller Ausführlichkeit herausstreichen, wohin diese Argumente geführt haben, nämlich zu einer Position, die es uns gestattet, die Zweifel des Skeptikers zu verwerfen und somit den Versuch preiszugeben, Erkenntnisansprüche in allgemeiner Form zu begründen – also eine Rechtfertigung zu liefern, die weder möglich noch nötig ist. Aus Rortys Sicht ist die Geschichte der abendländischen Philosophie ein konfuser und siegerloser Kampf zwischen einem unverständlichen Skeptizismus und klammen Versuchen, dem Skeptizismus etwas entgegenzuhalten. Mir scheint, daß die Erkenntnistheorie von Descartes bis Quine nur *ein* komplexes und dabei keineswegs unerhellendes Kapitel des philosophischen Unterfangens ist. Falls dieses Kapitel wirklich zum Abschluß kommt, wird dieses Ergebnis durch Techniken der Analyse und ein Festhalten an Maßstäben der Klarheit erzielt werden, die immer schon zu den hervorstechenden Merkmalen der besten Formen des Philosophierens gehört haben und die, wenn wir Glück haben und unternehmungslustig bleiben, auch weiterhin dazu gehören werden.

11
Empirischer Gehalt

Die zwischen Schlick und Neurath geführte Auseinandersetzung über die Grundlagen der empirischen Erkenntnis veranschaulicht die Schwierigkeiten des Versuchs, aus einer verifikationistischen Bedeutungstheorie erkenntnistheoretische Schlußfolgerungen zu ziehen. Außerdem zeigt diese Auseinandersetzung, inwiefern die Voraussetzung der generellen Richtigkeit der Naturwissenschaft nicht automatisch genügt, um den Skeptizismus zu vermeiden oder eine bequeme Antwort auf ihn zu liefern. Aber obschon weder Schlick noch Neurath zu einer befriedigenden Erklärung der empirischen Erkenntnis gelangt sind, enthalten ihre Schriften verheißungsvolle Hinweise auf eine bessere Theorie. Indem ich diesen Hinweisen nachgehe und mich außerdem auf weitere Gedanken von Hempel, Carnap und vor allem Quine beziehe, möchte ich andeuten, welche Richtung eine naturalistische Erkenntnistheorie meiner Meinung nach einschlagen sollte.

Die logischen Positivisten waren sich einig, daß sich der empirische Gehalt eines interpretierten Satzes von seinen Beziehungen zu einer Teilmenge von Sätzen herschreibt, die über Beobachtung oder Erfahrung berichten bzw. auf Beobachtung oder Erfahrung beruhen. Hier wurden sogleich zwei Hauptfragen sichtbar, aus denen sich Schwierigkeiten und Auseinandersetzungen ergaben. Die erste Frage lautete: Wie sind die Beziehungen zwischen Protokollsätzen und sonstigen Sätzen zu kennzeichnen? Die Geschichte der Entwicklungen und Veränderungen in den dieses Problem betreffenden Anschauungen der logischen Positivisten und ihrer Anhänger ist von Hempel meisterlich erzählt und durch erhebliche eigene Beiträge ergänzt worden.[1] Das ist hier allerdings nicht mein Thema.

1 Siehe Carl Hempel, »Empiricist Criteria of Cognitive Significance. Problems and Changes«, in: Hempel, *Aspects of Scientific Explanation*.

Die zweite Frage lautete: Wie sollten Protokollsätze formuliert werden, und in welcher Beziehung stehen sie zu Erfahrungen oder Beobachtungen? Das ist die Fragestellung, die ich hier erörtern möchte und über die es zum Meinungsstreit zwischen Schlick und Neurath kam, wobei Schlick eine auf Fundierung ausgerichtete Erkenntnistheorie verfocht, Neurath hingegen eine Kohärenztheorie. Diese Meinungsdifferenz wurde in recht unverblümter Sprache artikuliert. Nach Neuraths Schilderung läßt sich der Fundierungsgedanke »mit dem Glauben der überlieferten Schulphilosophie an die ›unmittelbaren Erlebnisse‹ in Verbindung bringen«. Dem fügt er hinzu, der »methodische Solipsismus« (Carnaps Ausdruck für eine ähnliche Anschauung wie die von Schlick vertretene) werde »nicht dadurch brauchbarer, daß man das Wort ›methodisch‹ hinzugefügt hat«.[2] Schlick wiederum nennt Neuraths Lesart der Kohärenztheorie einen »erstaunlichen Irrtum«.[3]

Einerlei, ob es sich um einen erstaunlichen Irrtum handelt oder nicht, offenbar waren Carnap und Hempel zu einer bestimmten Zeit der gleichen Meinung wie Neurath. In einem 1935 erschienenen Artikel schrieb Hempel: »Meiner Ansicht nach gibt es keinen wesentlichen Unterschied mehr zwischen Protokollaussagen und sonstigen Aussagen.« Außerdem stimmte er Carnap zu und meinte, sobald die Frage nach der Fundamentalität der Sätze in »formaler« Redeweise gestellt sei, werde die Antwort zu einer konventionellen Entscheidungssache. »Diese Einsicht«, schreibt er unter Hinweis auf Carnaps eigene Worte, »befreit die Verifikations- und Wahrheitstheorie des Logischen Positivismus von einem Rest des Absolutismus, der auf metaphysische Tendenzen zurückgeht«.[4] Schlick reagierte spöttisch auf diese Form von Konventionalismus und sagte, dadurch werde die Wahrheit

2 Otto Neurath, »Protokollsätze«, S. 210 u. 212.

3 Moritz Schlick, »Über das Fundament der Erkenntnis«, S. 86.

4 Hempel, »On the Logical Positivist's Theory of Truth«, S. 58 u. 59.

»ebenso relativ [...] wie etwa alle Maßstäbe in der Physik«. Dem fügte er in ironischem Ton hinzu: »Und jene Ansicht mit ihren Folgerungen ist denn auch als Austreibung des letzten Restes von ›Absolutismus‹ aus der Philosophie gepriesen worden.«[5]

Dabei ist allerdings nicht völlig klar, wie die Dinge im einzelnen lagen. Fünfzehn Jahre später behauptet Hempel in einem quasi historischen Artikel: »Der maßgebliche Grundsatz des modernen Empirismus ist die Meinung, daß alles nichtanalytische Wissen auf Erfahrung basiere.« Anschließend erklärt er, was es heißt, Wissen basiere auf Erfahrung: Nichtanalytisches Wissen lasse sich durch Sätze ausdrücken, die (in eigens angegebener Weise) durch Beobachtungssätze bestätigt werden, deren Wahrheit wiederum durch unmittelbare Beobachtung »festgestellt« werde.[6] Das klingt nun eher nach Schlick, ja sogar nach jener »verhängnisvollen Gegenüberstellung von Aussagen und Tatsachen«, die Hempel zuvor abgelehnt hatte.[7]

In einer Anmerkung zum Wiederabdruck seiner »Studies in the Logic of Confirmation« schlägt Hempel eine Möglichkeit vor, wie sich die offenbar entgegengesetzten Standpunkte teilweise in Einklang bringen ließen.[8] Der Wahrheitsbegriff ist, wie Hempel und Carnap im Hinblick auf Tarskis Arbeit erkannt hatten, ein legitimer semantischer Begriff und sollte nicht als kohärenzabhängig behandelt werden. Der Bestätigungsbegriff hingegen lasse sich in zweierlei Weise deuten: als *relativer* und als *absoluter*. Bei der logischen Untersuchung des Bestätigungsbegriffs gehe es darum, herauszufinden, inwieweit eine Hypothese durch eine beliebige Menge von Sätzen bestätigt wird. In diesem Zusammenhang könne man lediglich sagen, eine Hypothese sei, relativ zu einer (wie immer

5 Schlick, »Über das Fundament der Erkenntnis«, S. 84.
6 Hempel, »The Empiricist Criterion of Meaning«, S. 108-110.
7 Hempel, »On the Logical Positivist's Theory of Truth«, S. 51.
8 Anm. 49 zu »Studies in the Logic of Confirmation«, in: Hempel, *Aspects of Scientific Explanation*.

gewonnenen) Menge von Sätzen, bestätigt oder entkräftet. Die absolute Bestätigung dagegen sei abhängig von einem »pragmatischen« Beschluß, bestimmte Sätze als wahr zu behandeln. Neurath und Carnap, meint Hempel, hätten an die relative, eine Kohärenztheorie nahelegende Form der Bestätigung gedacht, während Schlick und der Hempel des Jahres 1950 die absolute Form der Bestätigung im Sinn gehabt hätten.

Diese wichtige Unterscheidung Hempels ist aufschlußreich, denn mitunter hat es wirklich den Anschein, als habe man bei den damaligen Erörterungen der Protokollsätze hin- und hergeschwankt zwischen einer Deutung, wonach es sich dabei um beliebige Sätze mit spezifischer Syntax handele, und einer anderen Deutung, wonach es sich um – vielleicht aufgrund von Beobachtung oder Erfahrung – akzeptierte Sätze handele. Allerdings kann auch diese Unterscheidung nicht alle jene Meinungsverschiedenheiten ausräumen. Die Differenzen, die bestehen blieben, waren folgende: Schlick vertrat die von Neurath bestrittene Meinung, die Wahrheit von Protokollsätzen könne ein für allemal erwiesen werden. Außerdem hatte Schlick die von Neurath angefochtene These aufgestellt, es sei eine verständliche Behauptung, wenn man von einem Satz sage, er werde mit der Wirklichkeit verglichen. Darüber hinaus gab es Differenzen hinsichtlich der Frage der eigentlichen Thematik von Protokollen sowie hinsichtlich der Frage, ob Protokollsätze über etwas Privates oder etwas Öffentliches berichteten. Offensichtlich stehen diese verschiedenen Punkte in engem Zusammenhang.

Eine Möglichkeit, an unser Hauptproblem heranzugehen, ist die Frage nach dem Wesen der *Belege*: Bestehen sie aus Gegenständen, Ereignissen, Tatsachen, Erlebnissen, Empfindungen, Überzeugungen, Propositionen oder Sätzen? Fast jede dieser möglichen Antworten läßt sich in den Schriften des Wiener Kreises finden. Schlick schreibt:

Ich betrachte zwei Stückchen grünes Papier und stelle fest, daß sie die gleiche Farbe haben. Der Satz, welcher die Gleichfarbigkeit behauptet, wird u.a.

verifiziert dadurch, daß ich zur gleichen Zeit zweimal die gleiche Farbe erlebe. Die Aussage: »jetzt sind zwei Flecke gleicher Farbe vorhanden« kann nicht mehr auf andere zurückgeführt werden; sie ist dadurch verifiziert, daß sie Gegebenes beschreibt.[9]

Wodurch wird die Verifikation eigentlich geleistet? Schlick sagt, es sei das Faktum, daß er bestimmte, zur Wahrheit tendierende Erlebnisse hat. Aber würden dieselben Erlebnisse, wenn sie nicht zur Wahrheit tendierten, dennoch dieselbe Proposition verifizieren? Die Tatsache, daß ich ein Stück Papier vor mir sehe, impliziert, daß dort ein Stück Papier ist, doch damit schreiten wir nicht in interessanter Weise von den Belegen zur Hypothese fort, sondern wir leiten lediglich eine implizierte Proposition ab. An anderer Stelle pocht Schlick darauf, wir müßten bei Aussagen ansetzen, die »ihren ›Ursprung‹ in Beobachtungssätzen« haben; und um diesen Gedanken auszuführen, schreibt er: »Sie stammen, wie man in der traditionellen Ausdrucksweise getrost sagen darf, ›aus der Erfahrung‹.«[10] Im selben Artikel behauptet Schlick: »Es ist klar und wird meines Wissens von keiner Seite bestritten, daß die Erkenntnis im Leben und in der Forschung in *irgendeinem* Sinne mit der Konstatierung der Tatsachen *beginnt*, und daß ›Protokollsätze‹, in denen eben diese Konstatierung geschieht, in demselben Sinne am *Anfang* der Wissenschaft stehen.«[11] An einer anderen Stelle schreibt er dann, alles gehe auf das »gegenwärtig Wahrgenommene« zurück.[12] Ayer formuliert das so: Manche Aussagen können »unmittelbar mit den Tatsachen verglichen« werden.

Die offenbar verwirrende Frage der ontologischen Stellung der Belege möchte ich auch auf andere Weise verdeutlichen: Wir sagen, daß Gesetze durch ihre positiven Exemplifizierungen bestätigt werden; also sind die positiven Exemplifizierungen-

9 Schlick, »Positivismus und Realismus«, S. 13.
10 Schlick, »Über das Fundament der Erkenntnis«, S. 86.
11 Ebd., S. 80.
12 Ebd., S. 92.

gen vermutlich Belege für die von ihnen bestätigten Gesetze. Nun wollen wir, um in einer Richtung Klarheit zu schaffen, annehmen, daß Gesetze mit allquantifizierten Konditionalsätzen gleichgesetzt werden, und zwar selbstverständlich mit interpretierten Sätzen. Was ist nun eine positive Exemplifizierung? Das Gesetz möge die Form »$(x)(Fx \rightarrow Gx)$« haben. Dann, so meint Hempel, sei es vernünftig anzunehmen, daß das Gesetz durch einen *Gegenstand*, der F und G ist, bestätigt werde.[13] (Goodman drückt sich in *Fact, Fiction, and Forecast* häufig in der gleichen Weise aus.) Sodann erklärt Hempel, er werde die Bestätigung nicht als eine Beziehung auffassen, die »zwischen einem das Belegmaterial darstellenden Gegenstand (oder einer Menge von Gegenständen) einerseits und einem die Hypothese darstellenden Satz andererseits« bestehen soll, sondern er werde sie als Beziehung zwischen einem die Belege beschreibenden Satz und der Hypothese deuten. Dementsprechend werden »die zur Stützung oder zur Beanstandung einer wissenschaftlichen Hypothese angeführten Belege immer durch Sätze ausgedrückt, die häufig den Charakter von Beobachtungsberichten haben. [. . .] Letzten Endes bestehen die Belege in Daten, die der vage so bezeichneten unmittelbaren Beobachtung zugänglich sind, und solche Daten lassen sich in der Form von ›Beobachtungsberichten‹ artikulieren.«[14] Das der Beobachtung Zugängliche sind Gegenstände und Ereignisse. Das sind keineswegs die gleichen Dinge wie Tatsachen, und natürlich sind sie nicht das gleiche wie Sätze. Sätze können, wenn man es nicht so genau nimmt, Tatsachen (d.h. wahre Propositionen) zum Ausdruck bringen und Gegenstände beschreiben. Mit meinen Ausführungen will ich keine Kritik an Hempels mustergültigen Arbeiten zum Begriff der Bestätigung als einer Beziehung zwischen Sätzen üben. Vielmehr benutze ich die Unterscheidung zwischen

13 Hempel, »Studies in the Logic of Confirmation«, in: Hempel, *Aspects of Scientific Explanation*, S. 14.

14 Ebd., S. 21 f.

verschiedenen Möglichkeiten der Beschreibung positiver Exemplifizierungen von Gesetzen (oder gesetzähnlichen Sätzen), um zu betonen, wie verschieden die Formen sind, in denen man ganz natürlich über Belege redet.

Vielleicht ist es nicht seltsam, von einem schwarzen Raben – einem wirklichen Vogel – zu sagen, er *exemplifiziere* ein Gesetz; aber es wirkt bestimmt sonderbar, wenn jemand sagt, der Vogel sei ein *Beleg* für das Gesetz. Das dürfte bestenfalls eine Kurzform der Behauptung sein, die *Tatsache*, daß dieser Vogel ein schwarzer Rabe ist, bilde den Beleg; man könnte aber auch von der Wahrheit der Proposition oder von der Wahrheit eines passenden Satzes reden. Die erkenntnistheoretische Frage haben wir damit aber noch nicht berührt, also die Frage, was es denn heiße, *jemand* habe einen Grund zur Akzeptierung des Gesetzes – er *verfüge über* Belege. Weder die Existenz des schwarzen Raben noch die Wahrheit der Proposition oder des Satzes, in dem von der Existenz eines schwarzen Raben die Rede ist, geben von sich aus jemandem einen Grund zu glauben, es gebe einen schwarzen Raben, geschweige denn einen Grund zu glauben, alle Raben seien schwarz. Damit jemand einen Grund hat zu glauben, daß alle Raben schwarz sind, muß er z. B. *glauben*, daß es hier einen schwarzen Raben gibt.

Damit begeben wir uns auf einen ausgetretenen Pfad. Es ist bestimmt nicht ausreichend, bloß zu glauben, hier hätten wir einen schwarzen Raben vor uns; und es wird auch nicht reichen, daß die Überzeugung überdies wahr sein sollte. Denn diese beiden Bedingungen summieren sich zusammen noch nicht zu einem Beleg, es sei denn, der Betreffende hat einen angemessenen Grund, diese Überzeugung zu vertreten. Wenn der Grund eine weitere Überzeugung sein muß, stehen wir vor einem unendlichen Regreß oder einem Zirkel. Ein Regreß würde jegliche Erkenntnis unmöglich machen, während ein Zirkel die Schwierigkeiten einer reinen Kohärenztheorie der Erkenntnis nach sich zöge. Auf die Kohärenztheorie komme ich gleich zu sprechen.

An dieser Stelle stoßen wir auf die verschiedenen Versuche, mentale Zustände zu ermitteln, um die zwischen Empfindung und Urteil klaffende Lücke zu überbrücken oder auszuräumen, wobei sich bezüglich der Empfindungen keine Frage nach Wahrheit stellen kann, während Urteile durchaus einleuchtend als Belegquelle gelten können. So hat man Beinahesätze wie »Hier jetzt schwarz« vorgeschlagen und gemeint, sie drückten solche mentalen Zustände aus. Vielleicht läßt man sich auch dazu überreden, daß es derartige Bewußtseinszustände gibt, sofern man übersieht, daß das Verb ausgelassen wurde (denn wenn man das Verb einsetzte, würde die Sache schon zu weit in Richtung Urteil geschoben), und sofern man verkennt, daß Wörter wie »hier« und »jetzt« nur verstanden werden können, wenn sie einen Bezug auf einen Akteur beinhalten. In jedem Fall ist der Versuch, die Wissenschaft auf solche mentalen Zustände zu gründen, zum Scheitern verurteilt, denn noch niemandem ist es geglückt zu zeigen, wie man die Erkenntnis einer objektiven, gemeinsamen Welt auf derartige »Belege« basieren soll. Schlick hatte zwar gehofft, Protokollsätze der Form »A erlebt Schwarz zur Zeit *t*« durch das zu untermauern, was durch »Hier jetzt schwarz« ausgedrückt wird, wenn es zum Zeitpunkt *t* von A gesagt oder gedacht wird, aber selbst Schlick wollte hier nicht an die Möglichkeit einer Konstruktion der Wissenschaft oder einer öffentlichen Welt glauben, sofern »unmittelbare Erlebnisse« als Konstruktionsbasis dienen sollten.

Es sollte auf der Hand liegen, daß keine Berufung auf Wahrnehmung die Frage klären kann, was denn die maßgebliche Belegquelle einer Person ausmache. Denn wenn wir annehmen, Wahrnehmung bestünde in einer von einem Ereignis in der Welt (oder im Körper des Wahrnehmenden) ausgelösten Empfindung, kann die Tatsache der Kausalität nicht unabhängig von der Empfindung gegeben sein, während die Empfindung nur dann als Beleg dienen kann, wenn sie eine Überzeugung auslöst. Aber woher weiß man denn, daß die

Überzeugung von einer Empfindung ausgelöst wurde? Da können nur weitere Überzeugungen helfen. Wird die Wahrnehmung durch Formulierungen wie »A nimmt wahr, daß dort ein schwarzer Rabe ist« ausgedrückt, so kann das mit Sicherheit als Beleg dienen. Damit ist das Problem aber nicht gelöst, sondern es wird bloß auf den Begriff der Wahrnehmung übertragen, denn: wahrnehmen, daß dort ein schwarzer Rabe ist, heißt, daß man von einem Raben *in der richtigen Weise* kausal zu der Überzeugung gebracht wird, dort sei ein schwarzer Rabe.

Was den Leser der frühen Schriften von Mitgliedern des Wiener Kreises frappiert, ist die verlegene Art, in der sie sich auf die Erfahrung, das unmittelbar Gegebene und das direkt Beobachtete beziehen. So sagt Schlick, jegliche Bedeutung gehe auf Situationen hinweisenden Lernens zurück, »und das heißt in einem offenkundigen Sinn: Bezugnahme auf ›Erlebnisse‹ oder ›Möglichkeit der Verifikation‹«.[15] In »Die Wende der Philosophie« schreibt er: »Der Akt der Verifikation, bei dem der Weg der Lösung schließlich endet, ist immer von derselben Art: es ist das Auftreten eines bestimmten Sachverhaltes, das durch Beobachtung, durch unmittelbares Erlebnis konstatiert wird.«[16] In dem Artikel »Positivismus und Realismus« äußert er hingegen schwerwiegende Zweifel an Ausdrücken wie »das Gegebene« und zeigt sich besorgt darüber, daß man beim Gebrauch des Worts »Erlebnis« »die Unterscheidung des Erlebenden vom Erlebten vorauszusetzen« scheint.[17]

Demnach sprechen stichhaltige Gründe für die Schlußfolgerung, die Vorstellung, man könne Überzeugungen und Wirklichkeit oder Hypothesen und Beobachtungen miteinander vergleichen, habe keinen klaren Sinn. Damit soll natürlich nicht bestritten werden, daß es einen ganz normalen Sinn gibt,

15 Schlick, »Meaning and Verification«, S. 148.
16 Schlick, »Die Wende der Philosophie«, S. 7.
17 Schlick, »Positivismus und Realismus«, S. 3.

in dem wir Experimente durchführen und die Ergebnisse festhalten oder bei unseren Alltagsbeschäftigungen herausfinden, daß manche unserer Überzeugungen wahr und andere falsch sind. Bestritten werden soll vielmehr, daß diese prosaischen Ereignisse so zu analysieren sind, als beinhalteten sie Belege, die nicht propositionaler Art sind, mithin Belege, die nicht so etwas wie Überzeugungen sind. Kein Wunder, daß sich Neurath und Carnap von der Vorstellung einer Kohärenztheorie angezogen fühlten!

Natürlich sind Kohärenztheorien der Erkenntnis keine unproblematische Sache, und wie wir gesehen haben, zögerte Schlick nicht, auf die entsprechenden Probleme hinzuweisen. Hier möchte ich einen Augenblick innehalten, um die naheliegende Unterscheidung zwischen einer Kohärenztheorie der Erkenntnis und einer Kohärenztheorie der Wahrheit zu treffen. In seinem 1935 erschienenen Artikel über die Wahrheitstheorie des Logischen Positivismus hatte Hempel die beiden kaum auseinandergehalten; und das war verständlich, denn damals wußte er noch nichts von Tarskis Methode einer semantischen Wahrheitsdefinition. Darum neigte er seinerzeit zu der Auffassung, die Formulierung »Satz S ist wahr« lasse sich nur im Sinne von »S ist ein durch akzeptierte Beobachtungsberichte in hohem Maße bestätigter Satz« deuten.[18] Aber der Begriff der hochgradigen Bestätigung durch akzeptierte Beobachtungsberichte gehört eher in den Bereich der Erkenntnistheorie; und in Verbindung mit dem Gedanken, Protokollaussagen seien »womöglich nur durch das historische Faktum gekennzeichnet«, daß sie akzeptiert (d.h. für wahr gehalten) werden, führt diese Vorstellung unverzüglich zu einer Kohärenztheorie der Erkenntnis. Das ist die Theorie, gegen die Schlick seine Einwände erhob.

Schlick war ebenso wie Neurath der Meinung, daß Protokollsätze, allgemein gesprochen, zu den Hypothesen der Wissen-

18 Hempel, »Studies in the Logic of Confirmation«, S. 42.

schaft gehören. Sie sind objektiv, und daher werden sie intersubjektiv verstanden und sind intersubjektiv prüfbar. Sie sind Sätze *über* Beobachtungen oder Erlebnisse, aber sie machen keinen Versuch, Beobachtungen oder Erlebnisse *auszudrücken*. Sie nehmen, jedenfalls vage ausgedrückt, die Form von Sätzen wie »A hat zur Zeit *t* einen schwarzen Raben gesehen« an. Klar ist, daß es hinsichtlich der Wahrheit solcher Sätze keine Gewißheit gibt. Nicht einmal A kann sich zur Zeit *t* sicher sein, daß er einen schwarzen Raben sieht. Anders gesagt: Wenn man die Frage der Gewißheit beiseite läßt, kann sich offenbar jeder, nach dessen Urteil ein solcher Satz wahr ist, irren. Stets kommen weitere Belege in Betracht und können dazu führen, daß die derzeit gegebenen Belege ausgestochen werden. Bei der Meinungsverschiedenheit zwischen Schlick und Neurath geht es nun um die Frage, ob es unbestreitbare Gründe gibt, auf deren Basis wir Protokolle für wahr erachten.[19]

Der Einwand gegen Neuraths Kohärenztheorie war der übliche Einwand gegen alle derartigen Theorien: Konsistenz genügt nicht, denn sie verschafft keine Basis, auf der man zwischen verschiedenen und einander widerstreitenden Theorien wählen kann. Vielleicht beseitigt eine derartige Theorie (wie Schlick im Hinblick auf Neuraths Behauptungen sagt) zwar den letzten Rest von Absolutismus, aber sie liefert uns keine Grundlage für die Beurteilung der Wahrheit. Schlick beharrt darauf, daß es unbezweifelbare Gründe geben müsse und tatsächlich gebe, von denen ausgehend manche Sätze im Gegensatz zu anderen für wahr befunden werden können. Es gebe Aussagen, die *keine* Protokollsätze seien und »den Tatbestand der eigenen ›Wahrnehmung‹ oder des ›Erlebens‹ (oder wie die Ausdrücke lauten mögen) ausdrücken«. Anschließend räumt Schlick ein: »So einfach und klar dies zu sein scheint, so sind doch die Philosophen in ein hoffnungsloses

19 Schlick, »Über das Fundament der Erkenntnis«, S. 83 f. Die folgenden sieben Zitate sind den Seiten 89-97 entnommen.

Labyrinth geraten, sobald sie wirklich die Sätze der zuletzt erwähnten Art als Grundlage alles Wissens zu benutzen versuchten.« Dennoch können wir seiner Meinung nach den vertrauten Schwierigkeiten aus dem Weg gehen, wenn wir bedenken, daß die »*eigenen* Sätze schließlich die einzig entscheidende Rolle spielen«.

Wie man zugeben muß, bleibt Schlicks Versuch, seine Anschauung zu erklären, letztlich unklar. Die Beobachtungs-»Sätze«, die das »letzte Kriterium« aller Erkenntnis ausmachen, sind eigentlich gar keine Sätze, denn sie haben ja stets die Form »Hier jetzt das und das«. Solche Sätze kann man gar nicht hinschreiben, denn ihre Gewißheit geht augenblicklich verloren. Was sie ausdrücken, ist »ein Gefühl der *Erfüllung*, einer ganz charakteristischen Befriedigung, wir sind *zufrieden*«. »Man kann auf den Konstatierungen kein logisch haltbares Gebäude errichten, weil sie schon fort sind in dem Moment, in dem man zu bauen anfängt.« Und schließlich schreibt Schlick, daß »der Vorgang des Verstehens [der Beobachtungssätze] zugleich der Vorgang der Verifikation ist: mit dem Sinn erfasse ich zugleich die Wahrheit«. Dafür, daß Neurath diesen letzten Schritt ablehnt, kann man durchaus Verständnis haben. Doch dann bleibt einem nichts anderes als eine Kohärenztheorie.

Hempel bezeichnet den Standpunkt von Neurath und Carnap als »gezügelte« Kohärenztheorie. Der Grund hierfür ist der Umstand, daß Neurath und Carnap tatsächlich ein Kriterium dafür nennen, warum man aus dem Bereich der widerspruchsfreien Theorien eine bestimmte wissenschaftliche Theorie herausgreifen sollte. Dieses Kriterium besagt: Es sei diejenige konsistente Theorie, von der die Übereinstimmung mit den historisch »von der Menschheit und insbesondere von den Naturwissenschaftlern unseres Kulturkreises« für wahr gehaltenen Aussagen maximiert werde.[20] Letztlich ha-

20 Hempel, »On the Logical Positivist's Theory of Truth«, S. 57.

ben die Protokollsätze gar keinen Ehrenplatz. Ebenso wie viele andere Sätze können sie preisgegeben werden, wenn sie zu vielen anderen Dingen, die wir für wahr halten, widerstreiten.

So stellt sich zu unserer Überraschung heraus, daß Schlick wie Neurath Ansichten vertreten, die man als »gezügelte« Kohärenztheorien bezeichnen könnte. Sie sind sich darüber einig, daß alles, was zum Korpus der Wissenschaft gehört – einschließlich der Protokollsätze –, in jedem Stadium der wissenschaftlichen Entwicklung als nur vorläufig bestätigt angesehen werden muß; bei allen Sätzen bestehe die Möglichkeit, sie im Lichte neuer Belege zu korrigieren. Ebenfalls einig sind sie sich darüber, daß es im Fall der Notwendigkeit einer Korrektur keine strengen Regeln für die Entscheidung darüber gibt, an welcher Stelle die Korrektur vorgenommen werden sollte. Das sei eine Frage der »Entscheidung«. Die einzige wichtige Differenz zwischen den beiden betrifft die Frage, wie das Gesamtmuster der zu einer bestimmten Zeit wissenschaftlich akzeptierten Sätze auf die Erfahrung, die Beobachtung oder die wirkliche Welt zu beziehen sei. Und was diesen Punkt betrifft, sind ihre Antworten alles andere als klar oder befriedigend.

Schlicks Antwort ist deshalb unbefriedigend, weil sie zum Schluß auf etwas dermaßen Privates hinausläuft, daß selbst dessen Sinn dem einzelnen nur für einen Augenblick gegeben sein kann. Inwiefern eine solche Basis den Glauben an eine öffentliche und objektive Welt rechtfertigen könne, bleibt unerklärt. Neurath lehnt die Vorstellung von einem Vergleich zwischen einer Meinung über die Welt und der Welt selbst ebenso ab wie die Vorstellung von einer unkorrigierbaren subjektiven Basis wissenschaftlicher Erkenntnis. Aber sein eigener Vorschlag, wie man die Kohärenztheorie »zügeln« sollte, ist wenig reizvoll. Er meint, wir sollten mit Protokollen der Form »A sieht zur Zeit *t* einen schwarzen Raben« beginnen, wobei er den Gedanken, derartige Protokolle dienten vielleicht eher A denn B als Erkenntnisbasis, verwirft. Das verbürgt den intersubjektiven Aspekt der Wissenschaftssprache bis hin zu den Protokollen, denn nach Neurath »ist *jede* Sprache *als solche* ›intersubjektiv‹«[21] – was offensichtlich eine Spitze gegen Schlick und dessen Beobachtungsaussagen ist, deren Sinn sich jeweils bloß einer einzigen Person kundtut, und auch das nur für einen Augenblick. Neurath malt sich eine Situation aus, in der alle Protokollsätze in eine große Maschine hineingeworfen werden. Sobald sich ein Widerspruch ergibt, ertönt ein Glockenzeichen. Daraufhin muß etwas fortgeworfen werden, sei es ein oder mehrere Protokolle, vielleicht aber auch ein Gesetz oder sonst eine theoretische Aussage. Allerdings: »*Wer* die Maschine umbaut, *wessen* Protokollsätze hineingeworfen werden, ist aber völlig gleichgültig.«[22]

Hier ergibt sich eine offenkundige Schwierigkeit. Sofern Protokollsätze nur an ihrer Form erkannt werden, bedeutet die Vorschrift, sie sollten *alle* in die Maschine hineingeworfen werden, daß jeder Satz *und* seine Negation hineingehören, »A sieht zur Zeit *t* am Ort *o* einen schwarzen Raben« genausogut wie »A sieht zur Zeit *t* am Ort *o* einen nichtschwarzen Raben«. Daraus kann keine Basis der Wissenschaft hervorgehen, sondern lediglich eine unbegrenzte Zahl widerspruchsfreier Systeme. Werden die Protokolle hingegen auf jene Sätze begrenzt, von denen *Überzeugungen* zum Ausdruck gebracht werden, wird es eben doch eine Rolle spielen, wer die Maschine in Ordnung bringt und wessen Protokolle hinein- oder hinausgeworfen werden. Denn jeder wird die von ihm akzeptierten Sätze (egal, ob Protokollsätze oder nicht) entsprechend dem Grad seiner Überzeugungen gewichten – das ist ja der Sinn der Behauptung, es seien *seine* Überzeugungen. Den Protokollen anderer Personen wird der Betreffende in dem

21 Otto Neurath, »Protokollsätze«, S. 211.
22 Ebd., S. 213.

Maße Gewicht beilegen, als er sie für wahr hält – genau wie Schlick behauptet.

Hier würde ich mich nicht so ausführlich mit den vertrauten erkenntnistheoretischen Problemen abgeben, von denen Schlick, Neurath und ihre Anhänger heimgesucht wurden, wenn ich glaubte, sie seien inzwischen von der Philosophie verworfen oder gelöst worden. Ich bin ganz im Gegenteil der Ansicht, daß es den Mitgliedern des Wiener Kreises und ihren Freunden – sei's auch zum Teil wider Willen – gelungen ist, ein ungelöstes Hauptproblem der Erkenntnistheorie in besonders hilfreicher Weise zu akzentuieren. Außerdem meine ich, daß in den hier erörterten Schriften eine Reihe von Ideen und intuitiven Vorstellungen zu finden sind, die in die Richtung einer neuen Sicht des alten Problems weisen.

Das Hauptproblem läßt sich als erkenntnistheoretisches Dilemma formulieren. Jeder verfügt über ein komplexes Netz von Überzeugungen. Zur Erkenntnis ist zumindest zweierlei erforderlich, nämlich: daß einige dieser Überzeugungen auf die öffentliche Welt zutreffen, und daß jeder ausreichende Gründe für seine Überzeugungen hat. Daß die erste Bedingung erfüllt ist, bin ich zu unterstellen bereit. Das schwierige Problem betrifft die zweite Frage, also die Art und Weise, in der das System der Überzeugungen nicht nur in semantischer, sondern auch in erkenntnistheoretischer Hinsicht mit der Welt zusammenhängt. Das Dilemma ergibt sich aus folgendem Grund: Wenn man etwas sich selbst Beglaubigendes (wie die Beobachtungsaussagen oder -ereignisse Schlicks) als Verbindungsglied auffaßt, dann ist dieses Element so privat, daß jeglicher Zusammenhang mit den Sätzen der öffentlichen Sprache fehlt, die ihrerseits allein dazu fähig sind, wissenschaftliche oder immerhin objektive Behauptungen zum Ausdruck zu bringen. Gehen wir hingegen von Sätzen oder Überzeugungen aus, die bereits zur öffentlichen Sprache gehören (oder in dieser Sprache ausgedrückt werden können), finden wir keinen verständlichen Weg zur Fundierung durch etwas sich selbst Beglaubigendes (Neuraths Problem). Kurz, die Grundlagen der Erkenntnis müssen subjektiv und zugleich objektiv sein: gewiß und dennoch bezweifelbar.

Die Probleme, die ich hier noch einmal durchgehe, gehören, wie wir alle wissen, zu den Grundlagen der Erkenntnistheorie, und in der einen oder anderen Form reichen diese Probleme bis zur Antike zurück. Wenn man die Schriften der logischen Positivisten liest, spürt man sogleich, daß diese Autoren für solche Probleme nicht viel übrig hatten. Nach ihrem Gefühl waren sie nachgerade sinnlos oder sollten mit Hilfe bloßer »Konventionen« oder »Entscheidungen« gelöst werden. Diese Einstellung kommt uns heute, wenn wir diese kühnen Klassiker wieder lesen, keck vor. Aber die leichtsinnige Überzeugung, angesichts dieser Begeisterung und dieser intellektuellen Kraft werde sich schon irgendwie ein klarer und richtiger Weg auftun, hat tatsächlich einige zutiefst neuartige und wertvolle Hinweise erbracht. Was heute bei oberflächlicher Betrachtung wie eine Reihe naiver und gescheiterter Bemühungen wirken mag, enthält äußerst anregende Vorahnungen radikal neuer Ideen.

Da die Positivisten dazu neigten, im Vokabular der intersubjektiven Vorstellungen und Hypothesen zu verbleiben, ist es nicht verwunderlich, daß Neurath, Schlick, Hempel und Carnap mit der einen oder anderen Form der epistemologischen Kohärenztheorie liebäugelten. Aber es war immer schon ein Nachteil der Kohärenztheorien, daß im Hinblick auf sie kein Unterschied zwischen Kohärenztheorien der Wahrheit und Kohärenztheorien der Erkenntnis gemacht wurde. Diese Unterlassung ist ganz natürlich, denn wenn die Erkenntnis – die ja vom Wahren handelt – nichts weiter verlangt als Kohärenz der Überzeugungen, fragt es sich, wie zur Wahrheit mehr erforderlich sein kann als eine Menge kohärenter Propositionen. Dadurch wird es nahegelegt, den Unterschied zwischen der Kohärenz von Überzeugungen und der Kohärenz von Sätzen (bzw. Aussagen oder Propositionen) als Erkenntnis-

bzw. Wahrheitstests außer acht zu lassen. Nun ist es zwar so, daß wir in den Schriften von Schlick und Neurath tatsächlich auf diese Verwechslung stoßen, aber es gibt auch Momente, in denen die Unterscheidung offenbar deutlich gemacht wird. Wir erinnern uns: Neurath hoffte, den Protokollsätzen jegliche Aura der Subjektivität zu nehmen, indem er behauptete, aufgrund eines »historischen Zufalls« könne es zwar geschehen, daß jemand eher zur Akzeptierung der eigenen Protokolle neigt als zur Bejahung der Protokolle einer anderen Person, doch in Wirklichkeit müßten beide als gleichrangig akzeptiert werden. Auf diesem Weg gelangt er zu dem Bild der unpersönlichen Säuberungsmaschine, in welche die Protokollsätze hineingeworfen werden. Wenn Neurath diesen Vorschlag macht, äußert er keine Andeutung, aus der hervorginge, daß nur Sätze, die von jemandem für wahr gehalten werden, zulässig wären. Das ist der Umstand, der Schlick zu folgendem Ausbruch veranlaßt: »Der erstaunliche Irrtum der ›coherence theory‹ ist nur dadurch zu erklären, daß man bei der Aufstellung und Erläuterung dieser Lehre immer nur an tatsächlich in der Wissenschaft auftretende Sätze dachte und nur sie als Beispiele heranzog.«[23] Hier meint Schlick natürlich solche Sätze, die als *Behauptungen* auftreten. Aber kann Neurath trotz vieler Anhaltspunkte, die man in seinem Artikel über Protokollsätze findet, wirklich der Vorwurf gemacht werden, er habe den Unterschied zwischen der Kohärenz einer beliebigen Menge von Sätzen und der Kohärenz einer Menge von für wahr gehaltenen Sätzen außer acht gelassen? Die berühmte Metapher des Schiffs, das auf hoher See Planke um Planke neu gebaut werden muß, beweist, daß er sich darüber im klaren war, daß es nicht bloß um Sätze, sondern um Überzeugungen geht, denn wenn wir es bloß mit einer beliebigen Menge von Sätzen zu tun hätten, würde uns nichts davon abhalten, sie alle gleichzeitig ins Trockendock zu über-

23 Schlick, »Über das Fundament der Erkenntnis«, S. 86.

führen. Außerdem wird die Unterscheidung, wie ich oben angemerkt habe, von Hempel deutlich dargelegt.

Da die üblichen Einwände gegen Kohärenztheorien der Erkenntnis den üblichen Einwänden gegen Kohärenztheorien der Wahrheit entsprechen, wird nicht sogleich klar, warum es so wichtig ist, sie auseinanderzuhalten. Aber natürlich sind Überzeugungen weder in historischer noch in kausaler Hinsicht etwas Willkürliches. Selbst wenn unsere *Gründe* für die eigenen Überzeugungen stets weitere Überzeugungen sind, so liegen die *Ursachen* doch mitunter an anderer Stelle. Daß die logischen Positivisten diesen Punkt bis zu einem gewissen Grad erkannt haben, muß man ihnen, wie wir sehen werden, anrechnen.

Die logischen Positivisten redeten lieber von Sätzen oder »Aussagen« als von Überzeugungen, und diesen Wechsel können wir auch unsererseits ohne weiteres vollziehen, solange wir bedenken, daß die den Überzeugungen entsprechenden Sätze (1) von jemandem für wahr gehalten werden und (2) Sätze sind, die eine Interpretation haben. Eine andere Person kann wissen, was ich glaube, wenn sie weiß, welche Sätze ich für wahr halte und was diese Sätze bedeuten. Nun möchte ich einige Anschauungen der logischen Positivisten im Lichte dieser unkomplizierten Erwägungen betrachten.

Da ist zunächst einmal Schlicks Gedanke, Beobachtungssätze würden im Akt der Erfassung ihrer Wahrheit verstanden. Das mag zwar extrem oder unverständlich klingen, aber es hängt mit der richtigen Auffassung zusammen, wonach der Interpret genötigt ist, die in der ersten Person Präsens gehaltenen Zuschreibungen von Einstellungen für vermutlich wahr zu halten. Solche Sätze (des Deutschen) wie »Ich glaube, ich sehe jetzt einen schwarzen Raben« verlangen, sofern sie vom Sprecher für wahr gehalten werden, vom Interpreten, daß er ihrer Wahrheit eine hohe Apriori-Wahrscheinlichkeit zuordnet. Das bedeutet: Solche Sätze sollten so interpretiert werden, daß sie nach Möglichkeit wahr werden.

Hempel geht in seinen Bemerkungen auf das Faktum ein, daß die von verschiedenen Menschen »vorgebrachten« Protokollaussagen eventuell keine Konstruktion eines Einzelsystems wissenschaftlicher Aussagen zulassen. Er fährt fort und sagt: »Aber zum Glück entspricht diese Möglichkeit nicht der Wirklichkeit. Tatsächlich werden die weitaus meisten Wissenschaftler früher oder später Einigkeit erzielen, und daher ergibt sich, als empirische Tatsache, aus ihren Protokollaussagen ein ständig wachsendes und umfangreicher werdendes System kohärenter Aussagen und Theorien.«[24] Wieder müssen wir annehmen, daß die Protokollaussagen nicht irgendwelche beliebigen niedergeschriebenen oder geäußerten Sätze sind. Vielmehr muß es sich um von den Sprechern für wahr gehaltene Sätze handeln bzw. um Sätze, die zumindest nach Überzeugung eines Hörers vom Sprecher für wahr gehalten worden sind. Aber es ist doch gewiß seltsam, wenn man es lediglich für »Glück« hält, daß ein hohes Maß an Konsens besteht. Und warum sollten wir damit rechnen, daß die Übereinstimmung im Laufe der Zeit zunimmt?

Bei Schlick findet sich eine noch überraschendere Erörterung der Möglichkeit, jemand könne herausfinden, daß alle seine Beobachtungen keineswegs die von anderen Menschen über die Welt geäußerten Behauptungen erhärten. Unter diesen Umständen würde ich, wie Schlick sagt, anders verfahren als Neuraths Protokollmaschine und die eigenen Protokollaussagen nicht einfach preisgeben. Vielmehr würde ich feststellen,

> daß ich nur ein Erkenntnissystem annehmen kann, in welches [meine eigenen Beobachtungssätze] unverstümmelt hineinpassen. Und ein solches könnte ich auch stets konstruieren. Ich brauche nur die anderen Menschen als träumende Narren anzusehen, in deren Wahnsinn eine bewundernswerte Methode ist, oder – um dasselbe sachlicher auszudrücken – ich würde sagen, daß die anderen eben in einer andern Welt als ich leben [...]. Auf jeden Fall

24 Hempel, »On the Logical Positivist's Theory of Truth«, S. 57.

würde ich, welches Weltbild ich auch konstruiere, seine Wahrheit immer nur an der eigenen Erfahrung prüfen.[25]

Das ist ein erstaunliches Eingeständnis seitens eines Autors, der gegen die Kohärenztheorie den Einwand erhoben hat, sie bringe einen inakzeptablen Relativismus mit sich.

An einer Stelle stößt man bei Schlick auf eine ganz andere Betrachtungsweise der Möglichkeit weitreichender Meinungsverschiedenheit. Wie er feststellt, besteht ein Gegensatz zwischen einer Auseinandersetzung um die Frage, ob zwei Stücke Papier die gleiche Farbe haben, und einer Auseinandersetzung um die Frage, welche Farbe die beiden Stücke haben. Mit Bezug auf die erste Frage sagt er: »vermöge des Sprachgebrauchs drückt der Satz eben gerade jenes Erlebnis aus«, d. h. das Erlebnis der Gleichheit. Aber im Fall der Farbe gibt es kein objektives Verfahren – also gar kein Verfahren –, um anzugeben, ob du und ich ein Erlebnis der gleichen Farbe haben. Schlick sagt: Selbst wenn alle deine zum Ausdruck gebrachten Farburteile zur Gänze mit meinen eigenen Urteilen übereinstimmen, kann ich daraus nicht den Schluß ziehen, daß dein Erlebnis qualitativ gleich ist. Solange die innere Ordnung deiner Erlebnisse den meinen entspricht, werden wir einander vollkommen verstehen.[26]

Zum Schluß scheint Schlick die Ansicht zu verwerfen, wonach Erlebnisse vielleicht verschieden sind, ohne daß man es herausfinden kann. »Die Behauptung, daß verschiedene Individuen die *gleiche* Empfindung erleben, hat als einzigen verifizierbaren Sinn, daß alle ihre Aussagen [...] gewisse Übereinstimmungen zeigen; folglich *heißt* die Behauptung auch weiter gar nichts als dies.«[27] Es ist nicht leicht, anhand dieser Stelle anzugeben, ob Schlick glaubt, die Erlebnisse könnten

25 Schlick, »Über das Fundament der Erkenntnis«, S. 90 f.

26 Hier paraphrasiere ich eine Stelle auf S. 13 von Schlicks »Positivismus und Realismus«.

27 Ebd., S. 14.

qualitativ verschieden sein, ohne daß wir das grundsätzlich herausbekommen oder sinnvoll behaupten könnten, oder ob er meint, eine derartige Situation könne sich gar nicht einstellen. Der radikale Gedanke, den in Schlicks Angriff auf die Kohärenztheorie hineinzulesen durchaus nicht unmöglich ist, läuft darauf hinaus, daß interpersonelle Übereinstimmung – und folglich Objektivität – in der Art und Weise angelegt sind, in der wir den Sinn der Äußerungen anderer Personen und folglich auch den Inhalt ihrer Überzeugungen bestimmen.

Weiter oben habe ich Hempels Bemerkung erwähnt, »zum Glück« ließen die Protokollaussagen verschiedener Personen die Konstruktion eines Einzelsystems der Wissenschaft zu. Dem fügt Hempel hinzu, Carnap habe »uns vielleicht eine Möglichkeit gegeben, diesen Glücksumstand zu erklären«.[28] Die mögliche Erklärung liege darin, daß »junge Wissenschaftler darauf dressiert werden«, wahre Protokollaussagen von sich zu geben. Dem fügt er hinzu: »Vielleicht kann die Tatsache der allgemeinen und weitgehend aufeinander abgestimmten Konditionierung der Wissenschaftler bis zu einem gewissen Grade das Faktum erklären, daß wir es mit einem einzigen System der Wissenschaft zu tun haben.«[29]

Es wäre rätselhaft, wenn man den Leuten zunächst beibrächte, was diverse Sätze bedeuten, und sie *anschließend* darauf dressierte, die wahren Sätze »vorzubringen«. Das liefe darauf hinaus, daß man ihnen einerseits beibrächte, wie man ein besserer Beobachter sein kann, und andererseits, wie man aufrichtig ist. Man kann die Situation aber auch so sehen, als handelte es sich darum, die Leute – wie wir es in der Wirklichkeit bestimmt tun – so zu konditionieren, daß sie unter öffentlich beobachtbaren Bedingungen bestimmte Sätze für wahr halten, um anschließend und in Einklang mit dem Erfolg der Konditionierung über die Interpretation von Äuße-

28 Hempel, »On the Logical Positivist's Theory of Truth«, S. 57.
29 Hempel, S. 58.

rungen dieser Sätze zu befinden. Das würde die interpersonelle Übereinstimmung über die Hauptmerkmale der Umwelt in natürlicher Weise erklären.

Das ist offenbar die Richtung, die Carnap zu einem bestimmten Zeitpunkt einschlägt. In dem 1932 geschriebenen Aufsatz »Psychologie in physikalischer Sprache« wird Neuraths Idee, ich müsse oder könne deine Protokollsätze als den meinen gleichrangig deuten, von Carnap rundheraus abgelehnt. Er schreibt:

> Allgemein gesprochen: die von einem Psychologen gesprochenen, geschriebenen oder gedruckten Protokollsätze, die auf sogenannter Introspektion beruhen, sind für den Leser und damit überhaupt für die intersubjektive Wissenschaft zunächst *nicht als Wissenschaftssätze, sondern als Wissenschaftsfakten* zu nehmen. Die Verworrenheit der erkenntnistheoretischen Situation, in der die Psychologie sich gegenwärtig befindet, beruht zum großen Teil auf dieser Verwechslung von Fakten, die die Form von Sätzen haben, mit diesen Sätzen als Bestandteilen des Systems der Wissenschaft.[30]

Die Schlüsse, die wir aus der Tatsache, daß jemand anders einen Satz äußert, ziehen dürfen, sind nicht die deduktiven Konsequenzen, die sich aus diesem Satz in seiner interpretierten Form ergeben, sondern es sind Schlüsse der Art, die wir aus der Beobachtung der Bewegungen eines Voltmeters oder den Bewegungen eines Regentropfens ziehen können. Es geht nicht darum, daß die anderen mit den von ihnen geäußerten Sätzen nichts meinen, sondern darum, daß wir es nicht als selbstverständlich ansehen können, wir wüßten von vornherein, *was* sie meinen. Hier ist Interpretation ausdrücklich geboten oder wird implizit unterstellt.

Wenn wir dieser Richtung folgen und dabei verschiedene weitere Vorschläge berücksichtigen, die sich aus bereits zitierten Stellen ergeben, können wir meines Erachtens die Skizze einer richtigen Auffassung der Grundlagen empirischer Erkenntnis ausfindig machen, und zwar einer Auffassung, die

30 Rudolf Carnap, »Psychologie in physikalischer Sprache«, S. 140.

Neuraths am Kohärenzgedanken orientierte Theorie mit Schlicks Akzentuierung der grundlegenden Bindung an Erfahrung und Beobachtung in Einklang bringt.
Obwohl ich mich auch weiterhin auf Gedanken von Schlick, Neurath, Hempel und Carnap beziehen werde, lege ich von jetzt an meinen eigenen Standpunkt dar. Dabei handelt es sich um einen Standpunkt, der zutiefst von Quine beeinflußt ist, obwohl es nicht Quines eigene Position ist.
Neurath hatte recht, als er jeden Vergleich der Sätze oder Überzeugungen mit der Wirklichkeit für unverständlich erklärte und ablehnte. Wir stellen Experimente an und führen Beobachtungen durch, doch das ist allenfalls in metaphorischem Sinn ein »Vergleichen«, denn unser Experimentieren trägt höchstens insofern erkenntnistheoretische Früchte, als es uns dazu *veranlaßt*, unsere Überzeugungen zu vermehren, festzuhalten oder fallenzulassen. Diese kausale Beziehung kann keine Beziehung der *Bestätigung* oder der *Entkräftung* sein, denn die Ursache ist weder eine Proposition noch eine Überzeugung, sondern bloß ein Ereignis in der Welt oder in unserem Apparat der sinnlichen Wahrnehmung. Außerdem können solche Ereignisse, an und für sich genommen, nicht als Belege angesehen werden, es sei denn freilich, sie veranlassen uns dazu, etwas zu glauben. Und in dem Fall ist es nicht das Ereignis, sondern die Überzeugung, die zu Recht als Beleg bezeichnet wird.
Ebenfalls recht hatte Neurath, als er sagte, angesichts dieser Situation dürften wir getrost einräumen, daß Protokollsätze, genauso wie irgendwelche sonstigen Sätze der Wissenschaft oder des Common Sense, falsch sein können. Wir sind bereit, dort herumzuflicken, wo solche Flickarbeit besonders nützlich sein kann. Den Protokollsätzen bleibt, wie Hempel feststellt, keine erkenntnistheoretische Vorzugsstellung erhalten – sie stehen auf dem gleichen Fuße wie die übrigen Sätze. Das entspricht natürlich alles dem Gedankengang, den sich Quine später bei seiner Argumentation gegen die Unterschei-

dung zwischen dem Analytischen und dem Synthetischen zunutze gemacht hat.
Demnach stecken wir, wie Neurath betont, in einer Situation, in der es für eine Überzeugung keine anderen Belege gibt als weitere Überzeugungen. Das ist nicht nur die *logische* Situation, sondern auch die pragmatische Situation. Und da es keine sich selbst beglaubigende Überzeugung gibt, kann keine Menge von Überzeugungen eine gewisse Grundlage für die übrigen abgeben. Wie können wir nun dem Einwand Schlicks entgehen, dann müsse man »beliebig erdichtete Märchen für ebenso wahr halten wie einen historischen Bericht«? Schlick selbst zieht folgenden Schluß: »Damit zeigt sich die logische Unmöglichkeit der Kohärenzlehre; [...] denn ich kann mit ihr zu beliebig vielen in sich widerspruchsfreien Satzsystemen gelangen, die aber unter sich unverträglich sind.«.[31] Unklar ist, was mit der Formulierung, man könne zu verschiedenen Systemen »gelangen«, gemeint ist, denn meine Überzeugungen erfinde ich doch nicht; die meisten von ihnen werden nicht freiwillig gewählt. Dennoch dürfte der Witz der Kritik auf so etwas wie die Herausforderung hinauslaufen: Ich solle angeben, welcher Grund denn dafür spreche, den Großteil meiner Überzeugungen für wahr zu halten.
Der Schlüssel zur Antwort liegt meines Erachtens darin, daß man die beiden Hinweise Carnaps verallgemeinert: Zum einen sind wir darauf konditioniert, unter besonderen Umständen spezifische Sätze vorzubringen (für wahr zu halten), zum anderen können wir die Aussagen anderer Personen erst dann als Belege benutzen, wenn wir sie interpretiert haben. Carnap hat das zwar nur über Protokollsätze gesagt, doch das gleiche sollte über die ganze Sprache gesagt werden.
Die Sprache ist, wie Neurath betont, in ihrem Wesen etwas Intersubjektives. Was die Worte einer anderen Person bei einer bestimmten Gelegenheit bedeuten, ist stets etwas, was

31 Schlick, »Über das Fundament der Erkenntnis«.

im Prinzip öffentlichen Anhaltspunkten zu entnehmen ist. Betrachten wir einmal, in welcher Weise man herausbekommt, was ein einfacher Satz bedeutet, also ein Satz wie »Da ist ein Tisch« oder »Hier ist ein Stück grünes Papier«. Unser Basisbeleg ist der, daß der Sprecher nicht nur bei dieser Gelegenheit, sondern generell durch das Vorhandensein von Tischen oder grünen Papierstücken dazu veranlaßt wird, diesen Sätzen zuzustimmen, während er durch das Fehlen dieser Gegenstände (im allgemeinen) dazu veranlaßt wird, die gleichen Sätze abzulehnen. Dabei stelle ich mir unter Zustimmung und Ablehnung keine offenen Sprechakte vor, sondern Einstellungen zu Sätzen, die sich manchmal in sprachlichen Äußerungen und manchmal in anderer Weise kundtun. Mir kommt es vor allem darauf an, daß unsere maßgebliche Methode zur Interpretation der Worte anderer Sprecher mit Notwendigkeit dafür sorgt, daß die einfachsten der von Sprechern für wahr gehaltenen Sätze meistens wirklich wahr sind. Es ist nicht der *Sprecher*, der den unmöglichen Kraftakt vollbringen muß, seine Überzeugung mit der Realität zu vergleichen, sondern es ist der *Interpret*, der die kausale Wechselwirkung zwischen Welt und Sprecher berücksichtigen muß, um herauszufinden, was der Sprecher meint, und infolgedessen auch, was dieser Sprecher glaubt. Für jeden Sprecher gilt, daß er nicht mehr tun kann, als sein System von Überzeugungen kohärent zu gestalten und das System so rational wie möglich anzupassen, wenn neue Überzeugungen auf ihn einstürmen. Man muß jedoch keineswegs befürchten, diese Überzeugungen könnten nichts weiter sein als ein Märchen. Denn die Sätze, von denen die Überzeugungen ausgedrückt werden, werden ebenso wie die Überzeugungen selbst richtig gedeutet, wenn man sie so auffaßt, als handelten sie von den sie verursachenden öffentlichen Dingen und Ereignissen, so daß sie größtenteils zur Wahrheit tendieren müssen. Jeder einzelne weiß das, denn er weiß, was es mit sprachlichen Äußerungen und Überzeugungen auf sich hat. Dadurch erfährt er natürlich nicht, *welche* seiner Überzeugungen und Sätze wahr sind, aber es gibt ihm die Gewißheit, daß sein Gesamtbild der ihn umgebenden Welt dem Bild der anderen Leute ähnelt und in groben Zügen richtig ist.

Neurath, Carnap und Hempel hatten nach meiner Überzeugung recht, als sie die Suche nach grundlegenden Belegen, auf denen unsere Erkenntnis der Welt beruhen könnte, aufgaben. Belege dieser Art stehen nicht zu Gebote, und sie werden auch nicht gebraucht. Was die genannten Autoren vielleicht nicht erkannt haben, ist der Grund, *weshalb* solche Belege nicht nötig sind. Sie werden deshalb nicht gebraucht, weil die kausalen Beziehungen zwischen unseren Überzeugungen, unseren sprachlichen Äußerungen und der Welt auch die Interpretation unserer Sprache und unserer Überzeugungen liefern. In diesem recht speziellen Sinn ist »Erfahrung« tatsächlich die Quelle aller Erkenntnis. Das ist allerdings ein Sinn, der uns keineswegs dazu ermuntert, eine mentale oder inferentielle Brücke zwischen äußeren Ereignissen und normalen Überzeugungen ausfindig zu machen. Die Brücke gibt es allerdings wirklich – es ist eine kausale Brücke, welche die Sinnesorgane voraussetzt. Der Irrtum liegt, wie Neurath erkannt hat, darin, daß man versucht, diese kausale Brücke in eine erkenntnistheoretische zu verwandeln, wobei Sinnesdaten, uninterpretierte Gegebenheiten oder nicht hinzuschreibende Sätze die unmöglichen Brückenbögen bilden sollen.

Freilich gibt es Überzeugungen, die einen äußerst hohen Grad an Gewißheit mit sich bringen, und in manchen Fällen schafft ihr Inhalt ein Vorurteil zugunsten ihrer Wahrheit. Dabei handelt es sich um Überzeugungen, die unsere eigenen derzeitigen propositionalen Einstellungen betreffen. Aber die relative Gewißheit dieser Überzeugungen macht sie nicht dazu geeignet, als Grundlage der empirischen Erkenntnis zu dienen, sondern sie entspringt dem Wesen der Interpretation. Als Interpreten müssen wir Selbstzuschreibungen von Überzeugungen, Zweifeln, Wünschen und dergleichen eine Vorrangstellung einräumen; das ist ein wesentlicher Schritt auf dem Weg zur Deutung der übrigen Äußerungen und Gedanken des Betreffenden. Die Grundlagen der Interpretation sind zwar nicht die Grundlagen der Erkenntnis, doch Einsicht in das Wesen der Interpretation kann dazu führen, daß man die wesentlich zur Wahrheit tendierende Natur der Überzeugungen begreift.

12
Erkenntnistheorie und Wahrheit

Alle sind sich darüber einig, daß Gewußtes wahr sein muß, aber darüber hinaus besteht hinsichtlich des epistemischen Rangs der Wahrheit wenig Übereinstimmung. In den letzten Jahrzehnten haben viele Philosophen die Meinung vertreten, Wahrheit sei ein epistemischer Begriff; und selbst wenn sie diese These nicht ausdrücklich verfochten haben, so ist sie doch implizit in ihren Anschauungen enthalten. Kohärenztheorien der Wahrheit werden normalerweise ebenso von einem epistemischen Motor getrieben wie pragmatische Kennzeichnungen der Wahrheit, der Antirealismus im Sinne von Dummett und Crispin Wright, die von Peirce gehegte Vorstellung von der Wahrheit als der letztendlichen Überzeugung der Wissenschaft, Richard Boyds These von der Wahrheit als Erklärungsinstanz des wissenschaftlichen Erfolgs und der interne Realismus von Hilary Putnam. Auch Quine hat zumindest hin und wieder behauptet, die Wahrheit gehöre zum Binnenbereich einer Theorie über die Welt und sei insofern von unserem erkenntnistheoretischen Standpunkt abhängig. Relativismus bezüglich des Wahrheitsbegriffs ist vielleicht immer ein Symptom der Ansteckung durch das erkenntnistheoretische Virus. Auf Quine, Goodman und Putnam scheint das jedenfalls zuzutreffen.

Anscheinend im Gegensatz zu all diesen Anschauungen steht die intuitive Vorstellung, die Wahrheit sei, von einigen wenigen Spezialfällen abgesehen, völlig unabhängig von unseren Meinungen. Manchmal wird diese Vorstellung so formuliert: Unsere Meinungen könnten genau die gleichen sein wie jetzt, und dennoch bestünde die Möglichkeit, daß die Wirklichkeit – und somit die Wahrheit über die Wirklichkeit – eine völlig andere wäre. Dieser intuitiven Vorstellung zufolge ist die Wahrheit etwas »durch und durch Nichtepistemisches«

(um Hilary Putnams Charakterisierung des »transzendentalen Realismus« zu zitieren) oder etwas »jenseits aller Belege« (Michael Dummett).

Wären wir auf der Suche nach einer knappen Kennzeichnung dieser beiden Wahrheitsauffassungen, könnten uns die Wörter »subjektiv« und »objektiv« in den Sinn kommen. Die Behauptung, es gebe eine wesentliche Verbindung zur Erkenntnistheorie, bringt eine gewisse Abhängigkeit der Wahrheit von dem durch endliche Vernunftwesen Verifizierbaren ins Spiel, während der Wahrheit Objektivität zugesprochen wird, wenn man eine derartige Abhängigkeit leugnet. Die gleiche Grundeinteilung wird vielleicht auch von den Wörtern »immanent« und »transzendent« nahegelegt. Und da sich die Frage der Wahrheit nicht von Fragen bezüglich des Wesens der Realität trennen läßt, sind auch die Ausdrücke »Antirealismus« und »Realismus« schon oft benutzt worden, um eine eng damit zusammenhängende Unterscheidung zu machen. Aus Gründen, die im folgenden deutlich werden, bevorzuge ich die Bezeichnungen »subjektiv« und »objektiv«, wobei ich mir allerdings darüber im klaren bin, daß einige der an dieser Auseinandersetzung beteiligten Seiten diese Terminologie tendenziös finden werden.

Im vorliegenden Text skizziere ich eine Herangehensweise an den Wahrheitsbegriff, die der Auseinandersetzung zwischen den beiden Wahrheitsauffassungen meines Erachtens den Boden entzieht. Dabei verfolge ich nicht das Ziel, die beiden Auffassungen miteinander in Einklang zu bringen, sondern ich möchte ihre Klarheit in Frage stellen und uns damit die Möglichkeit schaffen, die Suche nach der »richtigen« Wahrheitstheorie aufzugeben. Der Gedanke, beide Auffassungen seien, obwohl sie zweifellos starken intuitiven Vorstellungen entsprechen, grundverkehrt, wird zumindest nahegelegt durch das Faktum, daß beide eine Aufforderung zur Skepsis beinhalten. Subjektive Theorien sind in der gleichen Weise skeptisch wie der Idealismus und viele Formen des Empirismus. Sie sind nicht deshalb skeptisch, weil sie die Wirklichkeit unerkennbar machen, sondern weil sie die Wirklichkeit auf etwas reduzieren, was unsere Vorstellungen vom Seienden bei weitem unterschreitet. Objektive Theorien hingegen stellen offenbar nicht nur unsere Erkenntnis dessen, was »jenseits aller Belege« ist, in Frage, sondern auch alles Übrige, was wir zu wissen glauben, denn solche Theorien bestreiten jede Verbindung zwischen unseren Überzeugungen und der Wahrheit.

Nun wollen wir Wahrheitsdefinitionen à la Tarski betrachten und dabei die Frage im Auge behalten, ob diese Definitionen objektiv, subjektiv oder keins von beidem sind.[1] Das erste, worüber man sich im klaren sein muß, ist der Sachverhalt, daß Tarski weder den Wahrheitsbegriff definiert noch gezeigt hat, wie er sich definieren ließe. Tatsächlich hat Tarski die Wahrheit für eine bestimmte Sprache definiert und angedeutet, wie sich die Wahrheit für andere Sprachen einer spezifischen Art definieren läßt. Tarskis Grundgedanke war die Einsicht, man könne sich die offenbar triviale Tatsache zunutze machen, daß Sätze der Form »›Schnee ist weiß‹ ist in L dann und nur dann wahr, wenn Schnee weiß ist« wahr sein müssen, wenn der zitierte Satz ein Satz derjenigen Sprache ist, die zur Behauptung dieser Binsenweisheit benutzt worden ist. Solche Binsenweisheiten wollen wir als W-Sätze bezeichnen. Tarski hat nun festgestellt, daß eine Definition von »ist wahr in L«, aus der sich für jeden Satz von L ein W-Satz ergibt, genau die wahren Sätze von L herausgreifen würde. Darüber hinaus hat er festgestellt, daß die Definition genauso korrekt wäre, wenn das Wahrheitsprädikat einer L nicht umfassenden Sprache angehörte, sofern die implizierten W-Sätze auf der rechten Seite des Bikonditionals anstelle des zitierten Satzes selbst eine Übersetzung dieses Satzes enthielten. Die schwierige Aufgabe, die zu leisten war, lag darin, daß eine korrekte Definition angegeben werden mußte, die den von Tarski festgesetz-

1 Alfred Tarski, »Der Wahrheitsbegriff in den formalisierten Sprachen«.

ten Einschränkungen genügte. (Dieser Überblick ist in keiner Hinsicht ganz genau, aber meine Ungenauigkeiten sind, was unsere Erörterung betrifft, belanglos.)

Es liegt auf der Hand, daß keine Definition à la Tarski auf eine Definition der Wahrheit hinausläuft. Jede derartige Definition ist eine Definition der Wahrheit *in einer bestimmten Sprache*. Wenn wir glauben, in jeder von Tarskis Definitionen gehe es um denselben Wahrheitsbegriff, so kann das nur daran liegen, daß wir ein von Tarskis Text unabhängiges Verständnis dieses Begriffs haben.[2] Eigentlich ist das völlig klar. Die Bedingung, die Tarski im Hinblick auf befriedigende Definitionen der Wahrheit für Einzelsprachen aufstellt, beruht auf der Einsicht, daß W-Sätze offensichtlich wahr sind, und diese Einsicht beruht auf unserem vorgängigen Verständnis des Wahrheitsbegriffs. Die Trivialität der W-Sätze ist eine Garantie für ihre Wahrheit, und diese Garantie wird durch Tarskis Leistung auf die von ihm angeführten »Teildefinitionen« übertragen. W-Sätze sind nur dann trivial wahr, wenn wir wissen, daß der beschriebene Satz der gleiche ist wie der seine Wahrheitsbedingungen angebende Satz bzw. eine Übersetzung dieses Satzes. Das genügt aber schon, um den Sinn, in dem wir über ein sicheres Verständnis des allgemeinen Wahrheitsbegriffs verfügen, aufzuzeigen.

Manchmal werden Tarskis Definitionen als »bloß übersetzungsgebundene« Definitionen oder als Definitionen durch »Zitattilgung« bezeichnet. Zitattilgung leisten sie tatsächlich, und zwar in dem speziellen Fall, in dem die Wahrheit für eine Sprache in einer diese Sprache enthaltenden Sprache definiert wird. In solchen Fällen zeigen die W-Sätze, wie es möglich ist, die Anführungszeichen zu entfernen und einen Satz mit nachweislich identischem Wahrheitswert zu erhalten. Daß dieses

2 Soweit ich weiß, wird dieser Punkt von Max Black zum ersten Mal erwähnt, siehe seinen Aufsatz »The Semantic Definition of Truth«. Vgl. außerdem Michael Dummett, »Truth«, in: Dummett, *Truth and Other Enigmas*.

Merkmal gegeben ist, kann man aber nur wissen, wenn man auch weiß, daß die Objektsprache in der Metasprache enthalten ist. Die Vorstellung von der Übersetzungsgebundenheit solcher Definitionen beruht auf einem Irrtum. Wenn man weiß, wie eine Sprache L in die eigene Sprache zu übersetzen ist, so folgt daraus nicht, daß man automatisch auch eine Wahrheitsdefinition angeben kann. Durch Übersetzung werden Sprachen zu anderen Sprachen in Beziehung gesetzt. Durch die Wahrheit hingegen wird eine Sprache sogar in der begrenzten Form à la Tarski zur Welt in Beziehung gesetzt.

Um zu Tarskis Definitionen zu gelangen, sind mehrere Schritte zu tun: Zunächst wird der Begriff des wohlgeformten Ausdrucks (insbesondere des abgeschlossenen Satzes) definiert. Darauf folgt eine rekursive Definition einer Erfüllungsbeziehung (Erfüllung ist eine überaus allgemeine Form von Bezugnahme). Wahrheit wird auf der Grundlage der Begriffe »Satz« und »Erfüllung« definiert, und die rekursiven Definitionen werden in explizite Definitionen verwandelt. Im Hinblick auf unsere jetzigen Zwecke ist es ratsam, den letzten Schritt unberücksichtigt zu lassen. Was wir dann übrig behalten, ist gar keine eigentliche Definition, sondern eine rekursive Charakterisierung eines undefinierten Begriffs, nämlich des Begriffs der Erfüllung. Und da die Wahrheit mit Hilfe des Begriffs der Erfüllung – also mit Hilfe eines semantischen Begriffs – definiert ist, kann man nicht einmal mehr im Hinblick auf Einzelsprachen behaupten, die Wahrheit sei in nichtsemantischer Terminologie definiert worden. Dementsprechend wollen wir das Resultat als eine axiomatisierte Theorie mit undefinierten semantischen Grundbegriffen auffassen.

Welchen semantischen Begriff wir für grundlegend erklären, dürfen wir uns aussuchen. Die Wahrheit läßt sich, wie Tarski gezeigt hat, auf der Grundlage der Erfüllungsbeziehung definieren. Aber genausogut kann man die Erfüllung als denjenigen Begriff auffassen, der eine korrekte Erklärung der Wahrheit liefert. Allem Anschein zum Trotz verhält sich Tarskis

Theorie letzten Endes neutral zu der Frage, welcher semantische Begriff grundlegend sei. Wie wir gesehen haben, setzt er ein Verständnis des Wahrheitsbegriffs voraus und zeigt, wie sich diese intuitive Vorstellung für bestimmte Sprachen im Detail umsetzen läßt. Diese Umsetzung setzt die Einführung der Erfüllungsbeziehung voraus, die ihrerseits (in etwas indirekter Form) Wörter und Dinge zueinander in Beziehung setzt. Bei dieser Darstellung der Wahrheit wird das Muster der logischen Formen einer Sprache – d. h. der Grammatik im eigentlichen Sinn – nachgezeichnet, und damit das Muster der logischen Abhängigkeiten. Sofern es um eine Sprache von nennenswerter Reichhaltigkeit geht, besteht keine Möglichkeit, eine solche Darstellung zu geben, ohne den Teilen der Sätze semantische Rollen zuzuordnen.

Es gibt eine starke traditionelle Auffassung, der zufolge die Dinge anders liegen. Nach dieser traditionellen Auffassung wären wir nie imstande, Sätze in ihrer unendlichen oder unbegrenzt umfassenden Gesamtordnung zu verstehen, wenn wir nicht schon die Wörter verstünden, aus denen diese Sätze bestehen. Darum sei es nötig, die semantischen Eigenschaften der Wörter in Erfahrung zu bringen, ehe man die Sätze versteht; und die semantischen Eigenschaften der Wörter hätten begrifflichen Vorrang, weil sie es seien, von denen die semantischen Eigenschaften – und vor allem die Wahrheitsbedingungen – der Sätze erklärt würden. Diese Argumentation, die von einem Gemeinplatz ausgeht, endet nach meinem Dafürhalten mit einer falschen Schlußfolgerung; also muß irgendwo ein Denkfehler stecken. Der Irrtum liegt darin, daß man die der einmal aufgestellten Theorie angemessene Reihenfolge der Erklärungsschritte mit der Erklärung der Richtigkeit der Theorie verwechselt. Die Theorie ist richtig, weil sie richtige W-Sätze liefert; und die Probe auf ihre Richtigkeit stützt sich auf unser Verständnis des auf Sätze angewandten Wahrheitsbegriffs. Da W-Sätze nichts über Bezugnahme, Erfüllung oder von Sätzen verschiedene Ausdrücke sagen, ist der Test der Richtigkeit der Theorie unabhängig von den intuitiven Vorstellungen, die wir uns von diesen Begriffen machen. Sobald wir jedoch über die Theorie verfügen, können wir die Wahrheit der Sätze auf der Basis ihrer Struktur und der semantischen Eigenschaften ihrer Teile erklären. Die Ähnlichkeit mit wissenschaftlichen Theorien ist beeindrukkend: Um unmittelbar Beobachtetes zu ordnen und zu erklären, unterstellen wir unbeobachtete oder indirekt beobachtete Gegenstände und Kräfte; getestet wird die Theorie anhand des unmittelbar Beobachteten.

Die Sicht der Sprache und der Wahrheit, zu der wir damit gelangt sind, ist folgende: Was der Beobachtung besonders leicht zugänglich ist, sind Sätze und deren Gebrauch, und der Wahrheitsbegriff ist derjenige semantische Begriff, den wir am besten verstehen. Die Bezugnahme und damit zusammenhängende semantische Vorstellungen wie die Idee der Erfüllung sind, verglichen mit dem Wahrheitsbegriff, theoretische Begriffe (Entsprechendes gilt für die Begriffe »Wort«, »Prädikat«, »Junktor« usw.). Hinsichtlich ihrer »Richtigkeit« stellt sich ausschließlich die Frage, ob sie eine befriedigende Erklärung der Wahrheitsbedingungen der Sätze und der Beziehungen zwischen Sätzen liefern.

Durch diese Feststellungen werden wir dazu angeregt, unser Augenmerk auf die zentrale Rolle zu richten, die der Wahrheitsbegriff beim Verstehen der Sprache spielt. Erst durch unser Verständnis des Inhalts dieses Begriffs können wir uns einen Reim machen auf die Frage, ob eine Wahrheitstheorie für eine Sprache richtig sei. Es gibt keinen Grund, nach einer vorgängigen oder unabhängigen Erklärung einer Relation der Bezugnahme zu suchen. Die zweite Hauptkonsequenz dieser Überlegungen besteht darin, daß sich aus ihnen eine Chance ergibt, recht präzis anzugeben, was einer Wahrheitstheorie à la Tarski fehlt, sofern sie den Wahrheitsbegriff erklären soll.

Was fehlt, ist die Verbindung mit den Benutzern der Sprache. Nichts in der Welt würde als Satz gelten – und folglich würde der Wahrheitsbegriff keine Anwendung haben –, wenn es keine Lebewesen gäbe, die Sätze benutzen, indem sie konkrete Einzelsätze aussprechen oder hinschreiben. Daher muß es jeder vollständigen Erklärung der Wahrheit gelingen, diesen Begriff zum wirklichen Sprachverkehr in Beziehung zu setzen. Um es genauer zu sagen: Eine Wahrheitstheorie à la Tarski trifft auf eine gegebene Sprache nur dann zu, wenn die Sätze dieser Sprache schon vor der Aufstellung der Theorie Sinn haben (andernfalls ist die Theorie keine Theorie im üblichen Sinn, sondern eine Beschreibung einer möglichen Sprache). Oder um auf die von Tarski bevorzugte definitorische Form zurückzukommen: Wenn die Frage gestellt werden kann, ob die Definition im Hinblick auf eine gegebene Sprache richtig ist, muß diese Sprache ein von dieser Definition unabhängiges Dasein führen (sonst handelt es sich um eine bloß stipulative Definition, von der die spezifischen Merkmale einer Sprache festgesetzt werden, ohne daß die Definition wirklich auf eine Sprache zuträfe). Wenn die Frage der Richtigkeit überhaupt aufgeworfen werden kann, muß die Theorie also als empirisch wahr oder falsch angesehen werden. Die einzige Ausnahme ist der oben bereits betrachtete Fall, in dem vorausgesetzt wird, daß die Objektsprache in der Metasprache enthalten sei. In diesem Fall ist der einzige Test formaler Art, und es geht gar nicht um ein empirisches Problem. Allerdings stellt sich die Frage, wann diese Voraussetzung berechtigt ist. Wenn ich über eine Wahrheitstheorie für deine Sprache verfügte, wäre die Voraussetzung nur dann offensichtlich korrekt, wenn es auf der Hand läge, daß du und ich mit jedem Satz, den wir aussprechen oder aussprechen könnten, das gleiche meinen. Daß das je auf der Hand liegt, möchte ich bezweifeln, doch auf jeden Fall ist die Voraussetzung bestimmt empirischer Art. Es fragt sich sogar, ob der formale Test der Richtigkeit unter Garantie schon alles ist, was man braucht, um anzugeben, ob meine mit meinen eigenen Worten formulierte Wahrheitstheorie im Hinblick auf meine eigene Sprache richtig ist. Das ist allerdings eine Frage, auf die ich hier nicht eingehen werde.

Wenn wir wüßten, wodurch eine Wahrheitstheorie über einen Sprecher oder eine Gruppe von Sprechern wahr wird, könnte man einleuchtenderweise behaupten, wir verstünden den Wahrheitsbegriff; und wenn wir angeben könnten, wodurch eine solche Theorie wahr wird, so könnten wir, wenn schon keine Definition, so doch eine explizite Erklärung der Wahrheit vorlegen. Das ausschlaggebende *Belegmaterial* (im Gegensatz zu einem Kriterium) für die Richtigkeit einer Wahrheitstheorie liegt, wie wir annehmen müssen, in verfügbaren Fakten bezüglich der Frage, wie die Sprache von Sprechern verwendet wird. Wenn ich »verfügbar« sage, meine ich »öffentlich verfügbar«, also nicht nur prinzipiell verfügbar, sondern faktisch für jeden verfügbar, der den Sprecher oder die Sprecher der Sprache zu verstehen vermag. Da wir alle einige Sprecher der einen oder anderen Sprache verstehen, müssen wir alle ausreichende Belege dafür haben, daß wir den Äußerungen mancher Sprecher Wahrheitsbedingungen zuschreiben. Wir alle beherrschen daher den Wahrheitsbegriff in seiner Anwendung auf das Sprachverhalten anderer Personen.

Haben wir damit die Frage beantwortet, ob die Wahrheit etwas durch und durch Nichtepistemisches ist, wie die Objektivisten behaupten, oder etwas im Grunde Epistemisches, wie die Subjektivisten behaupten? Es mag so aussehen, als hätten wir die Frage tatsächlich beantwortet, denn wir sind einem Argumentationsgang gefolgt, der zu der Schlußfolgerung führt, der Gebrauch der Sprache entscheide darüber, ob eine Wahrheitstheorie für diese Sprache richtig sei.

In Wirklichkeit ist die Sache aber noch gar nicht entschieden, denn von Objektivisten wird vielleicht die Meinung vertreten, die Frage, ob die Theorie auf eine gegebene Sprache oder eine bestimmte Gruppe von Sprechern zutreffe, sei zwar tatsächlich eine empirische Frage, doch dies sei sie nur deshalb, weil die Frage nach der Bedeutung der Wörter eine empirische sei. Die Frage der Wahrheit hingegen sei, wie man vielleicht geltend machen wird, erst noch zu beantworten – sei's von der Theorie selbst oder auf andere Weise.

Enthält die Theorie selbst die Antwort? Sie ist tatsächlich darin enthalten, falls Wahrheitstheorien à la Tarski Korrespondenztheorien sind, denn dann wird die Wahrheit durch die Form der Theorie im Grunde als Übereinstimmung mit der Wirklichkeit definiert – und das wäre die klassische Form des Objektivismus bezüglich Wahrheit. Leider muß ich einräumen, daß ich selbst früher behauptet habe, jene Theorien, deren Aufstellung uns von Tarski vorgeführt wurde, seien so etwas wie Korrespondenztheorien. Zur Begründung habe ich darauf hingewiesen, daß es keine Möglichkeit gebe, eine solche Theorie aufzustellen, ohne einen Begriff wie »Bezugnahme« oder »Erfüllung« einzuführen, durch den Ausdrücke zu Gegenständen in der Welt in Beziehung gesetzt werden.[3]

Jetzt habe ich den Eindruck, daß es ein Fehler war, derartige Theorien als Korrespondenztheorien zu bezeichnen. Hier möchte ich erklären, warum ich es für einen Fehler halte. Der übliche Vorwurf gegen Korrespondenztheorien lautet, es habe keinen Sinn zu meinen, es sei irgendwie möglich, die eigenen Worte oder Überzeugungen mit der Welt zu vergleichen, denn der Versuch müsse zu guter Letzt immer schlicht darauf hinauslaufen, daß man sich weitere Überzeugungen zu eigen mache. Dieser Tadel wurde beispielsweise von Otto Neurath vorgebracht, der sich aus diesem Grund für eine Kohärenztheorie der Wahrheit entschied. Carl Hempel hat den gleichen Einwand erhoben und in diesem Zusammenhang von der »verhängnisvollen Gegenüberstellung von Aussagen

3 Tarski selbst scheint seine Wahrheitsdefinitionen als Umsetzungen des Übereinstimmungsbegriffs aufgefaßt zu haben. In »Getreu den Tatsachen« (Abhandlung 3 in *Wahrheit und Interpretation*) war ich töricht genug, diese Terminologie gelten zu lassen.

und Tatsachen« gesprochen.[4] Richard Rorty hat mehrfach und mit Nachdruck die schon von Dewey vertretene Meinung geäußert, eine Korrespondenztheorie der Wahrheit mache den Wahrheitsbegriff nutzlos.[5] Auch ich selbst habe mehr oder weniger das gleiche behauptet.[6]

Dieser Vorwurf gegen Korrespondenztheorien ist nach meinem jetzigen Urteil verfehlt. Ein Grund, weshalb er verfehlt ist, liegt darin, daß dieser Vorwurf davon abhängt, daß man sich für die Seite der Subjektivisten entscheidet. Ein legitimer Vorwurf wäre es nur, wenn die Wahrheit ein epistemischer Begriff im Sinne der Subjektivisten wäre. Wäre dies der einzige Grund für die Ablehnung der Korrespondenztheorien, könnte der Objektivist schlicht erwidern, sein Standpunkt bleibe davon unberührt; er habe stets behauptet, die Wahrheit sei unabhängig von unseren Überzeugungen oder unseren Fähigkeiten, die Wahrheit herauszufinden.

Der eigentliche Einwand gegen Korrespondenztheorien ist weniger kompliziert. Er besagt, daß es nichts gibt, womit wahre Sätze übereinstimmen könnten. Dieser Gedanke wurde schon vor langer Zeit von C. I. Lewis geäußert. Er forderte den Korrespondenztheoretiker dazu auf, den *Ort* jenes Faktums bzw. jenes Teils der Realität oder der Welt anzugeben, mit dem ein wahrer Satz übereinstimmt. Man kann einzelne Gegenstände lokalisieren, wenn der Satz sie zufällig nennt oder beschreibt, aber selbst diese Form der Ortsangabe hat nur relativ zu einem Bezugsrahmen Sinn, und daher muß der Bezugsrahmen vermutlich mit zu dem gehören, womit ein wahrer Satz übereinstimmt. Nachdem Lewis diesen Gedankengang zu Ende gedacht hatte, kam er zu dem Schluß: Falls wahre Sätze überhaupt mit irgend etwas übereinstim-

4 Siehe Otto Neurath, »Protokollsätze«; Carl Hempel, »On the Logical Positivist's Theory of Truth«, S. 51.

5 Richard Rorty, Einleitung zu dem Band *Consequences of Pragmatism*. Siehe ferner seinen Artikel »Pragmatism, Davidson and Truth«.

6 Beispielsweise in der Abhandlung 10 des vorliegenden Bands.

men, muß es das Universum als ganzes sein; also stimmen alle wahren Sätze mit derselben Sache überein. Frege ist bekanntlich eigenständig und durch einen ganz ähnlichen Gedankengang zur gleichen Schlußfolgerung gelangt. Diese Argumentation Freges läßt sich, falls Alonzo Church recht hat, formalisieren: Wenn man von der Annahme ausgeht, es sei ausgeschlossen, einen wahren Satz durch die Einsetzung gleichbezeichnender singulärer Termini oder die Substitution logisch äquivalenter Sätze zur Übereinstimmung mit einer anderen Sache zu bringen, kann man zeigen, daß wahre Sätze, sofern sie überhaupt mit irgend etwas übereinstimmen, allesamt mit derselben Sache übereinstimmen. Doch damit wird der Begriff der Übereinstimmung ganz und gar trivialisiert. Die *Beziehung* der Übereinstimmung ist uninteressant, wenn es nur ein einziges Ding gibt, mit dem etwas übereinstimmen kann, denn dann kann man ebenso verfahren wie in jedem anderen Fall dieser Art und die Relation in ein einstelliges Prädikat wie »*x* stimmt mit dem Universum überein« überführen. Genauso kann man »*x* entspricht (oder benennt) das Wahre« oder »*x* stimmt mit den Tatsachen überein« in weniger irreführender Weise als »*x* ist wahr« lesen. Darauf weist Peter Strawson im Rahmen seiner berühmten Diskussion mit J. L. Austin hin. Dabei stellt er fest, es könne zwar sein, daß die Teile eines Satzes den Teilen der Welt entsprechen (d. h. sich auf sie beziehen), und fügt dann hinzu, ansonsten gebe es aber nichts in der Welt, wozu man einen Satz in Beziehung setzen könne. Anschließend fährt Strawson fort und behauptet zu Recht, daß »wir zwar mit Sicherheit sagen, eine Aussage entspreche den Tatsachen (sei ihnen getreu, werde von ihnen bekräftigt oder stimme mit ihnen überein)«, doch das sei bloß »eine Variante der Äußerung, daß die Aussage wahr sei«.[7]
Der richtige Einwand gegen Korrespondenztheorien besagt demnach nicht, daß sie die Wahrheit in etwas verwandeln, was

7 Peter Strawson, »Truth«, S. 194f.

wir Menschen niemals zu recht anstreben können, sondern der eigentliche Einwand läuft darauf hinaus, daß solche Theorien keine Entitäten bereitstellen, im Hinblick auf die behauptet werden könnte, daß Wahrheitsträger (einerlei, ob Aussagen, Sätze oder Äußerungen) mit ihnen übereinstimmen. Das habe ich in einer früheren Arbeit so formuliert: »Es gibt nichts, kein *Etwas*, das unsere Aussagen wahr macht.« Wenn das stimmt – und ich für mein Teil bin davon überzeugt, daß es stimmt –, sollten wir außerdem die beliebte Annahme in Frage stellen, daß Sätze, konkret geäußerte Einzelsätze, satzähnliche Entitäten oder Konfigurationen in unserem Gehirn angemessen als »Repräsentationen« bezeichnet werden dürfen, wo es doch gar nichts gibt, was von ihnen repräsentiert werden könnte. Wenn man Tatsachen als Entitäten, von denen Sätze wahr gemacht werden, preisgibt, sollte man zur gleichen Zeit auch die Repräsentationen fallenlassen, denn die Legitimität der einen hängt von der Legitimität der anderen ab.

Weiter oben habe ich mein Bedauern darüber geäußert, daß ich einmal gesagt habe, eine Wahrheitstheorie à la Tarski sei eine Form von Korrespondenztheorie, und das bedaure ich nach wie vor. Mein Grund für diese Äußerung lag nicht darin, daß ich fälschlich angenommen hätte, Sätze oder Äußerungen von Sätzen stimmten mit irgend etwas überein. Aber ich stand immer noch unter dem Einfluß der Vorstellung, daß Wahrheit etwas Objektives sei, also der Vorstellung, daß die Wahrheit und daher auch die Realität (von Sonderfällen abgesehen) von den Überzeugungen oder möglichen Erkenntnissen irgendwelcher Personen unabhängig seien. Daher stellte ich meine Anschauung als eine Spielart des Realismus hin, als einen Realismus bezüglich der »Außenwelt«, bezüglich der Bedeutung und bezüglich der Wahrheit.

Wenn die Ausdrücke schlecht gewählt waren, dann deshalb, weil sie eine positive Billigung eines Standpunkts bzw. einer Annahme suggerieren, wonach es hier eine klare, definitive

These zu vertreten gibt. Was ich zu behaupten befugt war – d.h. alles, was mein Standpunkt wirklich im Hinblick auf Realismus und Wahrheit implizierte –, war nichts weiter als die negative These der Falschheit des Subjektivismus. Die objektive Wahrheitsauffassung muß, sofern sie überhaupt einen Inhalt hat, auf dem Begriff der Übereinstimmung beruhen, d.h. einem Begriff, der auf Sätze, Überzeugungen oder Äußerungen angewandt wird, also auf propositional geartete Entitäten – und dieser Begriff der Übereinstimmung kann gar nicht verständlich gedeutet werden. Insoweit der Realismus lediglich die ontologische Spielart einer Korrespondenztheorie ist, muß ich ihn ebenfalls ablehnen. Als ich meinen Standpunkt eine Form von Realismus nannte, schwebte mir nichts weiter vor als die Ablehnung des Antirealismus. Es ging mir darum, die Lehre zu verwerfen, wonach die Realität oder die Wahrheit unmittelbar von unseren Erkenntniskräften abhängen. Wieder muß ich jedoch deutlich machen, daß ich die objektivistisch-realistische Devise, das Reale und das Wahre seien »von unseren Überzeugungen unabhängig« weder akzeptiere noch ablehne. Der einzige einleuchtende und eindeutige Sinn, den man dieser Formulierung beilegen kann und der mit den Absichten derjenigen in Einklang steht, die große Stücke darauf halten, schreibt sich von der Idee der Übereinstimmung her, und diese Idee muß abgelehnt werden. Doch daß man sie ablehnt, ist nicht mit der Behauptung gleichbedeutend, es gebe gar keinen Zusammenhang zwischen Überzeugung und Wahrheit. Wie wir gesehen haben, muß es einen solchen Zusammenhang geben, um die Wahrheit der Äußerungen zu ihrem menschlichen Kontext in Beziehung zu setzen. Die Frage ist: Welcher Zusammenhang kann das sein?

Von verschiedenen Formen des Subjektivismus – d.h. jenen Anschauungen, die den Wahrheitsbegriff als epistemischen Begriff deuten – werden die Gedanken der Menschen, ihre Wünsche und Absichten in ganz unterschiedlicher Weise mit der Wahrheit verknüpft, und ich kann durchaus nicht beanspruchen, allen derartigen Ansichten gerecht zu werden. Bestenfalls kann ich erklären, warum es diesen Unterschieden zum Trotz Sinn hat, viele von ihnen zusammenzugruppieren, und die Gründe andeuten, warum man sich nicht mit ihnen zufriedengeben sollte.

Kohärenztheorien habe ich als subjektive Theorien eingestuft, und das bedarf einer Erklärung. Eine reine Kohärenztheorie der Wahrheit würde vermutlich die These vertreten, alle Sätze einer konsistenten Menge von Sätzen seien wahr. Daß eine solche Theorie je von jemandem verfochten worden wäre, möchte ich bezweifeln, denn sie ist offensichtlich falsch. Diejenigen, von denen Kohärenztheorien vertreten worden sind – wie z. B. Neurath und (zu einer bestimmten Zeit) Carnap –, haben normalerweise deutlich gemacht, daß es Mengen von *Überzeugungen*, d. h. Mengen von für wahr gehaltenen Sätzen seien, deren Konsistenz ausreiche, um sie wahr zu machen. Das ist der Grund, warum ich Kohärenztheorien derselben Klasse zurechne wie andere subjektivistische Anschauungen, denn sie verknüpfen die Wahrheit unmittelbar mit dem Geglaubten. Doch sofern zu diesem Gedanken nichts weiter hinzukommt, scheint diese Auffassung genauso falsch zu sein, wie Schlick seinerzeit meinte, als er sie einen »erstaunlichen Irrtum«[8] nannte. Der offensichtliche Einwand lautet, es seien viele verschiedene widerspruchsfreie Mengen von Überzeugungen möglich, die nicht im Verhältnis der Konsistenz zueinander stehen.

Es gibt auch Theorien, die mehr oder weniger den gleichen Nachteil haben, ohne daß sie normalerweise oder zu Recht als Kohärenztheorien eingeschätzt würden. Quine meint, die Wahrheit einiger Sätze, die er als Beobachtungssätze bezeichnet, sei unmittelbar an sinnlich vermittelten Input gebunden; außerdem gebe es weitere Sätze, deren empirischer Gehalt sich aus ihren Zusammenhängen mit Beobachtungssätzen

8 Moritz Schlick, »Über das Fundament der Erkenntnis«.

und ihren wechselseitigen logischen Beziehungen ableite. Die Wahrheit dieser weiteren Sätze (der sogenannten theoretischen Sätze) hänge von nichts anderem ab als davon, wie gut sie ihren Zweck erfüllen, Beobachtungssätze auf der Grundlage anderer Beobachtungssätze zu erklären oder vorherzusagen. Nach Quines (einleuchtender) Ansicht könnte es zwei theoretische Strukturen geben, die im gleichen Maße dazu fähig wären, alle wahren Beobachtungssätze zu erklären, ohne daß sich die eine Struktur auf die andere zurückführen ließe (jede Theorie enthält wenigstens ein Prädikat, das sich nicht durch Einsatz der Ressourcen der anderen Theorie definieren läßt). Quine hat zu verschiedenen Zeiten zwei verschiedene Deutungen dieser Situation vertreten. Der einen These zufolge sind beide Theorien wahr. Dagegen habe ich keinen Einwand. Der anderen Anschauung zufolge operiert der Sprecher oder Denker zu einer bestimmten Zeit mit einer dieser Theorien, und zu dieser Zeit sei die von ihm verwendete Theorie für ihn wahr, die andere Theorie hingegen falsch. Dies ist offenbar der Standpunkt, den Quine gelegentlich meint, wenn er die Wahrheit für »immanent« erklärt.[9] Diesen Gedanken der Immanenz bzw. Relativität der Wahrheit sollte man nicht mit dem hausbackenen Sinn verwechseln, in dem die Wahrheit von Sätzen relativ ist zu der Sprache, in der sie vorkommen. Die beiden Theorien Quines können zur gleichen Sprache gehören und in der gleichen Sprache formuliert werden. Es ist nicht leicht einzusehen, wie es möglich sein soll, daß derselbe, keiner Bedeutungsveränderung unterliegende Satz (ohne Indikatoren) für die eine Person wahr ist, für eine andere Person dagegen nicht, bzw. für dieselbe Person zum einen Zeitpunkt, aber nicht zu einer anderen Zeit. Die Schwierigkeit scheint sich dem Versuch

9 W. V. Quine, *Ontological Relativity and Other Essays*. Zu Quines Problem bezüglich der empirisch äquivalenten, nicht aufeinander zurückführbaren Theorien siehe seinen Artikel »On Empirically Equivalent Systems of the World«, S. 313-328; *Theories and Things*, S. 29f., und Quines Beitrag in: Hahn u. Schilpp (Hg.), *The Philosophy of W. V. Quine*, S. 156f.

zu verdanken, erkenntnistheoretische Überlegungen in den Wahrheitsbegriff einzubringen.
Auch von Putnams »internem Realismus« wird die Wahrheit als etwas Immanentes hingestellt, allerdings nicht, wie bei Quine, als etwas, was einer Theorie, sondern als etwas, was einer ganzen Sprache und einem ganzen Begriffsschema immanent ist, das von einer Person akzeptiert wird. Freilich gilt hier ebenfalls: Wenn damit nichts weiter gemeint ist als die Sprachrelativität der Wahrheit von Sätzen oder Äußerungen, dann ist das ein vertrauter und trivial korrekter Punkt. Putnam scheint jedoch etwas mehr im Sinn zu haben, beispielsweise den Gedanken, daß ein Satz deinerseits und ein Satz meinerseits einander widersprechen können, obwohl jeder der beiden »für den jeweiligen Sprecher« wahr ist. Es fällt schwer, sich auszumalen, in welcher Sprache dieser Gedanke in überzeugender Form dargelegt werden könnte. Der Ursprung des Problems ist auch hier wieder das empfundene Bedürfnis, die Wahrheit zugänglich zu machen. Diesbezüglich sind Putnams Formulierungen klar. Er setzt die Wahrheit ausdrücklich mit idealisierter gerechtfertigter Behauptbarkeit gleich. Das nennt er eine Form von Realismus, weil es hier »bezüglich des etwaigen Urteils einen einschlägigen Tatbestand gibt, wenn die Bedingungen günstig genug wären, wobei es sich um ein Urteil handelt, dem sich die Meinungen ›annähern‹ würden, wenn wir vernünftig wären«. Dem fügt Putnam hinzu, seine Anschauung sei »eine *menschliche* Form des Realismus, eine Ansicht, wonach es einen einschlägigen Tatbestand gibt hinsichtlich der Frage, was wir zu Recht behaupten dürfen – im Gegensatz zu dem, was von dem aus der Sicht des klassischen metaphysischen Realismus so teuren Blickpunkt Gottes zu Recht behauptet werden darf«.[10] Hier möchte man vermuten: Wenn die Bedingungen, unter denen man idealerweise zu Behauptungen gerechtfertigt ist, aus-

10 Hilary Putnam, *Realism and Reason*, S. xviii.

buchstabiert würden, wäre wohl entweder offenkundig, daß sie die Möglichkeit des Irrtums zulassen, oder sie wären so ideal, daß die intendierte Verbindung mit menschlichen Fähigkeiten keine Rolle spielte. Ebenfalls frappierend ist ferner, daß Putnam außer der Inakzeptabilität der Alternative (des »metaphysischen Realismus«, also einer Korrespondenztheorie) offenbar kein Argument für seinen Standpunkt kennt. Er nennt keine Begründung für die These, daß es keine andere Position geben könne.

Putnam beschreibt seinen Standpunkt so, als liege er, was die Hauptsache – den erkenntnistheoretischen Status der Wahrheit – betrifft, in der Nähe der Position von Michael Dummett. Ein Unterschied besteht jedoch darin, daß Putnam nicht mit der gleichen Gewißheit wie Dummett behaupten möchte, die Wahrheit sei auf das eindeutig Feststellbare beschränkt. Daher ist er sich weniger sicher, daß das Prinzip der Zweiwertigkeit aufgegeben werden müsse, was wiederum vielleicht erklärt, warum Putnam seine Auffassung eine Form von Realismus nennt, während Dummett seinen Standpunkt als Antirealismus bezeichnet. Überdies glaubt Putnam insofern von Dummett abzuweichen, als er die Wahrheit nicht an die gerechtfertigte Behauptbarkeit, sondern an die *idealisierte* gerechtfertigte Behauptbarkeit bindet. Hier dürfte eine eingehende Lektüre von Dummetts Text aber vermutlich zeigen, daß seine Vorstellung im wesentlichen die gleiche ist. Crispin Wright ist jedenfalls bestimmt dieser Ansicht. Falls Dummett nicht auf einen ähnlichen Gedanken pocht wie die von Putnam genannten Idealbedingungen, kommt vermutlich eine ähnliche Kritik zum Tragen, wie sie von Putnam bei früherer Gelegenheit formuliert wurde, nämlich: daß die Wahrheit »verlorengehen« kann, wenn die Wahrheit schlicht von gerechtfertigter Behauptbarkeit abhängt – und daß sie »verlorengehen« kann, muß falsch sein.[11] Dummett sagt, er sei

11 Hilary Putnam, »Reference and Understanding« und »Reply to Dummett's Comment«, in: Margalit (Hg.), *Meaning and Use*.

ebenfalls der Meinung, daß die Wahrheit nicht verlorengehen könne, aber er vermittelt keine klare Vorstellung davon, wie es möglich sein soll, daß gerechtfertigte Behauptbarkeit *sowohl* eine feststehende Eigenschaft ist *als auch* eine, die von der wirklichen Fähigkeit menschlicher Sprecher abhängt, aus eigener Kraft zu erkennen, daß bestimmte Bedingungen erfüllt sind. Wirkliche Fähigkeiten nehmen zu und ab, sie differieren von Person zu Person; für die Wahrheit gilt das nicht.

Warum bejaht Dummett diese Auffassung der Wahrheit? Es gibt hier eine ganze Reihe von Gründen, doch einer von ihnen ist offenbar der folgende: Wie wir gesehen haben, wird die Wahrheit von einer Theorie à la Tarski weder definiert noch vollständig charakterisiert. Es gibt keine Möglichkeit anzugeben, ob die Theorie für einen Sprecher oder eine Gruppe von Sprechern gilt, es sei denn, es kommt etwas hinzu, wodurch die Theorie mit den menschlichen Verwendungen der Sprache in Zusammenhang gebracht wird. Dummett meint, die – ja, vielleicht die einzige – Möglichkeit bestehe darin, die Wahrheit zu etwas von Menschen Erkennbarem zu machen. Der menschliche Gebrauch der Sprache müsse davon abhängen, wie die Menschen die Sprache verstehen. Sofern die Wahrheit bei der Erklärung des Sprachverstehens eine Rolle spielen soll, müsse es also etwas geben, was als ein jemandem gegebener »schlüssiger Beleg« für die Wahrheit einer Aussage gilt. Was es mit diesem Gedanken auf sich hat, kann man auch dann begreifen, wenn es einem schwerfällt, den Gedanken selbst zu akzeptieren. Meinen Hauptgrund für die Ablehnung dieses Gedankens habe ich bereits genannt, nämlich daß er nichtssagend ist oder die Wahrheit zu einer Eigenschaft macht, die verlorengehen kann. Daneben gibt es aber auch noch weitere ausgeprägte, intuitive Vorstellungen, die ebenfalls unter den Tisch fallen müßten, wenn Dummett recht hätte. Eine davon ist der Zusammenhang zwischen Wahrheit und Bedeutung: Nach Dummetts Auffassung können wir einen Satz wie »An dieser Stelle wird nie eine Stadt gebaut werden« verstehen, ohne die geringste Ahnung davon zu haben, was es hieße, wenn dieser Satz wahr wäre (denn dieser Satz – bzw. eine Äußerung dieses Satzes – hat nach Dummett keinen Wahrheitswert). Eine weitere Vorstellung ist der Zusammenhang zwischen Wahrheit und Überzeugung: Nach Dummetts Anschauung kann ich zwar verstehen und glauben, daß an dieser Stelle nie eine Stadt gebaut werde, doch meine Überzeugung werde keinen Wahrheitswert haben.

Ich könnte versucht sein, mich Dummett anzuschließen, wenn ich der Meinung wäre, daß wir wählen müßten zwischen dem von Putnam so bezeichneten transzendentalen Realismus – d. h. der Auffassung, daß Wahrheit »etwas durch und durch Nichtepistemisches« sei und daß alle unsere am besten erforschten und erhärteten Überzeugungen und Theorien falsch sein können – und Dummetts Gleichsetzung der Wahrheit mit berechtigter Behauptbarkeit, denn die erstgenannte Auffassung, die ja im wesentlichen eine Korrespondenztheorie ist, finde ich unverständlich, während ich Dummetts Anschauung bloß für falsch halte.

Meiner Meinung nach besteht jedoch kein Grund zu der Annahme, daß Realismus und Antirealismus im Sinne einer durch und durch nichtepistemisch bzw. einer durch und durch epistemisch aufgefaßten Wahrheit die einzigen Möglichkeiten darstellen, einer Theorie der Wahrheit oder der Bedeutung Gehalt zu verleihen. Hier möchte ich eine Möglichkeit vorschlagen, die nach meinem Eindruck verschieden ist von den beiden bisher erörterten Möglichkeiten. Erstens gehe ich davon aus, daß es unumgängliche und offenkundige Zusammenhänge gibt zwischen den Begriffen der Wahrheit, der Überzeugung und der Bedeutung. Wenn ein von mir geäußerter Satz *s* bedeutet, daß P, und ich glaube, daß P, dann glaube ich, daß *s* wahr ist. Was meiner Überzeugung ihren Inhalt und meinem Satz seine Bedeutung verleiht, ist meine Kenntnis dessen, was für die Wahrheit der Überzeugung oder des Satzes nötig ist. Da Überzeugung und Wahrheit in dieser Weise miteinander verbunden sind, kann die Überzeugung als jene menschliche Einstellung dienen, die eine Wahrheitstheorie mit menschlichen Belangen verbindet.

Wie wir festgestellt haben, müssen die Belege für die Richtigkeit einer Wahrheitstheorie auf der Ebene der W-Sätze zum Vorschein kommen; diese sind zugleich die überprüfbaren Prognosen der Theorie. Die Belege dafür, daß die von einem Sprecher vorgebrachten Äußerungen eines bestimmten Satzes unter den von einem W-Satz angegebenen Bedingungen wahr sind, bestehen in Fakten bezüglich der Bedingungen, von denen der Sprecher dazu veranlaßt wird, den Satz für wahr und für einen Satz zu halten, der eine Überzeugung seinerseits zum Ausdruck bringt. Natürlich kommt es manchmal vor, daß Sätze von Sprechern auch dann für wahr gehalten werden, wenn sie es nicht sind. Diese Sätze bringen irrige Überzeugungen zum Ausdruck. Daher ist die Beziehung zwischen Überzeugung und Wahrheit nicht unkompliziert. Aber daß es sie gibt und daß sie für Bedeutung und Wahrheit maßgeblich ist, ist aus den einfachsten Fällen und ihrer Rolle bei der Deutung anderer Fälle ersichtlich. Die einfachsten Fälle sind diejenigen, in denen man aufgrund des offenkundigen Vorhandenseins von Büchern oder gelben Dingen auf kausalem Weg dazu veranlaßt wird, einen Satz wie »Das ist ein Buch« oder »Das ist gelb« für wahr zu halten. Das sind Belege dafür, daß diese Sätze genau dann, wenn Bücher oder gelbe Dinge gegeben sind, tatsächlich wahr sind. Der Grund liegt darin, daß das, was die Bedeutung solcher Sätze bestimmt, das gleiche ist wie das, was sie im Regelfall wahr macht. Diese Erklärung muß offensichtlich in vieler Hinsicht ausgearbeitet werden, um die Möglichkeit von Irrtümern in Anschlag zu bringen. Außerdem muß viel mehr über Sätze gesagt werden, deren Abstand zur unmittelbaren Beobachtung sehr viel größer ist. Ferner müssen Vorkehrungen getroffen werden für die Wahrheitsbedingungen von Sätzen, die völlig unabhängig von irgendwelchen Beobachtungen für wahr gehalten werden usw. Diese Fragen habe ich an anderer Stelle erkundet. In diesem Zusammenhang wichtig ist, daß die Rolle der Überzeugungen das Element ist, durch das Wahrheit und Bedeutung miteinander verbunden werden. Und wenn dem so ist, ist die Wahrheit weder etwas durch und durch Nichtepistemisches noch etwas durch und durch Epistemisches.

Die von mir empfohlene Herangehensweise an den Wahrheitsbegriff ist weder im Sinne von Putnam oder Dummett noch im Sinne von Peirce, James oder Dewey epistemisch, denn sie macht keinen Versuch, die Wahrheit im allgemeinen mit dem zu verknüpfen, was von Vernunftwesen in Erfahrung gebracht werden kann. Durch und durch nichtepistemisch ist diese Herangehensweise allerdings auch nicht, denn aus meiner Anschauung folgt keineswegs, daß alle unsere besonders gut bestätigten und weithin vertretenen Ansichten falsch sein können. Indem wir genau darauf achten, was unseren Überzeugungen Inhalt und unseren Sätzen Bedeutung verleiht, erkennen wir die Unmöglichkeit des Falls, in dem die meisten unserer auf Wahrnehmung gründenden Überzeugungen falsch sind. Was wir für wahr halten – was wir glauben –, bestimmt, was wir meinen, und damit in indirekter Weise auch, wann unsere Sätze wahr sind. Dadurch, daß wir von ihnen überzeugt sind, werden sie nicht wahr, aber dennoch kommt dadurch die Vermutung auf, daß es sich so verhält.

Hier möchte ich noch zwei Bemerkungen und eine Schlußfolgerung anbringen. Die erste Bemerkung besagt, daß es kein *Gebrauch* der Sprache ist, wenn man einen Satz für wahr hält oder meint, er bringe eine Überzeugung zum Ausdruck; daher sieht es vielleicht so aus, daß dergleichen keinen Beleg für das liefern kann, was die Leute mit dem meinen, was sie sagen. Diese Folgerung ergibt sich keineswegs. Es gibt offenkundige Beziehungen zwischen dem Fürwahrhalten eines Satzes und sprachlichem (und sonstigem) Verhalten. Wenn wir dem Sprachverhalten eines Sprechers nicht häufig entnehmen könnten, wann er seine Sätze für wahr hält, wären wir außerstande, seine sprachlichen Äußerungen zu interpretieren. Daß ich mich nicht für Behauptungsakte, sondern für die Einstellung des Glaubens als Hauptlieferanten des maßgeblichen Anhaltspunkts für die Wahrheit entschieden habe, liegt nicht daran, daß ich den faktischen Sprachgebrauch für unwichtig halte, sondern daran, daß mir keine einfache Beziehung zwischen den Absichten, mit denen wir Sätze äußern oder niederschreiben, und dem, was unsere Worte bedeuten, bekannt ist. Unsere Sprechakte geben Aufschluß über unsere grundlegenden Einstellungen zu unseren Sätzen; dies allerdings häufig in indirekter Form.

Meine zweite Bemerkung besagt, daß meine Herangehensweise an den Wahrheitsbegriff – ebenso wie mein Ansatz zur Erörterung von Fragen bezüglich Bedeutung – davon ausgeht, daß wir herausfinden wollen, was es heißt, eine Sprache zu verstehen. In dieser Hinsicht bin ich der gleichen Meinung wie Putnam, Quine, Dummett und andere Autoren. In einer wichtigen Hinsicht allerdings sind Quine und ich anderer Meinung als Dummett, vielleicht auch anderer Meinung als Putnam (obwohl ich mir im Hinblick auf Putnam nicht so sicher bin). Nach Dummetts Auffassung jedenfalls verlangt eine Erklärung dessen, was das Sprachverstehen beinhaltet, eine Beschreibung dessen, was es heißt, die Bedeutungen der Ausdrücke zu erfassen. Darüber, ob ich diese Metapher wirklich verstehe, bin ich mir noch nie sicher gewesen. Darum habe ich statt dessen die Frage aufgeworfen, was ausreichend wäre, um eine beliebige Äußerung eines Sprechers zu verstehen (worauf ich antworte: eine Wahrheitstheorie für die Sprache dieses Sprechers), wozu eine Erklärung hinzukommen müßte, die angibt, wie man erfahren könnte, daß eine solche Theorie wahr ist. Dummetts Ansatz betrachtet die Sprache vom subjektiven Blickpunkt, aus der Perspektive des Sprechers. Bei meinem Ansatz wird die Sprache von vornherein als soziale Transaktion gesehen, und daher konzentriert sich dieser Ansatz auf das, was die eine Person im Kontext einer gemeinsamen Welt über die andere Person herausbekommen kann.

Bei der Schlußfolgerung, die ich versprochen habe, handelt es sich um folgendes: Alle Bemühungen um eine Charakterisierung der Wahrheit, die mehr wollen, als einer jener Strukturen, über deren Beschreibung wir von Tarski instruiert worden sind, empirischen Inhalt zu verleihen, sind nichtssagend, falsch oder konfus. Wir sollten nicht sagen, Wahrheit sei nichts anderes als Übereinstimmung, Kohärenz, berechtigte Behauptbarkeit, im Idealfall gerechtfertigte Behauptbarkeit, akzeptierte Äußerungen im Gespräch der richtigen Leute, der letzte Schiedsspruch der Wissenschaft, die Erklärung des Erfolgs der Wissenschaft oder unserer normalen Überzeugungen. Insoweit Realismus oder Antirealismus von der einen oder anderen dieser Wahrheitsauffassungen abhängen, sollten wir uns weigern, den Realismus oder den Antirealismus zu bejahen. Der Realismus mit seinem Beharren auf durch und durch nichtepistemischer Übereinstimmung verlangt mehr von der Wahrheit, als wir verstehen können, während der Antirealismus mit seiner Einschränkung der Wahrheit auf das Ermittelbare die Wahrheit unnötigerweise ihrer Rolle als intersubjektiver Maßstab beraubt. Wenn wir die Wahrheit über die Wahrheit sagen wollen, sollten wir nicht mehr sagen als nötig.

13
Externalisierte Erkenntnistheorie

Was wir glauben, befürchten, wollen, schätzen und beabsichtigen, erkennen wir in einer Weise, in der sonst niemand dazu imstande ist. Wie uns die Dinge erscheinen, wie sie für uns aussehen, wie sie sich für uns anfühlen, wie sie für uns riechen und klingen, das wissen wir in einer Weise, in der wir unsere Umwelt nicht erkennen können. Gleichviel, ob wir uns im Hinblick auf unsere Bewußtseinsinhalte manchmal irren oder nicht, und gleichviel, ob wir mit Bezug auf unsere eigenen Empfindungen und Gedanken im Zweifel sein können oder nicht – eines trifft hinsichtlich solcher Überzeugungen gewiß zu, nämlich daß sie nicht durchweg verfehlt sein können. Wenn wir einen bestimmten Gedanken oder eine bestimmte Empfindung zu haben glauben, steht – a priori – sicher zu vermuten, daß wir recht haben.

Nach dem Eindruck vieler Philosophen eignet sich die Erkenntnis in der ersten Person wegen der ihr zukommenden speziellen Autorität mehr als jede andere Erkenntnisform für die Aufgabe, eine Grundlage zu liefern für das übrige Wissen, insbesondere natürlich für unsere Kenntnis der »Außenwelt« und des Fremdpsychischen. Eine solche Erkenntnis, meint man, bedürfe einer Grundlage eben deshalb, weil nicht von vornherein zu vermuten stehe, daß unsere Ansichten über die Welt oder über das Fremdpsychische wahr sind.

Ich habe weder vor, nochmals die Schwierigkeiten aufzuzählen, in die wir durch dieses Bild des Geistes und seiner Stellung in der Natur geraten sind, noch will ich den Leser an die scharfsinnigen und wenig überzeugenden Verfahren erinnern, die zur Vermeidung der offensichtlichen Probleme dieses Bildes vorgeschlagen worden sind. In dieser Abhandlung beschreibe ich eine Alternative, und zwar eine Alternative, die ich für richtig halte.

Von Quine stammt der Vorschlag einer Naturalisierung der Erkenntnistheorie.[1] Damit meint er, die Philosophie solle den Versuch einer Grundlegung oder sonst einer Rechtfertigung der Erkenntnis fallenlassen und statt dessen erklären, wie man zu Erkenntnissen gelangt. Von seinen Kritikern ist Quine vorgehalten worden, mit der Preisgabe der traditionellen normativen Aufgabe der Erkenntnistheorie habe er schlicht das Thema gewechselt. Das ist, wie ich vermute, auch Quines eigene Meinung und dürfte genau seiner Absicht entsprechen. Aber eigentlich gibt es gar keine klare Unterscheidung zwischen Beschreiben und Rechtfertigen, zwischen einer empirischen Erklärung der Erkenntnisentstehung und einer Formulierung der Normen, denen eine Meinung entsprechen muß, um als Wissen zu gelten; und daß diese Unterscheidung durchaus nicht klar ist, geht vielleicht auch daraus hervor, daß Quines naturalisierte Erkenntnistheorie zwar keinen ernsthaften Versuch einer Erwiderung auf den Skeptiker unternimmt, zugleich aber sichtlich eine recht konventionelle Form von Empirismus darstellt.[2] Auf jeden Fall fragt es sich, wie man die Erkenntnis oder ihre Ursprünge beschreiben könne, ohne darüber zu befinden, was Erkenntnis überhaupt sei. Quines Antwort auf diese Frage lautet, wir müßten, was uns von Wissenschaft und aufgeklärtem Common Sense vorgeschrieben wird, ohne den Versuch einer Rechtfertigung akzeptieren. Allerdings ist Quines Darstellung der Weise, in der wir zu dieser Erkenntnis gelangen, von eben der Art, die traditionell als konstitutiv für einen Rechtfertigungsversuch gilt.

Mit Quines Darstellung des Wesens der Erkenntnis, die im Grunde an der ersten Person orientiert und cartesianisch ist,

1 W. V. Quine, »Epistemology Naturalized«, in: Quine, *Ontological Relativity and Other Essays.*

2 Zu dieser Charakterisierung von Quines Erkenntnistheorie siehe Abhandlung 10 im vorliegenden Band sowie meinen Aufsatz »Meaning, Truth and Evidence«.

bin ich nicht einverstanden. Sympathisch ist mir dagegen Quines beherzt in der dritten Person artikulierter Zugang zur Erkenntnistheorie, und soweit die Naturalisierung der Erkenntnistheorie einen solchen Zugang fördert oder für sich selbst in Anspruch nimmt, lasse ich mich selbst gern zu den Vertretern einer naturalisierten Erkenntnistheorie rechnen.

Als Mindestannahme kann man unterstellen, daß wir mit Bezug auf unsere eigenen Bewußtseinsinhalte recht haben; somit besitzen wir in den Fällen, in denen wir recht haben, Erkenntnis. Jede derartige Einzelerkenntnis ist jedoch logisch unabhängig von dem, was wir im Hinblick auf eine Welt da draußen glauben; also kann sie keine Grundlage liefern für die Wissenschaft und die Überzeugungen des gesunden Menschenverstands. Das ist eine Überlegung, wie sie von Skeptikern vom Schlage Humes angestellt wird, und meiner Ansicht nach haben sie recht: Die Erkenntnis der eigenen Bewußtseinsinhalte kann nicht die Basis unserer übrigen Erkenntnis abgeben. Und sofern das zutrifft, müssen unsere Ansichten über die Welt, um als Erkenntnis zu gelten, allein bestehen. Doch wenn jede unserer Ansichten über die Welt für sich genommen falsch sein kann, ist es nach Auffassung vieler Philosophen einleuchtend, daß gar kein Grund bestehe, die mögliche Falschheit *aller* derartigen Überzeugungen auszuschließen.

Diese Überlegung entspringt einem Fehlschluß. Daraus, daß jeder einzelne Geldschein in meiner Tasche die höchste Seriennummer haben kann, folgt nicht, daß alle Geldscheine in meiner Tasche dic höchste Seriennummer haben können; und daraus, daß jeder zum Präsidenten gewählt werden kann, folgt nicht, daß alle zu Präsidenten gewählt werden können. Ebensowenig könnte es passieren, daß sich alle unsere Ansichten über die Welt als falsch herausstellen. Nehmen wir an, ich glaube eine Maus hinter einem Stuhl verschwinden zu sehen. Diese Überzeugung könnte selbstverständlich verfehlt sein. Aber wäre diese Überzeugung auch dann falsch, wenn

Ansichten wie die, daß eine Maus ein kleines vierfüßiges Säugetier ist, oder die, daß ein Stuhl ein Sitzmöbel ist, nicht zuträfen? Mag sein. Vielleicht läßt sich nicht genau angeben, welche wahren Überzeugungen ich ansonsten haben muß, um eine bestimmte falsche Überzeugung haben zu können. Klar scheint jedoch zu sein, daß jede Art von Überzeugung – ob wahr oder falsch – hinsichtlich ihrer Identifizierung darauf angewiesen ist, daß im Hintergrund wahre Überzeugungen stehen. Denn ein Begriff wie der Begriff der Maus oder der Begriff des Stuhls kann nicht unabhängig von seinem Vorkommen in verschiedenen Überzeugungen ein und derselbe bleiben. Dieser Schlußfolgerung kann man zu entgehen trachten, indem man geltend macht, eine Überzeugung wie die, daß die Maus ein kleines vierfüßiges Säugetier ist, sei aus rein begrifflichen Gründen wahr – mithin eine analytisch wahre Aussage – und handle daher eigentlich gar nicht von der Welt. Dann ließe sich immer noch behaupten, alle unsere Meinungen über die Welt könnten falsch sein. Doch wer (wie ich selbst) keine deutliche Grenzziehung zwischen analytischen und synthetischen Wahrheiten für möglich hält, kann sich auf diesen Gedankengang nicht berufen. Aber selbst wenn es tatsächlich zweifelsfreie analytische Wahrheiten gibt, leuchtet keineswegs ein, daß sie dazu dienen, die gewaltige Anzahl von Fällen auszuschließen, in denen Begriffe durch mehrere empirische Kriterien individuiert werden.

Daß alle unsere Meinungen über die Welt falsch sein könnten, ist also aufgrund des holistischen Charakters empirischer Überzeugungen unmöglich. Denkt man jedoch darüber nach, welche Überlegungen uns zu dieser These bewogen haben, deutet manches darauf hin, daß die Begrenztheit dieser Überlegungen Unbehagen bereiten kann. Sie zeigen, daß wir nur dann spezifische falsche (bzw. wahre) Ansichten über einzelne Gegenstände hegen können, wenn wir hinsichtlich der Beschaffenheit solcher Gegenstände viel Wahres glauben. Damit bleibt die Möglichkeit offen, daß alle unsere Einzelüberzeugungen hinsichtlich dessen, was in der Welt existiert, Irrtümer enthalten, und dies wäre zwar kein totaler, aber doch ein recht extremer Skeptizismus.

Aber könnte es wirklich so weit kommen? Angenommen, ich weiß, was eine Maus ist und was ein Stuhl ist. Wie bin ich zu meiner falschen Überzeugung gelangt, eine Maus hinter einem Stuhl verschwinden gesehen zu haben? Vermutlich habe ich das, was ich gesehen oder aufgenommen habe, als etwas gedeutet, was meine Kriterien für das Gegebensein einer Maus und eines Stuhls (und des Verschwindens) erfüllt. Doch eben sind wir zu dem Schluß gekommen, daß ich mich hinsichtlich der Kriterien nicht generell irren kann. Mein Irrtum ist also nur in folgender Weise möglich gewesen: Die Szene, die sich mir geboten hat, war derart, daß sie mich zu meiner Überzeugung berechtigt, obwohl diese Überzeugung falsch ist. Dergleichen kann gewiß vorkommen. Es fällt jedoch schwer zu sehen, wie es immer – oder auch nur häufig – passieren könnte. Denn wie wäre es möglich, daß die Szenen, die sich mir darbieten, zu Überzeugungen berechtigen, von denen keine einzige wahr ist?

Kein Skeptiker wird sich durch dieses Argument überzeugen lassen. Daher werde ich versuchen, es überzeugender darzustellen. Einstweilen sei mir gestattet, die mit einer Petitio principii behaftete Voraussetzung zu machen, es gebe eine von weiteren Personen außer mir bewohnte Außenwelt. Nehmen wir an, wir haben einen Sprecher vor uns sowie eine weitere Person, welche die Worte des Sprechers zu verstehen bemüht ist. Jedesmal wenn in der Nähe eine Maus auftaucht, während die Lichtverhältnisse gut sind und während der Sprecher in die Richtung der Maus schaut usw., äußert der Sprecher etwas, was sich für den Interpreten wie der stets gleiche Ausdruck »Ratón« anhört. Wenn die Lichtverhältnisse schlecht sind oder der Sprecher nicht aufpaßt, ist die Korrelation zwischen Reaktion und Mäuseerscheinungen weniger sicher. Sofern es nicht eine Fülle von Belegen gegen eine solche

Interpretation gibt, wird der kompetente Interpret vermutlich annehmen, daß der Sprecher mit seinen Worten meint, da sei eine Maus, und daß er vom Vorhandensein dieser Maus überzeugt ist. Was für diese Interpretation spricht, ist der Umstand, daß das Vorhandensein der Maus offenbar in jedem Fall die Ursache dafür ist, daß der Sprecher absichtlich denselben Ausdruck – nämlich »Ratón« – äußert, und zwar in bejahendem Sinn. Freilich kann auch der Interpret einen Fehler machen. So kann er sich etwa mit Bezug auf die Absicht des Sprechers irren oder mit Bezug auf die wahre, regelmäßige und ausschließliche Ursache der Sprecherreaktion. Irren würde sich der Interpret z. B., wenn ein Eichhörnchen beim Sprecher die gleiche Reaktion auslöste, denn dann wären Mäuse nicht die regelmäßige und ausschließliche Ursache der Äußerungen von »Ratón«. Doch sofern der Interpret weder einen dieser Fehler noch gewisse andere (die später zu nennen sind) begeht, ist seine Interpretation richtig.

Angenommen, der Sprecher erblickt eine geschickt angefertigte mechanische Maus und äußert sein »Ratón«. Da muß der Interpret entscheiden, ob die Worte und der Begriff des Sprechers mechanische Mäuse mitumfassen oder ob es sich um einen Fehler seitens des Sprechers handelt. Eine solche Entscheidung zu treffen, übersteigt keineswegs die Fähigkeiten des Interpreten. So kann er z. B. dem Sprecher den Mechanismus vorführen und auf die Reaktion achtgeben. Ehe der sorgfältige Interpret zu seinem endgültigen Interpretationsschema gelangt, wird er im Hinblick auf viele weitere Klassen von Gegenständen in Erfahrung bringen müssen, wie der Sprecher reagiert.

Offensichtlich ist die Sache heikel und kompliziert. Aber solange wir an der Grundeinsicht festhalten, wonach Worte und Gedanken in den einfachsten Fällen auf das Bezug nehmen, wodurch sie bewirkt werden, ist offenbar ausgeschlossen, daß die Mehrzahl unserer schlichtesten Ansichten über das, was in der Welt existiert, falsch ist. Der Grund ist, daß wir nicht zuerst Begriffe bilden und dann herausbekommen, worauf sie zutreffen; vielmehr ist es so, daß in den fundamentalen Fällen die Anwendung den Inhalt des Begriffs bestimmt. Ein Interpret, der ganz von vorn anfängt – der die Sprache des betreffenden Sprechers also noch nicht versteht –, kann nicht so vorgehen, daß er das Thema der Überzeugungen eines Akteurs unabhängig herausfindet und anschließend fragt, ob diese Überzeugungen wahr seien. Das liegt daran, daß die Situationen, welche normalerweise zu einer Überzeugung Anlaß geben, auch die Bedingungen der Wahrheit dieser Überzeugung bestimmen.

Unmittelbar gelten diese Feststellungen nur für einige Überzeugungen. Wer Büchern entnommen hat, wie ein Guanako aussieht, ist vielleicht nie durch den Anblick eines Guanakos dazu veranlaßt worden, dem Satz »Dies ist ein Guanako« zuzustimmen, kann aber dennoch zur Zustimmung bereit sein, sobald er eins sieht (vielleicht weil er Bilder von Guanakos gesehen hat). Oder nehmen wir uns einen schwierigeren Fall vor: Es kann sein, daß jemand in vertretbarem Sinne weiß, was ein Guanako ist, und weiß, daß es kein Lama ist; dennoch wird er immer wieder dazu gebracht, dem Satz »Dies ist ein Guanako« zuzustimmen, wenn er ein Lama vor sich hat. In beiden Fällen wird der Inhalt der Überzeugung, daß sich da ein Guanako befindet, nicht durch den Anblick von Guanakos bestimmt, sondern dadurch, daß man sich andere Wörter und Begriffe angeeignet hat, wie etwa die Begriffe »Lama«, »Tier«, »Kamel«, »Haustier« usw. Irgendwo im Zuge der Entwicklung müssen wir allerdings zu den unmittelbaren Gegenüberstellungen kommen, durch die Denken und Sprache in der Welt verankert werden.

Der von mir verfochtene allgemeine Ansatz zur Identifizierung geistiger Zustände hat manches gemein mit dem, was heute mitunter als Externalismus oder (von Tyler Burge etwa) als Antiindividualismus bezeichnet wird. Aber zugleich unterscheidet sich mein Ansatz in wichtigen Hinsichten von den bekanntesten Spielarten des Externalismus. Daher möchte ich an dieser Stelle die Unterschiede aufzeigen, die zwischen meiner Lesart und anderen Formen des Externalismus bestehen, namentlich denen, die von Hilary Putnam und Tyler Burge vertreten werden.

Nun komme ich auf die Autorität der ersten Person zurück, also auf das Faktum, daß im allgemeinen jeder weiß, was er denkt, ohne sich auf Belege zu berufen oder sich auf sie zu stützen, und dies in einer Weise, in der keiner über die Psyche einer anderen Person Bescheid wissen kann. Vielfach wird angenommen, der Externalismus – dem zufolge der Inhalt der propositionalen Einstellung einer Person zum Teil durch Fakten bestimmt wird, die dem Betreffenden unbekannt sein können – sei mit der Autorität der ersten Person nicht in Einklang zu bringen. So ist Putnam zu dem Schluß gekommen, daß gemeinte Bedeutungen, weil (eine Form von) Externalismus wahr sei, »nun mal nicht im Kopf stecken« – und das gleiche gilt nach seiner Auffassung für Gedanken generell.[3] Andere Autoren sind zu derselben Schlußfolgerung gelangt.[4] Doch dieser Schluß ist nicht gültig, jedenfalls nicht für die von mir beschriebene Art von Externalismus. Meine Gründe für diese Ansicht habe ich an anderer Stelle ausführlich dargelegt,[5] aber der Gedankengang läßt sich wie folgt resümieren: Welches die externen Faktoren sind, die den Inhalt des Gedankens einer anderen Person bestimmen, muß der Interpret herausfinden oder aufgrund indirekter Belege richtig vermuten. Doch da diese Faktoren sowohl den Inhalt des eigenen Gedankens als auch den Inhalt des Gedankens, den man selbst zu haben glaubt, bestimmen (denn dabei handelt es sich um denselben Gedanken), besteht hier hinsichtlich des In-

3 Hilary Putnam, »The Meaning of ›Meaning‹«, S. 227.

4 Beispiele finden sich in den folgenden Arbeiten: John Searle, *Intentionality*; und Andrew Woodfield, »Introduction«, in: Woodfield (Hg.), *Thought and Object*, S. viii.

5 Siehe Abhandlung 2 in diesem Band.

halts der eigenen Gedanken kein Raum für Irrtümer der Art, wie sie sich im Hinblick auf die Gedanken anderer ergeben können.

Ich glaube zwar nicht, daß der von Putnam befürwortete Externalismus in seiner wichtigsten Gestalt[6] die Autorität der ersten Person bedroht, doch es gibt andere Gründe, warum ich nicht ganz einverstanden bin mit seiner These. Putnams Externalismus gilt in der Hauptsache für Wörter für natürliche Arten, beispielweise »Wasser« und »Leopard«. Dahinter steckt der Gedanke, daß sich das Wort »Wasser« etwa, wenn ich es durch Erfahrungen an H_2O lerne, hinfort ausschließlich auf Stoffe mit derselben Mikrostruktur beziehen muß. Ich bin zwar, wie oben bereits gesagt, ebenfalls der Meinung, daß die übliche Ursache meines Gebrauchs des Wortes bestimmt, was es bedeutet, doch ich sehe nicht ein, wieso die Gleichheit der Mikrostruktur unbedingt die ausschlaggebende Ähnlichkeit sein soll, durch die der Bezug meines Wortes »Wasser« bestimmt wird. (Was nach meiner Auffassung tatsächlich die relevante Ähnlichkeit festlegt, werde ich in Kürze angeben.) Außerdem meine ich, daß kein Grund besteht, den Externalismus auf eine einzige Kategorie oder auf einige wenige Kategorien von Wörtern zu beschränken. Nach meiner Überzeugung ist es für die Sprache und das Denken ganz generell charakteristisch, daß ihre Verknüpfungen mit der Welt von kausalen Verbindungen der von mir besprochenen Art herrühren.

Von Tyler Burge sind Argumente für zwei Formen des Externalismus vorgebracht worden. In seinen früheren Artikeln[7] stand der Gedanke im Mittelpunkt, daß die gemeinten Bedeutungen der Worte einer Person sowie der Inhalt ihrer Gedan-

6 Die Art von Externalismus, die mir hier vorschwebt, ist nicht diejenige, die durch die »sprachliche Arbeitsteilung« nahegelegt wird, sondern diejenige, zu der man durch Beispiele des Typs »Zwillingserde« angeregt wird.

7 Tyler Burge, »Individualism and the Mental«, »Other Bodies«, »Two Thought Experiments Reviewed« und »Individualism and Psychology«.

ken zum Teil von den sprachlichen Praktiken der Gemeinschaft dieser Person abhängen, und zwar auch in solchen Fällen, in denen sich der einzelne im Hinblick auf die relevanten Praktiken irrt. In späteren Artikeln[8] wird betont, in welcher Art und Weise der Inhalt der Äußerungen und Gedanken von der kausalen Geschichte des einzelnen abhängt, insbesondere im Zusammenhang mit der Wahrnehmung. Diese beiden Typen von Externalismus möchte ich als sozialen bzw. wahrnehmungsbezogenen Externalismus bezeichnen. In der Form, in der sie von Burge jeweils begründet worden sind, halte ich sie für weitgehend unabhängig voneinander, insofern keine Form aus der jeweils anderen ableitbar ist.

Die Argumente für den sozialen Externalismus machen keinen Eindruck auf mich, und zwar aus den folgenden drei Gründen:

Erstens, mir erscheint der Gedanke falsch, unsere intuitiven Vorstellungen sprächen weitgehend dafür, die sprachlichen Äußerungen und Gedanken eines Akteurs im Sinne dessen zu begreifen und zu interpretieren, was andere mit denselben Worten meinen würden. Ein Punkt ist der, daß hier das Problem besteht, wie zu entscheiden wäre, welche Gruppe die Normen bestimmen soll. Wichtiger ist jedoch der folgende Punkt: Wir verstehen den Sprecher dann am besten, wenn wir ihn so interpretieren, wie er interpretiert zu werden beabsichtigt; dies wird seine Handlungen weit angemessener erklären, als wenn wir annehmen, daß er meint und denkt, was jemand anders, der dieselben Worte »richtig« verwendet, meinen und denken mag.

Zweitens, meiner Ansicht nach steht Burges sozialer Externalismus – durch den das, was der Sprecher meint, an den ihm womöglich gar nicht bewußten Sprachgebrauch einer Elite gebunden wird – in Widerstreit mit der Autorität der ersten Person.

8 Z.B. »Cartesian Error and the Objectivity of Perception«, »Intel-

Drittens, ich hege einen generellen Argwohn gegen Gedankenexperimente, die aufzuzeigen vorgeben, was wir unter Bedingungen sagen würden, die sich in Wirklichkeit nie einstellen. Meine Lesart des Externalismus beruht auf dem, was ich für unsere wirkliche Praxis halte.[9]

Nun wende ich mich Burges wahrnehmungsbezogenem Externalismus zu. Hier gibt Burge zwei wichtige Hinweise. Der erste besagt, daß wir über Wahrnehmungserkenntnisse – etwa, daß wir eine Kuh sehen – verfügen können, ohne unabhängig ermitteln zu müssen, daß wir nicht auf die eine oder andere Weise getäuscht worden sind (etwa durch ein Pferd, das so geschminkt worden ist, daß es wie eine Kuh aussieht, oder durch ein Hologramm usw.). Wenn wir es mit einem solchen Fall von Wahrnehmungserkenntnis zu tun haben, ist der Inhalt unseres Gedankens zum Teil durch die Ursache des Gedankens bestimmt. Burge sagt folgendes:

> Um etwas gedanklich als Wasser zu begreifen, muß man in einer kausalen Beziehung zu Wasser stehen – oder zumindest in einer kausalen Beziehung zu anderen Einzelsubstanzen, durch die man instand gesetzt wird, zutreffend über Wasser zu theoretisieren. In den normalen Fällen sieht und berührt man Wasser. Solche Beziehungen veranschaulichen die Art von Bedingungen, die es ermöglichen, etwas gedanklich als Wasser zu begreifen [...]. Um zu *denken*, daß Wasser eine Flüssigkeit ist, braucht man nicht zu *wissen*, welche komplexen Bedingungen gegeben sein müssen, um diesen Gedanken denken zu können.[10]

Es fällt schwer, anhand dieser Stelle zu entscheiden, ob der Inhalt des Gedankens durch die Tatsache bestimmt wird, daß das, was den Gedanken auslöst, Wasser ist, oder ob der Inhalt in diesem Fall ebenso wie in den Fällen der Falschheit des Gedankens vom normalen Fall bestimmt wird, also vom Durchschnittsverlauf des kausalen Wechselspiels zwischen dem

lectual Norms and Foundations of Mind« und »Individualism and Self-Knowledge«.

9 Siehe Abhandlung 2 im vorliegenden Band.

10 Tyler Burge, »Individualism and Self-Knowledge«, S. 653 f.

denkenden Subjekt und seiner Umwelt. Ich sehe keine offenkundige Schwierigkeit darin, beide Ansichten zu akzeptieren und miteinander zu verbinden, obwohl natürlich unterschieden werden muß zwischen der Rolle, die das tatsächliche Vorhandensein von Wasser spielt, wenn es bei mir den Gedanken auslöst, dies sei Wasser, und der Rolle, welche die Geschichte meiner Beziehungen zum Wasser bei dem Vorgang spielt, durch den der falsche Gedanke, ich sähe Wasser, dennoch zu einem Gedanken über Wasser wird. Offensichtlich ist es die letztere These, die für den Externalismus wesentlich ist. Burge formuliert das wie folgt: »Die Beschaffenheit solcher Zustände wird zum Teil durch normale Beziehungen zwischen der betreffenden Person [...] und ihrer Umwelt bestimmt. Irrtümer werden vor einem Hintergrund normaler Interaktionen bestimmt.«[11]

Mit der erkenntnistheoretischen Ansicht, wonach das Wahrnehmungswissen nicht voraussetzt, daß wir unabhängige Erkenntnisse über das Bestehen der Ermöglichungsbedingungen haben, bin ich ebenso einverstanden wie natürlich auch mit der (im jetzigen Zusammenhang wichtigeren) Ansicht, wonach der Inhalt unserer Gedanken und Aussagen zum Teil durch die Geschichte der kausalen Interaktionen mit der Umwelt bestimmt ist.

Diesem Punkt zuzustimmen, ist eine Selbstverständlichkeit, wenn man wie ich selbst seit etwa dreißig Jahren immer wieder betont, daß der Inhalt unserer zuerst gelernten und besonders grundlegenden Sätze (»Mutti«, »Wauwau«, »Rot«, »Feuer«, »Gavagai«) durch die innerweltlichen Ursachen bestimmt sein muß, die es bewirken, daß wir solche Sätze für wahr halten. An dieser Stelle werden, wie ich schon seit langem behaupte, die Verbindungen zwischen Sprache und Welt hergestellt und die maßgeblichen Einschränkungen hinsichtlich der Bedeutung festgelegt. Unter Voraussetzung der engen

11 »Cartesian Error and the Objectivity of Perception«, S. 125.

Zusammenhänge zwischen Denken und Sprache gelten ähnliche Feststellungen auch für den Inhalt der propositionalen Einstellungen.

Was den wahrnehmungsbezogenen Externalismus anlangt, sind Burge und ich also im wesentlichen einer Meinung; doch es gibt eine eng damit zusammenhängende Problematik, im Hinblick auf die wir uns nicht einig sind, und dabei geht es um die am Anfang dieser Abhandlung gestellte Frage, ob der Externalismus eine Antwort auf bestimmte Arten von Skeptizismus liefert. Burge meint: »Aus dem Antiindividualismus ergibt sich nicht ohne weiteres ein Argument gegen den Skeptizismus.«[12] Dem stimme ich in gewissem Sinne zu, aber nur deshalb, weil ich nicht einsehe, was die Autorität der ersten Person damit überhaupt zu tun hat. Dagegen habe ich den Eindruck, daß sich, *wenn* man den wahrnehmungsbezogenen Externalismus akzeptiert, doch ohne weiteres ein Argument ergibt gegen den auf Sinneswahrnehmung bezogenen globalen Skeptizismus, der nach Auffassung von Descartes, Hume, Russell und zahllosen anderen Autoren eine Antwort verlangt. Burge schreibt:

> Die meisten wahrnehmungsbedingten Repräsentationen werden durch regelmäßige Interaktion mit der Umwelt gebildet und erhalten durch sie ihren Inhalt. Sie stellen das vor, woraus sie normalerweise hervorgehen und worauf sie normalerweise angewandt werden (wobei das Wort »normalerweise« in einem komplexen Sinn zu verstehen ist). Einem Wesen, dessen wahrnehmungsbedingte Repräsentationen sich als Ergebnisse der regelmäßigen Interaktion mit einer physischen Umwelt erklären lassen, eine systematisch verfehlte Wahrnehmung zuzuschreiben, ist sinnlos.[13]

Nun mag es so scheinen, als werde hier *mehr* vorausgesetzt als der bloße Externalismus. Ich sehe aber nicht ein, wieso. Burge betrachtet einen Fall, der in vieler Hinsicht den üblichen Gehirn-im-Tank-Beispielen entspricht, und zeigt, warum ein solches Gehirn (auf lange Sicht) keine grundverkehrte Auf-

12 »Individualism and Self-Knowledge«, S. 655, Anm.

13 »Cartesian Error and the Objectivity of Perception«, S. 131.

fassung von seiner Umwelt haben kann. Diese Argumentation Burges findet meinen Beifall, denn ich selbst habe sie auch schon des öfteren benutzt: Wenn etwas systematisch bestimmte Erfahrungen (oder sprachliche Reaktionen) bewirkt, so ist es dasjenige, wovon diese Gedanken und Äußerungen handeln. Systematische Irrtümer werden damit ausgeschlossen. Wenn es nichts gibt, was systematisch diese Erfahrungen bewirkt, gibt es keinen Inhalt, im Hinblick auf den man sich irren kann. Um ein Selbstzitat anzuführen: »Was einem globalen Skeptizismus bezüglich der Sinne im Wege steht, ist meines Erachtens die Tatsache, daß wir in den klarsten und methodologisch besonders grundlegenden Fällen nicht umhin können, die Gegenstände einer Überzeugung mit den Ursachen dieser Überzeugung gleichzusetzen.«[14] Jeder, der den wahrnehmungsbezogenen Externalismus akzeptiert, weiß, daß er sich nicht systematisch täuschen kann hinsichtlich der Frage, ob es so etwas gibt wie Kühe, Personen, Wasser, Sterne und Kaugummi. Da er weiß, warum das der Fall ist, muß er Situationen, in denen er berechtigt ist zu glauben, daß er Wasser bzw. eine Kuh sieht, als solche erkennen. In den Fällen, in denen er recht hat, weiß er, daß er Wasser bzw. eine Kuh sieht.

Den sozialen Externalismus in der von Burge verfochtenen Form habe ich abgelehnt. Glaube ich deshalb, daß soziale Faktoren beim Externalismus des Geistigen gar keine Rolle spielen? Keineswegs. Ich würde den sozialen Faktor jedoch in einer Weise ins Spiel bringen, die ihn direkt mit dem wahrnehmungsbezogenen Externalismus verknüpft, so daß die Rolle der Gesellschaft im Rahmen des Kausalzusammenhangs angesiedelt wird, der das Wechselspiel zwischen Personen und der übrigen Natur mit umfaßt.

Burge und ich stimmen darin überein, daß die Ursache bestimmter geistiger Zustände von Belang ist für den Inhalt die-

14 Abhandlung 10 im vorliegenden Band.

ser Zustände. Ferner gehen wir darin einig, daß *eine* Art von Fällen besonders wichtig ist. Ein Beispiel hierfür ist die Art und Weise, in welcher der Umstand, daß ein bestimmter geistiger Zustand typischerweise durch das Sehen von Kühen verursacht worden ist, uns zu denken erlaubt: »Da ist eine Kuh«, und dies sogar dann, wenn gar keine Kuh vorhanden ist. Hier ergibt sich jedoch ein Problem: Was den Inhalt derart grundlegender Gedanken bestimmt (sowie das, was wir mit den Worten meinen, die wir zum Ausdruck dieser Gedanken verwenden), ist das, was typischerweise ähnliche Gedanken verursacht hat. Aber was hat sie denn eigentlich verursacht? Hier stehen viele Möglichkeiten zur Auswahl, beispielsweise solche, die in eine Zeit zurückreichen, ehe es überhaupt Kühe gab, oder solche, die räumlich näher an das denkende Subjekt herankommen als irgendeine Kuh. Burge sagt an einer Stelle, daß Ursachen, die der »natürlichen« Ursache vorausgehen oder zwischen der natürlichen Ursache und der geistigen Wirkung kommen (»wie etwa Bündel von Lichtstrahlen, die auf die Netzhaut auftreffen«), die Beschreibung des Inhalts »in bisher noch nie vollständig artikulierter Weise komplizieren« würden.[15] Aber für wen würde sie kompliziert werden? Und von wem ist das nicht artikuliert worden? Natürlich gibt es irgend etwas, was allen diesen auf die Netzhaut auftreffenden Bündeln von Lichtstrahlen gemeinsam ist. Und das gleiche gilt für andere Klassen von Ursachen. Wir Menschen sind es, für die diese Klassifizierungen kompliziert und unmöglich zu artikulieren sind (es sei denn freilich, wir mogeln in einer der vertrauten Weisen). Wir sind es, die Kuherscheinungen mehr oder weniger natürlich bzw. nach minimalem Lernprozeß zusammenklassifizieren. Darüber hinaus bedarf es einer weiteren Klassifikation, um den Gedankengang abzurunden, denn die Klasse der relevanten Ursachen ist ihrerseits durch die Ähnlichkeit der Reaktionen definiert: Wir gruppieren die

15 »Cartesian Error and the Objectivity of Perception«, S. 126f.

Ursachen der sprachlichen und sonstigen Reaktionen einer Person zusammen, weil wir die Reaktionen ähnlich finden. Wie kommt es, daß gerade diese Ähnlichkeiten relevant sind? Wieder liegt die Antwort auf der Hand: Wir selbst sind es, die es natürlich finden und denen es leichtfällt, diese Reaktionen zusammenzuklassifizieren, und zwar aufgrund der (ihrerseits mit der Evolution zusammenhängenden) Art und Weise, wie wir gebaut sind. Wenn es für uns nicht so wäre, hätten wir keinen Grund zu behaupten, daß andere auf dieselben Gegenstände und Ereignisse (also Ursachen) reagieren wie wir selbst. Es mag sein, daß in unserer Welt noch nicht einmal Pflanzen überleben könnten, wenn sie auf Ereignisse und Gegenstände, die nach unserem Urteil ähnlich sind, nicht in gewissem Maße in Weisen reagieren würden, die uns wiederum ähnlich vorkommen. Daß dies für Tiere gilt, ist klar; und es wird natürlich um so offensichtlicher, je ähnlicher uns das jeweilige Tier ist.

Die Identifizierung der Gegenstände des Denkens beruht demnach auf einer sozialen Grundlage. Ohne ein Lebewesen, welches das andere beobachten kann, könnte die Triangulation, durch die den betreffenden Gegenständen ihr Ort in einem öffentlichen Raum zugewiesen wird, nicht stattfinden. Damit meine ich nicht, daß das eine oder andere Wesen durch den Vorgang der wechselseitigen Beobachtung mit dem Begriff der Objektivität ausgerüstet wird; das Vorhandensein von ein oder zwei miteinander und mit einer gemeinsamen Umwelt interagierenden Lebewesen ist bestenfalls eine notwendige Bedingung für einen solchen Begriff. Nur die Kommunikation kann diesen Begriff liefern, denn man muß ein Bewußtsein davon haben, daß wir unsere Gedanken und unsere Welt mit anderen teilen, um über den Begriff der Objektivität zu verfügen sowie über den Begriff von Gegenständen und Ereignissen im Rahmen einer gemeinsamen Welt, mithin von Gegenständen und Ereignissen, deren Eigenschaften und Existenz von unserem Denken unabhängig sind.

Aus diesem Grund können wir die Frage des Inhalts geistiger Zustände meiner Ansicht nach nicht dadurch lösen, daß wir sie vom Standpunkt eines einzigen Wesens betrachten. Dies läßt sich am besten erkennen, wenn man sich überlegt, in welcher Weise eine Person von einer anderen lernt, wie man von gewöhnlichen Dingen spricht und an sie denkt. Überaus vereinfacht formuliert, läßt sich ein Grundaspekt solchen Lernens wie folgt beschreiben: Der Schüler wird – sei es bewußt oder nicht bewußt – belohnt, sobald er in Situationen, die der Lehrer zusammen klassifiziert, mit Geräuschen oder anderen Äußerungen derart reagiert, daß es dem Lehrer angemessen erscheint. Im weiteren Verlauf wird der Schüler durch Situationen, die er instinktiv zusammen einstuft, dazu veranlaßt, ähnliche Geräusche zu äußern. Korrekturen sind hierbei natürlich möglich. Ein Erfolg wird auf der ersten Ebene insoweit errungen, als der Schüler mit Geräuschen, die der Lehrer für ähnlich erachtet, auf Situationen reagiert, die auch der Lehrer für ähnlich erachtet. Der Lehrer reagiert dabei auf zweierlei: auf die äußere Situation sowie auf die Reaktionen des Schülers. Der Schüler reagiert ebenfalls auf zweierlei, nämlich auf die äußere Situation sowie auf die Reaktionen des Lehrers. Diese Beziehungen sind samt und sonders kausaler Art. So wird das unerläßliche Dreieck gebildet, das die Kommunikation über gemeinsame Gegenstände und Ereignisse ermöglicht. Es ist aber ebenfalls dieses Dreieck, das den Inhalt der Worte und Gedanken des Lernenden bestimmt, sobald diese komplex genug werden, um solche Bezeichnungen zu verdienen. Die Rolle, die der Lehrer bei der Bestimmung des Inhalts der Einstellung des Schülers spielt, ist nicht bloß im Sinne des kausalen »Bestimmens« zu verstehen. Der spezifische Aspekt der Ursache der Reaktionen des Schülers ist nicht nur eine Ursache seiner Gedanken, sondern darüber hinaus wird er zu dem den faktischen Inhalt dieser Reaktionen liefernden Aspekt dadurch, daß eben dieser Aspekt der Ursache für Lehrer und Schüler der gleiche ist. Ohne eine solche Gemeinsamkeit zwischen ihnen gäbe es keine Gründe dafür, die eine Ursache der anderen vorzuziehen und sie als die den Inhalt fixierende Ursache auszuwählen. Ein Lebewesen, das nicht kommuniziert, können wir zwar als ein Wesen ansehen, das auf eine objektive Welt reagiert; dagegen sind wir nicht berechtigt, ihm Gedanken über unsere (oder sonst eine) Welt zuzuschreiben.

Damit bin ich wieder beim Thema »Autorität der ersten Person«. Zu Anfang habe ich festgestellt, daß die Autorität der ersten Person zwei eng miteinander zusammenhängende Merkmale aufweist: Das eine ist die Tatsache, daß sie eine Erkenntnis gewährt, die weder auf Folgerungen noch auf Belegen beruht; das andere ist die Asymmetrie zwischen der Art der Erkenntnis des Eigenpsychischen und der Art der Erkenntnis des Fremdpsychischen. So ist es z. B. frappierend, daß Burges Erklärung der Autorität der ersten Person keinen Aufschluß gibt über das Faktum, daß ein und dieselbe Sache – nämlich der Bewußtseinsinhalt einer Person – auch von einer anderen Person erkannt werden kann, wennschon in ganz anderer Weise. Der fehlende Teil der Erklärung wird meines Erachtens nachgetragen, sobald wir einsehen, in welcher Weise der Inhalt geistiger Zustände zum Teil durch die Interaktion mit anderen Personen bestimmt wird. Die Erkenntnis der eigenen Psyche ist an die jeweilige Person gebunden. Doch was den betreffenden Zustand individuiert, macht ihn zugleich den anderen zugänglich, denn individuiert wird dieser Zustand durch das kausale Wechselspiel zwischen drei Elementen: dem denkenden Subjekt, den anderen, mit denen es kommuniziert, und einer objektiven Welt, von der sie wissen, daß sie ihnen gemeinsam ist.

14
Drei Spielarten des Wissens

Meistens weiß ich, was ich denke, wünsche und beabsichtige, und außerdem weiß ich über meine Empfindungen Bescheid. Auch über die mich umgebende Welt weiß ich eine ganze Menge: über den Ort, die Größe und die kausalen Eigenschaften der Gegenstände in dieser Welt. Und manchmal weiß ich, was im Bewußtsein anderer Personen vor sich geht. Jede dieser drei Formen des empirischen Wissens hat ihre spezifischen Merkmale. Was ich über meine eigenen Bewußtseinsinhalte weiß, das weiß ich im allgemeinen, ohne Nachforschungen anzustellen oder mich auf Belege zu stützen. Es gibt zwar Ausnahmen, doch der Vorrang der unmittelbaren Selbstkenntnis wird dadurch bezeugt, daß wir den Ausnahmen mißtrauen, solange sie nicht mit dem Unmittelbaren in Einklang gebracht werden können. Mein Wissen über die Welt außer mir dagegen beruht auf dem Funktionieren meiner Sinnesorgane, und wegen dieser kausalen Abhängigkeit von den Sinnen sind meine Überzeugungen hinsichtlich der natürlichen Welt einer Art von Ungewißheit ausgesetzt, die sich bei den Überzeugungen bezüglich meiner eigenen Bewußtseinszustände nur in seltenen Fällen einstellt. Viele meiner einfachen Wahrnehmungen von Vorgängen in der Welt beruhen nicht auf weiteren Belegen; was ich aufgrund von Wahrnehmung glaube, wird eben direkt durch die Ereignisse und Gegenstände in meiner Umgebung bewirkt. Dagegen ist meine Kenntnis der propositionalen Bewußtseinsinhalte anderer Personen niemals in diesem Sinne unmittelbar. Zu den Gedanken und Werturteilen anderer hätte ich keinen Zugang, wenn ich sie nicht aus ihrem Verhalten erschließen könnte.

Natürlich betreffen alle drei Spielarten des Wissens Aspekte derselben Realität; die Unterschiede zwischen ihnen liegen in der Art des Zugangs zur Realität.

Die Beziehungen zwischen diesen drei Arten des empirischen Wissens stehen schon seit langem – und besonders im Hinblick auf Fragen des begrifflichen Vorrangs – ganz oben auf der Liste der erkenntnistheoretischen Interessen der Philosophen, und diese Beziehungen sind auch das Thema der vorliegenden Arbeit. Viele bekannte Untersuchungen des Problems, wie sich diese drei Arten der Erkenntnis zueinander verhalten, erachten die Selbstkenntnis – vielleicht aufgrund ihrer Unmittelbarkeit und ihrer relativen Gewißheit – für das Primäre und versuchen anschließend, die Erkenntnis der Außenwelt daraus abzuleiten. Der letzte Schritt ist dann der, daß sie die Kenntnis des Fremdpsychischen auf Verhaltensbeobachtung zu gründen versuchen. Das ist allerdings, wie nicht eigens betont werden muß, nicht die einzige Richtung, welche die Ableitung einschlagen kann. Statt dessen läßt man vielleicht die Erkenntnis der Außenwelt – zumindest in einigen ihrer Erscheinungsformen – als grundlegend gelten und bemüht sich, die übrigen Formen des Wissens auf sie zurückzuführen. Die Ausgestaltung solcher reduktionistischen Vorschläge und der Nachweis ihres Mißlingens machen einen großen Teil der philosophiegeschichtlichen Entwicklung von Descartes bis heute aus. Wenn sich viele Philosophen in den letzten Jahren tendenziell von diesen Problemen abgewandt haben, liegt das nicht daran, daß man die Probleme für gelöst hält, sondern daran, daß offenbar nicht mit ihnen zurechtzukommen ist. Daneben besteht freilich auch die wehmütige Hoffnung, die Probleme selbst seien nur Scheinprobleme.
Das kann nicht richtig sein. Es gibt zwingende Gründe für die Anerkennung der Auffassung, daß sich keine dieser drei Erkenntnisformen auf eine der anderen oder beide zurückführen läßt. Hier werde ich meine eigenen Gründe für diese Überzeugung nennen; doch ich meine, daß die Aussichtslosigkeit der Suche nach wirksamen Reduktionsverfahren schon aus der nahezu uneingeschränkten Ablehnung der reduktionistischen Standardprogramme hervorgeht. Ein Tri-

but, den wir der offenkundigen Unmöglichkeit der Vereinigung der drei Erkenntnisarten zollen, ist der Skeptizismus in manchen seiner vertrauten Gestalten: Eine Form des Skeptizismus entsteht aus der Schwierigkeit, unsere Erkenntnis der Außenwelt auf der Grundlage der Erkenntnis des eigenen Bewußtseins zu erklären. Eine andere Form des Skeptizismus geht von der Einsicht aus, daß unsere Kenntnis des Fremdpsychischen nicht ausschließlich in dem bestehen kann, was wir von außen beobachten können. Ein weiterer Tribut, den wir entrichten, ist das Unvermögen, mit dem Leib-Seele-Problem zu Rande zu kommen.
Es ist frappierend, in welchem Maße die Philosophen – darunter auch solche, die sich hinsichtlich der Möglichkeit einer Rechtfertigung von Ansichten über die Außenwelt skeptisch verhalten – diese Zweifel unberücksichtigt lassen, sobald sie sich auf eine Betrachtung des Problems des Fremdpsychischen eingelassen haben. Frappierend ist das deshalb, weil sich dieses letztere Problem überhaupt nur dann stellen kann, wenn Erkenntnis des Verhaltens und folglich Erkenntnis der Außenwelt möglich ist. Werden diese Probleme getrennt, wird dadurch leider die Tatsache verhüllt, daß sie beide auf einer gemeinsamen Voraussetzung beruhen, nämlich auf der Voraussetzung, daß die Wahrheit mit Bezug auf die Überzeugungen, die jemand im Hinblick auf die Welt hegt, logisch unabhängig ist von der Wahrheit eben dieser Überzeugungen. Daß es sich so verhält, erscheint gewiß, denn die Gesamtheit der Überzeugungen und subjektiven Erfahrungen einer Person ist logisch sicher vereinbar mit der Falschheit beliebiger Überzeugungen aus dieser Gesamtheit. Man mag also noch soviel über den Inhalt des eigenen Bewußtseins wissen, die Wahrheit einer bestimmten Überzeugung hinsichtlich der Außenwelt wird dadurch nicht verbürgt. Dabei wirkt sich die logische Unabhängigkeit des Geistigen in der anderen Richtung genauso aus: Egal, wieviel man über die Außenwelt weiß, die Wahrheit über das, was in einem Bewußtsein vor

sich geht, folgt daraus nicht. Wenn es eine logische oder epistemische Schranke gibt zwischen Geist und Natur, hindert sie uns nicht nur daran, hinauszuschauen, sondern sie verstellt auch den Blick von außen nach innen.

Manchmal wird angenommen, wenn man das Problem der Erkenntnis fremder Bewußtseinsinhalte von dem Problem der Erkenntnis beliebiger Sachverhalte außerhalb des eigenen Bewußtseins trenne, sei das Problem der Erkenntnis des Fremdpsychischen gelöst, sobald wir zu der Einsicht gelangen, es gehöre zum Begriff eines geistigen Zustands oder Vorgangs, daß bestimmte Verhaltensformen oder sonstige äußere Zeichen als Indizien gelten für das Vorhandensein eben dieses geistigen Zustands oder Vorgangs. Nun ist es fraglos richtig, daß es zum Begriff des geistigen Zustands oder Vorgangs gehört, daß das Verhalten als Beleg dafür gilt. Unklar ist, inwiefern das eine Antwort auf den Skeptiker ist. Denn das Faktum, daß das Verhalten ein Beleg ist für Bewußtseinsinhalte, liefert keine Erklärung für die Asymmetrie zwischen unserer indirekten Erkenntnis des Fremdpsychischen und unserer direkten Erkenntnis des Eigenpsychischen. Die angebotene Lösung beteuert, daß Verhaltensbelege ausreichen können für die berechtigte Fremdzuschreibung geistiger Zustände, während sie anerkennt, daß solche Indizien für Selbstzuschreibungen der gleichen Zustände im allgemeinen belanglos sind. Wird uns jedoch keine Erklärung dieser verblüffenden Asymmetrie gegeben, sollten wir den Schluß ziehen, daß es hier im Grunde zwei Arten von Begriffen gibt, nämlich mentale Begriffe, die sich auf andere beziehen, und mentale Begriffe, die sich auf uns selbst beziehen. Warum sollten wir glauben, unsere eigenen geistigen Zustände seien denen der anderen im geringsten ähnlich, sofern die Bewußtseinszustände der anderen nur durch ihre Verhaltensbekundungen und durch sonstige äußere Manifestationen erkannt werden, während dies auf unsere eigenen psychischen Zustände nicht zutrifft? Außerdem könnten wir uns fragen, warum wir im Hinblick auf das Problem unserer Erkenntnis der Außenwelt nicht eine ähnliche Lösung gelten lassen sollten, wenn diese Antwort auf die Frage nach der Erkenntnis des Fremdpsychischen zufriedenstellend ist. Daß diese Erwiderung auf den allgemeinen Skeptizismus inakzeptabel ist, wird jedoch weithin anerkannt. Machen wir einen Unterschied zwischen diesen Problemen, weil wir annehmen, daß wir zur Außenwelt zwar keinen anderen Zugang als durch die Erfahrung haben, aber dennoch imstande sind, eine verständliche Extrapolation hinsichtlich der Bewußtseinszustände der anderen vorzunehmen, weil wir im eigenen Fall Zugang zu derartigen Zuständen haben? Doch mit dieser Annahme wird eine Petitio principii begangen, denn sie setzt ohne Begründung voraus, daß das, was wir die geistigen Zustände anderer nennen, dem gleicht, was wir in uns selbst als geistige Zustände ausmachen.

Ich bin diese Probleme und Verwirrungen nochmals durchgegangen, weil ich zunächst einmal die offenbare Seltsamkeit des Faktums hervorheben will, daß wir über drei verschiedene, nicht aufeinander zurückführbare Spielarten empirischer Erkenntnis verfügen. Wir brauchen ein Gesamtbild, das nicht nur alle drei Arten des Wissens unter Dach und Fach bringt, sondern außerdem ihre wechselseitigen Beziehungen verständlich macht. Daß uns ein und dieselbe Welt in drei derart verschiedenen Weisen bekannt ist, sollte uns ohne ein solches Gesamtbild völlig rätselhaft bleiben. Zweitens ist es auch wesentlich, Einblick zu bekommen in das Ausmaß, in dem Probleme, die normalerweise einzeln behandelt worden sind, untereinander zusammenhängen. Es sind drei Grundprobleme, die sich hier stellen: Wie kann ein Geist die natürliche Welt erkennen? Wie ist es einem Geist möglich, einen anderen zu erkennen? Und wie ist es möglich, den eigenen Bewußtseinsinhalt zu erkennen, ohne auf Beobachtung oder Belege zurückzugreifen? Ich werde geltend machen, daß es verfehlt ist anzunehmen, diese drei Fragen ließen sich auf zwei reduzieren oder isoliert voneinander behandeln.

Bei dem Versuch, uns ein Bild von den Beziehungen zwischen diesen drei Arten des Wissens zu machen, müssen wir weit mehr leisten als: zeigen, *daß* sie sich nicht aufeinander zurückführen lassen; wir müssen einsehen, *warum* sie nicht aufeinander zurückgeführt werden können. Dazu gehört wiederum, daß man die jeweilige begriffliche Rolle, die von jeder dieser Erkenntnisformen gespielt wird, deutlich macht und zeigt, warum jede dieser drei Erkenntnisarten unentbehrlich ist – warum wir nicht ohne sie auskommen könnten. Freilich, wenn ich recht habe mit meiner Behauptung, daß jede der drei Spielarten des empirischen Wissens unentbehrlich ist, muß der Skeptizismus bezüglich der Sinne ebenso verworfen werden wie der Skeptizismus bezüglich des Fremdpsychischen. Denn der an Descartes oder Hume orientierte Skeptiker hinsichtlich der Außenwelt meint, es sei nur allzu offensichtlich, daß wir ohne eine Erkenntnis der natürlichen Welt auskommen können – was wir über unser eigenes Bewußtsein wissen, sei unabhängig und womöglich schon die gesamte Erkenntnis, über die wir verfügen. Der Skeptiker hinsichtlich des Fremdpsychischen ist nicht minder überzeugt, daß wir ohne Kenntnis des Bewußtseins anderer Personen auskommen können – dies müsse möglich sein, wenn wir nie gewiß sein können, ob wir dergleichen überhaupt besitzen.

Zunächst mag es so aussehen, als könnten wir bequem ohne Formulierungen auskommen, die zur Äußerung unserer Überzeugungen hinsichtlich fremder und eigener Bewußtseinszustände dienen. Vorstellbar ist es vermutlich, doch die Problematik, um die es mir hier geht, ist in erster Linie keine sprachliche, sondern eine epistemische. Bei dieser epistemischen Frage geht es darum, ob wir ohne die Erkenntnis unseres eigenen Bewußtseins und des Bewußtseins anderer auskommen könnten. Ich werde geltend machen, daß es nicht möglich ist. Wir wären außerstande, ohne eine Möglichkeit der Äußerung – und mithin der Mitteilung – unserer Gedanken über die natürliche Welt auszukommen. Aber wenn solche Äußerungen und Mitteilungen möglich sind, ist der Übergang zu der weiteren Möglichkeit, Gedanken zuzuschreiben, verhältnismäßig unkompliziert, und es wäre erstaunlich, wenn dieser Schritt nicht getan würde. Mit Bezug auf unsere eigenen Gedanken handelt es sich lediglich um den Übergang von der behauptenden Äußerung »Schnee ist weiß« zu der behauptenden Äußerung »Ich glaube, daß Schnee weiß ist«. Die Wahrheitsbedingungen dieser Behauptungen sind zwar nicht dieselben, doch jeder, der die erste Behauptung versteht, kennt die Wahrheitsbedingungen der zweiten, selbst wenn er seinerseits nicht in der Lage ist, einen Satz mit diesen Wahrheitsbedingungen zu bilden. Das liegt daran, daß jeder, der sprachliche Äußerungen versteht, Behauptungen als solche erkennen kann und weiß, daß sich jemand, der eine Behauptung von sich gibt, als jemand darstellt, der glaubt, was er sagt. Ebenso gilt, daß jemand, der zu Schmitz sagt, Schnee sei weiß, die Wahrheitsbedingungen von »Schmitz glaubt, daß Schnee weiß ist« kennt (selbst wenn er weder Deutsch kann noch über ein Verfahren verfügt, um zum Ausdruck zu bringen, was er glaubt).

Glauben ist eine Bedingung des Wissens. Aber um etwas zu glauben, d. h. um von etwas überzeugt zu sein, reicht es nicht, verschiedene Aspekte der Welt auseinanderzuhalten und sich in verschiedenen Situationen verschieden zu verhalten. Dergleichen tun auch die Schnecke oder das Immergrün. Um etwas zu glauben, ist außerdem erforderlich, daß man den Gegensatz zwischen wahrer und falscher Überzeugung, zwischen Erscheinung und Wirklichkeit, zwischen bloßem Schein und Sein zu beurteilen vermag. Wir für unser Teil können natürlich sagen, die Sonnenblume mache einen Fehler, wenn sie sich zu einem künstlichen Licht hinneigt, als wäre es die Sonne, aber wir nehmen nicht an, die Sonnenblume könne denken, sie habe einen Fehler gemacht, und daher schreiben wir der Sonnenblume keine Überzeugung zu. Jemand, der eine Überzeugung mit Bezug auf die Welt – oder mit Bezug auf sonst etwas – hegt, muß den Begriff der objektiven Wahrheit erfassen, also den Begriff dessen, was unabhängig von seinen eigenen Gedanken der Fall ist. Daher müssen wir hier die Frage nach der Quelle des Wahrheitsbegriffs stellen.

Es war Wittgenstein, der uns auf die Fährte der einzig möglichen Antwort auf diese Frage gebracht hat, einerlei, ob seine Problemstellung so umfassend war wie die unsere, und einerlei, ob er es für möglich hielt oder nicht, philosophische Probleme wirklich zu lösen. Die Quelle des Begriffs der objektiven Wahrheit ist die Kommunikation zwischen verschiedenen Personen. Denken ist abhängig von Kommunikation. Das folgt unmittelbar, wenn wir annehmen, daß die Sprache wesentlich ist für das Denken, und wenn wir mit Wittgenstein einig gehen in der Ansicht, daß es keine private Sprache geben kann.[1] Das Hauptargument gegen private Sprachen besagt, daß es, sofern eine Sprache nicht etwas Gemeinsames ist, keine Möglichkeit gibt, zwischen richtigem und unrichtigem Gebrauch der Sprache zu unterscheiden. Nur die Verständigung mit einem anderen kann eine objektive Prüfung ermöglichen. Und wenn nur die Kommunikation eine Prüfung des richtigen Gebrauchs der Worte ermöglichen kann, ist, wie ich jedenfalls behaupten möchte, nur die Kommunikation dazu imstande, auch in anderen Bereichen einen Maßstab der Ob-

1 Natürlich kann es einen privaten Code geben, der auf einer öffentlich gelernten Sprache basiert. Ich habe keine Ahnung, wie umfassend Wittgenstein seine These bezüglich der privaten Sprache interpretiert wissen wollte. Es mag sein, daß er die Anwendung seines Arguments auf diejenigen Begriffe beschränken wollte, die notwendig privat sind. Ich bin jedoch, ebenso wie Saul Kripke, der Ansicht, daß das Argument ganz generell für die Sprache überhaupt gilt und damit (wie ich sagen würde) für alles propositionale Denken. (Siehe Saul Kripke, *Wittgenstein on Rules and Private Language*.) Nun akzeptiere ich zwar die Vorstellung, Kommunikation sei die Quelle der Objektivität, aber andererseits bin ich nicht der Auffassung, Kommunikation beruhe darauf, daß die Sprecher die gleichen Wörter benutzen, um die gleichen Gedanken zum Ausdruck zu bringen.

jektivität zu liefern. Wir haben keinen Grund, einem Lebewesen die Unterscheidung zwischen dem, wovon man glaubt, daß es der Fall sei, und dem, was wirklich der Fall ist, zuzuschreiben, es sei denn, dieses Lebewesen verfügt über den durch eine gemeinsame Sprache bereitgestellten Maßstab. Und ohne diese Unterscheidung gibt es nichts, was eindeutig als Gedanke bezeichnet werden kann.

Was dem Sprecher und dem Interpreten des Sprechers bei der Kommunikation gemeinsam sein muß, ist die Auffassung dessen, was der Sprecher mit dem meint, was er sagt. Wie ist das möglich? Es wäre günstig, wenn wir anzugeben vermöchten, wie die Sprache zunächst überhaupt entstanden ist, oder wenn wir immerhin erklären könnten, wie der einzelne seine Muttersprache lernt, sofern andere in seiner Umgebung schon eine Sprache beherrschen. Was wir ohne solches Wissen bzw. ohne eine solche Erklärung statt dessen tun können, ist, die Frage aufzuwerfen, wie es einem kompetenten (also mit den angemessenen begrifflichen Mitteln versehenen und die eigene Sprache beherrschenden) Interpreten gelingt, den Sprecher einer fremden Sprache zu verstehen. Eine Antwort auf diese Frage kann Aufschluß geben über wesentliche Merkmale der Kommunikation und wird indirektes Licht werfen auf jene Faktoren, die einen ersten Einstieg in die Sprache ermöglichen.

Der unerschrockene Interpret, der sich ohne zweisprachige Eselsbrücke an die Arbeit macht, ist bestrebt, den Äußerungen des Sprechers einen propositionalen Gehalt zuzuordnen. Im Grunde ordnet er jedem der Sätze des Sprechers einen seiner eigenen Sätze zu. Insoweit der Interpret einwandfrei vorgeht, liefern seine Sätze die Wahrheitsbedingungen der Sätze des Sprechers und sorgen damit für die Basis einer Interpretation der Äußerungen des Sprechers. Unter dem Ergebnis kann man sich eine seitens des Interpreten vorgenommene rekursive Kennzeichnung der Wahrheit der Sätze – und damit der potentiellen Äußerungen – des Sprechers vorstellen.

Die propositionalen Einstellungen einer anderen Person kann der Interpret nicht unmittelbar beobachten: Überzeugungen, Wünsche und Absichten – einschließlich derjenigen Absichten, welche zum Teil die Bedeutungen von Äußerungen bestimmen – sind für das bloße Auge nicht sichtbar. Der Interpret kann jedoch auf die äußeren Anzeichen dieser Einstellungen achten, und zu diesen Anzeichen gehören auch Äußerungen. Da wir solchen Anzeichen entnehmen können, was ein Akteur denkt und meint, muß es eine verständliche Beziehung zwischen Indizien und Einstellung geben. Wie überbrücken wir diese Kluft? Mir ist nur eine einzige Möglichkeit bekannt: Ziemlich häufig kann der Interpret wahrnehmen, daß der Akteur zu einem vom Interpreten wahrgenommenen Gegenstand oder Ereignis eine bestimmte Einstellung hat. Wenn der Interpret in dieser Weise die Einstellungen einer anderen Person direkt *individuieren* könnte, wäre das Problem zwar gelöst, aber es ginge nur unter der Voraussetzung, daß der Interpret Gedanken lesen kann. Dagegen beginge man keine Petitio principii, wenn man annähme, daß der Interpret eine oder mehrere nichtindividuierende Einstellungen ermitteln kann. Beispiele für die speziellen Einstellungen, die mir hier vorschweben, sind die folgenden: einen Satz zu einem bestimmten Zeitpunkt für wahr halten; wollen, daß ein Satz wahr sei; oder die Wahrheit des einen Satzes der Wahrheit eines anderen Satzes vorziehen. Die Annahme, daß sich solche Einstellungen ausfindig machen lassen, enthält keine Vorentscheidung hinsichtlich der Frage, wie wir den Einstellungen Inhalt verleihen, denn eine Beziehung wie die des Fürwahrhaltens, welche zwischen einem Sprecher und einer Äußerung besteht, ist eine extensionale Beziehung, deren Bestehen bekannt sein kann, ohne daß man weiß, was der Satz bedeutet. Diese Einstellungen sind nichtindividuativ, denn obwohl sie ihrem Wesen nach etwas Psychisches sind, unterscheiden sie nicht zwischen den verschiedenen propositionalen Inhalten, die von verschiedenen Äußerungen zum Ausdruck gebracht werden.

Quine hat sich in seinem Buch *Word and Object* auf die nicht-individuative Einstellung der *herbeigeführten Zustimmung* berufen. Da die Zustimmung zu einer Äußerung oder das Fürwahrhalten eines Satzes teils auf die eigenen Überzeugungen und teils auf die Bedeutung der Äußerung oder des Satzes in der betreffenden Sprache zurückgehen, bestand Quines Problem darin, diese beiden Elemente auf der Basis von Belegen auseinanderzuhalten, die ihren Einfluß miteinander verbinden. Wenn die Trennung gelingt, ist das Resultat eine auf diesen Sprecher bezogene Theorie seiner Überzeugungen sowie dessen, was er meint, denn sie muß eine Interpretation der Äußerungen dieses Sprechers liefern. Und wenn man sowohl weiß, daß der Sprecher einer Äußerung zustimmt, als auch weiß, was diese Äußerung aus seinem Munde bedeutet, dann weiß man auch, was er glaubt.

Der Prozeß der Trennung von Bedeutung und Meinung beruft sich auf zwei Schlüsselprinzipien, die anwendbar sein müssen, wenn der Sprecher interpretiert werden kann, nämlich auf das Kohärenzprinzip und das Korrespondenzprinzip. Durch das Kohärenzprinzip wird der Interpret dazu veranlaßt, im Denken des Sprechers einen gewissen Grad an logischer Konsistenz ausfindig zu machen, während er durch das Korrespondenzprinzip veranlaßt wird, den Sprecher so aufzufassen, als reagiere er auf die gleichen Merkmale der Welt, auf die auch er selbst (also der Interpret) unter ähnlichen Umständen reagieren würde. Beide Prinzipien können als Prinzipien der Nachsichtigkeit oder der wohlwollenden Interpretation bezeichnet werden (und sind tatsächlich als solche bezeichnet worden): Das eine Prinzip unterstellt dem Sprecher ein Quentchen Logik, während ihn das andere mit einem gewissen Grad an wahren Meinungen über die Welt ausstattet. Eine erfolgreiche Interpretation kann gar nicht umhin, auf seiten des Interpretierten eine gewisse Basisrationalität vorauszusetzen. Aus dem Wesen der richtigen Interpretation folgt, daß ein interpersoneller Maßstab der Konsistenz und der Tatsachenentsprechung sowohl für den Sprecher als auch für seinen Interpreten, sowohl für ihre Äußerungen als auch für ihre Überzeugungen gilt.

Nun drängen sich zwei Fragen auf. Die erste lautet: Warum sollte ein interpersoneller Maßstab ein objektiver Maßstab sein? Das heißt, warum sollte das, worin die Leute übereinstimmen, wahr sein? Die zweite Frage lautet: Selbst wenn es zutrifft, daß die Kommunikation einen objektiven Wahrheitsmaßstab voraussetzt, warum sollte das die einzige Möglichkeit sein, einen solchen Maßstab zu etablieren?

Folgendes ist eine Möglichkeit, auf diese Fragen zu antworten: Alle Lebewesen klassifizieren Gegenstände und Aspekte der Welt in dem Sinne, daß sie manche Reize als in höherem Maße ähnlich behandeln als andere Reize. Das Kriterium für derartiges Klassifizierungshandeln ist Ähnlichkeit des Reagierens. Diese Verhaltensmuster lassen sich zweifellos durch die Evolution und durch anschließende Lernprozesse erklären. Doch von welchem Standpunkt aus können sie als Muster bezeichnet werden? Das Kriterium, auf dessen Grundlage von einem Lebewesen gesagt werden kann, es behandele gewisse Reize als ähnlich – als zu einer Klasse gehörig –, ist die Ähnlichkeit der Reaktionen des betreffenden Lebewesens auf diese Reize. Doch welches ist das Kriterium der Ähnlichkeit dieser Reaktionen? *Dieses* Kriterium läßt sich nicht mehr aus den Reaktionen des betreffenden Lebewesens ableiten, sondern es kann sich nur aus den Reaktionen eines Beobachters auf die Reaktionen dieses Lebewesens ergeben. Und erst dann, wenn der Beobachter bewußt eine Beziehung herstellt zwischen den Reaktionen eines anderen Lebewesens und Gegenständen und Ereignissen in der Welt des Beobachters, gibt es eine Grundlage für die Behauptung, das betreffende Lebewesen reagiere auf diese Gegenstände oder Ereignisse (und nicht etwa auf andere Gegenstände oder Ereignisse). Wir als prospektive Interpreten des Sprachverhaltens des Sprechers einer fremden Sprache gruppieren verschiedene Äußerungen des Sprechers zusammen: »Mutter«, »Schnee« und »Tisch« klingen, wenn sie als Einwortsätze wiederholt werden, ähnlich, sofern wir richtig eingestimmt sind. Sobald wir in der Welt Arten von Gegenständen oder Ereignissen ausfindig machen, die wir zu den Äußerungen eines Sprechers in Beziehung setzen können, sind wir auf dem besten Wege, Sprachverhalten in seiner schlichtesten Form zu interpretieren.

Wenn wir jemanden eine Sprache lehren, wird die Situation komplexer, aber so wird auch ihre Interpersonalität deutlicher. Grundlegend scheint hier folgendes zu sein: Ein Beobachter findet im Sprachverhalten seines Gewährsmanns eine Regelmäßigkeit (bzw. der Lehrer bringt dem Schüler eine solche Regelmäßigkeit bei), und diese Regelmäßigkeit kann er zu Ereignissen und Gegenständen in der Umwelt in Beziehung setzen. Soweit kann sich das natürlich abspielen, ohne daß auf seiten des Beobachteten ausgewachsene Gedanken gegeben wären, doch es ist eine notwendige Bedingung dafür, daß man dem Beobachteten Gedanken und gemeinte Bedeutungen zuschreiben kann. Denn ehe das Dreieck, welches zwei Lebewesen untereinander und jedes dieser Lebewesen mit gemeinsamen Merkmalen der Welt verbindet, abgeschlossen ist, kann es keine Antwort geben auf die Frage, ob jemand beim Unterscheiden verschiedener Reize solche auseinanderhält, die sich an den Oberflächen der Sinnesorgane befinden, oder solche, die sich weiter draußen oder weiter drinnen befinden. Ohne diese Gemeinsamkeit der Reaktionen auf gemeinsame Reize hätten Denken und Reden keinen spezifischen Inhalt – das heißt, sie hätten gar keinen Inhalt. Um der Ursache eines Gedankens einen Ort zuzuschreiben und so seinen Inhalt zu bestimmen, sind zwei Standpunkte nötig. Unter diesem Vorgang können wir uns eine Art Triangulation vorstellen: Jede der beiden Personen reagiert unterschiedlich auf Sinnesreize, die aus einer bestimmten Richtung heranströmen. Projizieren wir die herankommenden Linien nach außen, ist ihr Schnittpunkt die gemeinsame Ursache. Bemerken die beiden Personen nun die Reaktionen des jeweils anderen (im Fall der Sprache: die verbalen Reaktionen), kann jeder von ihnen diese beobachteten Reaktionen zu den eigenen, von der Welt herkommenden Reizen in Beziehung setzen. Damit ist eine gemeinsame Ursache bestimmt. Das Dreieck, das dem Denken und Sprechen Inhalt verleiht, ist abgeschlossen. Aber um eine Triangulation vorzunehmen, muß man zu zweit sein.

Ehe durch Kommunikation mit einem anderen eine Grundlinie festgelegt ist, ist es witzlos zu sagen, die eigenen Gedanken oder Worte hätten einen propositionalen Inhalt. Und wenn dem so ist, dann liegt es auf der Hand, daß die Erkenntnis des Fremdpsychischen wesentlich ist für alles Denken und für alles Wissen. Erkenntnis eines fremden Bewußtseins ist jedoch nur möglich, wenn man etwas über die Welt weiß, denn es ist eine Bedingung der für das Denken unerläßlichen Triangulation, daß diejenigen, die miteinander kommunizieren, einsehen, daß sie ihre Standpunkte in einer gemeinsamen Welt einnehmen. Daher sind die Erkenntnis des Fremdpsychischen und die Erkenntnis der Welt wechselseitig abhängig; keine dieser beiden Formen des Wissens ist möglich ohne die andere. Bestimmt hat Ayer recht, wenn er meint: »Erst mit dem Gebrauch der Sprache ist es soweit, daß Wahrheit und Irrtum, Gewißheit und Ungewißheit zur Gänze in Erscheinung treten.«[2]

Ohne die übrigen Formen des Wissens ist es nicht möglich, etwas über den propositionalen Inhalt des eigenen Bewußtseins zu wissen, denn ohne Kommunikation ist propositionales Denken ausgeschlossen. Außerdem sind wir außerstande, anderen Personen Gedanken zuzuschreiben, es sei denn, wir wissen, was wir selbst denken, denn die Fremdzuschreibung von Gedanken ist davon abhängig, daß man das sprachliche und sonstige Verhalten anderer Personen auf die eigenen Propositionen oder Bedeutung tragenden Sätze abbildet. Kennt-

2 A. J. Ayer, *The Problem of Knowledge*, S. 54.

nis des eigenen Bewußtseins und Wissen über Fremdpsychisches sind also wechselseitig voneinander abhängig.

Nunmehr sollte klar sein, woran es liegt, daß unsere Sicht der Welt, was ihre offensichtlichsten Merkmale betrifft, weitgehend richtig ist. Der Grund ist, daß die Reize, die unsere grundlegendsten sprachlichen Reaktionen auslösen, zugleich die Bedeutung dieser sprachlichen Reaktionen und den Inhalt der mit ihnen einhergehenden Überzeugungen bestimmen. Die Artung der richtigen Interpretation gewährleistet nicht nur, daß eine große Anzahl unserer einfachsten Überzeugungen wahr ist, sondern auch, daß die Beschaffenheit dieser Überzeugungen anderen bekannt ist. Freilich gibt es viele Überzeugungen, denen durch ihre Beziehungen zu sonstigen Überzeugungen Inhalt verliehen wird oder die durch irreführende Empfindungen verursacht worden sind. Von jeder einzelnen Überzeugung bzw. jeder einzelnen Überzeugungsmenge, die sich auf die uns umgebende Welt bezieht, gilt, daß sie falsch sein kann. Dagegen kann es nicht der Fall sein, daß unser allgemeines Bild der Welt und unserer Stellung in ihr verfehlt ist, denn es ist dieses Bild, das unsere übrigen – sei es wahren oder falschen – Überzeugungen prägt und verständlich macht.

Die Annahme, daß die Wahrheit dessen, was wir glauben, logisch unabhängig sei von dem, was wir glauben, erweist sich somit als mehrdeutig. Jede einzelne Überzeugung kann zwar tatsächlich falsch sein, doch am Rahmen und Gefüge unserer Überzeugungen muß genug Wahres daran sein, um dem Übrigen Inhalt zu verleihen. Die begrifflichen Zusammenhänge zwischen unserer Erkenntnis des eigenen Bewußtseins und unserer Erkenntnis der natürlichen Welt sind nicht definitionsbedingt, sondern holistisch. Das gleiche gilt auch für die begrifflichen Zusammenhänge zwischen unserer Verhaltenskenntnis und unserem Wissen über Fremdpsychisches.

Es gibt demnach keine logischen oder epistemischen »Schranken« zwischen den drei Spielarten des Wissens. Andererseits zeigt schon die Weise, in der jede einzelne von den jeweils anderen abhängt, warum keine von ihnen eliminiert oder auf die anderen zurückgeführt werden kann.

Wie oben bereits angemerkt, können wir uns vorstellen, daß ein Interpret, der einen Sprecher verstehen will, eigene Sätze auf die Äußerungen und geistigen Zustände des Sprechers abbildet. Durch die Gesamtheit der dem Interpreten zur Verfügung stehenden Belege wird keine eindeutige Wahrheitstheorie für einen bestimmten Sprecher festgelegt, was nicht bloß daran liegt, daß die Zahl der faktisch verfügbaren Belege endlich ist, während sich aus der Theorie unendlich viele überprüfbare Konsequenzen ergeben, sondern daran, daß selbst alle möglichen Belege nicht ausreichen, um die Zahl der akzeptablen Theorien auf eine einzige zu beschränken. Im Hinblick auf die Reichhaltigkeit der Struktur, die von der Menge der eigenen Sätze repräsentiert wird, und die Beschaffenheit der Verbindungen zwischen den Elementen dieser Menge und der Welt sollten wir nicht überrascht sein, wenn es eine Vielzahl von Möglichkeiten gibt, den Sätzen und Gedanken eines anderen unsere eigenen Sätze derart zuzuordnen, daß alles Signifikante erfaßt wird.

Es besteht eine Ähnlichkeit zwischen dieser Sachlage und dem Messen von Gewichten oder Temperaturen durch die Zuordnung von Zahlen zu Gegenständen. Auch unter der Voraussetzung, es seien keine Meßfehler gemacht und alle möglichen Beobachtungen seien angestellt worden, ist eine Zuordnung von Zahlen zu Gegenständen, die deren Gewicht festhält, nicht die einzig mögliche: Ist eine derartige Zuordnung gegeben, läßt sich eine andere herstellen, indem man alle Zahlen mit einer beliebigen positiven Konstante multipliziert. Im Fall einer normalen (nicht absoluten) Temperatur läßt sich jede richtige Zahlenzuordnung durch lineare Transformation in eine andere verwandeln. Da es viele verschiedene, aber in gleichem Maße akzeptable Möglichkeiten gibt, einen Akteur zu interpretieren, können wir, wenn uns daran liegt, sagen, die

Interpretation oder Übersetzung sei unbestimmt bzw. es gebe keine einschlägigen Tatbestände hinsichtlich dessen, was jemand mit seinen Worten meint. In der gleichen Manier könnten wir auch von der Unbestimmtheit des Gewichts oder der Temperatur reden. Aber normalerweise akzentuieren wir das Positive, indem wir klarstellen, was von einer Zahlenzuordnung zur nächsten invariant bleibt, denn das Invariante ist das empirisch Signifikante. Das Invariante ist eben der einschlägige Tatbestand. Wir können es uns erlauben, das Übersetzen und den Inhalt der mentalen Zustände im gleichen Licht zu betrachten.[3]

Früher habe ich geglaubt, die Unbestimmtheit der Übersetzung liefere einen Grund für die Annahme, es gebe keine strikten Gesetze, von denen Begriffe für Geistiges und Begriffe für Physisches miteinander verbunden werden, und untermaure daher die These, wonach sich Begriffe für Geistiges nicht einmal nomologisch auf physikalische Begriffe zurückführen lassen. Da habe ich mich geirrt: Die Unbestimmtheit stellt sich in beiden Bereichen ein. Doch im Fall des Psychischen besteht eine Quelle der Unbestimmtheit darin, daß die Linie zwischen empirischer Wahrheit und bedeutungsbedingter Wahrheit mit Hilfe von Verhaltensgründen nicht generell klar definiert werden kann. Und wenn es darum geht, das von Sprechern Gemeinte zu bestimmen, verfügen wir über nichts weiter als Verhaltensgründe. Dies ist der Punkt, an dem der irreduzible Unterschied zwischen Begriffen für Geistiges und Begriffen für Physisches zum Vorschein zu kommen beginnt. Zumindest insoweit die ersteren ihrem Wesen nach intentionale Begriffe sind, verlangen sie vom Interpreten, daß er sich überlegt, wie das interpretierte Lebewesen als ein verstehbares dargestellt werden kann, das heißt: als ein vernunftbegabtes Wesen. Daraus ergibt sich, daß

3 Hier akzeptiere ich Quines These der Übersetzungsunbestimmtheit und erweitere ihren Geltungsbereich auf die Interpretation des Denkens im allgemeinen. Der Vergleich mit dem Messen stammt von mir selbst.

der Interpret intendierte Bedeutung und Meinung zum Teil anhand normativer Gründe auseinanderhalten muß, indem er entscheidet, wodurch – von seinem eigenen Standpunkt gesehen – die Verständlichkeit maximiert wird. Bei diesem Unterfangen kann sich der Interpret natürlich auf keine anderen Rationalitätsmaßstäbe verlassen als die eigenen. Wenn wir als Physiker den Versuch machen, die Welt zu verstehen, bedienen wir uns notwendig unserer eigenen Normen, doch es geht uns nicht darum, in den Phänomenen Rationalität ausfindig zu machen.

Inwiefern steht das normative Element der mentalen Begriffe ihrer Zurückführung auf physikalische Begriffe im Wege? Daß eine definitorische Zurückführung hier nicht zur Debatte steht, liegt vielleicht auf der Hand. Aber wieso kann es keine Gesetze – keine strikten Gesetze – geben, von denen jedes geistige Ereignis oder jeder geistige Zustand mit Ereignissen oder Zuständen in Verbindung gebracht wird, die ihrerseits mit Hilfe des Vokabulars einer fortgeschrittenen physikalischen Theorie beschrieben werden? Als ich vor etwa zwanzig Jahren über dieses Thema schrieb, lief meine These im Grunde darauf hinaus, daß nur dann Aussicht auf strikte Verknüpfungsgesetze bestehe, wenn die durch die Gesetze verbundenen Begriffe auf Kriterien derselben Art basierten, und daher könne ein striktes Gesetz keine normativen Begriffe mit nichtnormativen verbinden.[4] Soweit diese Antwort reicht, scheint sie mir immer noch zuzutreffen, doch es ist verständlich, daß sie von manchen Kritikern nicht für zwingend erachtet wird. Jetzt möchte ich einige zusätzliche Überlegungen ins Feld führen.

Eine weitere Erwägung ist die folgende: Strikte Gesetze verwenden keine kausalen Begriffe, während die meisten, wenn nicht alle mentalen Begriffe irreduzibel kausal sind. Eine in gewisser Weise beschriebene Handlung z. B. muß sich als ab-

4 Siehe meinen Aufsatz »Geistige Ereignisse«, Abhandlung 11 in *Handlung und Ereignis.*

sichtliche erweisen, doch eine Handlung ist nur dann absichtlich, wenn sie durch geistige Faktoren wie Überzeugungen und Wünsche bewirkt wird. Überzeugungen und Wünsche werden zum Teil durch Handlungen der Art identifiziert, die sie gegebenenfalls unter angemessenen Bedingungen zu bewirken neigen. Viele Begriffe, die in Erklärungen des gesunden Menschenverstands vorkommen, sind in dieser Weise kausal. Ein Unfall wurde dadurch verursacht, daß die Straße glitschig war; etwas ist glitschig, wenn es bewirkt, daß die entsprechenden Gegenstände unter den entsprechenden Umständen ins Rutschen geraten. Warum der Flügel eines Flugzeugs nicht zerbricht, wenn er sich biegt, erklären wir durch den Hinweis, daß er aus elastischen Materialien hergestellt wurde; und ein Material ist elastisch, wenn etwas daran ist, wodurch unter den geeigneten Bedingungen bewirkt wird, daß es nach Deformationen wieder zu seiner ursprünglichen Gestalt zurückkehrt. Es gibt zwei Gründe, weshalb sich derartige Erklärungen nicht weiter präzisieren lassen: Wir sind nicht imstande, genau auszubuchstabieren, wann die Umstände geeignet sind, und die Berufung auf Kausalität verhüllt einen Teil dessen, was eine regelrechte Erklärung an den Tag bringen würde. Beschreibungen von Gegenständen, Zuständen und Ereignissen, die erforderlich sind, um strikte, keine Ausnahme duldende Gesetze zu exemplifizieren, enthalten keine kausalen Begriffe. (Womit nicht gesagt sein soll, daß Gesetze, welche nur nichtkausale Begriffe enthalten, keine Kausalgesetze sind.)

Im Falle kausaler Eigenschaften wie Elastizität, Glitschigkeit, Dehnbarkeit oder Löslichkeit sind wir – sei es zu Recht oder zu Unrecht – anzunehmen geneigt, daß das, was sie unerklärt lassen, durch den Fortschritt der Wissenschaft erklärt werden kann (oder schon erklärt worden ist). Ließen wir den Begriff der Elastizität fallen und ersetzten ihn durch eine Angabe der Mikrostruktur der die ursprüngliche Gestalt wiederherstellenden Materialien des bestimmten Kräften ausgesetzten

Flugzeugflügels, so würden wir damit nicht das Thema wechseln. Mentale Begriffe und Erklärungen verhalten sich nicht so. Sie berufen sich auf Kausalität, weil sie – ebenso wie der Kausalitätsbegriff selbst – so angelegt sind, aus der Gesamtheit von Umständen, deren Zusammenwirken ein bestimmtes Ereignis verursacht, genau diejenigen auszusondern, die ein bestimmtes Erklärungsinteresse befriedigen. Wenn wir eine Handlung erklären möchten, wollen wir die Gründe des Akteurs kennen, so daß wir auch unsererseits sehen können, welches Merkmal der Handlung den Akteur gereizt hat. Es wäre jedoch töricht anzunehmen, es gebe strikte Gesetze, die festsetzen, daß der Akteur jedesmal, wenn er bestimmte Gründe hat, eine gewisse Handlung vollziehen wird.

Die normativen und die kausalen Eigenschaften mentaler Begriffe hängen miteinander zusammen. Nähmen wir psychologischen Erklärungen den normativen Aspekt, würden sie nicht mehr den Zwecken dienen, denen sie jetzt gerecht werden. Wir interessieren uns so stark für Handlungsgründe und Meinungsänderungen, daß wir bereit sind, uns mit Erklärungen abzufinden, die mit den Gesetzen der Physik nicht vollkommen in Übereinstimmung gebracht werden können. Die Physik dagegen hat es auf Gesetze abgesehen, die so vollständig und präzis sind wie nur möglich – sie hat also eine andere Zielsetzung. Das kausale Element, das in mentalen Begriffen enthalten ist, trägt dazu bei, die Präzision, die ihnen abgeht, auszugleichen: Es gehört zum Begriff der absichtlichen Handlung, daß sie durch Überzeugungen und Wünsche bewirkt und erklärt wird; es gehört zum Begriff der Überzeugung bzw. zum Begriff des Wunsches, daß Überzeugungen und Wünsche tendenziell Handlungen bestimmter Arten verursachen und somit erklären.

Vieles von dem, was ich über die Merkmale gesagt habe, die mentale Begriffe von den Begriffen einer fortgeschrittenen physikalischen Theorie unterscheiden, ließe sich auch anführen, um die Begriffe vieler spezieller Wissenschaften zu unterscheiden, wie etwa die Begriffe der Biologie, der Geologie und der Meteorologie. Also selbst wenn ich recht habe mit meiner Behauptung, daß der normative und kausale Charakter mentaler Begriffe sie in definitorischer und nomologischer Hinsicht von den Begriffen einer fortgeschrittenen Physik unterscheidet, mag es den Anschein haben, als müsse es etwas Fundamentaleres oder stärker Fundierendes geben, wodurch sich diese Trennung erklären ließe. So etwas gibt es, wie ich meine, tatsächlich.

Die Erkenntnis des Inhalts des eigenen Bewußtseins muß in den meisten Fällen etwas Triviales sein, und zwar deshalb, weil sich das Problem der Interpretation – von Sonderfällen abgesehen – gar nicht einstellen kann. Wenn man mich nach dem propositionalen Inhalt meines Bewußtseins fragt, muß ich mich meiner eigenen Sätze bedienen. Die Antwort ist normalerweise von alberner Offensichtlichkeit: Mein Satz »Schnee ist weiß« ist – ebenso wie mein Gedanke, daß Schnee weiß ist – dann und nur dann wahr, wenn Schnee weiß ist. Meine Erkenntnis des Inhalts eines fremden Bewußtseins ist, wie ich geltend gemacht habe, nur im Kontext einer allgemein richtigen und gemeinsamen Weltauffassung möglich. Doch eine solche Erkenntnis ist etwas anderes als die Erkenntnis des Eigenpsychischen, denn jene ist notwendig indirekt, da sie unter anderem von Beziehungen abhängt, die zwischen den sprachlichen Äußerungen und sonstigem Verhalten der betreffenden Person und Ereignissen in unserer gemeinsamen Umwelt bestehen.

Der grundlegende Unterschied zwischen meiner Erkenntnis des Fremdpsychischen und meiner Erkenntnis der gemeinsamen physischen Welt hat einen anderen Ursprung: Die Kommunikation und die von ihr vorausgesetzte Erkenntnis des Fremdpsychischen sind die Grundlage unseres Begriffs der Objektivität, unserer Anerkennung einer Unterscheidung zwischen falschen und wahren Überzeugungen. Diesen Maßstab kann man nicht von außerhalb betrachten, um zu überprüfen, ob auch alles in Ordnung ist; das geht ebensowenig, wie wir nachprüfen können, ob der Prototyp aus Platin und Iridium, der in Sèvres im Bureau International des Poids et Mesures aufbewahrt wird, wirklich ein Kilogramm wiegt. (Dieser Vergleich war jedenfalls stichhaltig, als der in Sèvres aufbewahrte Prototyp noch das Kilogramm definierte.) Freilich können wir uns an einen Dritten wenden und auch an einen Vierten, um den interpersonellen Maßstab des Realen zu erweitern und auf sicherere Füße zu stellen, doch das führt nicht zu etwas wesentlich anderem, sondern bloß zu mehr Dingen der gleichen Art.

Weiter oben habe ich einen Vergleich erwähnt zwischen der Art und Weise, in der wir Zahlen zuordnen, um die Beziehungen zwischen Gegenständen im Hinblick auf Temperatur oder Gewicht festzuhalten, und der Art und Weise, in der wir unsere eigenen Sätze verwenden, um den Inhalt der Gedanken und Äußerungen anderer zu erfassen. Dieser Vergleich ist jedoch unvollkommen, denn die Mittel der Kalibrierung sind in diesen beiden Fällen nicht gleichartig. Um Übereinstimmung zu erzielen hinsichtlich der Eigenschaften von Zahlen und naturgegebenen Strukturarten, die es uns gestatten, diese Strukturen durch die Zahlen wiederzugeben, sind wir auf unsere sprachlichen Interaktionen mit anderen angewiesen. Wir sind nicht imstande, Übereinstimmung hinsichtlich der Struktur von Sätzen oder Gedanken mit Hilfe des gleichen Verfahrens zu erzielen, dessen wir uns bedienen, um die Gedanken und die gemeinten Bedeutungen der anderen nachzuzeichnen, denn durch den Versuch, zu einer solchen Übereinstimmung zu gelangen, werden wir einfach wieder zurückverwiesen auf eben den Vorgang der Interpretation, von dem jegliche Übereinstimmung abhängt.

Dies ist, wie ich meine, der Punkt, an dem wir den eigentlichen Ursprung des Unterschieds zwischen dem Verstehen des Psychischen und dem Verstehen der physischen Welt erreichen. Eine Gemeinschaft der Geister ist die Grundlage der

Erkenntnis; sie liefert das Maß aller Dinge. Es ist sinnlos, die Angemessenheit dieses Maßes in Frage zu stellen oder einen noch tiefer begründeten Maßstab zu suchen.

Darüber, daß der objektive Aspekt allen Denkens nicht zu umgehen ist, haben wir uns ausführlich geäußert. Was bleibt von dem subjektiven Aspekt? Den Unterschied zwischen Selbsterkenntnis und Erkenntnis des Fremdpsychischen haben wir offensichtlich nicht ausgeräumt: die erstere bleibt direkt und die letztere indirekt. Die Objektivität selbst haben wir in den Schnittpunkten verschiedener Standpunkte aufgespürt; sie liegt für jede Person in der Beziehung zwischen ihren eigenen Reaktionen auf die Welt und denen der anderen. Diese Unterschiede sind real. Unsere Gedanken sind etwas »Inneres« und »Subjektives«, denn wir kennen sie in einer Weise, in der sie kein anderer kennen kann. Doch obwohl das Haben eines Gedankens notwendig etwas Individuelles ist, gilt dies für den Inhalt des Gedankens nicht. Die Gedanken, die wir uns machen und die uns vorschweben, sind begrifflich in der Welt angesiedelt, in der wir wohnen und von der wir wissen, daß wir sie zusammen mit anderen bewohnen. Selbst unsere Gedanken über unsere eigenen geistigen Zustände nehmen denselben begrifflichen Raum ein und haben ihren Ort auf derselben öffentlichen Landkarte.

Auf der philosophischen Auffassung der Subjektivität lasten eine Geschichte und eine Menge von Voraussetzungen hinsichtlich des Wesens des Geistes und der gemeinten Bedeutung. Diese Umstände sind es, welche die Bedeutung einer Äußerung oder den Inhalt eines Gedankens abtrennen von Fragen bezüglich der äußeren Realität und so eine logische Kluft schaffen zwischen »meiner« Welt und der Welt, wie sie den anderen erscheint. Nach dieser verbreiteten Auffassung gilt, daß das Subjektive vor dem Objektiven kommt, daß es eine subjektive Welt gibt, die der Erkenntnis der äußeren Realität vorgeordnet ist. Es leuchtet ein, daß das hier von mir skizzierte Bild des Denkens und der gemeinten Bedeutung für eine solche Vorrangstellung keinen Platz hat, denn dieses Bild gründet die Selbsterkenntnis auf die Erkenntnis des Fremdpsychischen und der Welt. Das Objektive und das Intersubjektive sind demnach wesentlich für alles, was wir Subjektivität nennen können, und es ist konstitutiv für den Kontext, in dem die Subjektivität Gestalt annimmt. Collingwood hat das prägnant wie folgt formuliert:

> Wenn das Kind sich selbst als Person entdeckt, entdeckt es sich zugleich als Angehörigen einer Welt von Personen [. . .]. Wenn ich mich selbst als Person entdecke, so entdecke ich, daß ich sprechen kann und daher eine *persona* bzw. ein Sprechender bin. Indem ich spreche, bin ich sowohl Sprecher als auch Hörer; und da die Entdeckung meiner selbst als Person zugleich die Entdeckung anderer, mich umgebender Personen ist, ist sie die Entdeckung von Sprechern und Hörern, die von mir selbst verschieden sind.[5]

Wenn die gemeinsame Teilhabe an einer allgemeinen Auffassung der Welt eine Bedingung des Denkens ist, hat es womöglich den Anschein, daß man die Unterschiede aus den Augen verliert, welche im Hinblick auf die Beschaffenheit des Verstands und der Vorstellungskraft zwischen den einzelnen Geistern und Kulturen bestehen. Falls ich diesen Eindruck erweckt habe, so liegt das daran, daß ich in den Mittelpunkt stellen wollte, was mir das Primäre zu sein scheint und dementsprechend leicht übersehen wird, nämlich der notwendige Grad an Gemeinsamkeit, der für das Verstehen eines anderen Individuums wesentlich ist, und das Ausmaß, in dem ein solches Verstehen die Grundlage abgibt für den Begriff der Wahrheit und der Realität, von dem alles Denken abhängt. Ich möchte aber keinesfalls den Gedanken nahelegen, daß wir diejenigen, deren physikalische und moralische Meinungen in weiten Bereichen von den unseren abweichen, nicht zu verstehen vermögen. Außerdem ist das Verstehen faktisch eine graduelle Sache: Es kann sein, daß die anderen Dinge wissen, die uns unbekannt sind oder die wir vielleicht nicht einmal

5 R. G. Collingwood, *The Principles of Art*, S. 248.

wissen können. Gewiß ist, daß die Klarheit und die Leistungsfähigkeit unserer eigenen Begriffe mit der Zunahme unseres Verstehens anderer wachsen. Wie weit der Dialog uns bringen kann oder wird, das ist durch keine feststehenden Grenzen bestimmt.

Manchen Philosophen bereitet der Gedanke Sorge, daß wir, sofern unser ganzes Wissen oder zumindest unser gesamtes propositionales Wissen objektiv ist, den Kontakt mit einem wesentlichen Aspekt der Realität verlieren werden, nämlich den Kontakt mit unserer persönlichen, privaten Sichtweise. Diese Sorge ist, glaube ich, grundlos. Wenn ich recht habe, liegt die Basis unseres propositionalen Wissens nicht im Unpersönlichen, sondern im Interpersonellen. Wenn wir die natürliche Welt, die wir mit anderen teilen, betrachten, verlieren wir daher nicht den Kontakt mit uns selbst, sondern wir bestätigen unsere Zugehörigkeit zu einer Gesellschaft von Geistwesen. Wüßte ich nicht, was andere denken, hätte ich auch keine eigenen Gedanken und wüßte also nicht, was ich denke. Wüßte ich nicht, was ich denke, ginge mir die Fähigkeit ab, die Gedanken anderer zu taxieren. Um die Gedanken anderer zu taxieren, ist es erforderlich, daß ich in derselben Welt lebe wie sie und hinsichtlich der Hauptmerkmale dieser Welt – einschließlich ihrer Werte – vielfach ebenso reagiere wie sie. Es besteht also keine Gefahr, daß wir, indem wir die Welt objektiv betrachten, den Kontakt zu uns selbst verlieren. Unsere drei Formen des Wissens bilden ein dreibeiniges Stativ – ginge eines der Beine verloren, bliebe kein Teil aufrecht stehen.

Literatur

Agassi, Joseph: *Science in Flux*, Dordrecht: Reidel 1975
Alston, William: »Varieties of Privileged Access«, in: *American Philosophical Quarterly* 9 (1971)
Avramides, Anita: »Davidson and the New Sceptical Problem«, in: U. Zeglen (Hg.), *Donald Davidson. Truth, Meaning and Knowledge*, London: Routledge 1999
Ayer, A.J.: *The Problem of Knowledge*, London: Macmillan 1956
–: (Hg.), *Logical Positivism*, New York: Free Press 1959
–: »Privacy«, in: Ayer, *The Concept of a Person and Other Essays*, New York: Macmillan 1963
Bennett, Jonathan: *Linguistic Behavior*, Cambridge University Press 1976, Übers.: *Sprachverhalten*, Frankfurt a.M.: Suhrkamp 1982
Black, Max: »The Semantic Definition of Truth«, in: *Analysis* 8 (1948)
Brentano, Franz: *Psychologie vom empirischen Standpunkt* (1874)
Burge, Tyler: »Individualism and the Mental«, in: P.A. French, T.E. Uehling u.H.K. Wettstein (Hg.), *Midwest Studies in Philosophy*, Minneapolis: University of Minnesota Press 1979
–: »Two Thought Experiments Reviewed«, in: *Notre Dame Journal of Formal Logic* 23 (1982)
–: »Other Bodies«, in: A. Woodfield (Hg.), *Thought and Object*, Oxford University Press 1982
–: »Individualism and Psychology«, in: *Philosophical Review* 95 (1986)
–: »Cartesian Error and the Objectivity of Perception«, in: P. Petit u.J. McDowell (Hg.), *Subject, Thought, and Context*, Oxford University Press 1986
–: »Intellectual Norms and Foundations of Mind«, in: *Journal of Philosophy* 83 (1986)
–: »Perceptual Individualism and Authoritative Self-Knowledge«, in: R. Grimm u.D. Merrill (Hg.), *Contents of Thought*, Tucson: University of Arizona Press 1988
–: »Individualism and Self-Knowledge«, in: *Journal of Philosophy* 85 (1988)
Carnap, Rudolf: »Psychologie in physikalischer Sprache«, in: *Erkenntnis* 3 (1932/33)
Chan, Wai Pang, Frederick Prete u. Michael H. Dickinson: »Visual Input to the Efferent Control System of Fly's ›Gyroscope‹«, in: *Science* 280 (10. April 1998)
Chomsky, Noam: *Knowledge of Language. Its Nature, Origin and Use*, New York: Praeger 1986
–: *Language and Problems of Knowledge*, Cambridge (Mass.): MIT Press

1988, übers. von M. Schiffmann: *Probleme sprachlichen Wissens*, Weinheim: Beltz, Athenäum 1996
Churchland, Paul: *Scientific Realism and the Plasticity of Mind*, Cambridge University Press 1979
Collingwood, R. G.: *The Principles of Art*, Oxford University Press 1938
Davidson, Donald: *Essays on Actions and Events*, Oxford University Press 1980, übers. von J. Schulte: *Handlung und Ereignis*, Frankfurt a. M.: Suhrkamp 1985
–: *Inquiries into Truth and Interpretation*, Oxford University Press 1984, übers. von J. Schulte: *Wahrheit und Interpretation*, Frankfurt a. M.: Suhrkamp 1986
–: »A Nice Derangement of Epitaphs«, in: R. Grandy and R. Warner (Hg.), *Philosophical Grounds of Rationality*, Oxford University Press 1986, übers. von J. Schulte: »Eine hübsche Unordnung von Epitaphen«, in: E. Picardi u. J. Schulte (Hg.), *Die Wahrheit der Interpretation*, Frankfurt a. M.: Suhrkamp 1990
–: »Meaning, Truth and Evidence«, in: R. Barrett u. R. Gibson (Hg.), *Perspectives on Quine*, Oxford: Blackwell 1990, übers. von J. Schulte: »Bedeutung, Wahrheit und Belege«, in: J. Schulte (Hg.): Davidson, *Der Mythos des Subjektiven*, Stuttgart: Reclam 1993
–: »The Structure and Content of Truth«, *Journal of Philosophy* 87 (1990)
–: »Three Varieties of Knowledge«, in: A. P. Griffiths (Hg.), *A. J. Ayer Memorial Essays*, Cambridge University Press 1991
–: »Pursuit of the Concept of Truth«, in: P. Leonardi u. M. Santambrogio (Hg.), *On Quine*, Cambridge University Press 1991
–: »Replies«, in: *Critica* 30 (1998)
Dennett, Daniel: »Beyond Belief«, in: A. Woodfield (Hg.), *Thought and Object*, Oxford University Press 1982
–: »Real Patterns«, *Journal of Philosophy* 88 (1991)
Dummett, Michael: *Truth and Other Enigmas*, London: Duckworth 1978
–: *The Interpretation of Frege's Philosophy*, London: Duckworth 1981
Evans, Gareth: *The Varieties of Reference*, Oxford University Press 1982
Fodor, Jerry: »Methodological Solipsism Considered as a Research Strategy in Cognitive Psychology«, in: *Behavioral and Brain Sciences* 3 (1980)
–: »Cognitive Science and the Twin Earth Problem«, in: *Notre Dame Journal of Formal Logic* 23 (1982)
–: *Psychosemantics*, Cambridge (Mass.): MIT Press 1987
–: *A Theory of Content*, Cambridge (Mass.): MIT Press 1990
Føllesdal, Dagfinn: »Knowledge, Identity, and Existence«, in: *Theoria* 33 (1967)
Goodman, Nelson: *Fact, Fiction, and Forecast*, 4. Aufl. Cambridge (Mass.):

Harvard University Press 1983, übers. von H. Vetter: *Tatsache, Fiktion, Voraussage*, Frankfurt a. M.: Suhrkamp 1988
Guhrauer, G.: *Gottfried Wilhelm Freiherr von Leibniz. Eine Biographie*, Hildesheim: Olms 1966
Hahn, Lewis E. (Hg.): *The Philosophy of Donald Davidson*, Library of Living Philosophers, Chicago: Open Court 1986
– u. P. A. Schilpp (Hg.), *The Philosophy of W. V. Quine*, Library of Living Philosophers, Chicago: Open Court 1986
Hempel, Carl: »On the Logical Positivist's Theory of Truth«, in: *Analysis* 2 (1935)
–: »The Empiricist Criterion of Meaning«, in: *Revue International de Philosophie* 4 (1950), zit. nach dem Abdruck in: Ayer (Hg.), *Logical Positivism*
–: *Aspects of Scientific Explanation*, New York: Free Press 1965
Henrich, Dieter (Hg.): *Kant oder Hegel?*, Stuttgart: Klett-Cotta 1983
Jeffrey, Richard: *The Logic of Decision*: University of Chicago Press 1965
Kaplan, David: »Quantifying In«, in: *Synthese* 19 (1968)
Kripke, Saul: »Naming and Necessity«, in: D. Davidson u. G. Harman (Hg.), *Semantics of Natural Language*, Dordrecht: Reidel 1972, übers. von U. Wolf: *Name und Notwendigkeit*, Frankfurt a. M.: Suhrkamp 1981
–: *Wittgenstein on Rules and Private Language*, Oxford: Blackwell 1982, übers. von H. Pape: *Wittgenstein über Regeln und Privatsprache*, Frankfurt a. M.: Suhrkamp 1987
Lepore, Ernest (Hg.): *Truth and Interpretation. Perspectives on the Philosophy of Donald Davidson*, Oxford: Blackwell 1986
Lewis, C. I.: *Mind and the World Order*, New York: Scribner's 1960
Malachowski, Alan (Hg.): *Reading Rorty*, Oxford: Blackwell 1990
Malcolm, Norman: »Thoughtless Brutes«, in: *Proceedings and Addresses of the American Philosophical Association* 46 (1972/73)
Margalit, Avishai (Hg.): *Meaning and Use*, Dordrecht: Reidel 1979
Mates, Benson: *The Philosophy of Leibniz. Metaphysics and Language*, Oxford University Press 1986
Nagel, Thomas: »The Objective Self«, in: C. Genet u. S. Shoemaker (Hg.), *Mind and Knowledge*, Oxford University Press 1983
Neurath, Otto: »Protokollsätze«, in: *Erkenntnis* 3 (1932/33)
Putnam, Hilary: »The Meaning of ›Meaning‹«, in: *Philosophical Papers*, Band 2: *Mind, Language, and Reality*, Cambridge University Press 1975, übers. von W. Spohn: *Die Bedeutung von »Bedeutung«*, Frankfurt a. M.: Klostermann 1979
–: *Meaning and the Moral Sciences*, London: Routledge 1978
–: *Realism and Reason*, Cambridge University Press 1983
Quine, W. V.: »Quantifiers and Propositional Attitudes«, in: *Journal of Philosophy* 53 (1956)

–: *Word and Object*, Cambridge (Mass.): MIT Press 1960, übers. von J. Schulte u. D. Birnbacher: *Wort und Gegenstand*, Stuttgart: Reclam 1980
–: *Ontological Relativity and Other Essays*, New York: Columbia University Press 1969, übers. von W. Spohn: *Ontologische Relativität*, Stuttgart: Reclam 1975
–: *The Roots of Reference*, La Salle (Ill.): Open Court 1974, übers. von H. Vetter: *Die Wurzeln der Referenz*, Frankfurt a. M.: Suhrkamp 1976
–: »The Nature of Natural Knowledge«, in: S. Guttenplan (Hg.), *Mind and Language*, Oxford University Press 1975
–: »On Empirically Equivalent Systems of the World«, in: *Erkenntnis* 9 (1975)
–: »Intensions Revisited«, in: Quine, *Theories and Things*, Cambridge (Mass.): Harvard University Press 1981, übers. von J. Schulte: *Theorien und Dinge*, Frankfurt a. M.: Suhrkamp 1985
–: »Reply to Stroud«, in: P. A. French, T. E. Uehling u. H. K. Wettstein (Hg.), *Midwest Studies in Philosophy*, Minneapolis: University of Minnesota Press 1981
–: »Events and Reification«, in: E. Lepore u. B. McLaughlin (Hg.), *Actions and Events. Perspectives on the Philosophy of Donald Davidson*, Oxford: Blackwell 1985
–: *Pursuit of Truth*, verbess. Aufl. Cambridge (Mass.): Harvard University Press 1992, übers. von M. Gebauer: *Unterwegs zur Wahrheit*, Paderborn: Schöningh 1995
–: *From Stimulus to Science*, Cambridge (Mass.): Harvard University Press 1995.
– u. Nelson Goodman: »Steps toward a Constructive Nominalism«, in: *Journal of Symbolic Logic* 12 (1947), S. 97-122
Ramsey, Frank: »Truth and Probability«, in: *Frank Ramsey, Philosophical Papers*, hg. von D. H. Mellor, Cambridge University Press 1990
Rorty, Richard: »Incorrigibility as the Mark of the Mental«, in: *Journal of Philosophy* 67 (1970)
–: *Philosophy and the Mirror of Nature*, Princeton University Press 1982, übers. von M. Gebauer: *Der Spiegel der Natur*, Frankfurt a. M.: Suhrkamp 1981
–: »Pragmatism, Davidson and Truth«, in: E. Lepore (Hg.), *Truth and Interpretation. Perspectives on the Philosophy of Donald Davidson*, Oxford: Blackwell 1986, übers. von J. Schulte: »Pragmatismus, Davidson und der Wahrheitsbegriff«, in: E. Picardi u. J. Schulte (Hg.), *Die Wahrheit der Interpretation*, Frankfurt a. M.: Suhrkamp 1990
Ryle, Gilbert: *The Concept of Mind*, New York: Barnes & Noble 1949, übers. von K. Baier: *Der Begriff des Geistes*, Stuttgart: Reclam 1969
Schiffer, Stephen: *Remnants of Meaning*, Cambridge (Mass.): MIT Press 1987

Schlick, Moritz: »Die Wende der Philosophie«, in: *Erkenntnis* 1 (1930/31)
–: »Positivismus und Realismus«, in: *Erkenntnis* 3 (1932/33)
–: »Über das Fundament der Erkenntnis«, in: *Erkenntnis* 4 (1934)
–: »Meaning and Verification«, in: *Philosophical Review* 4 (1936)
Searle, John: *Intentionality*, Cambridge University Press 1983, übers. von Harvey P. Gavagai: *Intentionalität*, Frankfurt a.M.: Suhrkamp 1987
–: »Indeterminacy and the First Person«, in: *Journal of Philosophy* 84 (1987)
Sellars, Wilfrid: »Empiricism and the Philosophy of Mind«, in: H. Feigl u.M. Scriven (Hg.), *Minnesota Studies in the Philosophy of Science*, Minneapolis: University of Minnesota Press 1956
Shoemaker, Sidney: *Self-Knoweldge and Self-Identity*, Ithaca (N.Y.): Cornell University Press 1963
Stich, Stephen: »Autonomous Psychology and the Belief-Desire Thesis«, in: *Monist* 61 (1978)
–: *From Folk Psychology to Cognitive Science*, Cambridge (Mass.): MIT Press 1983
Strawson, Peter: *Individuals*, London: Methuen 1959, übers. von F. Scholz: *Einzelding und logisches Subjekt*, Stuttgart: Reclam 1972
–: »Truth«, in: *Logico-Linguistic Papers*, London: Methuen 1971
Tarski, Alfred: »Der Wahrheitsbegriff in den formalisierten Sprachen« (1935), abgedr. in: K. Berka u.L. Kreiser, *Logik-Texte*, Darmstadt: Wissenschaftliche Buchgesellschaft 1983
Wallas, Graham: *The Art of Thought*, New York: Harcourt Brace 1926
Weiss, Donald: »Professor Malcolm on Animal Intelligence«, in: *Philosophical Review* 84 (1975)
Wittgenstein, Ludwig: *Philosophische Untersuchungen* (1953), Frankfurt a.M.: Suhrkamp 2003
Woodfield, Andrew (Hg.): *Thought and Object*, Oxford University Press 1982
Wright, Crispin: »Kripke's Account of the Argument against Private Language«, in: *Journal of Philosophy* 81 (1984)

Textnachweise

1. »First Person Authority« wurde 1983 bei einem von Henri Lauener in Biel (Schweiz) veranstalteten Kongreß über Intentionalität vorgetragen. Frühere Fassungen waren an der University of Illinois at Chicago Circle, an der Stanford University und an der University of Colorado vorgestellt worden. Erstveröffentlichung in: *Dialectica* 38 (1984), S. 101-111.

2. »Knowing One's Own Mind« ist der Text der Presidential Address, die ich am 28. März 1986 anläßlich der 60. Jahresversammlung der Pacific Division der American Philosophical Association in Los Angeles gehalten habe. Erstveröffentlichung in: *Proceedings and Addresses of the American Philosophical Association* (1987), S. 441-458. Mein Dank geht an Akeel Bilgrami und Ernie Lepore wegen kritischer Anmerkungen und Ratschläge sowie an Tyler Burge, der mir in großzügiger Form geholfen hat, mein Verständnis seiner Arbeiten zu verbessern.

3. »The Myth of the Subjective« ist der Text eines 1986 in Wien gehaltenen Vortrags. Erstveröffentlichung in: Michael Benedikt u. Rudolf Berger (Hg.), *Bewußtsein, Sprache und die Kunst*, Wien: Edition S. Verlag der Österreichischen Staatsdruckerei 1988.

4. »What is Present to the Mind?«, Vortrag beim Zweiten Internationalen France-Veber-Kolloquium, das teils im österreichischen Bad Radkersburg und teils im damals jugoslawischen, heute slowenischen Gornja Radgona stattfand. Erstveröffentlichung in einem von Johannes Brandl und Wolfgang Combocz unter dem Titel *The Mind of Donald Davidson* herausgegebenen Sonderband der *Grazer Philosophischen Studien*, Band 36 (1989).

5. »Indeterminism and Antirealism« ist der Text eines Vortrags, der 1992 bei einer an der Santa Clara University veranstalteten Tagung über Realismus und Antirealismus gehalten wurde. Erstveröffentlichung in: C. B. Kulp (Hg.), *Realism/Antirealism and Epistemology*, Lanham (Maryland): Rowman & Littlefield 1997.

6. »The Irreducibility of the Concept of the Self« entstand unter tätiger Mithilfe von Marcia Cavell als Beitrag zu einem Dieter Henrich gewidmeten Sammelband. Erstveröffentlichung in: Marcelo Stamm (Hg.), *Philosophie in synthetischer Absicht*, Stuttgart: Klett-Cotta 1998.

7. »Rational Animals« ist der Text eines Vortrags, der 1981 bei einem von Henri Lauener in Biel (Schweiz) veranstalteten Kongreß gehalten wurde. Erstveröffentlichung in: *Dialectica* 36 (1982), S. 317-327.

8. »The Second Person« wurde 1989 bei einem Wittgenstein-Kongreß in Paris vorgetragen. Der Text erschien in dem von J. Sebestik und A. Soulez herausgegebenen Sammelband *Wittgenstein et la philosophie aujourd'hui*, Paris: Méridiens Klincksieck 1992. Im selben Jahr erschien eine leicht modifizierte Fassung im 17. Band der von P. French, T. E. Uehling und H. Wettstein herausgegebenen *Midwest Studies in Philosophy*.

9. »The Emergence of Thought« wurde 1993 an der Universität Frankfurt am Main vorgetragen. Eine deutsche Übersetzung von T. Marschner erschien unter dem Titel »Die Emergenz des Denkens« in: W. G. Saltzer, P. Eisenhardt, D. Kurth u. R. E. Zimmermann, *Die Erfindung des Universums? Neue Überlegungen zur philosophischen Kosmologie*, Frankfurt am Main: Insel 1997, S. 152-167. Englische Erstveröffentlichung in: *Erkenntnis* 51 (1999), S. 7-17.

10. »A Coherence Theory of Truth and Knowledge« ist der Text meines Beitrags zu einem Kolloquium, das Richard Rorty 1981 im Rahmen des Stuttgarter Hegel-Kongresses organisiert hatte. Die übrigen Teilnehmer an der Gesprächsrunde waren W. V. Quine und Hilary Putnam. Unsere Beiträge erschienen zwei Jahre später in den Akten des Kongresses (*Kant oder Hegel?*, Stuttgart: Klett-Cotta 1983). Im Anschluß an die Stuttgarter Veranstaltung führten wir vier in Heidelberg mit mehr Muße ein Gespräch über die gleichen Themen. Im März 1983 hielt Rorty anläßlich eines Treffens der Pacific Division der American Philosophical Association einen Vortrag mit dem Titel »Pragmatism, Davidson and Truth«, in dem er auf einige Dinge einging, die ich in »A Coherence Theory of Truth and Knowledge« geschrieben hatte. Der modifizierte Text von Rortys Vortrag erschien später in dem Sammelband *Truth and Interpretation. Perspectives on the Philosophy of Donald Davidson*. Auf diesen Vortrag replizierte ich mit meinen »Afterthoughts, 1987«, die zusammen mit einem Wiederabdruck von »A Coherence Theory of Truth and Knowledge« in dem von Alan Malachowski herausgegebenen Band *Reading Rorty* erschienen (Oxford: Blackwell 1990). Diese »Afterthoughts, 1987« werden hier als Nachtrag zu dem Aufsatz über die Kohärenztheorie veröffentlicht.

11. »Empirical Content« ist der Text eines Vortrags, der 1982 in Wien zur Feier des 100. Geburtstags von Moritz Schlick und Otto Neurath in dem zum Teil von Wittgenstein entworfenen Haus gehalten wurde. Erstveröffentlichung in: *Grazer Philosophische Studien* 16/17 (1982).

12. »Epistemology and Truth« ist der Text eines Vortrags, der im September 1987 anläßlich des 4. Panamerikanischen Philosophie-Kongresses in Cordoba (Argentinien) gehalten wurde. Erstveröffentlichung in den Kongreßakten, die 1988 im Verlag der Universität Cordoba erschienen.

13. »Epistemology Externalized« ist der Text eines Vortrags, der 1989 in Buenos Aires und im folgenden Jahr in Biel gehalten wurde. Erstveröffentlichung in: *Dialectica* 45 (1991), S. 191-202.

14. »Three Varieties of Knowledge« ist der Text eines Vortrags, der im Februar 1991 im Rahmen einer Veranstaltung des Royal Institute of Philosophy als A. J. Ayer Memorial Lecture gehalten werden sollte. Zu dem für diese Veranstaltung vorgesehen Zeitpunkt wurde der Verkehr in Südengland durch einen Schneesturm lahmgelegt, so daß man die ganze Veranstaltung samt Vortrag absagen mußte. Erstveröffentlichung zusammen mit weiteren Vorträgen zum Gedenken an A. J. Ayer in dem von A. Phillips Griffiths herausgegebenen Band *A. J. Ayer Memorial Essays. Royal Institute of Philosophy Supplement* 30, Cambridge University Press 1991. Eine leicht modifizierte Fassung des Texts lag meiner Münchener Heisenberg-Vorlesung zugrunde, die seinerzeit in einem der umgebauten Ställe des Nymphenburger Schlosses gehalten wurde. Eine deutsche Übersetzung erschien unter dem gleichen Titel wie der vorliegende Sammelband in der Zeitschrift Merkur.

Übersetzungen der ursprünglichen Texte der Abhandlungen 2, 3 und 13 sind in dem von Joachim Schulte herausgegebenen Sammelband *Der Mythos des Subjektiven* erschienen (Stuttgart: Reclam 1993). Die erwähnte Übersetzung der Abhandlung 14 stammt ebenfalls von Joachim Schulte. Alle vier Übersetzungen wurden für den vorliegenden Band durchgesehen und entsprechend den von Davidson selbst für den Wiederabdruck vorgenommenen Veränderungen revidiert.

Register*

* Dieses Register ist eine genaue Adaptation des Registers der Originalausgabe.